디지털 소양을 위한
미디어 리터러시
교육

디지털 소양을 위한
미디어 리터러시 교육

초판 1쇄 발행 2024년 3월 11일

지은이 | 김대희, 방상호, 박정의, 안백수, 한희정, 김성재, 조호연, 강진숙, 나미수,
　　　　한은경, 오원환, 신정아, 김연식, 하송아, 이귀영
펴낸곳 | (주)태학사
등록 | 제406-2020-000008호
주소 | 경기도 파주시 광인사길 217
전화 | 031-955-7580
전송 | 031-955-0910
전자우편 | thspub@daum.net
홈페이지 | www.thaehaksa.com

값 28,000원

ISBN 979-11-6810-251-4　93370

*이 책은 교육부·한국연구재단 교원양성대학 시민교육 역량강화사업비로 발간되었습니다.

MEDIA LITERACY

디지털 소양을 위한
미디어 리터러시
교육

김대희, 방상호, 박정의, 안백수, 한희정, 김성재, 조호연, 강진숙,
나미수, 한은경, 오원환, 신정아, 김연식, 하송아, 이귀영

태학사

미디어는 나와 어떤 관계가 있는가? 미디어 리터러시란 무엇인가? 왜 우리는 미디어 리터러시를 갖추어야 하는가? 미디어 리터러시를 지니고 사는 삶과 그렇지 않은 삶은 어떤 차이가 있는가? 이 책은 이러한 질문들에 대한 답을 찾기 위해 미디어를 둘러싼 환경을 다양한 관점에서 살펴보고자 한다. 미디어 리터러시는 단순히 미디어를 사용하고 이해하고 비판하는 능력이 아니라, 미디어를 통해 자신의 의사를 표현하고 창의적인 콘텐츠를 생산하고 민주적인 시민으로서의 역할을 수행하는 능력이기도 하다. 미디어 리터러시는 디지털 시대를 살아가는 우리 모두에게 필수적인 역량이며, 학교교육에서도 중요한 교육 목표로 인식되고 있다.

이 책은 미디어와 함께 살아가고 있고 앞으로도 미디어와 함께 살아가야 할 세대들을 위한 안내서이다. 미디어 세상에서 어떻게 살아야 지금까지와는 다른 삶을 영위할 수 있을지에 대한 인지적이고 실제적인 통찰력을 제공하고자 한다. 미디어 리터러시는 단순히 미디어를 소비하는 데 그치지 않고, 우리의 사고와 행동, 그리고 사회 전반에 미치는 영향을 이해하고 이에 대응하는 능력이다. 우리에게 이러한 능력이 필요한 이유가 몇 가지 있다.

첫째, 정보에 대한 분별력을 갖게 한다. 현대사회는 정보 홍수 시대라고 불릴 만큼 방대한 양의 정보가 끊임없이 생산되고 소비되는 환경이다. 인터넷과 소셜미디어의 발달로 누구나 정보의 생산자이자 소비자가 될 수 있게 되었지만, 이는 동시에 가짜뉴스, 정보 왜곡, 편향된 정보 등의 문제도 심화시켰다. 미디어 리터러시는 이러한 정보 홍수 속에서 정확하고 신뢰할 수 있는 정보를 선별하고, 정보의 출처와 신뢰성을 판단하며, 정보를 비판적으로 분석하고 해석하는 능력을 제공한다. 이는 개인의 삶뿐만 아니라 사회 전체의 건강한 발전에도 필수적인 역량이다.

둘째, 시민의식 형성과 민주주의 참여를 가능하게 한다. 현대사회는 시민들이 사회 문제에 적극적으로 참여하고 의견을 표출하는 민주주의 사회이다. 미디어는 시민들이 사회 문제에 대한 정보를 얻고, 다양한 의견을 접하고, 자신의 의견을 표현하는 중요한 매개체이다. 미디어 리터러시는 시민들이 미디어가 전달하는 정보를 비판적으로 분석하고, 다양한 관점을 이해하며, 자신의 의견을 명확하게 표현하고 다른 사람들과 소통하는 능력을 향상시킨다. 이는 시민들이 사회 문제에 적극적으로 참여하고 민주주의 사회를 발전시키는 데 중요한 역할을 한다.

셋째, 개인의 안전과 권리를 보호한다. 인터넷과 소셜미디어는 개인의 정보 유출, 사이버 폭력, 온라인 사기 등 다양한 위험 요소를 내포하고 있다. 미디어 리터러시는 개인들이 온라인 환경에서 자신의 안전과 권리를 보호하는 데 필요한 역량을 제공한다. 미디어 리터러시는 개인들이 개인정보를 안전하게 관리하고, 사이버 폭력이나 온라인 사기에 대비하며, 온라인 환경에서 자신의 권리를 보호하는 방법을 교육한다. 이는 개인들이 안전하고 건강하게 디지털 환경을 활용할 수 있도록 돕는 중요한 역할을 한다.

넷째, 소비자의 권익 보호와 현명한 소비를 유도한다. 미디어는 소비자들에게 다양한 상품과 서비스에 대한 정보를 제공하고 소비 욕구를 자극하는 역할을 한다. 미디어 리터러시는 소비자들이 광고나 홍보 메시지를 비판적으로 분석하고, 상품의 가치와 가격을 비교 평가하며, 현명한 소비 결정을 내리는 능력을 향상시킨다. 미디어 리터러시는 소비자들이 자신의 권익을 보호하고, 현명한 소비를 통해 경제적 손실을 방지하며, 합리적인 소비 문화를 만드는 데 기여한다.

다섯째, 창의적 콘텐츠 제작과 참여를 유도한다. 현대사회는 누구나 콘텐츠 제작자이자 소비자가 될 수 있는 시대이다. 미디어 리터러시는 개인들이 창의적인 콘텐츠를 제작하고, 다른 사람들과 소통하며, 온라인 공간에 적극적으로 참여하는 데 필요한 역량을 제공한다. 미디어 리터러시는 개인들이 다양한 콘텐츠 제작 도구를 활용하고, 콘텐츠의 저작권과 윤리 문제를 이해하며, 온라인 공간에서 건강한 소통 문화를 만드는 데 기여한다.

마지막으로, 미디어 리터러시는 개인의 자율성과 자기결정을 증진시킨다. 미디어가 개인의 생각과 행동에 큰 영향을 미치기 때문에 자기 자신의 가치관과 목표를 잘 이해하고 이에 따라 미디어를 선택하고 해석할 수 있는 능력이 필요하다. 미디어 리터러시는 우리가 자유롭고 건강한 사고를 발전시키는 데 필요한 도구이다.

우리는 미디어 속에서 논리적으로 생각하고 판단할 수 있는 능력을 갖추어야 하며, 이를 위해 꾸준한 노력과 교육이 필요하다. 미디어 리터러시는 우리 개인과 사회의 발전을 위한 핵심 역량으로 자리매김하고 있다.

이 책은 미디어 리터러시의 이해, 미디어 리터러시 분석과 활용, 학교 미디어 리터러시 교육의 실제 측면에서 세 범주로 구성하였다. 1부에서는 미디어 리터러시의 이해, 미디어 리터러시 교육의 의미와 방향, 디지털 시대 시민성 발견과 탐색, 표현의 자유와 시민 권익 보호, 미디어중독과 리터러시, 뉴스 읽기와 팩트체크의 내용을 다루며, 2부에서는 뉴스, 방송 콘텐츠 속 사회적 소수자와 젠더의 재현, 광고, 영화, SNS, 유튜브를 중심으로 일상에서 영향력과 의존도의 정도가 높은 개별 미디어에 대한 접근을 시도한다. 3부에서는 학교 미디어 리터러시 교육의 실제를 위해 중학교와 고등학교에서 시행된 미디어 리터러시 교육 사례들을 소개한다.

이 책은 미디어 리터러시에 관심이 있는 모든 독자들에게 유익한 정보와 통찰력을 제공하고자 한다. 특히 예비교사나 현직 교사들에게 미디어 리터러시 교육의 필요성과 중요성을 인식하고, 미디어 리터러시 교육을 계획하고 실행하고 평가하는 데 도움이 되기를 바란다. 또한 교양 있는 시민으로 성장하기 위한 학생들에게는 미디어 리터러시를 습득하고 발전시키는 데 좋은 안내서가 되었으면 하는 바람이다. 이 책이 우리의 인지 속에 미디어 리터러시를 안착시키는 다리가 되고, 미디어 리터러시의 확산과 심화에 기여할 수 있기를 희망한다.

이 책의 출간을 위해 노력해 주신 한국연구재단, 원광대학교 시민교육사업단의 박은숙 단장님, 태학사 김연우 대표님, 그리고 각 분야의 전문가로서 책의 내용을 풍부하게 해 주신 집필진 여러분께 깊은 감사의 말씀을 드린다.

2024년 2월

저자 일동

· 차례 ·

· 서문   4

 1부 미디어 리터러시의 이해

1장   미디어 리터러시의 이해 · 김대희   15
　1. 정보의 과잉과 처리   16
　2. 미디어 텍스트와 의사소통   20
　3. 미디어 리터러시의 개념   26
　4. 미디어 리터러시에 대한 지식 구조의 정립   30

2장   미디어 리터러시 교육의 의미와 방향 · 방상호   45
　1. 미디어 리터러시 교육이란 무엇인가   46
　2. 미디어 리터러시 교육은 왜 필요한가   51
　3. 미디어 리터러시 교육은 어떻게 해야 하는가   54
　4. 미디어 리터러시 교육에는 어떤 어려움이 있는가   59
　5. 미디어 리터러시 교육은 어떤 방향으로 나아가야 하는가   64

3장   디지털 시대 시민성 발견과 탐색 · 박정의   67
　1. 시민성 개념의 시작과 발전   68
　2. 매체 환경의 변화와 공론장   75
　3. 민주주의와 디지털 시민성   85

4장 표현의 자유와 시민 권익의 보호 · 안백수 91

1. 표현의 자유와 충돌하는 시민 권익 92
2. 미디어로 인한 시민 권익 침해 유형 96
3. 표현의 자유와 시민 권익의 조화 118

5장 미디어중독과 리터러시 · 한희정 121

1. 미디어중독 122
2. 인터넷중독의 유형 및 증상 124
3. 인터넷중독의 진단 136
4. 인터넷중독의 예방 및 치유 140

6장 뉴스 읽기와 팩트체크 · 김성재 147

1. 뉴스를 믿지도, 읽지도 않는 시대 148
2. 언론 불신과 언론 회피의 원인 151
3. 디지털 환경과 선거가 불러온 가짜뉴스 전성시대 161
4. 가짜뉴스를 만들어 내는 이유 164
5. 가짜뉴스를 이겨 내는 방법 – 팩트체크 170

 # 미디어 리터러시 분석과 활용

7장 뉴스 리터러시 · 조호연 177

1. 뉴스 리터러시의 이해 178
2. 왜 뉴스 리터러시인가 185
3. 분석과 활용 187
4. 윤리와 책임 204

8장 방송 콘텐츠 리터러시 1: 사회적 소수자 재현 · 강진숙 207

1. 사회적 소수자의 개념 및 특징 208
2. 방송 콘텐츠 속 사회적 소수자 재현 사례 및 특징 213
3. 소수자 미디어 리터러시 역량 개발 및 교육 228

9장 방송 콘텐츠 리터러시 2: 젠더 재현 · 나미수 235

　1. 방송 콘텐츠에서 젠더 리터러시의 중요성 236
　2. 젠더 개념에 대한 이해 237
　3. 방송 콘텐츠의 젠더 재현 240

10장 광고 리터러시 · 한은경 261

　1. 경제와 광고의 관계를 생각하다 262
　2. 국내 광고시장을 만나다 264
　3. 글로벌 광고시장을 만나다 271
　4. 소비자를 불편하게 하는 광고 274
　5. 광고는 어떤 기능을 하는가 278

11장 영화 리터러시 · 오원환 283

　1. 영화 리터러시 284
　2. 영화 리터러시의 개념 287
　3. 영화 리터러시를 위한 네 가지 접근 방법 288
　4. 영상미학적 접근 294
　5. 영화의 시각화를 통한 젠더 구성과 영상미학적 분석 306

12장 SNS 리터러시 · 신정아 311

　1. SNS의 등장과 발전 312
　2. SNS의 사회기술적 위치 317
　3. SNS와 가짜 '뉴스' 326
　4. 청소년을 위한 SNS 리터러시 330

13장 유튜브 리터러시 · 김연식 339

　1. 유튜브 시대의 도래 340
　2. 유튜브 콘텐츠의 특성과 산업 343
　3. 유튜브 저널리즘 349
　4. 올바른 유튜브 콘텐츠 이용 353

3부 학교 미디어 리터러시 교육의 실제

14장   중학교 미디어 리터러시 교육 사례 · 하송아   363

1. 갈등을 해결하는 방법: 정보의 검색과 선택   364

2. 미디어로 표현하기: 의미 이해와 전달   370

3. 소설 창작하기 –감상과 향유–   375

4. 북트레일러 영상 제작하기 –창작과 제작–   381

15장   고등학교 미디어 리터러시 수업 사례 · 이귀영   389

1. 미디어 제작 수업   390

2. 오늘의 나를 만든 미디어   394

3. 뉴스 일기   399

4. 시사주간지 제작   404

5. 임시정부 임무 수행하기   412

• 참고문헌   415

• 찾아보기   434

1부

미디어 리터러시의 이해

1장 · 미디어 리터러시의 이해
2장 · 미디어 리터러시 교육의 의미와 방향
3장 · 디지털 시대 시민성 발견과 탐색
4장 · 표현의 자유와 시민 권익의 보호
5장 · 미디어중독과 리터러시
6장 · 뉴스 읽기와 팩트체크

1장

미디어 리터러시의 이해

김대희

우리는 정보 과잉의 시대를 살고 있다. 매일 쏟아지는 엄청난 양의 정보를 처리하기 위해 대부분의 메시지를 무의식적으로 걸러 내는 자동 처리기술을 사용한다. 자동 처리 기술은 정보처리의 시간적 제약을 해결해 줄 수 있는 효율적인 방안이지만, 가치 있는 정보까지 흘려보내는 단점이 있다. 미디어 리터러시를 갖추면, 무의식적으로 일어나는 사고 행위를 보다 효율적으로 제어할 수 있다.

미디어 텍스트적 관점에서 미디어 언어라는 언어 개념의 확장은 의사소통 구조에 많은 변화를 가져왔다. 언어 전달의 방향을 변화시켰으며, 의사소통의 공간적 제약을 탈피시켰고, 메시지의 생산자와 수용자의 관계를 수직적 구조에서 수평적 구조로 변화시켰다. 미디어 텍스트 수용자는 다양한 유형의 미디어 텍스트를 다양한 관점으로 파악하고, 관점의 변화와 이동을 통해 새로운 해석을 시도할 수 있는 것도 미디어 리터러시의 과제라 할 수 있다.

미디어 리터러시는 미디어를 사용하고 해석하고 생산해 내기 위해 요구되는 지식이나 기술, 그리고 능력을 말한다. 미디어 리터러시는 우리가 삶에서 접하는 메시지의 의미를 이해하기 위해 미디어에 우리를 노출시킬 때 능동적으로 사용하는 하나의 관점이다. 우리는 자신의 지식 구조를 통해 관점을 정립해 나간다. 지식 구조를 정립하기 위해서는 정보와 그것을 다루는 기술이 필요하다.

미디어에 대한 지식 구조는 새로운 미디어 메시지들을 이해하고자 할 때 유용한 시각을 제공한다. 지식 구조를 많이 갖고 있을수록 다양한 메시지들을 이해하는 폭과 깊이를 확장할 수 있다. 미디어와 미디어 텍스트에 대한 지식의 구조를 갖추면, 미디어 메시지에 자신을 노출시키고, 새로운 요소들을 지닌 메시지를 해석하고 그 요소들을 분석함으로써 삶에 적응해 나가고, 그 과정을 통해 미디어 메시지의 가치를 평가하는 능력을 신장시킬 수 있다.

1. 정보의 과잉과 처리

1) 정보의 과잉 시대

우리 문화는 이미 정보 포화 상태에 있을 뿐만 아니라, 포화 상태의 속도는 점점 빨라지고 있다. 우리가 태어나기 이전에 생산된 정보 총량보다도 태어난 이후에 훨씬 더 많은 정보가 생성되었다. 그리고 정보의 증가 속도는 더 빨라지고 있다.

그렇게 많은 정보가 만들어지는 이유 중 한 가지는, 그 어느 때보다 많은 사람들이 정보를 만들어 내기 때문이다. 자신을 뮤지션이라고 자칭하는 사람의 숫자는 지난 40년간 두 배 이상 증가했고, 아티스트의 수는 3배가량 증가했으며, 작가의 수는 5배 정도 증가하였다(U.S. Bureau of the Census, 2017).

정보 과잉(information overload)은 어떤 문제에 직면했을 때 너무 많은 정보로 인해 그 문제를 이해하고 효과적으로 의사결정을 내리는 데 어려울 수 있음을 의미한다. '정보 과잉'이라는 용어는 조직 관리 및 정보 연구자들에 의해 1962년에 처음 사용되었고, 앨빈 토플러(Alvin Toffler)의 저서 『Future Shock』(1970)에서 언급되면서 대중화되었다. 스피어(Speier, C.) 외(1999)에서는 입력이 처리 용량을 초과할 경우 정보 과부하가 발생하여 출력의 질이 저하될 가능성이 있다고 하였다.

현대사회에서는 정보 과부하에 대한 새로운 정의가 대두되었다. 고든(Gordon, R., 2019)은 시간과 자원의 측면에 초점을 맞추어 정보과잉에 대해 정의하였다. 그에 따르면, 정보의 복잡성, 정보량, 정보 간의 모순 등 어떤 대상이나 현상에 관한 많은 정보가 주어질 때, 주어진 모든 정보를 처리하고 최선의 결정을 내리는 데 필요한 시간의 제약으로 인해 결정의 질이 떨어진다고 하였다. 또한 새로운 정보기술의 등장으로 인한 생산량의 증가, 보급의 용이성, 청중의 다변화와 같은 다양한 요인이 정보 과부하의 주요 원인이 되어 왔다. 미디어 간 연결을 지향하는 디지털 기술, 정보과학, 인터넷 문화(디지털 문화)의 시대에 정보 과부하는 과잉 노출, 정보의 과도한 수용, 입력 정보 및 데이터의 팽창 등과 상관성이 높다.

정보를 수용함에 있어서 가장 큰 한계는 시간이다. 대중들은 시간의 한계를 극복하기 위한 방안으로 직접적으로 경험하지 못하는 정보를 미디어를 통해 간접적으로 받아들이고 있다. 미디어의 정보들은 상당히 매력적으로 포장이 되어 있어 대중들이 미디어를 접하는 시간이 점점 늘어가고 있다. 지난 30년간 미디어를 이용하는 시간을 조사한 결과를 보면, 대중들의 미디어 노출 시간이 매년 늘어난 것으로 나타났다. 2010년에는 미디어를 이용하는 시간이 평균 10시간 46분이었는데, 2014년 조사에서는 12시간 14분으로 증가했다(eMarketer, 2014). 2017년 조사에 따르면, 대중들은 평균적으로 하루에 12시간 1분씩 미디어를 이용하며 시간을 보내는 것으로 나타났다(eMarketer, 2017).

2) 정보의 처리 방식

하루 12시간 이상 미디어를 이용하며 얻는 정보의 양은 무시할 만한 수준이 아니다. 그렇게 많은 양의 정보를 처리하는 데 가장 큰 기여를 하는 것은 인간의 인지능력이다. 인간의 인지능력은 놀랄 만큼 효율적이다. 우리는 경험으로부터 배운 행동이나 사고 작용인 '자동 처리' 기술을 사용하여 많은 일을 빠르게 수행할 수 있고, 어느 순간에는 거의 힘을 들이지 않고 일을 처리해 낸다. 예를 들어, 신발 끈을 묶거나 운전을 하거나 세탁기를 돌리는 것과 같은 작업이 몸에 익으면, 처음에 그것을 배우는 데 들인 노력에 비해 아주 적은 노력으로 그것을 반복해서 수행할 수 있다. 특정 행위에 대한 숙달 과정을 통해 인간의 뇌 안에 컴퓨터 코드와 같은 명령어가 입력된다. 입력된 코드는 무의식적으로 작동하는 인지 활동으로 인해 자동적으로 실행되며, 의식적인 사고 활동이나 노력을 하지 않고도 주어진 과제를 수행할 수 있도록 한다. 예를 들어, 타이핑을 처음 배운 경험을 떠올려 보자. 처음에는 자음과 모음의 위치를 기억하고, 어떤 단어를 입력할 때는 눌러야 할 자음과 모음의 순서를 생각한 다음 손가락으로 올바른 키를 누르도록 명령해야 했다. 단어나 문장 하나를 타이핑하는 데 시간이 많이 걸렸다. 그러나 많은 연습을 한 후에는 글자를 타이핑하기 위해 눌러야 할 키의 위치를 생각하지 않고도 손가락을 빠르게 움직일 수 있게 된다. 타이핑이 손에 익으면, 메시지를 보낼 때 타이핑하는 일에 대해 전혀 생각할 필요 없이 입력할 메시지의 내용에 대해서만 생각한다(Potter, J., 김대희·전미현 역, 2020: 21).

우리는 일상에서 미디어 메시지를 처리할 때에도 '자동 처리' 기술을 사용한다. 매일 쏟아지는 어마어마한 양의 미디어 메시지를 일일이 확인하며 처리하기에는 물리적 시간이 부족하고 인지 활동의 과부하가 우려되기 때문에 우리의 뇌는 찾아야 할 정보가 무엇인지만을 알려 주고, 나머지는 자동으로 걸러 내는 작업을 수행한다. 자동 처리 기술로 인해 우리는 그다지 큰 주의를 기울이지 않고도 거대한 양의 미디어 메시지를 경험한다. 가끔씩 관심을 기울여야 하거나 관심을 기울일 만한 메시지에 대해서만 우리는 의식적으로 반응을 하게 된다. 그러나 이 과정에서 우리가 모든 메시지들을 다 고려해서 주의를 기울일지 말지를 의식적으로 결정하는 것이 불가능하다. 그렇게 되면, 고려해야 할 메시지가 너무나 많기 때문이다. 시간이 흐르면서 우리는 정신적 에너지를 많이 쓸 필요가 없도록 자동 처리 기술을 매우 빠르고 효율적으로 수행할 수 있도록 발전시켰다.

정보에 대한 자동 처리의 큰 장점은 효율이다. 필터링 기능이 자동으로 실행되면 그

것은 우리가 어떠한 노력도 들이지 않아도 인지적 부담을 줄이기 위해 수천 가지의 결정을 내려 준다는 것이다. 그러나 몇 가지 중대한 단점이 있다. 자동 처리 기술에 전적으로 의존하게 되면 그 사고의 틀에 박혀 우리에게 매우 유용할 수 있는 많은 메시지들에 주의를 기울이는 것을 놓치게 된다. 심지어 우리는 무엇을 놓치고 있는지도 알지 못한다. 마트에서 장을 볼 때를 예로 들어 보자. 자동 처리 기술을 사용하지 않는다면, 우리는 더 폭넓게 제품을 살펴보고 라벨을 통해 어떤 재료를 함유하고 있는지까지 알아내려고 노력할지 모른다. 아니면 제품의 가격에 관심을 기울일 수도 있다. 자동 처리 기술을 우선순위로 두지 않는다면, 다양한 제품의 가격을 비교했을 것이고, 비슷한 제품이라면 돈을 절약할 수 있는 제품을 선택할 것이다. 그러나 정보 처리 과정에서 자동 처리 기술에 의존하여 효율성에 너무 신경을 쓰게 되면, 우리는 경험을 확장할 기회와 더 건강하고, 더 아끼고, 더 행복해지기 위해 더 나은 결정을 내릴 기회를 잃는다.

또 다른 단점은, 장기적으로 메시지에 대한 피로를 경험한다는 것이다. 일상에서 너무 많은 미디어 메시지를 처리하기에 역부족이라고 느낄 때, 우리는 전달되는 대부분의 메시지를 걸러 냄으로써 우리 자신을 보호하려고 노력한다. 결국 우리가 같은 유형의 메시지에 반복해서 노출되게 되면 각 메시지의 가치는 계속 감소하고 우리는 집중력을 잃게 된다. 1971년 노벨 경제학상 수상자인 Herbert Simon은 "정보의 부(wealth)가 관심의 빈곤을 야기한다."고 하였다(Angwin, J., 2009: 239). 이 명제는 식료품점에 잼 시식 테이블을 설치해 놓은 실험연구를 통해 증명되었다. 해당 연구에서는 6가지 종류의 잼을 제공했을 때와 24가지 종류의 잼을 제공했을 때 소비자의 반응이 어떻게 다른지 살폈다. 24가지의 잼을 제공한 테이블에 방문자와 시식자들이 몰렸지만, 오히려 잼의 종류가 적은 테이블의 판매가 더 많았다. 잼 종류가 더 많았던 테이블에 찾아왔던 사람들은 단 3%만 잼을 산 반면, 더 적은 종류의 잼이 있던 테이블을 찾은 사람들은 30%가 잼을 샀다(Anderson, C. 2006). 이는 선택권이 있다는 건 매력적이지만, 선택권이 너무 많으면 아무 행동도 하지 못하게 될 수 있다는 것을 시사한다. 엄청난 양의 미디어 메시지에 압도당했다고 느낄 때, 메시지에 대한 피로를 경험한 대중은 점점 더 자동 처리 기술에 의존하게 된다는 것이다(Potter, J., 김대희·전미현 역, 2020: 22~23).

메시지에 대한 자동 처리 시스템은 효율성이 높지만 그것을 선택할 때에는 대가가 따른다. 메시지의 자동 처리 시스템은 우리로 하여금 주목해야 할 정보를 무의식적으로 흘려보냄으로써 가치 있는 것들을 경험하지 못하게 만든다. 미디어 리터러시를 갖춘다는 것은 무의식적으로 일어나는 사고 행위를 의식적인 활동으로 변화시키는 것이다. 미디어에 의해 전달되는 메시지에 대한 자동 처리는 인지 구조 안에서 대체로 무의식적으로 돌아가는 절차인데, 미디어 리터러시를 신장시키면 이를 보다 효율적으로 제어할 수 있다.

2. 미디어 텍스트와 의사소통

1) 미디어 메시지의 소통 양상

언어는 인간을 인간답게 만드는 가장 중요한 요소 중 하나이다. 그러나 인간이 자신의 의사를 표현하는 상징체계인 언어는 하나로 통일되지 않았다. 의사소통에 대한 시각이 많이 바뀌었고, 그 방식에서도 기술의 변화와 함께 많은 변화와 발전을 가져왔다. 언어의 역할과 범위를 재정립하게 되었고, 글로 쓰인 문자언어와 발성기관을 통해 나오는 음성언어가 인간 언어의 모든 것은 아니며, 의사소통을 위한 도구가 언어의 역할을 한다는 것을 언어를 사용하는 모든 사람들이 인식하게 되었다. 문자언어나 음성언어를 기반으로 하는 의사소통은 정보를 전달하는 방법들 중 하나일 뿐이다. 따라서 전달하고자 하는 의미가 언제나 "말해지거나 쓰일 수 있다"고 생각하는 것은 어떤 관점에 있어서는 그 의미를 온전히 전달하고 표현하는 데 불가능할 수도 있다.

정대현(2000)에서는 언어 확장의 단계를 4단계로 구분하여 제시하고 있다. 첫째는 소통 수단으로서의 언어로부터 사유형식으로서의 언어로의 전환이다. 둘째 단계는 언어의 의미가 어떻게 주어지는가에 대한 이해를 통해 이루어진다. 언어 확장의 셋째 단계는 공동체 언어를 과제 수행적이고 관계 구성적이고 표현적인 방향으로 확장하여 표현되는 단계이다. 말없이 이루어지는 인사라는 신체언어나 예술 언어가 그 예이다. 넷째는 사람 눈이 닿는 모든 것이 언어적이라는 관점이다. 이것을 '국면적 봄(viewing)'이라는 개념으로 표현하고 있다. 언어철학자들이 지적하는 대로, 어떠한 대상을 보는 것은 그 대상 자체를 보는 것이 아니라 언제나 그 대상의 특정한 국면을 본다는 것이다.

현대사회의 대중문화를 이끌고 있으며 생활의 일부가 되어 버린 미디어는 어떠한 의미를 전달하는 하나의 도구로 작용한다. 미디어를 생산하는 사람들은 그것을 수용할 사람들을 염두에 두고 어떤 의미를 담기 위해 노력하며, 그것을 받아들이는 사람 또한 전달하는 사람의 의도를 파악하고자 애쓴다. 이것은 또다시 수용자가 새로운 전달자가 되어 1차 전달자를 2차 소비자로 만드는 역방향적 접근이 허용되어 있다. 결론적으로 말하자면, 미디어도 하나의 언어 체계라는 것이다.

〈그림 1-1〉 미디어 메시지의 전달과 수용 과정

언어의 상징체계로서의 미디어는 몇 가지 유형으로 세분화할 수 있다. 이전까지 우리가 기호체계로 사용해 왔던 문자언어와 음성언어를 비롯하여 영상·그림·음향 등이 그것이다. 음성언어만 사용되던 시기를 거쳐 문자언어가 음성언어와 더불어 인간의 의사소통을 원활히 해 주었던 것과 마찬가지로 영상·그림·음향 등은 의사소통을 더욱 원만히 이루어지기 위한 도구로 작용한다. 예를 들면, 소리만으로 의미를 전달하는 라디오보다는 소리와 시각적 이미지를 수반하는 텔레비전이 이해를 쉽게 하고, 글자만 쓰인 문학 작품에 그림이나 영상을 덧붙인다면 학습의 효과는 더욱 높아질 것이다.

2) 언어 개념의 확장과 의사소통 구조의 변화

미디어 언어라는 언어 개념의 확장은 의사소통 구조에 많은 변화를 가져왔다. 첫째, 미디어는 언어 전달의 방향을 변화시켰다. 일상생활에서 음성언어를 매개로 대화하는 상황을 제외한다면, 대부분의 언어활동은 전달자와 수용자가 거의 정해져 있다. 특히 기록성을 띤 인쇄매체는 대부분 그러하다. 그렇지만, 미디어는 의사소통에서 이러한 시간적 구속성을 벗어날 수 있는 언어를 가지고 있다. 한쪽은 전달만 하고, 다른 한쪽은 수용만 하는 구조가 아닌, 전달자가 곧 수용자이며, 수용자가 곧 전달자인 쌍방향적인 구조를 갖추고 있다. 그리고 전달과 수용이 이루어지는 시간의 간격이 매우 좁아졌다. 기존에는 한번 전달하면 그것이 수용되기까지 많은 시간이 소요되었지만, 미디어 언어를 매개로 하는 의사소통은 전달과 수용의 시간적 격차를 줄여 주었다.

둘째, 미디어는 의사소통의 공간적 제약을 탈피시켰다. 의사소통이 이루어지는 공간을 양분한다면, 온라인과 오프라인으로 구분할 수 있을 것이다. 오프라인에서 사용되는 언어(특히 문자언어)는 전달자와 수용자가 1 대 다수인 구조를 갖는다. 그렇지만, 온라인에서의 의사소통은 1 대 1, 또는 1 대 다수의 구조를 갖는다. 이것이 나아가 1 대 다수의 의사소통을 필요로 하게 될 때에는 오프라인으로 그 공간을 옮겨가기도 한다. 곧 미디어를 매개로 한 의사소통은 오프라인이라는 공간에서 오는 의사소통의 제한점들을 해소시켜 주는 하나의 대안이 된 셈이다.

셋째, 저자-독자 또는 전달자-수용자의 관계를 수직적 구조에서 수평적 구조로 변화시켰다. 활자에 의존한 기존의 의사소통 체계에서 수동적일 수밖에 없었던 독자나 언어 수용자의 역할이 미디어를 기반으로 한 의사소통 구조에서는 전달되는 언어로부터 새로운 의미를 탐색하고, 해석하고, 창조해 내는 능동적인 모습으로 바뀌었다.

이렇듯 미디어에 사용되는 언어는 언어의 성격과 역할, 그리고 그 범위의 변화를 가져왔으며, 인간의 의사소통의 구조를 바꾸어 놓았다. 미디어로 인한 새로운 언어의 등장이 기존 언어의 질서를 파괴하는 것이 아닌 새로운 문화 환경에 적응해 나가는 대안으로 자리매김해 가고 있다.

미디어 텍스트가 전달하는 메시지는 사고의 전달 수단으로서 의사소통 과정의 핵심이다. 미디어 메시지는 상업적으로 물건을 많이 팔리게 하거나, 어떤 사실에 대한 정보를 제공을 하거나, 집단의 논리를 내세우는 등의 어떠한 특별한 목적을 지니고 있다. 미디어 메시지는 그러한 특정한 가치와 이데올로기를 내포하고 있으며, 그 가치와 이데올로기를 바라보는 시각에 따라 미디어 텍스트는 다양한 해석이 가능한 다의성(polysemic)을 지니기 때문에 미디어 메시지를 생산하는 사람은 텍스트가 의도하는 의미를 수용자들에게 주입시키기 위해 다양한 기술과 코드를 활용한다. 예를 들면, 제품을 서로 비교함으로써 어떤 특정 제품이 다른 제품보다 낫다고 소비자를 설득시킨다.

이러한 미디어 텍스트의 성격을 '전언성(傳言性)'과 '형상성(形像性)'으로 구분하여 생각할 수 있다. 미디어 텍스트는 사고의 중계 수단으로서 의사소통의 내용인 전언(message)을 가진다. 만약 어떤 글이 독자의 지적 수준에 부합하지 않아 전혀 이해되지 않거나 또는 관심의 대상이 되지 않는다면 매체언어로서의 역할을 수행할 수 없게 된다. 따라서 미디어 텍스트는 전언의 내용을 반드시 갖게 된다. 이를 미디어 텍스트의 '전언성'이라 한다. 또한 미디어 텍스트는 사고의 중계 수단으로서 형상성을 지니는데, 형상성이란 각각의 매체 언어가 갖는 고유하고 독특한 특성을 규정한다. 미디어 텍스트는 추상적 사고의 내용을 구체화하기 위해 활용되는 것이기 때문에 어떤 텍스트가 사용되었느냐에 따라 구체화되는 사고도 다르기 마련이다. 만약 자신의 생각이나 느낌을 드러내기에 부적절한 미디어 텍스트를 선택하게 된다면, 표현되고 전달되는 것은 의도했던 바에서 멀어질 수도 있다. 따라서 같은 시각적 기호 형식에 기초한 미디어 텍스트라 하더라도 영화로 대하게 되는 〈안네의 일기〉와 글로 대하는 「안네의 일기」는 그 느낌이나 인상이 달라질 수밖에 없고, 다른 감상의 사고 내용이 생길 수 있다. 이것은 형상성의 측면에서 미디어 텍스트마다 고유하고 독특한 표현 효과를 갖기 때문이다.

표 1-1은 언어의 유형별로 미디어의 유형을 분류시키고, 각각의 특징을 제시한 것이다. 이 언어들은 정보전달과 매개에 필요한 고유의 매체 기술들을 발전시켰으며, 곧 그 시대의 주류 매체로 등장하게 만들었다. 이처럼, 사회변동을 주도하는 각 언어들의 발전은 여러 가지 측면에서 변화를 일으키고 있다. 언어의 변화는 단순히 인간이 쓰는 언어의 변화만을 의미하지 않는다. 오히려 그보다 언어를 둘러싼 제반 환경들을 변화시킨다. 따라서 언어의 발달로 인해서 언어 환경 내에 존재하는 인간들의 관계와 환경과 인간의 관계 등이 변화하게 된다. 구술문화에서 인쇄매체의 등장, 영상 매체의 등장, 그리고 최근의 컴퓨터·인터넷에 이르기까지 수많은 매체들 중에서 이들이 사회의 핵심 매체로 등장한 이유에는 이들이 환경을 변화시키는 힘을 가지고 있기 때문이다. 언어가 환경을 변화시키는 힘은 각기 이 언어들이 이전과는 다른 커뮤니케이션과 텍스트를 발생시킨다는 데 있다.

〈표 1-1〉 언어 변화에 따른 커뮤니케이션 문화의 특성

언어	미디어	특징	문화 형태
구두 언어	상징	• 인간의 생활 세계에 밀착된다. • 첨가적이다. (대등한 관계 구조) • 집합적이다. (일반적 나열) • 감정이입 혹은 참여적이다. (지식=나) • 항상 현재만이 존재한다. (항상성) • 상황의존적이다. (다의성)	구술 문화

문자 언어	인쇄미디어 (신문, 책, 잡지)	• 인간의 생활 경험으로부터 일정한 거리를 둔다. • 종속적이다.(중심−주변의 관계) • 분석적이다.(인과 관계) • 지식에 대해서 객관적이다. • 과거와 현재를 분리시킨다.(역사성) • 추상적이다.(대표적 언어/기호)	문자 문화
영상 언어	영상미디어 (TV, 비디오)	• 인간의 경험을 새로운 경험으로 대체한다. • 종속적이다.(중심−주변의 관계) • 비분석적이다.(비인과 구조 내의 사고) • 지식의 대중화를 가져왔다. • 물리적 시공간을 분리시킨다.(비역사성) • 감각적이다.	영상 문화
디지털 언어	네트워크미디어 (컴퓨터/인터넷)	• 새로운 현실(가상 현실)을 창조한다. • 비종속적이다.(중심−주변의 상실: 텍스트의 덩어리) • 순간적이다.(비인과성) • 지식의 개인화를 가져왔다. • 과거, 현재, 미래의 통합(개인의 역사성) • 복합감각적이며, 즉시적이다.(구술성에의 복귀)	디지털 문화

출처: 김양은, 2003: 101

미디어 텍스트에 대해 지녀야 할 관점은, 환경의 변화를 일으키는 언어가 갖는 힘과 그 힘이 생산하는 결과물인 텍스트를 인간과 환경과의 상호 작용의 관계 속에서 파악할 수 있어야 한다는 것이다. 다양한 유형의 미디어 텍스트를 다양한 관점으로 파악하고, 관점의 변화와 이동을 통해 새로운 해석을 시도할 수 있는 것도 미디어 리터러시의 과제라 할 수 있다.

3. 미디어 리터러시의 개념

1) 리터러시 개념의 확장

오늘날 책·신문·잡지·텔레비전·라디오·영화·인터넷 등을 가리키는 미디어는 교육의 큰 흐름으로 자리를 잡았다. '미디어'란 '중재하는 수단·도구 혹은 매개체'라고 하며, 이는 효과나 정보가 운반되거나 전달되는 물질 혹은 경로를 의미한다. 즉 미디어는 우리가 다른 사람과 직접 면 대 면으로 소통하지 않고 간접적으로 의사소통을 할 때 사용하는 것이다. 그러한 간접성 때문에 미디어는 세상을 보는 투명한 창을 제공하지 않고, 실제의 세상을 다른 공간에 옮겨 놓는 과정에서 보이는 것을 다른 형태로 재현하거나 간접적으로 소통될 수 있는 경로를 제공한다. 이렇듯 미디어는 우리가 세상에 직접적으로 접근할 수 있게 하기보다는 세상을 보는 선택적인 관점을 제공하기 때문에 중재의 성격을 띤다(Buckingham, D. 2003, 기선정·김아미 역, 2004: 17).

미디어는 '표상하고자 하는 의미가 문자나 음성, 영상 등 일정한 형식의 기호에 의해 재현되는 형태'를 의미한다. 즉 텔레비전·라디오·책·잡지·신문·대중음악·영화·비디오게임·광고·인터넷 등을 가리킨다. 한편 미디어 텍스트는 이러한 다양한 형태의 전달 수단에 의해 전달되는 다양한 프로그램·영상작품·이미지·웹페이지 등을 말한다. 이러한 미디어 텍스트의 대부분은 다수의 사람들이 보거나 듣거나 읽기를 원하기 때문에 '대중매체(mass media)'라고 불리지만, 어떤 것들은 소수 또는 특화된 수용자들만을 대상으로 삼기도 한다. 전통적 개념의 리터러시의 대상이 된 책·신문·잡지도 '미디어'의 범주 안에 놓일 수 있는 것은, 이것들도 다른 것들과 마찬가지로 세상을 보는 중재된 관점이나 경로를 제공하기 때문이다. 미디어 텍스트의 수용과 해석이라는 관점에서 볼 때, 문자언어와 음성언어, 영상언어가 본질적으로는 크게 다르지 않으며, 단지 접근이나 표현 방식에서 각 미디어의 성격에 따라 달라지는 것이다(김대희, 2018: 8).

리터러시는 각기 다른 사회나 문화권에서, 그리고 시대에 따라서 서로 다른 의미로 정의되어지고, 이해되어져 왔다. 원래 리터러시란 용어가 등장한 것은 문자언어의 인쇄가 가능해진 19세기 중반이었다. 당시의 리터러시 개념은 단순히 문자화된 기록물을 통해 지식과 정보를 획득하고 이해할 수 있는 수준을 말하고 있었다. 즉, 단순히 단어나 철자들을 읽고 쓸 줄 아는 능력으로서 단순히 정의되었다(김양은, 1998 : 11). 그런데 이러한 리터러시의 개념만으로는 현재 언어활동이 이루어지는 상황 속에서 학생들은 막강한 영향력을 가진 미디어에 아무런 방어 기제나 대처 수단이 없이 노출될 수밖에 없는 것이다.

의사소통 기술의 발전은 문자언어와 음성언어의 역할을 재정립하고 확장시킨 문화적 환경의 변화를 가져왔다. 이제 언어는 의미를 가진 상징표현의 여러 형태들(문자·음성·이미지·소리·음악·영상 등)의 관계 속에 놓여 있어야 한다. 오늘날 미디어의 영향으로 언어가 그 범위를 확대해 나감에 따라 현대사회에서 요구하는 언어의 틀이 확대되었으며, 그 틀 안에 속한 언어를 해석하고, 이해하며, 수용하는 양상 또한 과거의 그것에 비해 많이 변모하였다. 전통적인 개념의 리터러시는 사회의 변화와 함께 더 이상 문자언어를 읽고 쓰는 피상적 의미만을 내포하는 개념이 아닌, 언어를 전제로 다양하고 구체적인 사회적 문제 상황들에 대처해 내고, 언중들 사이에 공유된 문화를 향유할 수 있는 기술로 그 개념이 확장된 것이다.

이러한 시대적 변화를 수용하여 NCTE(National Council of Teachers of English : 영어교사협회)·IRA(International Reading Association : 국제독서학회)에서는 자국어 교육의 목표를 다음과 같이 재정의하였다(Drowns, B. 외, 1997 : 6).

현대사회에서 문식력을 갖는다는 것은 문자·음성 언어뿐만 아니라 영화와 텔레비전, 상업적·정치적 광고, 사진… 등의 시각적 언어에 대해 능동적이고 비판적이고 창조적인 사용자가 되는 것을 의미한다. … 이러한 리터러시 정의의 확장을 기초로, 모국어 교육은 읽기와 쓰기뿐만 아니라, 말하기·듣기·보기, 시각적으로 표현하기를 모두 아울러야 한다.

이러한 목표는 리터러시의 대상이 문자언어를 넘어선다는 것을 의미한다. 문자와 더불어 미디어가 교육의 장에서 통용되고 있다는 것을 인지하고 미디어를 교육의 내용으로 다루는 교육의 중요성을 강조한 것이다. 사회적 변화가 불러온 리터러시의 개념의 변화는 New London Group(1996)이 정의한 교육의 방향과도 관련이 깊다.

교육의 사명이란 학생들로 하여금 앞으로 그들이 살아가게 될 공적인 삶, 커뮤니티 내의 삶, 그리고 경제적인 삶의 온전한 참여자로 성장할 수 있는 방법을 알아 가도록 하는데 있다고 할 수 있다. 이러한 교육적 사명을 실현하는 데 리터러시 교육(literacy pedagogy)은 특히 중요한 역할을 담당한다. … 전통적인 의미에서의 리터러시 교육은 한 나라의 공식 표준어로 씌어진 언어를 한 페이지 단위로 나뉘는 '종이'라는 매체를 통해 읽고 쓸 줄아는 능력을 길러 주는 것을 의미했다. 이처럼 전통적인 리터러시 교육은 특정한 방식으로 공식화된 언어, 문화적 다양성을 배제한 단일 언어와 획일적인 문화, 형식적인 언어규칙 등을 강조해 왔다고 볼 수 있으며, 그런 점에서 매우 제한적인 교육 기획이었다고 평가할 수 있다. 그러나 새로운 시대의 리터러시 교육은 언어 사용에 내재한 중층적 담론에대한 협상 능력을 길러 주는 것을 포함하는, 그런 의미에서의 '멀티리터러시'의 교육으로확장되어야 한다(정현선, 2002: 387~388에서 재인용).

2) 미디어 리터러시 사고

미디어의 등장과 함께 변화한 리터러시 개념의 초점은 리터러시가 포괄하는 사고 능력에 있다(B. Drowns 외, 1997: 7). 리터러시는 이제 문자언어에 대한 독해력의 개념에서 벗어나 사고력의 범주로 확대되어야 한다는 것이다. 리터러시 사고(literate thought)는 상징적 메시지를 단순히 기호화하고 해석하는 것보다 훨씬 넓은 의미를 지닌다. 리터러시 사고는 다음과 같은 능력들을 가리킨다.

- 사회와 문화, 개인에게 침투한 미디어 내용을 '텍스트'로 인지하는 능력

- 사실적 이해를 위해 텍스트에 드러난 형식적인 특징을 해석하는 능력

- 추상적, 논리적 이해를 위해 미디어에 대한 다양한 관점을 갖는 능력

- 이해하는 과정에서 지적이고, 개념적이고, 정서적인 이해를 통합시키는 능력

- 미디어의 영향력을 개인적인 것과 사회문화적인 것으로 구분하여 인지하는 능력

- 미디어의 전달 과정에 대한 이해 능력

- 미디어 메시지를 분석하고 비평할 수 있는 전략을 갖추는 능력

- 미디어 메시지를 즐기고, 이해하고, 평가하는 태도를 향상시키는 능력

'미디어 리터러시'에서 말하는 '리터러시'는 휴대전화에 어플을 설치할 수 있다거나 컴퓨터 영상 프로그램을 다룰 줄 아는 것과 같은 단순한 기능적 리터러시 이상을 의미한다. 이는 학생들이 단지 미디어를 이해하고 사용할 수 있게 하는 인지적 '도구상자'를 의미하지 않는다. 그래서 미디어 리터러시는 다양한 커뮤니케이션 형식과 구조를 설명하는 수단인 '메타언어'의 습득을 필요로 하며, 커뮤니케이션의 보다 광범위한 사회적·경제적·제도적 맥락과 이러한 맥락이 사람들의 경험과 실천에 어떤 영향을 끼치는지 이해하는 일과도 관련되어 있다(기선정 역, 2004: 72~73).

미디어 리터러시는 미디어를 사용하고 해석하고 생산해 내기 위해 요구되는 지식이나 기술, 그리고 능력을 말한다. 미디어 리터러시는 우리가 삶에서 접하는 메시지의 의미를 이해하기 위해 미디어에 우리를 노출시킬 때 능동적으로 사용하는 하나의 관점이다. 우리는 자신의 지식 구조를 통해 관점을 정립해 나간다. 지식 구조를 정립하기 위해서는 정보와, 그것을 다루는 기술이 필요하다. 능동적으로 사용한다는 것은 메시지의 존재를 자각하며, 의식적으로 그 메시지와 상호작용한다는 의미를 내포한다.

2018년 「미디어의 다원성과 소유의 투명성에 대한 유럽평의회의 권고」(Recommend ation CM/Rec(2018) of the Committee of Ministers to member States on media plural ism and transparency of media ownership)는 누구나 누려야 할 미디어의 자유와 다원성에 대해 다

음과 같이 언급하였다.

> 표현의 자유에 대한 권리의 필연적인 결과이며, … 다양한 정보와 관점에 대한 접근성
> 과 이용 가능성을 보장할 수 있도록 도움을 주기 때문에 민주사회의 기능을 수행하는 데
> 핵심적인 역할을 한다. 이를 바탕으로 개인은 자신의 의견을 형성하고 표현할 수 있으며,
> 정보와 생각을 교환할 수 있다(Council of Europe, 2018: 1).

유럽평의회의 이러한 입장은 미디어에 대한 접근과 교육이 민주주의를 실천하고 민주시민을 양성함에 있어서 필수적이라는 기본 철학을 담고 있는 것으로 해석할 수 있다. 미디어 리터러시 교육에 대한 이러한 사회철학적 관점은 유럽평의회뿐만 아니라 UNESCO나 UN 등의 국제기구, 영국·캐나다·미국·호주 등 세계 여러 나라의 대학과 연구소, 기관에서도 강조하고 있다.

4. 미디어 리터러시에 대한 지식 구조의 정립

지식 구조는 기억 속에 내재된 체계화된 정보의 집합을 말한다. 미디어에 대한 지식 구조는 새로운 미디어 메시지들을 이해하려고 할 때 사용하는 맥락을 제공한다. 지식 구조를 많이 갖고 있을수록 다양한 메시지들을 이해하는 폭과 깊이를 확장할 수 있다. 누가 미디어를 소유하고 조종하는지, 미디어가 어떻게 점차 발전하는지, 미디어 콘텐츠가 수용자에게 미치는 영향은 무엇인지에 대한 경향들을 이해하는 데 중요한 지침을 제공해 준다. 지식 구조를 고도로 발달시키게 되면, 미디어 이슈들의 전체적인 흐름을 이해할 수 있게 되고, 미디어 생태계에서 일어나는 현상들을 볼 수 있는 능력이 생긴다(Potter, J., 김대희·전미현 역, 2020: 36).

미디어와 미디어 텍스트에 대한 지식의 구조를 갖춘다는 것은 미디어 메시지에 자

신을 노출시키고, 새로운 요소들을 지닌 메시지를 해석하고 그 요소들을 분석함으로써 삶에 적응해 나가고, 그 과정을 통해 미디어 메시지의 가치를 평가하는 능력을 함양하는 것이다. 미디어 리터러시 교육의 방향성 설정을 위해서는 지식의 구조를 정립하는 것이 가장 시급하다(김대희, 2021: 390~404).

1) 미디어의 본질에 대한 지식 구조

언어의 원초적이고 근원적인 형식이 사람의 입을 통해서 귀로 전달되는 입말이라고 한다면, 미디어 언어는 '입 → 귀'와는 다른 경로나 매개 방식을 통해 의미가 전달되는 언어 사용 및 그 결과를 가리키는 것으로 이해할 수 있다. 그러한 경로나 매개 수단이 '언어 매체'인데, 그것은 인간 언어의 사용 범위와 의사소통 방식을 확대하고 다양화해 주는 점에서 의의가 있다(이정복, 2014: 68~69). 메시지가 생산되고 매개물을 거쳐 유통되고 수용자에 의해 소비되는 과정에는 물질이나 현상의 본질이 본래의 상태대로 이송되지 않는다. 두드러지게 하거나, 감추기도 하고, 원래의 것을 변형시키기도 하고, 없애기도 하며, 없던 것을 만들어 내기도 한다. 미디어를 마법의 창(magic window)이라고 부르는 이유이다.

미디어를 통해 쏟아지는 방대한 양의 정보는 사람들의 현실 인식을 크게 뒤바꾸어 놓았다. 현대인들은 '정보매체에 의해 매개된 경험'을 통해 자신이 살아가는 현실을 파악한다. 스크린을 통해 매개되는 현실에서 정치 소식, 의학 상식, 연예계 소식 등과 같은, 여러 상황들로부터 발생한 정보들은 시공간적 제약을 넘어 콜라주 방식으로 함께 편집된다. 뿐만 아니라 사람들은 점차 자기 이웃에서 일어난 사건이든, 아니면 지구 밖에서 일어난 사건이든, 매체를 통해 전달되는 정보들에 대해서만 현실감을 갖게 된다. 이러한 '콜라주 효과'와 '현실 전도감'으로 인해 현대인들에게는 자신의 직접적 경험보다 매개된 경험이 더욱 현실감을 갖게 되고, 더 나아가 오늘날 범람하는 정보들은 현실을 비추는 거울에 그치는 것이 아니라 아예 현실 자체를 형성하고 있는 것이다

(구연상, 2004: 30). 스크린에 보이는 현실 세계에 대한 모방물을 통해 현실을 인식하는 과정은 학습자들로 하여금 현실 세계와 재현된(모방) 세계에 대한 구분과 분리를 어렵게 만든다.

실제 세계에 대한 재현의 의도는 생각보다 뿌리 깊게 수용자의 사고를 지배한다. 사물에 대한 지각, 사건에 대한 해석, 삶에 대한 태도 등(채운, 2009: 91)에서 재현의 논리는 미디어 메시지를 생산하는 권력에 의해 좌우되며, 비판이나 저항이 제기되지 않는 한 수용자는 수동적인 존재가 되어 생산자의 의도를 있는 그대로 받아들이게 된다. 결국 수용자들에게 필요한 능력은 재현적 사유이다. 재현의 과정에서 변형, 왜곡, 삭제, 추가된 메시지가 무엇인지를 파악하려는 사유의 과정이 요구된다.

그림 1-2에서 거울에 대해 수용자가 갖는 기대는 그림 속 인물의 정면 모습을 담고 있어야 한다는 것이다. 학습자들에게는 거울의 속성이 무언가를 완벽하게 재현 또는 모방한다는 믿음은 유효하지 않을 수 있다는 사유가 필요하다.

재현은 미디어의 원초적 본질이자 특성이다. 미디어의 재현에 대해서는 거울보다 더 많은 사유를 필요로 한다. 그 종류가 다양할 뿐만 아니라 다양한 유형의 언어가 복합적으로 얽힌 형태로 메시지를 생산하기 때문이다. 미디어 리터러시 교육에서 필요

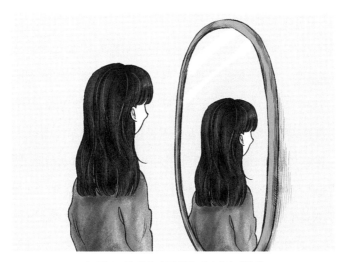

〈그림 1-2〉 사유가 필요한 미디어의 재현성

한 것은 미디어 안에서 재현된 세계가 실제 세계를 얼마나 잘 반영하고 있는지, 무엇을 어떻게 뒤틀어 놓았는지, 수용자의 관점이나 견해에 얼마나 영향을 미치는지 등을 고민하는 시각이다.

2) 미디어 메시지에 대한 지식 구조

미디어의 재현을 수용자가 받아들이는 주체성 또는 의식화의 정도가 미디어 리터러시의 수준을 결정한다고 해도 과언이 아니다. 미디어 리터러시에 대한 지식 구조는 미디어 메시지를 수용할 때 수용자가 갖는 사유의 깊이, 즉 메시지에 대한 정보처리 과정에 대한 이해를 기반으로 한다.

학습자가 삶에서 경험을 축적해 감에 따라, 우리의 정신은 수학 문제 해결, 논리적 추리, 도덕적 문제의 해결, 감정 조절, 직업과 인간관계에 보람을 느끼게 할 수 있는 기술의 확장 및 성장 등 부가적인 기능을 수행하는 방법을 뇌에 알려 주는 프로그래밍도 축적한다. 이 프로그램은 처음에는 가족공동체에서 얻고 이후에는 학습이나 사회공동체로부터 습득한다. 교육·종교·정치·정부 등 사회문화적 조직과의 접촉을 통해서도 얻는다. 그리고 대중매체에서 많은 것을 얻는다. 이 프로그래밍은 개인의 무의식 속에서 자동화 처리의 형태로 끊임없이 실행되고 있다. 인간이 경험으로부터 배운 행동이나 생각의 자동화 과정을 통해 많은 일상적인 일을 빠르게 수행할 수 있고, 그 다음에는 거의 노력하지 않고 반복해서 적용이 된다. 학습자는 자동성 상태에서 모든 미디어 메시지들을 접한다. 다시 말해, 메시지를 처리하는 인지가 자동 처리 상태에 놓여 있고, 대부분의 메시지를 습관이나 관습에 의해 받아들인다는 것이다. 사실 모든 메시지들에 대해 심사숙고해서 관심을 기울일지 말지를 의식적으로 결정하는 것이 불가능하다. 처리해야 할 메시지의 양이 너무 많기 때문이다. 시간이 흐르면서, 수용자는 정신적 에너지를 많이 쓸 필요가 없도록 메시지의 여과 과정을 매우 빠르고 효율적으로 진행시키는 자동 처리 패턴에 적응해 왔다. 미디어 메시지에 대한 무의식적 자동 처리는 효율성은 뛰어나지만, 단점도 있다. 메시지를 걸러 내는 인지기능이 거의 작동하지 않기 때문에 수용자에게 매우 유용할 수 있는 메시지들을 놓칠 수 있으며, 같은 유형의 메시지에 반복적으로 노출되게 되면 메시지에 대한 피로감이 느껴 메시지 자체에 관심을 갖지 않게 된다(Potter, J., 김대희·전미현 역, 2020: 20~21).

미디어 메시지에 대한 지식 구조의 출발은 학습자가 미디어 정보를 처리하는 과정이 자동성 상태임을 인지하는 데 있다. 그 이후의 단계는 정보의 처리 과정에 작동하는 자동장치를 해제하고 인지적 여과기를 작동시켜 유의미한 메시지를 의식적이고 주체적으로 처리하는 것이다. 그림 1-3은 미디어 메시지를 수용함에 있어서 작동 가능한 인지적 여과기를 보여 준다. 미디어 메시지를 수용하는 과정을 '접근 – 분석 – 평가 · 내면화'의 네 단계로 구분(김대희, 2018: 143~145)하고 각 여과기의 기능을 나타냈다.

메시지에 접근하는 단계(access)는 메시지가 담고 있는 상징을 해독하고, 그것을 표현할 수 있는 단어를 만들어 내는 능력과 관련된 것이다. 또한 접근 기술은 정보를 찾기 위해 다양한 미디어 플랫폼을 이용하여 관련 자료를 선택하고 사용하는 것과도 관련이 있다.

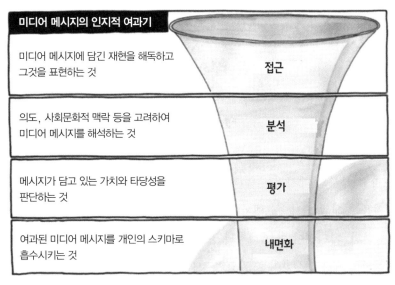

〈그림 1-3〉 미디어 메시지 처리 과정의 인지적 여과기

메시지를 분석하는 것(analysis)은 메시지의 의도, 사회문화적 맥락 등을 다루는 데 필요한 기술을 가리킨다. 예를 들면, 메시지의 표층적·심층적 의미를 파악하고, 이데 올로기 등의 사회문화적 맥락을 추론하며, 메시지 생산자의 목적과 의도를 탐구하는 활동 등을 말한다. 이러한 분석 기술은 전달하는 메시지에 대한 해석적인 이해 기술이 라고 볼 수 있다.

메시지를 평가하는 단계(evaluation)는 텍스트를 해석하기 위해 배경 지식을 활용하 여 메시지 수용자에게 메시지가 담고 있는 의미의 가치와 그 타당성에 대해 판단하는 과정이다. 여기에서는 앞으로의 결과나 논리적인 결론을 예상하는 활동이 일어나고, 메시지가 담고 있는 가치를 확인하거나 증명하며, 텍스트의 미학적 질을 평가한다. 분석 과정이 개념적 지식을 효율적으로 사용하는 능력과 관련된 것인 반면에, 평가 과 정은 학생의 현실 세계에 대한 시각·지식·태도·가치와 관련이 있음을 인식하고 분명 히 하는 것이다.

마지막으로, 전달받은 메시지를 내면화하는 과정(internalization)은 미디어 메시지를 통해 입력된 정보와 영향력이 개인의 사고 및 감정, 행동과 선별적 또는 비판적·유기 적으로 결합하여 수용자의 스키마로 흡수시키는 단계이다. 미디어 메시지는 그것을 접하는 사람이나 집단에게 신념·태도 또는 행동을 변화시키려는 의도를 갖는다. 예 를 들면, 상업광고는 소비자로 하여금 특정 상품을 사게 하려는 의도를 지니고 있으 며, 뉴스는 현실에서 일어난 현상에 대해 기자나 편집자의 임의로 해석하여 그렇게 믿 게 하려는 의도를 지니고 있다. 그러한 의도를 지닌 미디어 메시지는 학습자가 분석하 고 평가하는 과정을 거치면서 학습자에게 적합한 정보의 형태로 걸러지고 정교화된 다. 그렇게 정교화된 메시지는 학습자의 인지구조에 새로운 의미를 구성하며 결합하 게 된다.

미디어 리터러시의 지식 구조를 갖춘다는 것은 미디어 메시지에 대해 자동성 상태 를 벗어나 정보의 홍수로부터 학습자를 보호하는 것이며, 의식적인 관심을 통해 미디 어 메시지에 의해 통제되는 상태를 학습자가 미디어를 통제하는 상태로 변화시킨다 는 것을 의미한다.

3) 미디어 콘텐츠에 대한 지식 구조

미디어는 책·신문·잡지 등의 올드 미디어에서부터 웹 기반의 유튜브·블로그·소셜 미디어(카카오톡·인스타그램·페이스북 등)에 이르기까지 다양한 형태의 플랫폼이 존재하며, 각 플랫폼에는 정보 전달이나 설득·친교·정서 표현을 목적으로 하는 뉴스·광고·게임·스포츠·영상물·웹게시물·웹툰·애니메이션 등 많은 종류의 콘텐츠가 존재한다. 2022 개정 교육과정에서 미디어 콘텐츠를 다루는 방식은 이전보다는 많은 발전이 있었지만, 아직 미미한 수준이다. 예를 들면, 소셜미디어의 글에 대해서는 초등 저학년에서 안부 나누기의 수단으로, 고등 과정에서는 지역사회 문제나 시사적인 쟁점에 대한 논의의 도구로 활용하고 있다. 학생들은 하루도 빼놓지 않고 카카오톡으로 대화를 나누고, 유튜브를 수 시간씩 시청하며, 인스타그램이나 페이스북을 통해 자신의 일상을 공유하면서 타인의 관심을 받기 위해 메시지를 어떻게 구성할 것인지를 고민하는데, 학교에서는 그에 대해 가르치는 것이 아직 매우 부족하다. 이는 교과 교육이든 교과 외 교육이든 미디어 콘텐츠에 대한 지식 구조가 형성되어 있지 못한 탓이다.

미디어 콘텐츠에 대한 지식의 구조는 보편성과 특수성을 고려하여야 한다. 미디어 콘텐츠 지식 구조의 보편성이란 미디어 리터러시 신장을 위한 교육 내용으로서 갖추어야 할 자질을 의미하고, 특수성이란 개별 미디어 콘텐츠에 적합한 장르적 접근에 의한 교육 내용을 의미한다.

미디어 콘텐츠의 보편적 자질은 미디어 리터러시 교육 내용의 범주의 관점에서 접근할 수 있다. 박인기(2003: 146~147)에서는 미디어가 존재하고 작용하는 총체적 모습, 또한 그 총체적 모습을 파악하고 이해하는 층위에서 단순히 겉으로만 이해하는 것이 아니라 그 현상 안에서 미디어의 각 요소와 각 국면들이 상호작용하는 양상을 '미디어 현상'으로 규정하고, '미디어 현상의 경험과 이해'라는 것이 미디어 교육 내용의 자리에 놓여야 하는 이유를 다음과 같이 제시하였다.

첫째, 미디어 교육의 내용이 대상화된 지식으로 되어 있어서 정태적 이해를 요구하는 모습이 되어서는 안 된다. 미디어 교육의 내용은 살아 있는 현상으로서의 작용태가 되어야만 한다. 그래야만 앎과 삶의 배움의 역동성이 살아나는 미디어 교육이 될 수 있다. 둘째, 배우고 알아야 할 미디어 교육의 내용은 중층성을 띠고 있기 때문에 그것을 향해 나아가는 앎의 과정 또한 경험의 총체성을 강조하는 방향이 되어야 한다. 미디어 현상이란 때로 기능적 적응의 국면도 있지만 인식론적·소통론적 실천의 면모도 가지기 때문이다. 셋째, 미디어 현상을 가장 포괄적으로 드러내는 구도는 아마도 '소통 체제'로서의 미디어 현상일 것이다. 다행히도 교육과정 체제나 수업 체제 등을 소통적 모델로 접근하려는 방법들이 교육과정 이론으로 강조되고 있으므로 미디어 현상과 교육과정 체제의 상관성을 높일 수 있다. 넷째, 미디어 교육에서는 현상의 불가시적 측면에 대한 본질 이해가 중요하다. 그리고 미디어와 관련된 교육 경험이 학생들에게는 지속성 있게 제공되어야 하는데, 그러면서도 미디어 현상들 간의 관계적 구조가 유의미하게 경험되도록 하는 설계가 중요하다. 이러한 교육적 기획은 '미디어 현상'을 교육 내용으로 상정했을 때 보다 유리하게 마련될 수 있다.

김정자(2002)에서는 미디어 리터러시에 대한 개념 규정에 따라 미디어 리터러시 교육의 내용을 크게 지식, 수용과 제작, 태도, 문화의 네 부분으로 나누었다. 즉 미디어 리터러시 교육 내용을 미디어에 대한 일반적 지식, 미디어 텍스트 읽기와 쓰기, 미디어에 대한 태도, 미디어 경험과 미디어와 관련된 문화로 나누어 설정하였다. 그에 따라 미디어 리터러시 교육은 학생들에게 '미디어에 대한 앎, 미디어 텍스트의 수용과 제작·평가 능력, 미디어에 대한 바람직한 태도 형성, 미디어 문화를 즐기고 창조하는 능력'을 길러 주어야 한다고 제안하였다.

바케(Baacke, D., 1997)에서는 미디어 교육의 목표를 의사소통 능력의 신장에 두고 교육 내용을 설정하였다. 바케는 의사소통이란 언어적인 상호작용만으로 성립되지 않는다고 전제하고, 의사소통 능력의 개념이 확대되어야 함을 강조하였다. 확대된 의사소통 능력의 개념은 언어와 인지의 실용적 차원과 관계를 가지며 동시에 사회문화적 의미들을 내포한다. 사람은 누구나 미디어에 대해 성숙한 수용자로 성장할 수 있다. 성숙한 수용자란 능동적 의사소통을 하는 존재로서 적극적인 미디어 이용자이며, 미디어를 통해서 자신의 생각을 표현할 수 있는 (이를 위해 기술적인 도구들을 사용할 수 있는) 능력도 있어야 한다. 이러한 배경에서 바케는 다음과 같은 차원의 미디어 리터러시 범주를 제안하였다. ① 미디어 기술: 관련 기계들을 사용할 수 있는 도구적·질적 능력 부분은 물론 미디어 제도에 대한 정보화의 의미에서 미디어들에 대한 지식, ② 미디어 이용: 수용자에 의한 이용만이 아니라 능동적인 제공자로서의 이용, ③ 미디어 구성: 개혁적 그리고 창조적 미디어 구성, ④ 미디어 비판: 자기 분석적으로, 윤리적으로, 그리고 미디어에 반응적으로 적응하는 능력이 있음으로써 가능한 미디어 비판(이정춘, 2002: 395에서 재인용).

선행 연구들의 논의를 바탕으로 미디어 리터러시 교육의 보편성을 확보하기 위한 교육의 내용을 정리하면, 다음과 같이 크게 4가지 영역으로 설정할 수 있을 것이다.

첫째, 미디어에 대한 지식 교육이다. 학생들이 접하는 미디어가 어떤 목적을 가지고 있으며, 어떤 목적으로 미디어를 접하는지에 대해 교육을 해야 하고, 미디어가 가진 순기능과 역기능에는 무엇이 있는지를 가르쳐야 할 것이다. 또한 각각의 미디어는 어떤 특성을 가지고 있는지를 알아야 정보를 찾고, 습득하고, 전달하기 위해 적절한 미디어를 선택할 수 있을 것이다.

둘째, 미디어 메시지의 수용과 생산에 관련한 미디어 언어의 사용 능력이다. 복합양식성을 띤 미디어 메시지에 대한 해석과 분석, 평가와 내면화의 이해 기능뿐만 아니라 생산할 메시지의 아이디어를 구상하고 생성하며, 의도에 맞게 조직하고 구성하여 외연화하는 표현 기능도 필수적인 미디어 리터러시 교육 내용이다.

셋째, 미디어에 대한 태도이다. 학습의 대상으로 미디어를 수용하는 적극적이고 비판적인 태도를 기를 수 있는 교육이 되어야 할 것이다. 미디어에 대한 적극적이고 비판적인 태도는 학습 내용으로 제공된 또는 선택한 미디어를 수용하는 자세 또는 습관, 메시지의 자동 처리 상태에 대한 자각과 성찰 등이 교육 내용이 된다.

넷째, 미디어에 대한 문화 교육이다. 미디어 리터러시와 관련된 문화 교육은 사회 전반에 걸친 현상들에 대한 교육이라고 말할 수 있다. 사회문화가 가진 특징과 다양성, 그것을 바라보는 시각 등 매우 다양한 내용이 교육 내용으로 선정될 수 있을 것이다.

미디어 리터러시 교육의 특수성은 교육 내용의 보편적 자질을 개별 매체에 적용시켰을 때 나타난다. 이 연구에서는 다양한 유형의 미디어 콘텐츠 중 뉴스를 중심으로 살펴보고자 한다. 뉴스에 대한 대중들의 인식이 '믿을 수 있는 것'으로 통하던 때가 있었다. 그러나 현대사회에서 저널리즘을 바라보는 일반 대중의 인식은 '기레기'라는 말이 상징하듯 '보도되지 않음만 못한 것'이라는 불신이 팽배해 있다. 뤼트허르 브레흐만(Rutger Bregman)은 그의 저서 『휴먼카인드(Humankind)』에서 뉴스에 대해 다음과 같이 비판하고 있다.

> 나는 뉴스가 개인의 발전에 좋다고 믿으며 자랐다. 참여하는 시민으로서 우리의 의무는 신문을 읽고 저녁에는 뉴스를 시청하는 것이다. 뉴스를 더 많이 받아들일수록 우리는 더 많은 정보를 얻을 수 있고, 민주주의는 더욱 튼튼해진다. 아직도 많은 부모가 자녀들에게 뉴스의 이 같은 효용을 말하며 권하지만 과학자들의 결론은 이와 크게 다르다. 수십 건의 연구 결과에 따르면 뉴스는 정신 건강에 해롭다. …
>
> 몇 년 전 30개국 사람들에게 다음과 같은 간단한 질문을 던졌다. "당신은 전반적으로 세상이 좋아지고 있다고 생각하는가, 그대로 유지되고 있다고 또는 나빠지고 있다고 생각하는가?" 러시아에서 캐나다, 멕시코에서 헝가리에 이르는 모든 국가에서 대다수의 사람들은 사태가 점점 악화되고 있다고 대답했다. 현실은 정반대이다. 지난 몇십 년 동안 극심한 빈곤, 전쟁 희생자, 아동 사망률, 범죄, 기근, 어린이 노동, 자연재해로 인한 사망, 항공기 추락 건수 등은 모두 급격히 감소했다. 우리는 역사상 가장 부유하고 안전하며 건강한 시대에 살고 있다. …
>
> 그렇다면 우리는 왜 이를 실감하지 못하는가? 이유는 단순하다. 뉴스는 예외적인 것만 보도하기 때문이다. 그리고 테러리스트의 공격, 격렬한 폭동, 자연재해 등 예외적인 사건일수록 뉴스로서의 가치는 더욱 커진다(Bregman, R., 조현욱 역, 2021: 45~46).

브레흐만의 뉴스에 대한 비판적인 시각은, 긍정적인 것보다 부정적인 것에 더 많이

끌리는 부정 편향과 어떤 대상에 대해 기억을 쉽게 떠올릴 수 있다면 상대적으로 그것이 흔하다고 추측하는 가용성 편향 때문이라고 말한다. 또한 뉴스가 디지털화되면서 상업성에 기대는 비중이 커진 것도 하나의 원인이라고 지적하고 있다. 즉, 독자가 뉴스의 헤드라인을 보고 마우스로 클릭을 해야 광고가 붙으니 자극적인 헤드라인을 뽑아내어 대중의 관심을 받도록 유인해야 한다는 새로운 책무가 주어진 것이다.

뉴스의 디지털화는 뉴스의 본질을 변화시키고 있다. 매일 엄청난 양의 정보가 쏟아지면서 조작된 정보와 신뢰할 수 있는 정보를 구분하는 것이 점점 어려워지고 있다. 또한 정보를 만들고 널리 공유하는 새로운 기술은 뉴스를 통해 보여 주는 정보가 마치 권위 있는 출처에서 나온 것처럼 가장하여 잘못된 정보를 신뢰할 수 있도록 만들었다. 뿐만 아니라, 속도와 정확성 사이의 충돌이 심화되고 있다. 대중들은 모두 가능한 한 빨리 정보를 받아 보기를 원하지만, 반면에 대중의 그러한 기대는 정보의 유통을 가속화함으로써 정보의 정확성을 떨어뜨릴 가능성도 높아졌다. 인터넷과 소셜미디어는 기술의 지원에 힘입어 기호나 신념에 부합하는 정보만을 제공해 주고 있으며, 대중은 입맛에 맞는 정보에 의해 길들여져 새로운 관점의 정보를 받아들이는 데는 보수적인 태도를 취하고 있다.

이러한 사회현상은 새로운 종류의 읽고 쓰는 능력, 즉 뉴스 소비자가 정보가 신뢰할 수 있는지 판단한 다음, 판단에 따라 행동해야 하는 능력에 대한 수요를 창출했다. 건강한 시민사회는 대중이 새로운 정보에 대해 잘 알고 있어야만 존립이 가능하다. 만약 대중들이 소문이나 가짜뉴스에 의해 쉽게 이끌려 다닌다면, 사회의 건전성을 담보하기 어렵게 된다.

구텐베르크(Gutenberg, J.) 인쇄 기술은 전 세계의 권력 관계를 변화시키는 의사 통신의 혁명을 일으켰다. 그러나 구텐베르크의 혁명뿐만 아니라 그 이후 발달한 라디오와 텔레비전 또한 소수의 기업이나 이익 단체, 정부, 그리고 부유한 개인들의 손에 의해 좌우될 수 있는 오점을 남겼다. 반면에 최근의 의사소통 혁명은 컴퓨터나 스마트폰에 접근할 수 있는 모든 사람들이 정보를 생산하는 것을 가능하게 만들었기 때문에 사회의 구조를 새롭게 변화시켰다. 대중이 그들의 지식을 다른 사람들과 공유할 수 있다는 것은 긍정적인 발전이지만, 큰 힘에는 큰 책임이 따른다. 그 책임에 대해 교육이 할 수 있는 역할은 학생들이 인터넷과 소셜미디어에서 유통되는 정보의 질을 판단할 수 있도록 가르치는 것이다. 뉴스 리터러시 센터(Center for News Literacy)에서는 그와 관련하여 다음과 같은 몇 가지 교육 지침을 제안하고 있다(http://www.centerfornewsliteracy.org/news-feed-2-2).

- 뉴스의 정보와 다른 종류의 정보, 그리고 언론인과 다른 정보 제공자들 사이의 차이를 인식하라.
- 뉴스의 맥락에서 사실과 의견의 차이를 인식하라.
- 뉴스 기사의 맥락에서 주장과 검증 그리고 증거와 추론 사이의 차이를 분석하라.
- 제시된 증거의 질과 출처에 대한 신뢰성을 바탕으로 뉴스 미디어 플랫폼의 보도를 비교하고 분석하고 평가하라.
- 뉴스 미디어의 편견과 시청자의 편견을 구분하라.

뉴스가 다루는 이슈는 생산자에 의해서 선택된 것이고, 더 나아가 그 이슈는 생산자의 의도에 따라 다양한 의미로 만들어질 수 있다. 그렇기 때문에 뉴스 텍스트에 대해 인지적 여과기를 작동시키는 것은 뉴스의 재현을 면밀히 들여다보는 것이고, 이는 뉴스·가치(특정한 정보나 사건을 뉴스로 선택하거나 버리는 기준), 의제 설정 방식(어떤 사회적 문제를 강조하여 보도함으로써 사람들이 그 문제를 중요하게 생각하도록 유도하는 것), 틀 짓기 양상(뉴스가 사건의 특정 부분을 선택하고 부각함으로 인해 대중들은 특정한 관점으로 사건을 바라보는 것) 등을 비판적으로 점검해 보는 것이다.

학생들이 뉴스 텍스트에 대해 주체적 수용을 실천하기 위해서는 뉴스를 둘러싼 사회문화적 맥락과 뉴스가 생산 – 유통 – 소비되는 생태를 이해하며 뉴스의 질을 평가할 수 있어야 한다. 뉴스에 대한 지식 구조의 정립은 미디어 리터러시 교육의 보편적 지식 구조의 범주 안에서 이루어져야 체계적이고 연계성 있는 지식 구조를 형성할 수 있다. 미디어 리터러시 교육의 보편적 지식 구조를 뉴스에 접목하면, 뉴스에 대한 지식 교육, 뉴스 텍스트의 수용과 생산에 관련한 언어의 사용 교육, 뉴스에 대한 태도 교육, 뉴스에 대한 문화 교육으로 정리될 수 있다. 이에 대한 지식의 구조를 정리하면 표 1-2와 같이 나타낼 수 있다.

〈표 1-2〉 뉴스 리터러시의 지식의 구조

지식	언어 사용	태도	문화
• 뉴스의 유형 • 뉴스의 특징 • 뉴스의 기능 • 뉴스 매체의 이해 • 보도사진의 이해 • 뉴스의 가치 • 뉴스의 의제 설정 방식 • 뉴스의 틀 짓기 • 출처의 신뢰성 • 뉴스의 제작 과정 • 사실과 의견의 구분 • 가짜뉴스의 이해	• 뉴스 기사의 구성 • 헤드라인의 역할 • 뉴스에 대한 비평 • 보도사진 촬영 • 취재와 기사의 작성 • 뉴스의 제작 • 가짜뉴스의 생산과 소비	• 보도 윤리 • 독자 참여 • 신문 기사에 대한 시각 • 뉴스별 시각의 차이 비교 • 신문 골고루 읽기 • 독자의 권리 • 뉴스 읽는 습관과 태도 • 저작권 보호 • 가짜뉴스의 윤리적 문제	• 뉴스의 이데올로기 • 구독률과 조회 수 • 뉴스와 광고의 관계 • 언론의 역할 • 뉴스에 나타난 사회문화 • 폭력성, 선정성, 상업성 • 뉴스와 대중문화 • 뉴스 보도 매체의 문화적 가치 • 가짜뉴스의 사회문화적 맥락

뉴스 리터러시에 대한 지식의 구조를 습득한 학생들은 중요한 정보와 자극적인 정보 사이의 균형을 이루며 뉴스 생태에서 살아남는 법을 배울 것이다. 리터러시를 갖춘 현명한 뉴스 소비자들은 언론인들이 쏟아 내는 신뢰성이 불분명한 방대한 양의 정보를 검증하고 뉴스와 관련된 맥락을 짚어 내기도 한다. 뉴스의 정확성·신뢰성·공정성을 점검하기 위해 많은 웹사이트를 뒤져서 사실 여부를 확인하며, 각 뉴스 미디어 간 이해가 상충되는 지점을 파악하고, 알아낸 정보의 진실을 알리기 위해서 뉴스의 생산자가 되어 생산하는 정보에 대한 책임을 지려 노력한다. 현대와 미래 사회에서 뉴스 소비자들이 뉴스 생산자로서의 권한을 부여받는 것이 당연시되어 가고 있다. 뉴스 정보의 신뢰성과 관련성을 판단하는 역량은 시민사회의 집단지성의 질을 향상시키는 일임과 동시에 사회 건강성을 평가하는 지표가 될 것이다.

미디어 리터러시는 시간의 흐름에 따라 기술적·사회적·문화적·정치적 요인에 대응하며 진화하는 역동적 개념이다. 미디어 리터러시는 사람들이 매일 접하는 모든 정보와 콘텐츠에 대해, 그리고 미디어 환경에서 사람들이 어떻게 반응하고 기여하며 참여할지에 대해 정보를 바탕으로 선택할 수 있는 일련의 인지적·기술적·사회적 역량과 지식, 자신감으로 이해할 수 있다. 여기에는 정보의 출처와 상관없이 미디어 콘텐츠를 비판적으로 이해하고 평가할 수 있으며, 미디어 제작과 편집 및 자금 조달 과정이 어떻게 이루어지는지 이해할 수 있는 능력도 포함된다(Chapman, M. 외, 최세진 역, 2020: 12). 최근에는 그 외에도 데이터가 어떻게 사용되는지, 알고리즘과 인공지능이 미디어의 생산과 선택에 어떻게 영향을 미치는지에 대한 이해도 포함된다. 또한 미디어 리터러시를 갖춘다는 것은 디지털 미디어 서비스를 책임감 있고 안전하게 사용할 수 있으며, 공론장에서 다른 사람들과 교류할 수 있을 뿐만 아니라, 새로운 기술과 서비스가 제공할 수 있는 창의적이고 참여적인 가능성을 충분히 발현시킬 수 있다는 의미이다.

2장

미디어 리터러시 교육의 의미와 방향

방상호

미디어는 신체적·심리적·사회적 측면에서 학습에 큰 영향을 미친다. 다양한 맥락에서 미디어 리터러시를 신장하려는 교육 실천이 다채롭게 펼쳐지고 있다. 오늘날 교사는 미디어 리터러시 교육과 관련된 여러 질문에 직면해 있다. 첫 번째 절에서는 미디어 리터러시를 교육한다는 것이 무슨 뜻인지 짚어 보고, 미디어 리터러시 교육을 위한 프레임워크를 소개한 후, 미디어 리터러시 교육에 접근하는 방법을 기술하였다. 두 번째 절에서는 미디어 리터러시 교육이 필요한 이유를 디지털 시민성 함양 측면에서 논의하였다. 세 번째 절에서는 미디어 리터러시를 교육하는 몇 가지 교수·학습 원리와 다양한 교수·학습 전략을 소개하였다. 네 번째 절에서는 미디어 리터러시 교육을 어렵게 만드는 사안을 융복합 교수·학습 측면에서 고찰하였다. 마지막 절에서는 미디어 리터러시 교육이 어떤 방향으로 나아가야 하는지. 특히, 예비교사 독자를 위해 학교교육에 초점을 두어 논의하였다. 미디어 리터러시 교육은 미래 사회 필수 역량임을 부인할 수 없다. 미래 사회를 살아갈 우리 아이들이 능력 있고, 분별력 있고, 합리적이고, 책임감 있는 디지털 시민이 될 수 있도록 학교 안팎에서 적극적으로 미디어 리터러시를 가르쳐야 한다.

다양한 맥락에서 미디어 리터러시를 신장하려는 교육 실천이 다채롭게 펼쳐지고 있다. 이 장에서는 미디어 리터러시를 교육한다는 것이 무슨 뜻인지, 왜 교육해야 하는지, 어떤 내용을 어떻게 다루어야 하는지, 미디어 리터러시 교육을 어렵게 만드는 사안은 무엇인지, 미디어 리터러시 교육은 어떤 방향으로 나아가야 하는지를 폭넓게 고찰한다. 특히, 예비 교사 독자를 위해 학교교육에 초점을 두어 논의한다.

1. 미디어 리터러시 교육이란 무엇인가

　미디어 리터러시 교육은 미디어 교육(media education), 미디어 연구(media studies), 비판적 시청(critical viewing), 테크놀로지 활용 교육 등 비슷해 보이지만 이론적 배경과 실천 양상이 다른 여러 개념과 혼용되어 교사 등 실천가를 혼란스럽게 하고 있다(Fedorov, 2003). 르네 홉스(Renee Hobbs)는 미디어 관련 교육을 "이름이 천 개나 되는 아이"에 비유했다(Hobbs, 1994: 453). 이 장에서는 앞 장에서 정의된 미디어 리터러시가 바로 미디어 리터러시 교육을 실천한 결과물이라는 관점에서 미디어 리터러시 교육이 초점을 두는 바를 기술한다.

1) 미디어 리터러시 교육

일반적으로 미디어에 관해(about media) 가르치는 일뿐만 아니라 미디어와 함께(with media) 가르치는 일, 미디어를 통해(through media) 가르치는 일 등을 모두 미디어 교육이라고 지칭해 왔다. 미디어 교육은 미디어 리터러시 교육보다 의미역이 넓은 용어로 미디어 관련 학습이 일어나는 상황을 모두 지칭한다(Hobbs, 2019).

미디어 리터러시 교육은 미디어에 관해(about media) 가르치는 일을 목적에 맞게 조율하여 구체적으로 전개하려는 의도에서 탄생한 개념이다. 특히, 학교에서 이루어지는 자국어 교육과 통합하려는 시도에서 탄생하였다(Buckingham, 2003). 데이비드 버킹엄(David Buckingham)은 미디어 리터러시란 용어로 다른 양식 의사소통을 언어 의사소통에 얽어 넣는 일은 언어 의사소통을 더 우월하게 인식하게 하고, 둘 사이 경계를 흐릿하게 하는 문제가 있음을 지적했다(Buckingham, 2003). 이렇게 미디어 리터러시 교육을 미디어가 주로 의사소통 측면에서 어떻게 기능하는지로 제한하는 관점은 지나치게 협소할 수 있다.

미디어 환경과 교육 환경이 다변화하면서 미디어 리터러시 교육이 실제로 구현되는 양상이 점점 복잡해지고 있다(김아미, 2015: 8). 더욱이 '리터러시'라는 학술용어의 의미가 읽고 쓰는 능력에서 일반 능력이나 역량으로 점점 확장되면서(Barton, 2017), 미디어 리터러시 교육의 대상·내용·방법·방향에 합의하기가 점점 더 어려워지고 있다.

독일에서는 개인 인지능력을 강조하는 미디어 리터러시라는 용어보다 사회 생태환경을 강조하는 미디어 역량(media competence)이라는 용어를 사용하기로 했다고 한다(김아미, 2015: 18). 어쨌든 미디어 리터러시 교육이 무엇인지 좀처럼 가늠하기 어렵다. 미디어 리터러시 교육이 지나치게 모호한 개념으로 인식되는 일을 걱정해야 하는 형편이다(Turin & Friesem, 2020).

2) 미디어 리터러시 교육을 위한 프레임워크

미디어 리터러시가 미래 사회를 살아가기 위한 핵심 역량으로 포괄적으로 인식되면서 영국·호주·캐나다 등 여러 미디어 교육 선진국에서는 구체적 역량 요소에 관한 합의를 만들어 내고 합의된 내용에 기반을 두어 국가 수준 교육과정을 개발하거나 교육을 위한 프레임워크를 만들어 제시하고 있다. 유네스코 등 여러 국제기구와 관련 단체에서도 마찬가지 노력을 기울이고 있다. 우리나라 역시 교육과정 개선을 시도하고 있다(장의선, 2021). 여러 시도 중 호주 미디어 리터러시 연맹(AMLA: Australian Media Literacy Alliance)에서 제안한 틀(표 2-1)은 예비 교사가 미디어 리터러시 교육이 무엇인지 개념화하는 데 도움이 된다(Notley & Dezuanni, 2020).

〈표 2-1〉 AMLA 미디어 리터러시 교육을 위한 프레임워크

미디어 리터러시(media literacy)는 삶의 모든 측면에서 미디어에 비판적으로 참여하는 능력이며, 평생 지녀야 할 역량으로 사회에 온전히 참여하기 위해 필수적이다.

핵심 개념	
미디어 기술	① 기술은 미디어에 접근하고 미디어를 창작하고 미디어를 유통하는 데 활용된다.
미디어 재현	② 재현은 사람·장소·아이디어를 묘사한다.
미디어 청중	③ 청중은 미디어를 활용하고 미디어에 응답하는 사람이다.
미디어 언어	④ 언어는 이미지·소리 및 텍스트를 통해 전달되며 의미를 창출한다.
미디어 관계	⑤ 관계는 미디어의 생산·사용 및 유통에 중요한 동기를 제공한다.

출처: Notley & Dezuanni, 2020

AMLA가 제안한 미디어 리터러시 교육을 종합해 보면, 학습자는 말·글·사진·영상 등 여러 양식을 포함하는 미디어를 다양하게 다루어 의미를 수용하거나 창조하는 능력을 배워야 한다. 미디어가 재현하는 현실에 담긴 메시지와 가치를 해석하도록 하는 일에도 중점이 놓인다. 타인과 소통하며 바람직한 관계를 맺기 위해 미디어를 활용하는 기능도 습득해야 한다. 덧붙여서, 미디어가 제작되는 과정과 자기가 활용하는 양

상을 비판적으로 성찰하도록 지도해야 한다.

3) 미디어 리터러시 교육의 접근법

미디어 리터러시를 교육하는 패러다임은 전통적으로 첫째, '교수·학습 미디어 방식', 즉 미디어와 함께(with media) 또는 미디어를 통해(through media) 가르치는 접근법과 둘째, '미디어 교수·학습 방식', 즉 미디어에 관해(about media) 가르치는 접근법이 서로를 보완하며 전개되었다.

(1) 교수·학습 미디어

교수·학습 미디어 접근법은 교육활동에서 교재·학습자료·미디어를 적절하게 선택하는 일이 중요하다는 태도를 보인다. 교수·학습 미디어 접근법은 '보조자료' 개념에서 점점 '학습환경' 개념으로 바뀌어 전개되었다(Tulodziecki & Grafe, 2012 : 45).

① 보조자료(teaching aids)

강의 또는 지식 전수형(didactic), 또는 행동주의 교수법을 바탕으로 하는 개념으로 미디어를 학습 과제 수행을 보조하는 도구로 활용한다. 예를 들면, 교실에서 수업 보조자료로 영화나 다큐멘터리를 선택하여 감상하거나 컴퓨터로 프로그램된 자료를 활용하여 반복 학습하는 일이 여기에 해당할 수 있다.

② 학습환경(learning environm ents)

학습을 교사나 교육 시스템을 통해 지식·기술·능력이 전수되는 과정이 아니라 학습자가 학습환경에서 의미 있는 과제를 처리하는 능동적인 활동으로 간주한다. 학습환경에는 인터넷이나 신문 기사 등 다양한 미디어가 포함된다. 학습자는 관련 주제를 다루면서 제공된 미디어를 분석하여 스스로 해결책을 마련한다. 학습 결과는 책자, 영상 클립, 웹사이트 출판 등 미디어를 통해 제시될 수 있다.

(2) 미디어 교수·학습

미디어 교수·학습 접근법은 학습자가 광범위하게 미디어를 활용하는 경험을 통해 어떤 교육 효과가 발생하는지에 관심을 둔다. 미디어 교수·학습 접근법은 '보호-지원' 개념에서 점점 '행위 지향' 개념으로 바뀌어 전개되었다(Tulodziecki & Grafe, 2012: 47).

① 보호-지원(protecting-supporting)
대중매체(mass media)가 빚는 위험에서 학습자를 보호함과 동시에 심미적 감상 능력이나 도덕적 판단 능력을 육성해야 한다는 측면에 주목하였다. 예를 들어, 좋은 영화를 감상하여 심미적 특성을 경험하고 분석과 토론을 통해 영화 속에 드러난 도덕적 문제를 지적하도록 하는 일을 의미한다. 학습자를 보호한다는 개념은 미디어가 빚을 수 있는 위험에 미리 대비한다는 측면에서 예방접종(inoculation) 주의로도 이해된다(김아미, 2015: 25).

② 행위 지향(action oriented)
보호와 지원 개념은 학습자가 능동적으로 미디어를 선택하여 평가하지는 못하는 문제가 있다. 행위 지향 개념은 학습자가 미디어를 통해 메시지의 구조를 파악하고, 메시지가 생산되고 수신되는 의사소통 과정에서 통찰력을 얻고, 정치활동(민주주의 참여)·경제활동·교육활동 등을 촉진하기 위해 책임감 있게 미디어를 활용하는 일을 주요 목표로 삼는다.

2. 미디어 리터러시 교육은 왜 필요한가

　디지털 미디어가 인간 삶을 근본적으로 변화시키고 있다. 타인과 소통하는 방식, 일하는 방식, 학습하는 방식 등 디지털 미디어가 영향을 미치는 영역에는 제한이 없다. 디지털 미디어는 우리 삶을 편리하고 합리적으로 바꾸는 순기능도 담당하지만, 안전 차원, 개인 차원, 사회문화 차원, 경제 차원, 교육 차원 등에서 예측하기 어려운 위험을 빚을 수도 있다(조항민, 2011).

　미디어가 미치는 영향이 큰 세상에서는 필수 기술 활용 능력과 건전한 분별력을 갖추고, 정보를 잘 선별하고 종합하여 문제를 해결하고, 타인과 원활하게 소통하고, 여러 공적 사안에 책임 있게 참여하며 살아가는 시민이 되기 위해 준비하는 일이 중요하게 되었다.

　최근 등장한 '디지털 시민성' 개념은 이런 역량을 의미한다. 디지털 시민성은 미디어 영향으로 벌어지는 사안을 포함한다는 점에서 일반 시민성과 차별화된다. 미디어 리터러시 교육은 디지털 시민성 함양을 직접 겨냥한다. 디지털 시민성을 구성하는 요소는 다양하지만, 여기서는 세 가지 차원에 초점을 맞춘다. 세 가지 차원이 미디어 리터러시 교육과 모두 긴밀하게 관련됨을 들어 미디어 리터러시 교육이 긴요함을 강조한다(von Gillern, Gleason, & Hutchison, 2022).

1) 첫 번째 차원: 테크놀로지 활용

　첫 번째 차원은 테크놀로지를 활용하는 측면이다. 디지털 시민성은 다양한 테크놀로지를 적절하고, 책임감 있고, 자율적으로 활용하는 역량과 긴밀하게 관련된다(Ribble, 2017).

　특히, 학교 밖에서 테크놀로지를 활용하는 일이 빈번하다. 다양한 읽기·쓰기 활동이 테크놀로지를 통해 이루어지며 우리 여가를 채우고 있다. 그런데도 학교 교실은 테크놀로지를 기대보다 덜 활용하고 있고 활용 방식도 실제적이지 못하다(Hutchison & Reinking, 2011).

미디어 리터러시 교육은 학교에서 학생이 다양한 미디어와 테크놀로지를 활용하도록 격려한다. 의외일 수 있지만, 아동은 학교 밖보다 학교에서 테크놀로지를 더 다양한 방식으로 활용한다고 한다(Hutchison, Woodward, & Colwell, 2016). 아동은 기본적으로 테크놀로지 활용을 선호하지만, 때로는 테크놀로지 활용에 여러 어려움을 느낀다(Hutchison, Woodward, & Colwell, 2016). 미디어 리터러시 교육을 통해 다양한 미디어와 테크놀로지를 교수·학습에 효과적으로 통합하는 일은 학교에서뿐 아니라 학교 밖에서도 학생들에게 도움이 된다.

2) 두 번째 차원: 디지털 리터러시

디지털 시민권을 이루는 두 번째 차원은 디지털 리터러시이다. 온라인상에서 정보를 읽고, 쓰고, 평가하고, 종합하고, 소통하는 능력이다. 미디어를 비평하거나 자기 콘텐츠를 제작하고, 유통하는 능력도 중요하다. 디지털 리터러시는 민주적 의사소통을 촉진한다(von Gillern, Gleason, & Hutchison, 2022).

미디어 리터러시 교육은 학습자가 말·글·소리·이미지·영상 등 다양한 양식으로 의미를 구성하는 일에 유창하게 되도록 장려한다. 다중 양식 학습 환경은 이해를 깊게 하여 학습을 촉진할 수 있다(변은지 외, 2019; 방상호, 2022; Mayer, 2002).

미디어 리터러시 교육은 정보를 비판적으로 수용하도록 격려한다(Bulger & Davison, 2018). 가능한 한 빨리 미디어 리터러시 교육을 시행하면 초등학생 등도 온라인에 편재하는 가짜뉴스나 거짓 정보 등을 비판적으로 수용하는 능력을 지니도록 도울 수 있다(Lauricella, Herdzina, & Robb, 2020). 아동에게는 비판적 읽기를 비롯한 디지털 리터러시를 명시적으로 지도하는 일이 필요하다(McGrew, 2020). 미디어 콘텐츠 분석을 통해서도 비판적 사고를 기를 수 있다. 예를 들어, 미디어 텍스트에 전제된 고정관념, 편견, 숨겨진 의도를 조사하도록 요청할 수 있다(Thoman & Jolls, 2005).

미디어 리터러시 교육을 통해 민주적 의사소통이 촉진되는 점은 유의할 만하다. 문제 해결을 위해 아이디어를 공유하고 협업을 장려하기 때문이다. 민주적 의사소통은 상호작용의 질을 높인다. 예를 들어, 미디어 제작 과정에서 성인 세대와 청소년 세대, 소외 계층과 특권 계층 사이 민주적 의사소통이 촉진되기도 한다. 미디어에 관한 이야기를 주고받음으로써 부모-자녀 간, 교사-학생 간에 더욱 바람직한 관계를 형성하는 일도 기대할 수 있다.

3) 세 번째 차원: 정치적 사회적 참여

디지털 시민성을 이루는 세 번째 차원은 정치적·사회적 참여 측면이다(von Gillern, Gleason, & Hutchison, 2022). 미디어를 통한 상호작용이 증가함에 따라 정치 인식도 커지고, 공적 사안에 대한 참여도가 증가한다고 한다(Vromen, 2017).

미디어 리터러시 교육은 교실 활동과 실제 세상을 연결하도록 적극적으로 돕는다. 자기가 선택한 문제를 실제 세상과 연결하여 해결 방안을 탐색할 때, 학습에 몰입할 가능성이 커진다. 특히, 학교 제도 내에서 좋은 성과를 거두지 못하는 학습자에게 효과적일 수 있다(Hobbs, 2007). 학업 부진 아동은 미디어를 통해 읽고 쓰도록 동기를 부여받을 수 있다(Kist, 2005).

미디어 리터러시 교육은 아동이 미디어를 활용하여 자기 목소리를 내도록 돕는다. 다양한 형태로 존재하는 온라인 공론장에 능동적으로 참여하도록 격려한다. 예를 들어, 시민 이익을 대변하는 정치인을 격려하는 의견을 전달하거나, 특정 정치인에게 비판적인 의견을 전달할 수 있다. 미디어 리터러시 교육은 소외 계층 아동이 미디어를 분석하고 비판하는 활동을 통해 공론장에서 자기 목소리를 내는 데 효과적이다(Goodman, 2003).

최근, 정치·경제 정보는 주로 소셜미디어를 통해 소비되고 있다(김연식, 박남기, 2018). 공공 정보가 소셜미디어로 매개되면 생산자·소비자·유통자 역할이 겹치고, 사실과 의견이 뒤섞이고, 사실을 왜곡하는 일이 잦아지는 특징을 지닌다(김연식, 박남기, 2018). 미디어를 통해 우리에게 전달되는 메시지에 담긴 의도를 비판적으로 인식하도록 교육하는 일은 정치 사회 현실에 책임감 있게 참여하게 하는 첫걸음이다(Thoman & Jolls, 2005).

3. 미디어 리터러시 교육은 어떻게 해야 하는가

어떻게 가르쳐야 하는지를 논의하는 데에는 교수·학습 원리(instructional principles), 교수·학습 모형(instructional models), 교수·학습 전략(instructional strategies) 등 여러 차원이 있다. 교수·학습 원리는 교수·학습 과정에 기초가 되거나 보편적으로 적용되는 이치를 뜻하며, 교수·학습 모형은 실제 맥락을 구성 요소 중심으로 단순화하여 과정을 구성하여 추상화한 결과물이다. 교수·학습 전략이란 목표 달성을 위해 동원하는 구체적인 방법을 의미한다. 여기에서는 교수·학습 원리와 교수·학습 전략 차원에서 미디어 리터러시 교육 방법을 논의하였다.

1) 교수·학습 원리

빠르게 변화하는 미디어 환경으로 인해 미디어 리터러시 교육은 핵심 개념을 중심으로 이루어지는 특성이 있다. 핵심 개념을 중심으로 지도하는 일은 지식을 교재나 교과서에 담아 교육 내용으로 삼는 일과 대비된다. 지식 중심 교육은 맥락 의존적이고 다른 맥락으로 전이가 어렵다. 개념 중심 교육은 맥락을 초월하며 다른 맥락으로 적용하는 일을 목표로 한다.

(1) 핵심 개념 중심

미디어 리터러시 교육이 지니는 특성 중 하나는 핵심 개념(key concepts)을 중심으로 한다는 점이다(김아미, 2015: 34~41). 누구나 검색을 통해 지식과 정보에 쉽게 접근할 수 있는 미디어 환경에서 지식 위주 교육 방법은 큰 의미를 지니기 어렵게 되었다. 미디어 리터러시 교육에서 지식 학습보다 개념 학습이 중심이 되어야 하는 이유는 급변하는 미디어 특성으로 사실 지식(factual knowledge)이 쉽게 변화하기 때문이다(Buckingham, 2013). 어렵게 획득한 지식이 얼마 지나지 않아 쓸모없는 지식이 되는 일도 흔하다.

이런 특성 때문에 여러 나라에서 핵심 개념을 활용하는 교육 프로그램을 만들어 운영하고 있다. 미디어 리터러시 교육에 활용하는 핵심 개념은 나라마다 거의 비슷하지만, 조금씩 다르다. 대다수 나라에서 '재현', '언어', '수용자(이용자)', '생산자(프로덕션)'라는 네 가지 핵심 개념을 활용하고 있다(김아미, 2015: 36). 앞 절에서 살펴본 호주 미디어 리터러시 연맹(AMLA)에서는 '기술', '재현', '언어', '청중', '관계'라는 다섯 가지 핵심 개념을 제시하고 있다.

김아미(2015: 38)에서는 여러 나라에서 활용하고 있는 핵심 개념이 대중매체 환경에서 등장하고 틀이 잡힌 만큼 디지털 미디어 환경에서는 개념을 확장하거나, 수정하거나, 추가하거나, 재개념화하는 등 조율이 필요하다는 견해(Partington & Buckingham, D. 2012)를 지지하였다.

(2) 실천적 적용 중심

미디어 리터러시 교육에서 핵심 개념은 실천적 적용을 통해 다루어야 한다(Buckingham, 2013). 실천적 적용을 통해 핵심 개념을 획득할 수도 있고 이미 획득한 핵심 개념을 확고히 할 수 있다. 실천적 적용에는 규모가 작은 활동이나 연습뿐만 아니라 미디어를 실제로 꽤 정교하게 제작해 보는 과업이 포함되어야 한다(Buckingham, 2013).

예를 들어, 딱한 처지에 놓인 사람의 사연을 보도하는 뉴스를 제작하는 과업을 수행하게 할 수 있다. 여러 뉴스 미디어 중 하나를 활용해 해당 사연을 보도해야 한다. 인쇄 신문, 블로그, 유튜브 동영상 등 다양한 미디어 중 어떤 형태이든지 핵심 개념을 적용해야 할 것이다. 개인 의견을 뉴스 내용에 포함해서는 안 되며, 편견 없는 공정한 태도를 유지해야 한다는 개념이 제작 경험 중 중심에 놓인다. 해당 사안은 생산자(프로덕션)와 관련된 핵심 개념이다. 미디어 제작이라는 실천적 적용을 통해 학습자는 미디어 소비자가 아니라 생산자가 되는 경험을 할 수 있다. 이런 경험이 핵심 개념을 더 정확히 이해하게 한다(Buckingham, 2013).

2) 교수·학습 전략

교수·학습 전략은 교사가 학습 목표 달성을 위해 동원하는 구체적인 방법으로 교육 현장에서 교사가 가용한 자원을 동원해 실천하는 교수·학습 전략은 사실상 무궁무진하다. 모든 상황에 효과적으로 적용되는 최선의 교수·학습 전략은 존재할 수 없다. 교사는 교육 목표, 교수자 특성, 학습자 특성, 교육 형태를 고려하여 적절한 방법을 융통성 있게 활용하여야 한다. 여기에서는 여러 전문가가 실천을 통해 미디어 리터러시 교육에 효과적인 것으로 실증한 교수·학습 전략 중 몇 가지를 소개한다.

(1) 미디어 정밀하게 읽기(Close reading of media)

인쇄된 글을 정밀하게 읽도록 하는 활동은 종종 정규교육 과정에서 요청되지만 사진, 비디오, 영화 등 미디어를 정밀하게 읽도록 하는 일은 그렇지 않다(Baker, 2017). 정밀하게 읽는 일은 일종의 해체 과정이다. 미디어를 정밀하게 읽으려면 미디어가 활용하는 언어를 이해해야 한다. 미디어 언어는 미디어 텍스트가 시청자와 소통하기 위해 활용하는 양식을 모두 포함한다(예: 밝기·배치·타이포그래피·이미지·음향 등).

미디어를 정밀하게 읽는 일은 다양한 양식이 의미 구성을 위해 어떤 기능을 담당하는지 분석하는 과정이다. 예를 들어, 뉴스 영상을 장면 단위로 정밀하게 살펴서 해당 장면에 숨겨진 의미를 포착하는 일이다. 해당 장면에 왜 이런 사진과 대화를 배치하였는지를 숙고하는 일이다.

정밀하게 읽기는 학습자가 단순히 표면에 드러난 의미를 수용하는 자세를 넘어서 의사소통에 대해 새로운 관점과 태도를 형성하도록 돕는다.

(2) 질문으로 비계 설정하기(Scaffolding)

여러 교사가 비판적 사고를 지도하기 위해 비계(飛階)를 설정한다. 미디어 분석 활동을 돕기 위해 학생에게 던지는 질문이 비계가 될 수 있다. 미디어 유형에 따라 다양한 질문이 활용될 수 있으나 아래와 같은 질문이 일반적이다(Baker, 2017).

- 누가 메시지를 제작했는가?
- 왜 이런 메시지를 생성했는가? 목적과 의도가 있는가?
- 메시지가 어떻게 배포되었는가?
- 누구에게 전달되도록 의도되었는가?
- 수용자 관심을 끌기 위해 어떤 기법을 활동하고 있는가?
- 메시지에서 빠진 사실이 있다면, 왜?
- 누가 해당 메시지를 통해 이익을 얻는가?

한 질문이 다른 질문으로 이어지는 일은 흔하다. 쉽게 답을 찾을 수 없는 질문은 종종 깊이 있는 탐구활동으로 이어질 수 있다. 질문을 통해 미디어 텍스트에 의문을 제기하는 습관을 갖도록 하는 일은 비판적인 사고를 신장하는 데 도움이 된다.

(3) 선행지식 살피기(Recognizing what students already know)

학습자 세대는 그들만의 미디어 문화를 공유하기 때문에 학습자가 어떤 선행지식을 지니고 있는지 교사가 인식하는 일이 중요할 수 있다(Hobbs, 2006). 학습자가 미디어를 수용하고 제작하는 과정에서 어떤 선행지식을 활성화하는지 교사는 주의 깊게 살펴야 한다. 때로는 학생이 암묵적으로 가진 지식을 명시적으로 표현함으로써 해당 지식을 적극적으로 활용하도록 거들 수 있다. 필수 지식이 없다면 직접 교수가 필요할 수도 있다.

교실 활동에 동원하는 지식은 학습자마다 다양하므로 교사가 다양한 관점을 중시한다면 학생은 서로가 지닌 지식에 관심이 자극될 수 있다. 지식이나 관점의 다양성은 학생이 지닌 지적 호기심을 부채질하여 해당 사안을 두고 논의하는 일에 더욱 적극적으로 참여하는 결과로 이어질 수 있다.

(4) 비판적으로 대화하기(Critical dialogue)

참여자 간 비판적인 대화를 나누는 일이 미디어 리터러시 교육에 효과적이다 (Hobbs, 2006). 비판적 대화는 교사와 학생이 서로 지식을 협상하도록 한다. 교실에서 나누는 비판적 대화는 학생이 미디어를 비판적으로 수용하게 하는 자세를 갖는 데 도움이 되지만, 교사가 지닌 전문성이나 권위에 도전하는 양상으로 이어질 수 있어 불편할 수 있다. 학습자에게 비판적 자세를 지니고 대화에 참여하도록 격려하려면 교사가 지닌 전문성과 권위를 상당히 포기하여야 한다.

(5) 전문가로 대우하기(Students as experts)

대중문화나 미디어 측면에서 교사보다 학생이 전문가일 수 있다. 교사가 학생을 전문가로 인정하여 대중문화의 특정 측면을 논의하는 토론에 능동적으로 참여하도록 한다(Hobbs, 2006). 교사는 전문가 임무를 수행하기보다는 학생이 해당 사안에 비판적으로 접근하도록 촉진하는 역할을 한다. 때때로 모둠 활동을 통해 논의가 풍성하게 이루어지도록 격려할 수 있다. 수업 진행 측면에서 교사가 지닌 권한을 학생에게 상당 부분 양도해야 한다.

4. 미디어 리터러시 교육에는 어떤 어려움이 있는가

대다수가 미디어 리터러시를 학교교육에서 분리하기 어렵다는 사실을 인정한다. 근대 교육체계가 형성된 이후 3R, 즉 읽기(Reading)·쓰기(wRiting)·셈하기(aRithmetic)를 중심으로 자리를 잡아 온 학교교육 과정이 여러 한계를 드러내고 있기 때문이다. 학교교육에서 미디어 환경 변화에 대응하기 위한 새로운 교육 방안을 구체적으로 구성하는 일이 시급하다(정의선, 2021).

여러 가지 요인이 학교에서 실행하는 미디어 리터러시 교육을 어렵게 할 수 있다. 이 절에서는 여러 어려움 중에서 융복합 교수·학습에 초점을 둔다. 미디어 선진국 대부분이 학교에서 융복합 교수·학습 접근법으로 미디어 리터러시를 지도한다(Zhang, Zhang, & Wang, 2020).

1) 융복합 교수·학습

융복합 교수·학습은 설계 및 실행이 쉽지 않다. 융복합 교수·학습은 과연 도움이 되는지, 어떤 내용과 활동을 선택해야 하는지, 어떻게 통합해야 가장 유리한지, 더 나은 결과를 나을 수 있도록 하는 방법이 무엇인지를 묻는 까다로운 문제에 직면한다. 무엇인가 통합하여 서로 도움이 되지 않는다면 진정한 융복합으로 볼 수 없고, 오히려 학습효과를 낮출 수도 있기 때문이다(정민주, 2015 : 253~254). 융복합 교수·학습을 실천하기 위해서는 관련 활동이 초래하는 장단점을 충분히 경험하는 일이 필요하다 (Akerson & Flanigan, 2000).

융복합 수업과 관련하여 교사가 지니는 인식에도 유의하여야 한다. 예를 들어, 어떤 교사는 자기가 전공하지 않은 내용은 전공 교과 학습을 보조하는 역할을 담당하는 정도로만 제한적으로 인식할 수 있다. 이러한 인식 때문에 미디어 리터러시 교육은 교육과정 내 주요 과목 안팎에서 항상 소외되어 왔다(Erstad, 2010).

미디어 리터러시 융복합 교육은 특정 교과와 함께 이루어질 수 있고, 여러 교과와 함께, 즉 범교과적으로 또는 교과를 초월해서도 실행될 수 있다. 어떤 경우든지 미디어 리터러시를 학습을 위한 보조 수단 정도로 인식한다면 앞 절에서 논의한 미디어 리터러시 교육이 지닌 여러 차원을 구현하는 일은 어려워질 것이다. 교사 다수가 자기가 전공한 교과뿐만 아니라 미디어 리터러시 교육이 필수적이고 실제적이라고 인식해야 한다.

2) 교과 융복합 교수·학습

미디어와 교과 내용을 연결하여 교과 내용을 더욱 매력적으로 만들 수 있다. 예를 들어, 국어 수업에서 작가가 사건을 여럿 선택하여 시간 흐름 속에 짜 넣는 일, 즉 플롯을 지도할 때 인기 있는 영화를 통해 영화가 플롯 장치를 얼마나 효과적으로 사용하고 있는지 살펴보게 할 수 있다. 미술 수업에서는 로고(logo)를 제작하면서, 광고에서 활용하는 특정 색상이 지니는 힘을 조사하게 할 수 있다. 미디어 리터러시는 주로 국어·사회·정보기술·예술 과목에 통합되고 있다(Zhang, Zhang, & Wang, 2020).

(1) 국어 교과

일반적으로, 국어 교과는 미디어 리터러시의 주요 교육 내용을 담는 교과로 인식되어 왔다(Zhang, Zhang, & Wang, 2020). 특히 읽기·쓰기·문학 영역에서 여러 성취 기준이 미디어 리터러시 교육을 직접 겨냥한다(정의선, 2021 : 77).

국어교육에서는 학교 내에서 국어 시간에 가르치는 작품과 학교 밖에서 청소년이 주로 읽고 쓰는 텍스트가 괴리되어 있는 문제가 미디어 리터러시 교육을 어렵게 하는 문제로 지적되고 있다(Zhang, Zhang, & Wang, 2020). 이런 괴리 현상은 전통적으로 학교 내 읽기·쓰기와 학교 밖 읽기·쓰기를 구분해 온 이분법적 인식 성향과 맞물려 있는데, 미디어 리터러시 교육이 이런 괴리를 해결할 잠재력을 지닌다(Howell & Reinking, 2014).

반응을 유도하기 위해 비판적 질문을 적용하는 교육 실천이 점점 더 일반적으로 되고 있으며, 비판적 질문 던지기를 텔레비전·영화·대중음악을 포함하는 대중 미디어 텍스트에 적용해 나가고 있다(Alvermann, Moon, & Hagood, 1999). 교수·학습 방법으로는 복합 양식 의미 구성 과정이나 미디어 텍스트를 비판적으로 분석하는 활동을 강조한다(정의선, 2021 : 77~83).

(2) 사회 교과

사회 교과가 강조하는 역량은 다른 교과보다 미디어 리터러시 교육과 긴밀하게 관련된다(정의선, 2021 : 95). 미디어 리터러시 교육은 여러 측면에서 사회 교과와 관련이 깊다. 앞서 논의한 디지털 시민성은 미디어가 미치는 영향이 큰 세상에서 여러 공적 사안에 책임 있게 참여하며 살아가는 시민이 되는 일을 목표로 하는데, 이는 사회교육의 성격 및 목표 등 사회 교과가 강조하는 측면과 밀접한 관련을 맺는다. 사회 교과 자체에 미디어 리터러시 교육이 내재하고 있다고 말해도 지나치지 않다.

정책 결정이나 선거 등 공공정보를 얻기 위해 미디어에 의존해야 하므로 미디어 리터러시 교육은 중요하다. 실제로 많은 사람이 대중매체나 디지털 미디어를 통해 세상 지식을 얻는다. 미디어는 정치적 사안을 놓고 의견과 태도를 형성하는 데 중요한 역할을 한다.

사회 교사는 미디어 리터러시 교육을 활용하여 미디어가 사안을 어떻게 정의하는지 이해하고, 사실과 의견을 분리하며, 정보 출처가 믿을 만한지 평가하게 할 수 있다. 이런 방식으로 분석 능력 및 비판적 사고 능력과 민주적 소통 과정에 참여하는 시민역량을 배양할 수 있다.

(3) 예술 교과

미디어 리터러시 교육은 예술적 잠재력을 신장하는 기회를 제공한다. 예술교육 측면에서 미디어가 지닌 잠재력은 작지 않다.

학교 예술교육은 주로 그림 등 시각예술·고전음악·무용 등 전통적인 장르에 초점을 두었다. 학교교육과 달리 현실에서는 그래픽·모션그래픽·비디오·애니메이션·웹디자인·증강현실·가상현실, 앱 및 게임등 새로운 장르가 미디어 예술(media arts)이라는 이름으로 주목받고 있다. 이런 작품을 스스로 창조하여 소셜 네트워크를 활용하여 전달하는 학생도 늘고 있다(Marfil-Carmona & Chacón, 2017).

전통적으로도 미디어 제작은 학교교육에서 견고한 위치를 차지해 왔다. 존 듀이(John Dewey)가 제안한 '실천 학습(learning by doing)' 원칙에 따라, 학생 스스로 신문·광고·영화·웹페이지 등을 제작하는 일을 장려해 왔다.

미디어 예술은 지식 기반 인식과 소통보다는 감성 기반 인식과 소통을 장려한다. 교수·학습 방법으로는 프로젝트 기반 학습이 실제적이다. 미디어 리터러시 교육을 통해 학생에게 구체적인 목적을 지닌 작품을 창조하게 할 수 있고, 창조하는 과정에서 예술활동을 위해 필요한 지식·기능·태도를 학습하게 할 수 있다.

3) 교과 초월 융복합 교수·학습

여러 어려움이 있지만, 교과를 초월하는 융복합 교수·학습이 지닌 장점은 교과 간 연결을 만들도록 장려하는 일이다. 미디어 리터러시 교육은 교과 초월 융복합 교수·학습의 촉매제가 될 수 있다. 교육 형태로는 교육과정을 재구성하는 주제 중심 프로젝트 수업 등을 취할 수 있다(Erstad, 2010).

우리나라에서도 2022 개정 교육과정에 미디어 리터러시를 모든 교과와 연계하여 지도하도록 하는 방침을 포함하였다(정현선, 2022). 교과를 초월하는 주제 중심 프로젝트 수업을 전개하는 데는 다음과 같은 문제를 해결해야 한다.

(1) 블록 스케줄링(Block scheduling)

수업 일정을 40~50분 수업 시간과 5~10분 쉬는 시간을 고정하여 반복하는 전통적인 방식으로 할 수 있는 학습은 극히 제한적이다. 교과를 초월하여 주제 중심으로 수업을 전개하려면 수업 시간 및 일정 설정이 자유로워야 한다. 수업 시간이나 일정을 전통적인 방식보다 길게 또는 자유롭게 설정하는 방식을 블록 스케줄링이라고 하는데, 블록 스케줄링은 교과 초월 융복합 미디어 리터러시 교육에 효과적인 환경을 제공할 수 있다. 수업 시간이 충분히 확보되어야 주어진 과업 수행에 충실히 참여할 수 있다. 교사도 학생과 충분히 교류할 수 있다.

(2) 이질적 반 구성(Heterogeneous grouping)

이질적 반 구성은 나이·능력·경험이 다른 학생이 섞이도록 학습 단위를 편성하는 일이다. 주로 나이별로 반을 편성하는 전통적 교실과 달리 주제별 또는 사안별로 반을 편성하여 수업을 진행하는 형태를 의미한다. 미디어 요구와 미디어를 사용하는 방식은 학생의 나이와 생활 수준, 기술 수준 등에 따라 다양하다. 이질적 반 구성은 학생 사이 다양한 상호작용을 가능하게 하여 교과 초월 융복합 미디어 리터러시 교육에 효과적인 환경을 제공할 수 있다. 이질적 반 구성을 위해서는 학교 시설이나 학습 자료를 융통성 있게 활용할 수 있어야 한다.

5. 미디어 리터러시 교육은 어떤 방향으로 나아가야 하는가

지금까지 예비 교사 독자를 위해 미디어 리터러시 교육을 주로 학교교육에 초점을 두어 논의하였다. 미디어 리터러시가 학교교육과 분리되어서는 안 된다. 산업사회를 살아갈 아이들의 미래를 위해 학교교육 과정을 3R, 즉 읽기(Reading), 쓰기(wRiting), 셈하기(aRithmetic) 중심으로 운영해 왔다. 이제 미디어 리터러시가 미래 사회 필수 역량임을 부인할 수 없다. 미래 사회를 살아갈 우리 아이들이 능력 있고, 분별력 있고, 합리적이고, 책임감 있는 디지털 시민이 될 수 있도록 학교에서 미디어 리터러시를 가르쳐야 한다.

학교에서 미디어 리터러시를 독립적인 과목으로 가르쳐야 하는지, 국어·사회·기술·예술 교과 등과 통합해야 하는지, 아니면 교과를 초월해서 가르쳐야 하는지는 교육 정책, 교사 신념, 학생 특성, 학부모 요구 등 여러 요인에 달린다. 이상적으로는 교과 방식과 융복합 방식 모두를 활용하여 섭근해야 한다(Lemmen, 2005). 여러 전문가가 학교 과목 내에서 때로는 교과를 초월해서 미디어 리터러시를 다양한 측면에서 교육해야 한다고 주장한다(Buckingham, 2003). 개별 교과와 통합을 통해 또는 교과를 초월하여 어떻게 미디어 리터러시를 가르칠 수 있는지 앞 절에서 논의하였다.

그러나 미디어 리터러시는 개인 역량이라기보다는 미디어가 재현하는 현실에 내재한 역학 관계를 이해하고 실천하는 등 현실과 긴밀히 관련되는 개념으로 학교 밖에서 더 자주 실천된다. 또한, 미디어 리터러시가 학습자 주도성에 초점이 놓이는 역량임을 고려할 때, 학교 밖 미디어 리터러시 교육이 절실해진다. 따라서 학교뿐만 아니라 사회 전체가 미디어 리터러시 교육에 관심을 가져야 한다.

대다수 교사와 부모는 자녀의 학교 밖 미디어 활용을 걱정한다. 많은 부모와 교사가 디지털 미디어가 우리 자녀 세대를 파괴하고 있을지 모른다는 견해를 지지한다(Blum-Ross & Livingstone, 2018). 부모와 교사가 지닌 부정적 인식은 여러 미디어 활용을 규제하는 일로 이어진다. 교사와 부모로서는 자녀가 미디어에 중독된 듯이 보이고, 자녀는 어른 세대가 정한 시간이 턱없이 적어 보일 테니, 양측 모두 불만이다. 디지털 미디어가 빚는 교사 – 학생 또는 부모 – 자녀 간 갈등이 골칫거리가 되고 있다. 미디어를 통제하면 아이들과 갈등을 빚을 수 있고, 그렇지 않으면 아이들을 망치고 있다는 죄책과 자기 비난에 시달릴 수 있다(Nikken & de Haan, 2015).

디지털 미디어를 아예 활용하지 못하도록 규제하는 일은 여러 측면에서 합리적이지 않다. 무엇보다 부모와 교사 스스로 디지털 기기가 제공하는 기회·즐거움·편리함을 만끽하고 있지 않은가? 인공지능과 알고리즘, 사물 인터넷 등 유망한 직업이 모두 디지털 기기와 관련된 상황에서 디지털 기기 활용을 금지하는 일은 자녀의 미래를 빼앗는 일이 될 수 있다.

교사와 부모는 자녀의 학교 밖 미디어 활용에도 세심한 관심을 기울여 지도할 필요가 있다. 부모는 자기 자녀가 미디어에서 어떤 활동을 하고 있는지 확인할 필요가 있다. 미디어에서 발견한 정보를 어떻게 처리하는지 이해할 필요가 있다. 질문을 던져 뒷받침하는 근거를 제시하고 있는지, 사실과 의견을 구분하고 있는지, 출처를 점검하고 있는지 확인하고 지도하여야 한다. 미디어 리터러시 교육 측면에서 모든 교육이 상호 보완적 성격을 지닐 수 있다.

3장

디지털 시대
시민성 발견과 탐색

박정의

광대역 무선 인터넷 인프라의 확충과 무선 인터넷 기기의 보급이
확산되어, 동시성과 상호작용성이 핵심이 되는 융합 미디어 커뮤니
케이션 환경이 구축됨에 따라 매체 접근권에 대한 논의는 정보 활용
과 수용이라는 차원으로 전이되었다. 즉 사적·공적 영역에서 인터
넷을 통한 다양한 온라인 활동과 시민 참여가 이뤄짐으로써, 시민의
개념은 공동체의 성원이라는 존재적 가치(way of being)를 넘어
서 참여 행위(way of acting)로서의 가치가 중요하게 되었다. 디
지털 기술은 정보 생산과 소비의 일방향적 특성을 해소하고 마치 18
세기의 커피하우스나 살롱처럼, 자신의 신분과 계급에 구애받지 않
은 자유로운 토론은 물론, 콘텐츠 생산과 소비가 가능한 공간을 만
들어 내고 있다. 이처럼 기술의 발전은 시민들이 공적 자율성을 발
휘할 기회를 더 많이 제공한다. 그러나 동시에 시민들의 이성과 합
리성에 대한 제고가 경주되지 않는다면, 나치의 선전과 선동의 역사
는 디지털 미디어 시대에도 되풀이될 것이다.

1. 시민성 개념의 시작과 발전

시민성(citizenship) 개념은 시민으로서의 권리와 의무, 혹은 정치공동체의 소속을 전제로 한 일종의 사회적 지위와 그에 따른 소속감, 시민공동체의 특성 등 다양하게 정의된다(윤종희, 2017). 시민성에 대한 다양한 개념 정의들을 관통하는 공통적인 두 가지 요소는 시민권(the rights of citizen)과 시민적 지위에 따른 특성(citizen status-bound characteristics)이다.

우선, 시민권은 근대국가를 구성하는 성원들의 보편적 권리이자 자격권을 의미하였으며, 중세 후기의 자연법(natural law) 사상을 통해 정당화되고 근대혁명 과정에서 인간의 기본적인 권리로 자리 잡았다. 근대사상가 존 로크(John Locke)와 장 자크 루소(Jean-Jacques Rousseau), 토머스 홉스(Thomas Hobbes) 등 자유주의 계몽사상가들이 정립한 개념으로 독립적인 개인 부르주아에 그 뿌리를 두고 있다.

홉스와 로크는 시민의 도덕과 재산을 안전하게 보장받을 수 있는 권리로 시민권을 정의하며, 루소에게 시민의 권리는 '사회계약(social contract)' 또는 사회 구성원들 사이의 상호 인정을 통해 형성되는 것이다. 이는 정치제도와 교육제도, 개인의 자유를 보장해 주는 다양한 제도를 통해 구성되는 실증적인(positive) 권리이다(고봉진, 2014).

시민으로서 갖는 지위에 따른 특성도 시민성의 구성 요소이다. 근대 국민국가와 함께 의미 있는 계급적 지위를 획득한 시민이라는 지위는 종교·종족·성·지역·문화 등에서 비롯된 차이의 중화를 통해서 봉건제의 신분을 대체하였다. 시민의 지위는 행위 양식(way of acting)에서의 차이뿐만 아니라 국가라는 정치공동체의 구성원으로서 갖는 소속감을 산출해 낸다. 마셜이 말하는 '공동의 문명에 대한 충성심'(Marshall, 1950: 151)이 여기에 해당된다. 이는 시민적 지위를 얻기 위한 노력의 과정이나 그 결과로서 얻게 되는 정서적 효과를 포함한다.

시민성은 산업사회와 함께 발전한 개념으로, 그 근원은 그리스 도시국가의 시민에서 찾아지며, 근대국가에 들어서 공동체의 성원에게 부여하는 권리이자 사회적 지위로서의 성격을 지니게 되었다. 나아가 현대국가에 와서, 시민 개념은 공통의 정체성을 기반으로 평등이나 사회정의, 시민적 가치나 윤리 등을 포괄하는 시민성 개념으로 확장됐다. 즉 시민의 권리가 공동체나 연대적 가치와 결부된 공동체적인 것으로 개념화되며, 사회적·정치적·역사적 맥락 속에서 이해되어지기 시작한 것이다. 이러한 권리 개념은 국가 성원의 일부로서 공동체 삶에 참여할 기회를 포함시키는 것을 가능케한다. 이 지점에서 시민으로서 권리적 성격은 시민성으로 전환되며, 공동체의 성원이라는 존재적 가치(way of being)를 넘어서 오히려 참여 행위(way of acting)로서의 가치를 지니게 된다. 시민성이 공공의 활동이라는 의미를 부여받게 되는 것이다(Tassin, 1992). 따라서 개념의 확장은 특정 소수만이 아니라 사회를 구성하는 성원의 이익을 보장하고 민주주의 실현에 기여하는 성격을 지니게 되었다.

1) 고대 그리스·로마의 시민

시민의 가장 특징적인 형태는 기원전 600년에서 400년 사이 고대 그리스의 도시국가(폴리스)에서 찾아볼 수 있다. 도시국가의 시작은 왕이 다스리는 소규모의 요새화된 도시(fortified town)의 성격을 띠고 있었으며, 구성원들은 도시 방어와 근접전 수행을 위해서 밀집 방어 대형(hoplites)에 참여하는 경험을 통해 전투가 단순한 개인적 행위가 아닌 집합적인 행동이라는 의식을 갖게 되었다. 이 과정에서 평등 의식도 싹텄다. 평등 의식을 바탕으로 구성원들 사이에 소속감이 뿌리를 내렸으며, 이는 궁극적으로 단순한 도시국가의 구성원에서 시민으로 전환하는 계기를 제공했다(Ridley, 1979).

민주주의가 시작된 작은 도시국가인 아테네는 비록 생산 환경 측면에서 보면 노예제에 기반한 착취적인 성격을 띠고 있었지만, 아리스토텔레스(Aristotels)의 『정치학』에서 드러나듯 시민은 '지배하는 동시에 지배받는 자'였다(Pocock, 1998: 33). 도시국가 형태의 정치공동체에서 시민은 재산을 소유한 성인 남자들로서 생산 활동에서 벗어나 공동체와 관련된 활동들에만 관심을 기울일 수 있는 조건을 확보하고 있었다. 참정권이야말로 시민의 특권이었다.

참정권을 가진 시민의 자격 기준은 자산과 혈통이었다. 우선, 자산 자격을 높이면 직접 민주주의를 수행하는 시민의 수가 줄어들어 과두제가 되고, 반대로 낮추면 민주제에 가까워지는데, 아테네는 예외적으로 그 기준을 낮추어 사실상 모든 시민에게 참정권을 부여하였다. 그러나 혈통은 폐쇄적인 시민권 기준으로 작동하였다. 기원전 451년, 참주였던 페리클레스(Perikles)는 부모 양친이 모두 아테나의 시민인 경우에만 시민권을 부여하는 시민권법을 제정하였다(송문현, 2015). 페리클레스의 시민권법이 제정된 배경에 대해 다양한 견해가 있다. 혈통의 순수성 보존, 이방인과의 동거에 대한 거부감, 토지 상속권의 배타적 확보 등이 시민권이라는 입법 조치의 배경이라는 설명도 존재하지만, 폴리스 차원에서 보다 설득력이 있는 것은 시민권법이 배심원 수당제 도입과 밀접한 관련이 있다는 주장이다. 시민권법의 도입으로 인해 시민권 자격을 박탈당하게 된 사람들이 증가하게 되고, 그들은 시민권이 없기에 그에 상응하는 세금을 냄으로써 배심원의 수당을 포함해서 폴리스의 재정적 부분을 보완했다는 의견이다(최자영, 2016). 페리클레스의 시민권법은 매우 엄격했고, 심지어 페리클레스 자신과 아스파시아(Aspasia) 사이에서 태어난 아들도 아스파시아가 시민권자가 아니라는 이유로 시민권을 부여받지 못했다.

그리스의 혈통주의에 입각한 시민 자격 부여와 달리, 로마는 초기부터 외국인에게 대해서도 시민권 개방을 적극적으로 추진하였다. 물론 로마도 기원전 1세기 초반 이전까지, 시민권은 로마 시민권, 라틴 시민권, 이탈리아 동맹국 시민권으로 권리에 큰 차이를 두고 있었으며, 로마 시민권은 로마에서 자유민으로 태어난 사람에게 자동적으로 부여되는 권리였다. 그러나 로마가 강성해져서 그 세력이 이탈리아 반도 전체와 지중해 연안의 다른 국가에까지 확대되면서 로마 태생이 아닌 사람들에게도 로마 시민의 자격을 부여하는 문제는 중요한 정치적 의제가 되었고, 급기야 기원전 91∼88년, 이탈리아 동맹국들과 전쟁 이후 이탈리아 전역에 있는 동맹국 시민에게 시민권을 개방했다. 기원전 49년에는 알프스 산맥 근처에 사는 거주민에게도 시민권을 줌으로써 이탈리아 반도 내의 모든 자유인들은 로마공화국의 일원으로 받아들여졌다. 나아가 서기 212년 카라칼라 황제는 로마 사회의 통합을 위하여 제국 내에 거주하는 모든 자유민에게 로마 시민권을 부여하는 '안토니누스 칙령'을 공포했다. 이로써 유럽·아프리카·아시아 대륙의 서로 다른 문화적 배경을 가진 수백만 명의 속주민들이 모두 로마 시민권자가 되었으며, 이들은 기존 속주의 시민권과 로마의 시민권을 함께 갖는 것이 허용되었다. 이 중 시민권은 속주민들의 로마에 대한 충성을 유도하는 도구가 되었으며, 제국이 하나의 법질서 아래 있다는 통일성의 상징이 되었다(김창성, 2004). 이제 로마는 시민권을 통해 하나의 정체성을 공유하는 국가가 되었다.

로마 시민권은 로마법의 보호를 받는 '최상의 권리를 가진 로마 시민'(Civis Romanus optimo iure)과 '최상의 권리를 가지지 못한 로마 시민'(Civis Romanus non optimo iure)으로 구분되었다(김덕수, 2019: 35). 최상의 권한은 투표권과 공직 피선거권 등 정치적 권리와, 로마에서 재판을 받을 권리, 고문을 받지 않을 권리, 이주권·결혼권 등 모든 사적인 권리가 인정된 반면에, 후자는 투표권이나 피선거권 등 공적 권한을 제외한 상업권·결혼권·이주권 등의 사적 권한만이 인정되었다. 로마 시민이 아니면 이방인(peregrini)으로 분류되었으며, 이들은 로마 시민들과 비교했을 때 형법과 민법, 세금 평가 등과 같은 기본적 권리의 영역에서 법률적 제약을 받았다.

2) 근대국가의 형성과 시민: 루소(Rousseau)의 시민권

　로마제국의 몰락과 함께 도래한 중세 시대는 기독교 사상에 기반한 종교 중심 사회로, 복종과 보호라는 군주와 신민의 관계가 형성되었으며, 시민 개념의 독자적 형성과 발전이 어려운 시기였다. 따라서 근대적 시민권 개념은 국민국가의 수립과 민족주의가 새로운 사회적 움직임으로 자리 잡은 이후에 성립되었다는 것이 중론이다. 서양의 정치철학에서 '시민(citizen)'이라는 용어는 단지 특정 지역에 거주하는 구성원을 가리키는 것이 아니라, 사회적 존재로서의 인간, 특히 '국가'라는 공동체 속에서 그 구성원으로서의 자격과 자질을 갖춘 개인을 가리킨다. 근대국가의 성립은 프랑스 혁명을 통해서 발현되었으며, 시민계급의 헤게모니로 표현될 수 있다.

　장 자크 루소(Jean Jacques Rousseau)의 『에밀』이나 『사회계약론』 등에서 사용하는 '시민'의 개념은 사회적 존재로서의 인간을 지칭하며, 자연적 존재로서의 인간과는 상반된 성격의 것으로 규정된다는 데 그 특징이 있다. 보다 구체적으로, 루소의 『에밀』에서 '인간'은 타락한 사회의 영향을 받지 않으며 기본적 필요에 충실한 '자연적 인간'을 가리킨다. 인간은 오크나무 아래서 배고픔을 채우고, 처음 만난 시냇가에서 갈증을 해결하고, 자신에게 먹을 것을 제공했던 그 나무 아래서 잠을 자는 것으로써 자기 보존의 욕구에 충실한 자연적 상태에 있다. 그러나 자연 상태의 인간이 필연적으로 선택할 수밖에 없는 사회계약을 통해서 시민으로 전환된다. 사회계약을 한 시민은 건전한 사회 속에서 진정한 자유를 누리고 국가에 의무를 다하는 사회적 인간이다(Russo, 최현 역, 2004).

　루소의 정치철학에서 시민의 개념은 자연과 사회의 대비, 즉 자연의 원리에서 이탈한 타락한 사회와 자연의 원리를 구현하는 건전한 사회 속에서 의미를 지닌다. 루소의 타락한 사회에서 시민들은 작은 집단들을 구성하고 일반의지보다 개인이나 집단의 이익(또는 특수의지)에 따라 정치에 참여하고, 사적 이익이라는 동기에 의해 지배된다. 따라서 타락한 사회에서는 사적인 이익만을 목표로 하는 법령이 기만적으로 법률의 탈을 쓰고 자리 잡게 되며, 더 이상 시민은 존재하지 않는다. 이에 비해, 건전한 사회 속의 시민은 일반의지를 실현하기 위해서 통치 과정에 직접 참여하지는 않지만, 입법 과정에 참여함으로써 시민들의 사적인 주장이나 어떤 특권을 정지시킬 수 있는 실질적 권한을 행사할 수 있다. 즉 공동지배(communaldomination)의 이름하에, 일반성이 확보된 자유의지에 따라서 입법된 법의 지배를 통해 모두가 모두를 지배하고 동시에 모두가 모두의 지배를 받게 된다. 여기서 시민의 일반의지는 자신의 의지를 자발적으로 발휘해 추구하는, 보편적 타당성을 가진 도덕성에 근거해 있다(김동일, 2017).

즉, 루소에게 시민은 사적 이익이 아닌 공적 이익을 추구하는 정치 참여의 주체이며, 입법의 주체이다. 그러나 유의할 점은 타락한 사회에서 시민은 언제든지 사적 이익을 위해서 이전투구하며, 공공선이라는 기만의 탈을 쓰고 시민이기를 포기할 수 있다.

3) 현대국가의 시민: 마셜의 시민성

현대에 이르러 시민성(citizenship)의 역사화 시도가 영국의 사회학자인 마셜(T. H. Marshall, 1950)에 의해서 이뤄진다. 그는 시민성을 공민권(civil right), 정치권(political right), 사회권(social right)으로 구분하고, 이들의 역사적 발전 과정을 통해 오늘날의 시민성 개념이 형성되었다고 주장한다. 그에게 시민은 "공동체의 완전한 성원에게 주어지는 지위"로 정의되고, 이 지위와 함께 부여되는 권리와 의무는 평등하다는 것이다(Marshall, 1950: 28~29). 즉 시민권은 지위이면서 동시에 그 지위에 따르는 권리이며, "공동체의 소속을 전제로 한 일종의 사회적 지위"이기에 그에 따른 소속감이 중요한 의미를 지닌다고 한다(심상용, 2012). 마셜은 18세기 이후 시민성의 세 요소가 순차적으로 발전되어 왔으며, 이는 산업사회의 발전과 병행되어졌다고 주장하고 있다.

첫째, "공민적(civil) 요소는 개인의 자유에 필수적인 권리들로 구성된다. 여기에는 신체의 자유(liberty of the person), 언론·사상·종교의 자유(freedom), 재산을 소유하고 계약을 체결할 권리(the right to own property and to conclude valid contracts), 정당한 재판을 받을 수 있는 권리(the right to justice) 등이 속한다." 따라서 정당한 재판을 받을 권리가 공민권의 모든 권리를 보호한다는 사실을 고려하면, 공민권과 가장 밀접히 관련되는 제도는 사법부라는 사실을 알 수 있다. 또한 1832년 선거법 개정 전, 즉 영국의 신흥 자본가에게 참정권을 부여한 선거법의 개정 전부터 공민권에 대한 논의는 17세기 근대사상과 맥을 같이하고 있다. 특히, 로크의 재산권을 천부적인 것으로 바라보는 시각은 공민권 개념의 토대가 되었으며, 나아가 재산권은 소유할 수 있는 권리에 그치지 않고 '획득할 수 있는 권리'를 의미하는 것으로, "평등의 기반 위에서 재산을 획득하려는 개인의 노력에 합법적 능력을 부여"했다(Marshall, 1950: 151). 그래서 공민권은 자본주의와 모순되지 않고 18세기 산업사회에 뿌리를 내릴 수 있게 되었다.

둘째, 19세기에 발전한 정치권은 참정권으로 정의할 수 있다. 정치권력을 부여받은 기구의 성원으로서 또는 그 기구의 성원을 선출할 수 있는 유권자로서 정치권력 행사에 참여할 수 있는 권리이다. 19세기에 이르러 노동자의 계급적 인식은 노동자 계급의 정치적 권리, 참정권 투쟁으로 이어진다. 의회를 통해서 정치적 권리가 구현되어진다고 할 수 있겠다. 그러나 자본주의의 발전과 더불어 심화되는 실증적 불평등은 개인의 공민권과 정치권의 구현을 저해하며, 마셜이 언급한 문명화된 사회로부터 계급체제의 약자들을 배제하였다.

셋째, 20세기에 발전한 사회권 개념은 지역사회의 멤버십과 직능단체들의 활동을 통해서 형성되었으며, 차츰 구빈법(A Poor law)과 임금체계(a system of wage regulation) 등에 의해서 그 개념이 보완되거나 교체되었다. 특히, 정치적 권리로서 직능단체들의 단체교섭권은 공민적 권리를 확장하고, 나아가 산업적 시민권(industrial citizenship)이라는 정치적 권리의 부차적 체계를 형성하였다. 이는 '일정한 수준의 문명에 대한 절대적 권리'와 '사회적 정의에 대한 요구'라는 사회권 개념의 확립을 가져왔다. 즉 적정한 수준의 경제적 복지와 보장, 그리고 사회적 유산을 공유하고 그 사회의 기준에 맞는 문명화된 생활을 할 수 있는 사회권이 등장하게 된 것이다. 궁극적으로 교육제도와 사회서비스를 통해서 사회 불평등의 완화를 목표로 하게 되었다(Marshall, 1950).

정리하면, 마셜이 주장한 시민권은 개인의 신체, 표현, 재산의 소유에서 자유로울 권리인 공민권과, 정치권력 행사에 참여할 참정권적 권리인 정치권, 그리고 사회적 삶을 영위하는 데 필요한 조건에 대한 권리인 사회권으로 구성되며, 사회권이 가장 늦게 발달한 시민적 권리로서 현대에 와서 그 의미가 커졌다 하겠다.

2. 매체 환경의 변화와 공론장

매체 환경은 디지털 기술의 발전에 의해서 급격히 변화하고 있다. 산재해 있는 이질적인 불특정 다수를 향한 매스커뮤니케이션의 성격을 띠고 있던 미디어 환경은 이제 동질의 특정 수신자들 사이의 선택적이고 쌍방향적인 커뮤니케이션이 가능한 형태로 변화하고 있다. 물론 여전히 흩어져 있는 개인들이지만, 이들은 온라인이라는 가상공간에서 커뮤니케이션하고 조직화되며 세력화되고 있다. 페이스북·트위터·카카오톡과 같은 사회적 연결망 서비스에 합류한 개인들은 사회적·정치적 기능을 수행하고 있다. 마치 17세기 유럽의 커피하우스와 살롱이 시민계급 탄생의 초석을 제공한 공론장의 역할을 수행했듯이 현재 디지털 기술의 산물인 사회연결망(social network service)은 새로운 공론장으로서 민주주의 발전과 시민들의 커뮤니케이션권의 강화를 가져오고 있다.

1) 매체 환경의 변화

마셜 매클루언(Marshall McLuhan)은 "매체의 본질은 인간의 확장"이라고 정의하고 있다(McLuhan, 김상호 역, 2012). 매클루언의 논의는 제한적인 능력으로 인해서 시공간 속으로 확장을 해야만 하는 유한한 존재로서의 인간이라는 관점에 그 토대를 두고 있다. 인간은 도구나 무기를 이용해서 자신의 근원적인 가능성을 확장하였으며, 동시에 주변 세계에 대한 영향력을 확대하고 구체화했다. 인쇄술·라디오·전화·TV·인터넷 등도 궁극적으로 인간의 의사소통 범위를 확대한 것으로서, 정치적·사회적·경제적 기능을 수행한다.

  매클루언과 이니스(Innis)의 매체에 대한 주장은 통시적 관점에서 커뮤니케이션 기술의 변화가 인간 사고체계의 변화를 유도하고, 나아가 사고 체계의 변화가 공동체의 역사와 문화변동을 가져왔다는 것이다. 매클루언은 그의 책에서 신문을 예로 들어, 신문을 통해서 공동체의 이미지 혹은 특성이 만들어진다고 일갈한다. 책이 하나의 견해를 제공하는 개인적인 고백의 형태라면, 신문은 공공의 참여를 제공하는 집단적 고백의 형태이기 때문에, 신문은 사실을 이용해서, 혹은 전혀 이용하지 않고도 사실들에 색을 입힐 수 있다. 신문은 '뉴스가' 된, 우리가 이미 알고 있는 사실들을 재인식할 수 있는 새로운 경험의 장을 제공하고, 이는 자신이 존재하는 공동체의 기억이라는 그물망 안으로 외부 세계를 끌어들이는 행위이다(매클루언, 김상호 역, 2012).

  이들의 매체결정론적 관점은 매체 자체가 메시지 기능을 담당한다는 데 초점을 맞추고 있으며, 이는 메시지의 내용보다 매체의 기술적 특성이 역사변동과 문화변동을 동반한다고 주장하는 데 특이점이 있다. 나아가 매클루언의 서사는 인간의 확장으로서 매체들이 궁극적으로 감각의 균형을 탈환하는 방향으로 발전하고 있으며, 이는 전자시대의 탈중앙화의 세계가 만들어 내는 지구촌이라는 말로 정리된다.

  이러한 매클루언의 매체결정론적 시각에 반대하는 의견들도 상당하지만, 누구도 그가 제시하는 문자 이전의 시대, 문자시대, 그리고 전자시대로 나아가는 매체의 발전 방향에 대한 이의 제기는 하지 않는다.

  첫째, 문자 이전의 시대는 구술적 의사소통의 시간들이다. 옹(Ong, 1982)에 의하면, 발화하는 순간 사라지는 '소리'에 의존하는 커뮤니케이션 양식은 메시지의 저장에 용이하지 않았기에 기억의 방법과 표현을 만들어 낸다. 지식으로 전달되기 위해서는 다양한 수사적 방법이 동원될 수밖에 없다. 이에 따라 구술 표현은 축적적·참여적·반복적·상황적 특징을 지니고 운율을 타는 상투적 방법을 사용하게 된다.

  즉, 구술되는 영웅담·신화·계보들은 전적으로 기억과 암송을 통해 전승되고, 공동체의 참여를 통해서 축적되고, 반복적으로 현재성을 부여받게 되는 것이다. 구술의 시대에서 인간이 매체이며, 매체로서의 인간은 개별자가 아니라 집단의 형태이며, 시간과 장소의 제약 속에서 기억은 집단적으로 전승된다.

둘째, 구술문화시대를 지나 문자시대로 접어들며 인간들은 집단적 기억에 의존하는 의사소통의 체계로부터 떨어져 나와 개인과 개인의 분리를 경험하고 문자로 된 법전 앞에서 평등하고 독립적인 개인으로 거듭나게 된다. 특히 15세기 구텐베르크(Gutenberg)의 활판인쇄술은 문자시대의 대변혁이었다. 활판인쇄술은 프로테스탄트(Protestant)의 종교개혁은 물론, 르네상스의 확산과 근대과학의 성립에도 기여했다(Eisenstein, 1979). 마틴 루터(Martin Luther)의 로마가톨릭의 면죄부 판매를 비판하는 95개조 반박문은 활판인쇄술에 의해 대량으로 인쇄되어 두 주 만에 독일 전역에, 그리고 빠른 속도로 유럽 전체로 전파되었으며, 그 결과 종교개혁이 가능했다. 종교개혁은 성직자나 설교자와 같은 인간 매체를 이용해서 기성 교회를 옹호했던 로마가톨릭에 대해서 전단지와 소책자, 독일어 성서 등으로 대표되는 인쇄매체의 힘을 빌려서 기성 교회를 비판한 종교개혁가들이 승리한 것이기도 하다(표정훈, 2007). 지식인의 전유물이던 성서를 포함한 다양한 책들이 대량생산을 통해 사회 내에서 소비될 수 있었던 것도 르네상스의 확산을 가져왔으며, 뉴턴(Newton)의 프린키피아(Mathematical Principal of Natural Philosophy)에 등장하는 기하학의 수식들이 그림처럼 펼쳐질 수 있었던 것도 인쇄술의 도움이었다. 이 외에도 활판인쇄술은 대중매체로서 신문이 탄생하는 데 중요한 기여를 했다.

신문은 최초의 대중매체다. 19세기 고속 인쇄기나 윤전기의 발명과 같은 기술적인 혁신도 신문이 대중매체로 자리매김하는 데 기여했으나, 신문이란 애초부터 개인적으로 소비되는 책과 달리 공중(reading public)을 대상으로 하는 형태를 지향해 왔다. 따라서 신문은 공동체의 특징을 만들어 가는 주요한 동력자 중의 하나이다. 정보는 일방향적으로 전달됐으며, 이미지보다는 텍스트 중심으로 유포됐다. 정보소통구조는 자연히 경직적이며 단선적인 형태를 띠며, 정보의 공급자와 수용자는 동등한 관계가 아니라 주체와 객체라는 비대칭적 관계로 이뤄져 왔다(김정탁, 2009).

셋째, 전자시대는 라디오와 텔레비전으로 대표될 수 있다. 1890년대 마르코니(Marconi)는 사업적·군사적 가치를 지닌 무선통신 기술을 활용코자 하였으며, 그 결실이 오늘날의 라디오방송이다. 라디오 기술의 사용은 처음에는 전화를 모범으로 삼았는데, 초창기의 전화는 오늘날처럼 사적인 의사소통을 위한 도구가 아니었다. 현재의 전화기는 개인 간의 의사소통 도구로 진화했지만, 초창기에는 오페라 공연 같은 것을 특정 청취공간에서 보수를 지불하고 전화기를 통해 듣는 형태였다. 라디오는 이런 초창기 전화를 모델 삼아 하나의 음원을 많은 청취자들에게 전달하는 형태로 발전하였다(안들아스 뮌 & 자이들러, 이상훈·황승환, 2020). 1910년 뉴욕메트로폴리탄 오페라하우스에서 열린 테너 엔리코 카루소의 콘서트를 방송하였는데, 이는 오락매체로서의 라디오가 지닌 가능성을 보여 준 사건이었다.

라디오는 개인적이고 친근한 형태로 수용자에게 다가오는 매체적 특성이 있다. 매클루언에 의하면, 라디오는 세계를 촌락처럼 만들어, 소문이나 풍문, 개인적인 원한 같은 질리지 않는 촌락적 기호가 통용되도록 한다. 그렇다고 해서 라디오에 의해서 촌락화된 세계가 동질성을 띠게 되는 것은 아니다. 오히려 분산화·다원화가 그 촌락의 특성으로 규명될 수 있을 것이다.

텔레비전은 라디오와 함께 전자의 시대를 열었지만, 매체적 특성에서 상반된다. 라디오가 정보의 양이 많고 참여자의 관여가 적은 핫미디어라면, 텔레비전은 외관상 소리에 영상이 더해져서 보다 많은 정보를 제공하는 것 같지만, 실제적으로는 주사선(走査線) 사이의 빈 공간을 상상으로 메꾸는 참여자의 열성적인 관여를 필요로 하는 쿨미디어이다(McLuhan, 김상호 역, 2012). 그래서 텔레비전 수용자의 고관여를 이용한 주 시간대의 집중 편성 전략이 가능했다. 텔레비전은 시간만 허락한다면 하루 종일 수용자를 한자리에 묶어 둘 수 있었다. 디지털매체가 등장해서 경쟁하기 전까지, 거실 한가운데서 가족 전체의 집단적 소비가 가능한 매체였다.

넷째, 디지털 시대이다. 디지털 시대는 생산과정에서 음성이나 화상을 이진수(二進數)의 불연속파로 변환하기 때문에 빠르고 간편하다. 인터넷도 하이퍼텍스트 또는 하이퍼미디어로 간주될 수 있다. 기존의 텍스트와 달리 하이퍼텍스트에서는 텍스트들이 링크를 통해 서로 직접 연결되기 때문에 처음부터 끝까지 순서에 따라서 읽어 내려가는 아날로그적 소비를 할 필요가 없다. 읽는 사람은 언제든 다른 링크를 활성화 시켜서 참조할 수 있고, 다시 원래의 페이지로 복귀할 수 있다. 이처럼 인터넷의 발달은 다양한 정보 연결을 가능하게 하고, 나아가 스마트폰을 통해 휴대 가능한 세상으로 연결된 것이다. 페이스북이나 인스타 같은 SNS는 삶의 일부로 들어오게 되었다. 스마트폰 등은 생산자와 소비자의 구분을 제거하여, 누구나 콘텐츠의 제작자가 되고 소비자가 된다. 높아진 매체 접근성은 사회적 이슈나 현상에 대한 해석 공동체도 다양하게 구축될 수 있는 기반을 마련해 준다. 이제 개방과 공유의 문화 체계가 보편화되고 구술의 시대의 재부족화(retrivalization)가 가능케 되었다.

2) 커뮤니케이션권과 공론장

커뮤니케이션이 실체적 대상을 상대로 일어나는 상징적 상호작용임을 고려할 때, 커뮤니케이션권은 상대에 대해서 말할 권리, 말하지 않을 권리와, 상대로부터 들을 권리, 듣지 않을 권리로 구분해 볼 수 있다. 말하지 않을 권리와 듣지 않을 권리가 회피적 성격을 띠고 있는 반면, 말할 권리와 들을 권리는 매우 적극적인 권리 추구형이다. 말할 권리와 들을 권리는 표현(의견)의 자유와 매체 접근권이라는 개념하에서 설명될 수 있겠다. 사회적 차원에서 표현의 자유와 매체 접근권이 보장된다면, 시민들의 정치적 의사결정을 위한 여론 형성의 장, 즉 공론장이 가능해진다. 커뮤니케이션권은 공론장 형성을 위한 전제 조건이라고 할 수 있겠다.

(1) 표현의 자유

유엔 인권선언 19조에 의하면, 표현의 자유(freedom of opinion and expression)는 인격체 완성의 필수 불가결한 요소이며, 모든 자유로운 민주사회를 구성하는 초석이다. 이 권리는 간섭을 받지 않고 자신의 의견을 향유할 자유, 국경에 구애받지 않고 모든 매체를 통하여 정보와 사상을 추구하고 전파할 자유를 포함한다. 인격체 완성의 필수 불가결 요소라는 말은, 인권의 중심에 표현의 자유가 있다고 주장하는 것이다.

표현의 자유에 대한 논의는 존 밀턴(John Milton, 1644)의 『아레오파지티카』에서 그 근원을 찾는 것이 일반적이다. 이 책명은 고대 그리스시대의 법정과 의회 기능을 하던 '아레오파고스(areopagos)'를 지칭하는 희랍어에서 차용되었다. 이 책에서 밀턴은, 의회가 제정한 출판 허가 명령을 철폐하는 것이 공공의 이익을 위한 방법이라고 주장하고 있다. 이 주장의 논거로, 인간은 이성에 의하여 진실을 구분할 능력이 있기에 거짓과 진리가 자유로운 공개시장에서 대결과 경쟁을 벌일 수 있게 한다면, 필연적으로 진리가 승리한다는 사상의 공개시장 원리를 채택하고 있다. 나아가 밀턴은, 표현의 자유가 어떤 자유나 인권보다 중요한 천부인권임을 강조하고 있으며, 이것을 억압하는 것은 악이라고 칭하였다. 그는 사상의 공개시장과 인간의 자율 조정 능력이라는 두 축을 중심으로 억압이나 간섭이 존재하지 않는 표현의 자유라는 결론에 도달하고 있다 (이종우, 1966).

임상원(1998)에 의하면, 밀턴의 표현의 자유는 단순히 자유방임적인 것이 아니라, 개인이 공동체의 신을 위해서 향유하는 공화주의적 특성이 있다고 한다. 공화주의적 표현의 자유는 개인의 생득적 권리인 사적 자유를 제한하는 것이 아니라, 사적 자유가 공동체 선을 위해서 발현되는 형태를 의미하며, 공동체 선을 추구하는 사회적 개인의 자율성을 보존시키는 것은 자유국가의 책무이다. 따라서 밀턴에게는, 검열이 있는 국가는 자신의 생각을 타인의 의지에 지배받게 하는 노예국가이며, 그곳에서 개인의 자율성은 담보되지 않는다. 국가권력으로부터 자유가 확보되어야 한다는 측면에서, 밀턴의 사상은 언론·출판의 독립성과 자율성 확보라는 근대적 언론 자유 개념의 뿌리가 되었다.

밀턴의 언론 자유는 2세기 뒤 등장한 공리주의자 밀에 의해서 국가 억압으로부터의 자유라는 논제를 떠나서, 개인이 타인에 의해 간섭을 받지 않고 자신의 삶을 통제하기 위해서 모든 의견이 자유로이 교환될 필요가 있다는, 보다 자유주의자적인 방향으로 진화한다.

존 스튜어트 밀(John Stuart Mill)의 『자유론』에 의하면, 시민사회의 근간이 되는 자유는 세 가지 영역으로 나뉜다. 첫째, 내면 의식의 영역으로서 사상의 자유이다. 이는 의견 표현과 출판의 자유를 포함한다. 둘째, 자신의 희망과 의지에 따라서 개성에 맞는 삶을 계획할 수 있는 자유이다. 셋째, 개인과 개인 사이의 연대를 맺을 수 있는 결사의 자유이다(Mill, 권혁 역, 2016). 여기서 개인은 개별성을 갖는 존재이며, 이 개별성(individuality)은 사회의 다양한 압력으로부터 자유로울 때 획득된다. 공리주의자 밀에게 개인이 자유롭게 자신의 개별성을 함양시키는 것이 최선의 윤리이며 행복이고, 사회와 개인의 진보도 가능케 하는 것이다.

개별성 제고 측면에서, 자유로운 의견 교환은 필수 불가결적 요소이다. 밀은 자신이 살았던 19세기의 사회에서 정부에 의해서 행해지는 억압적 기제들보다 공론장에서 횡행하는 여론몰이를 더욱 문제시하였고, 여론의 부작용을 최소화하기 위해서 소수 의견도 자유로이 피력할 수 있는 사상의 자유를 강조하였다.

밀턴의 출판의 자유와, 밀의 사상의 자유가 의미하는 바는 표현의 자유이다. 오늘날 표현의 자유는 민주정치 체제를 뒷받침하는 중요한 기제이다. 정치적 의견의 자유로운 형성과 전달은 시민성의 성장과 직결되기 때문이다. 따라서 표현의 자유는 사회적 개인으로서 시민에게 주어진 기본권의 하나로 인식된다. 에머슨(Emerson, 1970)에 의하면, 표현의 자유는 개인적인 자아실현의 수단이고, 지식을 발전시키고 진리를 발견하는 본질적인 과정이며, 동시에 사회의 구성원들의 의사결정에 필수적 역할을 수행한다. 즉, 표현의 자유는 개인의 개별성 확장과 사회의 민주적 절차를 위한 핵심 기제인 것이다.

(2) 매체 접근권

20세기 이후, 말할 권리와 들은 권리는 매체 환경에 대한 권리로 표현되었다. 매체 환경에 대한 권리는 매체 환경이 변화에 따라서 보편적 서비스권에서 퍼블릭 억세스권으로, 그리고 현재의 커뮤니케이션 문화권으로 발전되어 왔다.

보편적 서비스권은 인간다운 삶을 영위하는 데 필수적 공공재인 매체로부터 균등

한 서비스를 받을 권리를 의미한다. 최초의 논의는 1934년 미국의 커뮤니케이션법이 "보편적 서비스의 원활한 제공"을 목적으로 제정됨으로써 공식화되었다는 것이 대체적인 평가이다. 방송과 통신의 인프라 구축을 통한 차별 없는 매체 접근권과 방송과 통신 내용으로부터 소외되지 않을 권리를 의미한다. 윤석민(2006)에 의하면, 방송에서의 보편적 서비스권은 ① 기술적으로 난시청지역을 제거해서 사람들이 방송 서비스에 접근하는 것이 용이해야 하고(도달 보편성), ② 그 서비스 이용은 적절한 비용으로 제공되어야 한다고 하며(서비스 이용의 보편성), ③ 방송 내용에서도 보편성을 확보하여 특정 계층이 아닌 모든 계층의 사람들의 취향을 충족시켜야 한다고 한다(서비스 내용의 보편성).

우리나라에서 보편적 서비스권은 종합유선방송의 등장 이후 지상파 재전송 논의를 중심으로 본격화되었다. 1999년에 제정된 방송법에는 이와 같은 보편적 서비스 이념의 구현을 위한 조항들이 있다. KBS의 난시청 해소 의무(제44조), 기초생활 보호대상자 및 국가유공자 등에 대한 수신료 면제 규정(제64조), 장애인 시청 지원(제69조), 보편적 시청권 보장(제76조), 지상파 의무재전송(제78조), 재난방송(제74조), 유료방송사업자의 공공·공익 채널 편성 의무(제70조), 종합유선방송사업자의 지역 채널 편성 의무(제70조) 등이 이에 해당된다(정영주, 2014).

퍼블릭액세스권은 신문의 지면이나 방송 시간의 할애나 미디어의 직접 운영을 통해서 표현의 자유를 확대해야 한다는 주장에 근거하고 있다. 특히, 전파의 희소성 측면에서 전파가 지니는 공공성, 즉 사회적 신탁 개념을 들어서 매체에 대한 적극적인 활용에 초점을 맞추고 있다.

액세스권의 등장 배경은 신문과 방송 등 언론기관이 거대 독점기업으로 성장한 데 있다. 미국에서 매체 기업들의 대규모화와 독점화 현상이 나타나자, 국민의 대부분은 매스미디어로부터 소외되었고 정보를 받는 사람으로 전락하였다. 결국 수정헌법 1조가 보장하는 표현의 자유는 언론기관의 독점물이 되었다(Barron, 1967). 그에 의하면, 표현권의 주체는 '국가·언론기관·국민'이라는 3자인데, 액세스권은 국민과 국가의 관계가 아니라 국민과 언론기관 관계에서 발생한다. 일반적으로 정보를 통제하는 권력의 지배는 국가와 언론이 갖고 있고, 삼자 관계 중 국민이 가장 약한 주체이다. 따라서 약한 고리인 시민의 액세스권을 실질적으로 보장하기 위해서는 언론의 사회적 책임을 법적으로 강제하는 액세스권의 법제화가 필요하다는 것이 배론의 주장이다 (Barron, 1967).

우리나라에서는 1990년대 이후 본격적으로 논의되었고, 다양한 미디어 액세스 활동, 즉 정치방송의 동일 시간 분배의 원칙이나 반론권 등이 법제화되었으며, 1995년에는 드디어 RTV시민방송이 출범한다. RTV는 시민 참여가 중심이 되는 대한민국의 퍼블릭 액세스 전문 텔레비전 채널로, 2002년부터는 케이블 채널로 자리매김하고 있다.

커뮤니케이션 문화권은 공동체 유지와 문화 향유를 위한 적극적인 권리이다(원용진, 2001). 오늘날 같은 매체의 융합 현상은 동일한 전송 플랫폼을 통해 TV·라디오·신문·전화·인터넷 서비스를 제공하는 것이라고 할 수 있으며, 이는 매체의 경계가 없어짐을 의미한다. 스마트폰을 통해서 우리는 TV도 보고 전화도 하며, 신문도 읽고 필요한 정보를 찾는다. 디지털화라는 기술을 기반으로 하는 방송과 통신의 융합으로 인해서 수용자인 시민들도 커뮤니케이션 과정을 통제할 수 있게 되었다.

커뮤니케이션 과정의 통제가 의미하는 바는, 보편적 서비스권이나 퍼블릭 액세스권이라는 차원을 넘어서 콘텐츠의 생산과정에서 주도적 역할을 수행함을 의미한다. 마치, 구술문화시대에서 공동체 구성원 누구나 공공의 선을 위하여, 혹은 개인의 선을 위하여 창작자가 되었던 것처럼, 오늘날의 시민은 주도적으로 창작자가 되고 소비자가 될 수 있는 환경이다. 이를 통해서 공동체의 다양성·공익성·보편성 등을 확보하게 된다. 따라서 시민의 권리로서 커뮤니케이션 문화권은 민주사회의 공동체 역량을 함양하고 방향을 제시하는 역할을 담당하는 것이다.

(3) 공론장

스마트폰의 급격한 보급과 인터넷의 발달에 따라 그만큼 사상의 자유시장은 확장되고, 공적 토론장도 확대되었다. 매체 기술이 급속도로 발전하면서 전파의 희소성에 의탁한 사회신탁이론도 도전을 받게 되었다. 이는 공론장으로서 역할을 수행하던 언론매체들의 역할이 축소되고 개개인의 시민들이 주도하는 새로운 공론장의 출현을 의미한다. 따라서 하버마스의 공론장이 지니고 있는 의미를 살펴보고, 이를 오늘날의 미디어 융합 현상과의 관계 속에서 설명하고자 한다.

하버마스(Habermas)의 공론장은 자유롭고 개방적인 토론의 공간이며, 이성이 작동하는 공간이다. 그는, 공론장은 열린 공간으로서 그곳에 참여한 공중들이 이성적 존재일 것을 요청받는다고 주장한다. 공론장의 공중에게는 이성적 존재라는 사실 이외에 다른 어떤 자격 조건도 강제되지 않으며, 이성만이 진리 유무를 결정짓는 유일한 원천이 된다. 그리고 오직 자신의 이성과 다른 이성들 사이의 토론을 통해서, 즉 이성적 토론 과정에 의해서 공통의 의견인 '여론'(public opinion)이 도출된다. 그것은 개인의 견해를 의미하는 의견(opinion)과는 같은 것이 아니며, 이성과 합리성의 공적 사용에 의해 산출된 집합적 의사라고 할 수 있다.

개인의 의견이 여론으로 발전하는 전환 지점은 공공정신(public spirir)이라는 개념으로 설명될 수 있다. 18세기 말 영국의 정치가들은 개인의 사적 신조를 넘어서는 실체로서 시대정신이 공공정신이란 이름 아래에서 여론으로 탈바꿈한다고 생각했다. 이에 비해, 프랑스에서 공공정신을 의미하는 여론의 개념은 18세기 중반에 중농주의자들에 의해서 형성되기 시작했다. 그들에게 여론은 "공론장에서 비판적 토론을 통해 참된 의견으로 정화된 의견이라는 엄밀한 의미를 갖게 된다."(Habermas, 김상호 역, 2001). 즉 서유럽의 지성사에서 결코 신뢰할 만한 것이 아니었던 개인들의 이성은 절대주의 체제에서 근대로 넘어와 공공정신과 결합되어 공통 의견(여론)으로 의미가 전환되면서 정치적 정당성 확보를 위해서 반드시 존중하고 고려해야 할 정치적 규범의 원천이 되었다.

하버마스에게, 이성과 합리성의 토대 위에서 형성된 공통된 의견(여론)만이 공중들을 구속할 수 있는 윤리적 기준이 되며, 정치적 통제의 정당성은 공론장의 존재에 의해 확보되는 것이다. 이제 공론장에 모인 개인들은 더 이상 권력자의 명령을 따르는 신민이 아니라, 권력을 비판하고 그 정당성에 대해서 판결을 내릴 수 있는 주체가 된다(Habermas, 김상호 역, 2001).

따라서 공론장(public sphere)은 '정치적 의사결정체'이며 동시에 '정치권력을 견제하고 통제'하는 기제가 된다. 즉 국가나 시장의 영향력으로부터 자율적인 이성적 공중이 합리적 의사소통을 행함으로써, 민주적 통치의 정당성이 도출되는 것이다.

하버마스의 공론장 개념은 오늘날의 디지털 미디어 생태계에서 민주주의를 향한 새로운 가능성을 열고 있다. 디지털 기술은 정보 생산과 소비의 일방향적 특성을 해소하고, 마치 18세기의 커피하우스나 살롱처럼 자신의 신분과 계급에 구애받지 않은 자유로운 토론이 가능한 공간을 만들어 내고 있다.

일례로, 온라인상에서 익명으로 사회적 이슈에 대한 자신의 주장을 피력할 수 있고, 다른 사람의 주장에 대한 반박이 통용되게 되었다(이창호·정의철, 2009). 나아가 쌍방향성, 상호작용성, 개인화, 익명성, 사회적 실재감 부재, 탈시간성, 탈공간성, 수평적 커뮤니케이션, 능동적 정보 선택 등 오프라인 상황과 차별되는 온라인 커뮤니케이션의 특성에 따라 공론장이 개인화되고 다양화되고 있다(박근영·최윤정, 2014).

미디어 생태계의 변화는 다양한 공적 관심을 만들어 내며, 이에 따라서 다수의 공론장이 상호 경합하는 데도 일조한다(조항제·박홍원, 2010). 문제는 상호 경합하는 다양한 공론장들이 하버마스가 말한 이성과 합리성에 근거한 건강한 공론장으로서의 역할이 아니라, 비이성적이고 선동적인 논의들이 여론이라는 이름으로 포장되는 회의적인 기능을 담당한다는 것이다. 분명 기술의 발전은 개인들이 공적 자율성을 발휘할 기회를 더 많이 제공한다. 그러나 동시에 개인들의 이성과 합리성에 대한 제고가 경주되지 않는다면, 나치의 선전과 선동의 역사는 디지털 미디어 시대에도 되풀이될 것이다.

3. 민주주의와 디지털 시민성

디지털 시대에 접어들면서, 시민의 디지털 미디어에 대한 보편적 접근권(the right of

universal access)에 대한 논의는 접근 용이성(availability)과 지불 능력(affordability)을 중심으로 이뤄졌다(Krueger, 2002). 그러나 광대역 무선 인터넷 인프라의 확충과 무선 인터넷 기기의 보급이 확산되어, 동시성과 상호작용성이 핵심이 되는 융합 미디어 커뮤니케이션 환경이 구축됨에 따라 접근권에 대한 논의는 정보 활용과 수용이라는 차원으로 전이되었다. 즉 사적·공적 영역에서 인터넷을 통한 다양한 온라인 활동과 시민 참여가 의미하는 디지털 시민성에 대한 논의가 필요하게 되었다.

카렌 모스버거(Karen Mossberger)와 그의 동료들은『디지털 시민성: 인터넷·사회·참여(Digital Citizenship: Internet, Society, and Participation)』에서 교육이 민주주의와 경제성장을 촉진한 것과 마찬가지로 인터넷은 사회 전체에 혜택을 줄 수 있는 잠재력을 가지고 있으며, 사회 안에서는 개인에게 구성원으로서의 자격을 부여하고 참여를 촉진하는 힘을 가지고 있다고 한다. 따라서 규칙적이고 효과적으로 인터넷을 사용하는 사람들을 디지털 시민으로 개념 정의한다면, '디지털 시민성(digital citizenship)'은 온라인으로 사회에 참여할 수 있는 능력이라고 정의된다.

물론, 디지털 시민이 디지털 기술을 자주 사용한다는 것은, 시민의 의무(civic duty) 차원에서 정치 관련 정보를 온라인에서 습득하고 경제적 이득을 위해 직장 내에서 필요한 기술을 사용하는 것을 포함하는 것이다.

그들은 디지털 시민성을 로저 스미스(RogerSmith)의 미국 역사상 시민권의 세 가지 전통, 즉 로크의 자유주의(경제적 기회), 공화주의(정치 참여), 귀속적 위계(불평등)라는 측면에서 고찰하고 있다. 첫째, 자유주의 전통은 개인의 권리와 노력, 표현의 자유와 신체의 자유, 자유시장 등에 가치를 부여한다. 자유주의 전통에서 디지털 시민성은 자유시장에서 개인의 권리를 확보하기 위한 경제적 기회를 제공하는 디지털 기술의 역할에 초점을 맞춘다. 교육이 취약계층의 신분 상승을 위한 사다리 역할을 하였던 것처럼, 디지털 시대에서는 인터넷이나 디지털 기술의 사용 여부가 보다 나은 직업을 얻는 데 중요한 징검다리가 된다. 둘째, 공화주의 전통에서 시민성은 지역사회의 참여 의무에서 시작한다. 시민은 개인의 이익보다는 공동체의 전체 선을 추구해야 하며, 공동체의 입장에서 올바른 결정을 내리기 위해서 정보에 대한 접근과 활용이 용이해야 한다. 따라서 디지털 시민성은 시민 참여를 독려하고 정보 활용을 극대화하는 측면에서 고려된다. 셋째, 종족·인종·성별 등과 같은 귀속적 지위에 의해서 불평등이 사회적 다원주의에 의해서 용인되는 사회적 전통이 미국 내에 있으며, 이는 현재 디지털 격차(digitaldivide)로 확산되고 있다. 디지털 격차는 디지털 시대의 민주주의에 대한 도전이다. 시민들의 온라인 사회참여에 필요한 기술과 수단에 대한 불평등 발생이 궁극적으로 디지털 시민성의 저해를 가져온다는 것이다. 디지털 기술은 오히려 소외계층을 더 소외시키고 있으며, 사라질 것 같지 않다는 것이 카렌과 그의 동료들의 의견이다.

베넷(Bennet, 2008) 또한 사회 변화가 시민성 개념 자체의 변화를 유도하고 있다고 주장한다. 투표나 정당 활동 같은 주어진 제도 안에서 국가와 국민이라는 관계에 초점을 맞춘 의무적 시민(dutifulcitizen)에서 개인화된 생활정치라는 측면이 부각되는 실현형 시민(actualized citizen)으로 변화이다. 의무적 시민은 적극적 사회참여, 선거 민주주의와 정치인에 대한 신뢰, 매스미디어를 통한 정보의 습득과 신뢰 등으로 특징지을 수 있으며, 실현형 시민은 디지털 커뮤니케이션, 생활정치, 정치인이나 매스미디어에 대한 불신, 네트워크화된 사회참여로 규정할 수 있다(Bennett, Wells & Rank, 2009). 의무적 시민성이 기성세대의 시민성 개념이라면, 실현형 시민성은 세계화 이후 태어난 세대들에게서 나타나는 시민성 개념이라고 할 수 있겠다.

따라서 민주주의를 대하는 방법과 교육에서, 젊은 세대는 차이가 있다. 젠킨스(Jenkins, 2006)는 디지털 문화 속에서 성장한 젊은 세대는 학습기전(learning mechanism)에서, 기존의 교실 문화에서 성장한 세대와 분명한 차이점이 있다고 한다. 그들은 개인적으로 정보를 취득하는 것보다는 느슨한 네트워크 활동을 통한 학습을 선호하고, 단순히 정보를 소비하기보다는 창조적 콘텐츠의 생산을 통해서 표현하기를 좋아하며 문제에 대해서 개인적으로 접근하기보다는 협력적 문제해결을 선호한다.

이들에게 정치도 창조적 문제해결의 장이다. 민주주의는 단순히 선거에 투표하고 정당에 가입하는 차원이 아니라, 직접 디지털 환경 속에서 콘텐츠를 생산해 냄으로써 자신의 정치적 성향과 의지를 표현하는 '실현성(being actualized)' 영역의 문제로 간주한다. 실현성의 중요성에 대한 함의는 황용석·이현주·박남석(2014)의 연구에서 찾아질 수 있다. 온·오프라인 시민참여에 대한 예측 변인 연구에서, 콘텐츠 생산과 제작이 온라인 시민참여에 가장 큰 영향을 미쳤고, 네트워킹과 다문화 수용성이 그다음으로 영향을 미쳤는데, 이에 반해 오프라인 시민참여는 다문화 수용성과 네트워킹은 영향을 미쳤으나 콘텐츠 생산과 제작은 영향을 미치지 못한 것으로 나타났다고 한다. 젊은 세대의 온라인 시민참여는 궁극적으로 콘텐츠 제작과 생산능력에 의해서 좌우되는 경향이 있다는 것이다. 즉, 자신의 정치적 성향과 의지를 온라인상에서 실현할 수 있는 정도가 민주시민의 핵심 가치인 참여에 영향을 미치는 것이다.

이제, 디지털 기술은 정치사회 전반에 변화를 유도하고 있다. 민주주의를 제도적으로 구성하는 정부와 거버넌스·정당·선거·사회참여 양식 등에서 디지털 전환이 빠른 속도로 이뤄짐에 따라서 디지털 시민성의 함양이 요구되고 있다. 디지털 시민성은 민주주의 핵심 가치인 참여를 실현하기 위해 습득해야 하는 역량이다. 르네 홉스(Hobbs, 2010)에 의하면, 디지털 능력은 시민성 함양 차원에서 다뤄져야 하며, 개인의 인생에 걸쳐서 일어나는 메시지의 소비와 창조의 과정 속에서 필요로 되는 능력이다. 사람들은 온라인에서 문제해결을 위해서 정보를 찾고, 공유하고 사용할 수 있을 뿐만 아니

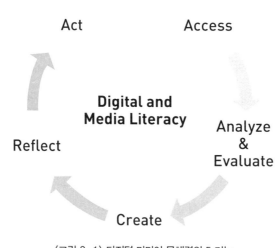

〈그림 3-1〉 디지털 미디어 문해력의 5 기능
출처: Hobbs, 2010

라, 제공된 정보를 분석하고 커뮤니케이션할 수 있어야 한다. 궁극적으로 디지털 시민성 함양은 시민들의 공동체 활동에 의미 있는 참여를 가능케 한다. 즉, 미디어와 디지털 기술을 능숙하게 사용하며, 동시에 관련 정보를 다른 사람들과 공유하는 능력(acess), 메시지가 지니는 잠재적 효과를 고려하면서 메시지의 관점·진실성·신뢰도를 비판적으로 분석하는 능력(analyze), 자신을 표현하는 데 창조성과 확신을 갖고 콘텐츠를 만들 수 있는 능력(create), 사회적 책임 및 윤리 원칙을 자신의 정체성과 실제 경험, 커뮤니케이션 행위에 적용하는 능력(reflect), 그리고 가족·직장·지역사회 내에서 지식을 공유하고 문제를 해결하며, 지역·국가·세계의 일원으로서 참여하는 능력(act)을 바탕으로 디지털 시민성 확보가 가능하다(Hobbs, 2010).

4장

표현의 자유와
시민 권익의 보호

안백수

현대국가 대부분은 자유민주주의의가 실현될 수 있는 사회를 지향한다. 그러기 위해서는 무엇보다도 표현의 자유가 충분히 보장되어야 한다. 표현의 자유는 개인의 사상이나 의견을 제약받지 않고 타인에게 피력할 수 있는 개인적 권리인 동시에 미디어가 공권력의 제약을 받지 않고 의견이나 정보를 시민들에게 전파할 수 있는 공적 권리이기도 하다. 표현의 자유는 속성상 시민의 권익을 침해하기도 하는데, 특히 명예와 초상에 대한 침해의 빈도가 높다.

명예훼손은 "공개적으로 누군가에 관한 사실을 퍼뜨려 그 사람에 대한 주위의 평가를 떨어뜨리는" 행위인데, 그 행위에 공공성이 인정되고, 공표 내용에 진실성 또는 상당성이 인정된다면 위법성이 없다.

언론보도 관련 명예훼손에 대해서는 언론사와 직접 협상하거나, 민·형사상 절차를 진행하거나, 언론중재위원회 조정·중재 절차를 밟거나, 임시조치제도를 이용할 수 있다.

초상권 침해는 특정인을 알아볼 수 있는 신체적 특징을 동의 없이 촬영해 공표하면 발생하는데, 판단 기준은 식별가능성과 동의 유무이다. 다만, 공익성·필연성·긴급성이 인정된다면 초상권 침해에 대해 면책되기도 한다.

초상권 분쟁을 최소화하려면 촬영 시 동의를 받고, 모자이크나 블러(blur) 처리에 유념하고, 야외라도 특정인을 부각해서 촬영하거나 상황을 왜곡 전달하지 않도록 해야 한다. 미디어를 통한 초상권 침해는 확산성이 엄청나므로 신속한 대처가 필수적이다. 침해 상태를 해제하라고 요구했음에도 침해자가 불응하면 민사소송 절차나 언론조정·중재 절차를 이용해 피해 회복을 도모할 수 있다. 민주 시민이라면 사회에서 제공하고 있는 다양한 권리보호 장치들에 대해 충분히 이해하고 활용할 줄 알아야 한다.

1. 표현의 자유와 충돌하는 시민 권익

　민주주의 근간이 되는 표현의 자유는 천부적 권리로 인정될 만큼 중요하게 인정되고 있다. 표현의 자유는 대개 미디어를 통해 달성되지만, 미디어로 인해 개인의 법익이 침해를 당하게 되는 경우를 우리는 너무도 자주 목도하게 된다. 이렇게 표현의 자유와 개인의 법익이 서로 충돌하게 된다면 어느 법익을 우위에 두어야 할까? 우리나라는 「헌법」 제21조 제1항을 통해 표현의 자유를 보장하면서도 제4항을 통해 미디어 등의 활동이 개인의 권리를 침해하지 않도록 하고 있다. 「헌법」에서는 표현의 자유 못지않게 개인의 권리도 강조하고 있는 것이다.

　이러한 헌법의 정신은 "표현의 자유는 민주정치에 있어 최대한의 보장을 받아야 하지만 그에 못지않게 개인의 명예나 사생활의 자유와 비밀 등 사적 법익도 보호되어야 할 것이므로, 개인의 명예 보호와 표현의 자유 보장이라는 두 법익이 충돌하였을 때 그 조정을 어떻게 할 것인지는 구체적인 경우에 사회적인 여러 가지 이익을 비교하여 표현의 자유로 얻어지는 이익, 가치와 인격권의 보호에 의하여 달성되는 가치를 형량하여 그 규제의 폭과 방법을 정하여야 한다."는 대법원 판결을 통해 선명히 드러나 있다(대법원 85다카29). 기본권과 인격권이 서로 충돌하게 된다면, 두 가치에 대한 이익형량을 통해 어떤 권리를 먼저 보호할지 판단한다는 것이다.

1) 표현의 자유 필요성

「헌법」제21조 제1항에서 규정하고 있는 언론·출판의 자유, 집회의 자유 및 결사의 자유를 통칭하여 '표현의 자유'라고 한다. 표현의 자유에는 개인의 의사소통을 위한 기본권으로서의 성격과 자유민주적 국가 질서를 구성하는 요소로서의 성격이 모두 담겨 있다.

사회 구성원들에게 자유로운 의사 표현의 장이 담보되지 못한다면 현재 우리가 향유하고 있는 자유민주주의가 존재할 수가 없다. 표현의 자유는 개인·사회·국가가 건강하게 유지될 수 있도록 하는 필수 불가결한 요소이기 때문이다.

17세기에 표현의 자유가 왜 필요한지에 대해 공적으로 설파했던 이가 존 밀턴(John Milton)이다. 그는 "나에게 어떤 자유보다 양심에 따라 자유롭게 알고 말하고 주장할 권리를 달라"며 출판물에 대한 허가제를 시행하려는 의회에 반기를 들었다. 사상의 자유롭고 공개적인 시장을 통해 진리와 허위가 맞붙어 논쟁하면 반드시 진리가 승리하게 되기에 출판 허가제는 사회발전에 저해가 된다(Milton, J, 1998: 148~150). 곧 표현의 자유가 보장될 때 진리가 드러날 수 있으며 사회가 잘 발전할 수 있다는 것이다.

이러한 존 밀턴의 사상은 영국의 자유주의 사상가에게 전해지고, 미국의 헌법에도 녹아들게 되었다. 미국은「수정헌법」제1조에서 "언론·출판의 자유를 제한하는 어떤 법률도 제정해서는 안 된다"고 명시함으로써 표현의 자유를 절대적으로 보호하고 있다(윤성현, 2013: 218).

자유민주주의를 표방하는 현대의 국가들은 표현의 자유를 숭배하듯 계승하고 발전시키려 하고 있다. 그 이유가 무엇일까? 표현의 자유는 인간의 존엄과 행복 추구를 위해 보장되어야 할 기본권이기 때문이다. 인간이 살아가면서 생각과 의지를 표현하려 하는 것은 기본적인 본성이기에 표현의 자유는 인간의 당연한 권리이다. 인간은 생각을 말이나 글로 표현함으로써 타인과 소통하고 교류하면서 존재한다. 즉, 생각이나 사상의 자유로운 표현이 가능할 때 인간으로서의 존엄과 행복을 느낄 수 있고, 건강한 사회 구성원으로 기능할 수 있게 된다.

그리고 자유로운 사상의 표현은 다른 권리가 보장되기 위한 전제 조건이 되기 때문이다. 어떤 권리가 위협을 받을 때, 우리는 그 권리를 지키기 위해 싸운다. 그 투쟁의 첫 출발점은 자신의 권리를 대외적으로 말하고 연대를 호소하는 것이다. 다른 권리를 지키기 위해 선행적으로 보장되어야 하는 것이 표현의 자유인 것이다.

또한 표현의 자유는 국가 또는 공동체의 발전 수준을 평가하는 가늠자가 되기 때문이다. 표현의 자유가 보장된 국가나 공동체는 다양한 의견들이 공존할 수 있다는 것이고, 그 사회가 더 발전할 가능성이 높다는 것을 의미한다(홍성수, 2021: 5).

표현의 자유는 국가권력 등이 올바로 기능하도록 하는 데 더없이 중요한 역할을 담당하고 있다. 권력 속성상 권력자 등은 자신의 기득권을 유지하기 위해 표현의 자유를 제한하거나 억압하려는 모습을 보이기도 한다. 이런 때일수록 개인 또는 미디어는 왕성하게 표현의 자유를 실천해야 한다. 특히 미디어는 권력에 대한 감시 기능을 수행하는 한편, 국민들에게는 정확한 정보를 제공함으로써 올바른 여론을 형성할 수가 있게 해 준다. 표현의 자유는 국가 또는 공동체가 불의한 상황에 빠지지 않도록 지켜 주는 파수꾼이자 건전한 방향으로 나아가도록 해 주는 조타수인 것이다.

한편, 표현의 자유는 개인의 존엄과 행복 추구를 전제로 한다는 점에서는 인본주의 성격을, 자유로운 사상과 행동을 제한하지 않는다는 점에서는 자유주의 성격을, 사회 공동체가 구성원들에게 선이 될 수 있는 방향으로 움직이게 한다는 점에서는 공리주의 성격을 담고 있다. 표현의 자유는 현대국가가 지향하는 인본주의와 자유주의, 공리주의가 조화를 이룰 수 있도록 해 주는 기본권이라 할 수 있다.

2) 시민 권익의 중요성

시민이 자신의 존엄과 가치, 행복을 추구할 권리는 불가침적 권리로서 헌법 제10조를 통해 보장하고 있다. 그런데 인간의 존엄과 가치, 그리고 행복을 추구하기 위해 충족되어야 할 요소들은 참으로 다양하다. 명예, 사생활의 자유와 비밀, 종교·신념의 자유, 사유재산, 초상, 음성, 성명 등에 관한 개인 권리는 타인 또는 정부의 간섭 없이 자유롭고 행복한 개인의 삶을 추구하기 위해 지켜져야 할 권리이다.

다양한 시민 권익이 쉽게 침해당하지 않고 온전히 보장될 때 시민들은 인간다운 삶을 영위하게 되고, 더욱 안정적인 모습을 보일 것이다. 우리 사회의 구성 원소인 개인이 건강하고 행복한 삶을 살 수 있을 때 비로소 개인의 집합체인 사회가, 국가가 안정적인 형태로 기능하게 된다. 즉, 개인의 권익이 충분히 보호받을 수 있는 사회가 건강하고 안정된 사회라 할 수 있다.

한편, 표현의 자유 역시 개인의 권리 중 하나이다. 자유로이 자신의 사상이나 의견을 제약받지 않고 타인에게 피력할 수 있는 기본권이다. 또한 표현의 자유는 미디어가 공권력의 제약을 받지 않고 의견이나 정보를 시민들에게 전파할 권리(국민의 알권리)도 포함한다. 이는 개인의 권리와 차원이 다른 사회적 권리, 공적 권리로 볼 수 있다.

그런데 이러한 표현의 자유를 행사하는 과정에서 타인이 권익을 침해하게 되는 경우가 빈번하게 발생하고 있다. 그 때문에 그 권리행사에 신중을 기할 것을 요구한다. 법원은 미디어로 인한 피해에 대해 판결하게 될 경우, 상충하는 두 가지 법익인 표현의 자유와 개인의 권익 사이에서 균형을 찾으려 노력한다. 헌법재판소는 언론 자유도 중요하지만 언론의 부당한 피해로부터 개인의 권리를 지키는 것도 역시 중요하다고 강조하고 있다(장호순, 2004: 172).

2. 미디어로 인한 시민 권익 침해 유형

미디어 활동으로 침해당할 수 있는 시민 권익은 명예·사생활·초상·재산·신용·음성·성명·저작 등등 일일이 다 열거하기 어려울 정도다. 이 중에서도 그 침해가 자주 발생하는 명예와 초상에 대해 자세히 알아보고, 나머지는 기타 법익으로 분류해 살펴보도록 한다.

1) 명예훼손

언론중재위원회가 발간하는 『연간보고서』와 『언론관련판결분석보고서』에 따르면, 우리나라에서 발생하는 언론분쟁 사건의 9할 이상이 명예훼손에 관한 것으로 나타났다(언론중재위원회, 2022a: 30 & 2022b: 21). 현대인이라면 미디어를 멀리하고 생활하기가 곤란하기에 그 법익의 침해가 가장 빈번한 명예훼손에 대한 이해도를 높여 자신의 권익이 침해당하지 않도록 미연에 방지하거나, 침해당하더라도 그 피해를 최소화할 수 있도록 무장할 필요가 있겠다.

(1) 명예훼손의 개념

명예란 "세상에서 훌륭하다고 인정되는 이름이나 자랑 또는 그런 존엄이나 품위"를 일컫는 말로서, 법원에서 정의한 "사람의 인격에 관해 타인들에게서 주어지는 사회적 평가"(대법원 88도1008)와 크게 다르지 않다.

이러한 명예에 생채기가 나고 폄훼가 이루어진 경우 명예가 훼손되었다고 한다. 즉 명예훼손이란 사람의 인격적 가치에 대한 사회적 평가(품성·덕행·명성·신용 등)가 저하되는 것을 의미한다. 우리 사회에서는 명예훼손 행위에 대해 무겁게 바라보고 있으며, 이를 형법으로까지 의율(擬律)하고 있다.

"공개적으로 누군가에 관한 사실을 퍼뜨려 그 사람에 대한 주위의 평가를 떨어뜨리는 행위"를 하였다면 명예훼손죄를 범한 것으로서 민사적 책임뿐만 아니라 형사적 책임에서도 자유로울 수가 없다. 「형법」제307조 제1항과 제2항에 의하면, 명예훼손죄는 적시된 사실이 진실한 경우이든 허위의 경우이든 모두 성립될 수 있다. 행위자가 사실의 허위성에 대한 주관적 인식을 하면서도 그 사실을 적시하였다면 가벌성이 높아진다. 다만, 적시된 사실이 허위의 사실이라고 하더라도 행위자에게 허위성에 대한 인식이 없는 경우에는 제307조 제2항이 아닌 제307조 제1항에 적용될 수 있다(대법원 2016도18024).

한편, 언론·출판 등 미디어에 의한 명예훼손의 경우 그 피해의 정도가 더욱 심각하기에 「형법 309조에 의율하여 그 처벌 수위를 강화하고 있다. 출판물에 의한 명예훼손에서 주의할 부분은 '비방할 목적', 즉 가해의 의도이다. 만약 비방 의도를 증명하지 못한다면 「형법 307조에 근거한 일반 명예훼손죄의 책임을 물게 된다.

명예훼손 관련 형법 조항

제307조(명예훼손)
① 공연히 사실을 적시하여 사람의 명예를 훼손한 자는 2년 이하의 징역이나 금고 또는 500만원 이하의 벌금에 처한다.
② 공연히 허위의 사실을 적시하여 사람의 명예를 훼손한 자는 5년 이하의 징역, 10년 이하의 자격정지 또는 1천만원 이하의 벌금에 처한다.

제309조(출판물 등에 의한 명예훼손)
① 사람을 비방할 목적으로 신문 또는 라디오 기타 출판물에 의하여 제307조 제1항의 죄를 범한 자는 3년 이하의 징역이나 금고 또는 700만원 이하의 벌금에 처한다.
② 제1항의 방법으로 제307조 제2항의 죄를 범한 자는 7년 이하의 징역, 10년 이하의 자격정지 또는 1천 500만원 이하의 벌금에 처한다.

---

(2) 명예훼손의 성립 요건

법률적으로 명예훼손죄가 성립하려면 어떤 요소들을 충족되어야 하는지 구체적으로 알아보자.

① 공연성

명예훼손죄가 성립하기 위해서는 명예에 대한 침해가 '공연히' 또는 '공공연하게 이루어질 것을 요구하는데, '공연히' 또는 '공공연하게'는 사전적으로 "세상에서 다 알 만큼 떳떳하게", "숨김이나 거리낌이 없이 그대로 드러나게"라는 뜻이다(대법원 2020도5813). 공연성이란 불특정인 또는 다수인이 인식할 수 있는 상태를 의미한다. 법원은 "공연성이란 불특정 다수에게 전파될 수 있는 가능성을 의미하는바, 비록 개별적으로 한 사람에 대해 사실을 유포하였다고 하더라도 전파가능성이 있다면 공연성이 인정되지만 전파 가능성이 없는 특정 1인에 대한 사실 유포는 공연성이 있다고 볼 수 없다"는 판결을 내린 바 있다(대법원 2010도8265).

공연성 여부를 판단하려면, 발언자와 청취자의 관계, 대화의 경위, 사실적시의 내용과 방법 등 제반 사정을 고려하여 상대방이 불특정인 또는 다수인에게 전파할 가능성이 있는지를 종합적으로 검토한다(대법원 2007도8155).

한편, 미디어를 통한 명예훼손을 판단하는 경우에는 특별한 사정이 있지 않는 한 공연성에 대해서는 다투지 않는다. 미디어는 일반적으로 불특정인 또는 다수인에게 정보 등을 전달함을 목적으로 하고 있기 때문에 이미 공연성을 충족하고 있다고 본다.

② 당사자 특정

미디어의 보도 행위로 명예훼손이 성립하기 위해서는 그 보도로 인해 피해를 당한 자, 즉 피해자가 존재해야 한다. 피해자는 사람이 될 수도 있고 단체가 될 수도 있다. 자연인뿐만 아니라 국가, 지방자치단체, 법인, 법인이 아닌 사단이나 재단, 교회, 사찰, 조합 등도 피해의 당사자가 될 수 있다.

그리고, 피해를 당하게 된 피해자가 누구인지, 어느 기관인지, 어떤 회사인지 구체적으로 알 수 있어야 한다. 피해자를 알아볼 수 있는 것은 반드시 사람의 성명이나 단체의 명칭을 명시해야만 하는 것은 아니다. 성명을 명시하지 않거나 두문자(頭文字)나 이니셜만 사용했다 하더라도 그 표현의 내용을 주위 사정과 종합하여 볼 때 그 표시가 피해자를 지목하는 것임을 알아차릴 수 있을 정도면 피해자가 특정되었다고 본다(대법원 2000다50213). 마찬가지로 인터넷 커뮤니티나 카페, 그리고 기타 사회관계망서비스(SNS)를 통해 특정 아이디 사용자에 대해 명예훼손적 행위를 한 경우에도 피해자가 특정된 것으로 보고 있다.

한편, 어떤 단체나 집단에 대해 언급함으로써 그 단체나 집단에 소속된 소속원들이 피해를 입었다면 과연 소속원들을 피해 당사자로 볼 수 있을까? 단체나 집단에 대해 비난하더라도 개별 구성원에 이르러서는 그 비난의 정도가 희석되어 각 구성원의 사회적 평가에 영향을 미칠 정도에 이르지 않으므로 구성원 개개인에 대한 명예훼손은 성립되지 않는다고 봄이 원칙이다. 다만, 예외적으로 구성원의 수가 적거나 주위 정황 등으로 보아 집단 내 개별 구성원을 지칭하는 것으로 여겨질 수 있는 때에는 집단 내 개별 구성원이 피해자로서 특정된다고 본다(대법원 2008도3120). 집단표시 명예훼손 사건에서 소속원의 특정 여부를 가릴 수 있는 단체나 집단 규모의 대소(大小)에 대한 명확한 기준이 있는 것은 아니지만, 상대적으로 규모가 작은 단체나 집단의 소속원들에 대해서는 당사자 특정을 인정한 사례가 많이 나타나고 있다(문재완 외, 2017: 79~80).

미디어에 의한 피해자의 당사자 특정 여부에 대해 다투게 될 경우 법원이나 언론중재위원회는 적극적 자세로 당사자 특정을 판단하는 경향을 보이고 있다. "원고를 알고 있는 사람이 해당 언론보도 내용이 원고를 지목하는 것임을 알아차릴 수 있었다면 당사자가 특정된 것으로 봐야 한다"는 판결이 대표적이다(서울중앙지법 2014가단5118768). 이는 언론의 자유 못지않게 시민의 권익도 두텁게 보호할 필요가 있다는 사회적 흐름을 읽을 수 있는 대목이다.

③ 사실의 적시

명예훼손 성립의 또 다른 요건으로 사실의 적시가 있다. 특정한 사실을 적시함으로 인해 누군가에 대한 사회적 가치 내지 평가를 침해하였다면 그 책임을 져야 한다. 이때 적시된 내용이 진실이라 하더라도 그 책임을 피할 수 없으며, 만약 허위의 사실이라면 그 책임이 가중된다.

어떤 사실에 대한 진술이나 주장이 참인지 거짓인지, 존재하는지 존재하지 않는지를 증거에 의하여 명확하게 판단할 수 있다면 사실의 적시에 해당한다. 「언론중재및피해구제등에관한법률」에서는 '사실의 적시'라는 용어 대신 '사실적 주장'이란 용어를 사용하면서 "증거에 의하여 그 존재 여부를 판단할 수 있는 사실관계에 관한 주장을 말한다"고 정의하고 있다. 여기에서 사용되는 '사실'은 영어의 fact와 유사한 의미로서 '허위'와 반대되는 개념인 '진실'을 말하는 것이 아니라, 가치판단이나 평가를 내용으로 하는 '의견'에 대치되는 개념이다. 그러므로 사실의 적시(사실적 주장)는 의견의 피력, 논평의 표명 또는 가치에 대한 평가와는 구별되어야 한다.

만약 A와 함께 일하는 직장 동료 B가 다수가 있는 공간에서 큰 목소리로 "A는 너무 못생겼어!"라고 말했다면, B는 명예훼손죄를 범했다고 볼 수 있을까? 이 경우 B의 행위는 명예훼손에 해당되지 않는다. A가 못생겼다는 진술은 사실의 적시가 아닌 B의 주관적인 의견 표명으로 보기 때문이다.

명예훼손이 인정되기 위해서는 다툼이 되는 표현이 사실의 적시에 해당하면서 누군가의 사회적 가치 내지 평가를 침해할 가능성이 있을 정도로 구체성을 띠어야 한다. 이때 사실의 적시는 시간과 공간적으로 구체적인 사실관계에 관한 진술을 의미하며, 그 표현 내용이 증거에 의한 입증이 가능한 것을 말하고, 판단할 진술이 사실인가 또는 의견인가를 구별할 때에는 언어의 통상적 의미와 용법, 입증 가능성, 문제된 말이 사용된 문맥, 그 표현이 행하여진 사회적 상황 등 전체적 정황을 고려하여 판단한다(대법원 2017도15628).

특히, 미디어의 사실 적시 여부에 대해 다툴 때 법원은 다양한 사정을 종합적으로 고려해 판단하고 있다. 보도 내용이 사실관계에 관한 것이 아닌 의견이나 논평을 표명하는 것이라도, 묵시적으로 그 전제가 되는 사실을 적시하고 있는 것인지 그렇지 않은 지도 살핀다. 또한 보도의 객관적인 내용과 아울러 일반의 독자가 보통의 주의로 기사를 접하는 방법을 전제로 보도에 사용된 어휘의 통상적인 의미, 보도의 전체적인 흐름, 문구의 연결 방법 등을 기준으로 판단할 뿐만 아니라, 그 보도가 게재된 보다 넓은 문맥이나 배경이 되는 사회적 흐름 등도 함께 고려한다(대법원 98도2188).

한편, 언론이 반드시 사실을 직접적으로 표현한 경우에 한정해서 사실의 적시 여부를 판단하는 것은 아니다. 간접적이고 우회적인 표현에 의하더라도 그 표현의 전취지에 비추어 그와 같은 사실이 존재함을 암시함으로써 누군가의 사회적 가치 내지 평가가 침해될 가능성이 있을 정도의 구체성이 있다면 사실의 적시로 보고 있다(대법원 2001다53387).

이상에서 알아본 바와 같이, 법원은 일반 독자나 시청자, 즉 미디어 수용자의 시선에서 사실의 적시 여부에 대해 판단하려는 자세를 일관되게 보여 주고 있다.

④ 사회적 평가 저하

특정한 사실을 전파함으로써 누군가의 사회적 평가, 즉 어떤 사람의 품성·덕행·명성·신용 등에 대한 객관적인 평가를 떨어뜨린 경우 명예훼손죄가 성립되었다고 할 수 있다. 어떤 표현이 사회적 평가를 저하시키는지 여부는 그 표현에 대한 사회 통념에 따른 객관적 평가에 의하여 판단하여야 한다. 따라서 가치중립적인 표현을 사용하였다 하더라도 사회 통념상 그로 인하여 특정인의 사회적 평가가 저하되었다고 판단된다면 명예훼손죄가 성립할 수 있다(대법원2007도5077). 만약 누군가가 허위의 사실을 적시하였다하더라도 그 허위의 사실이 특정인의 사회적 가치 내지 평가를 침해할 수 있을 정도로 구체성을 띠고 있지 않다면 명예훼손죄는 성립하지 않는다(대법원 2004도4573).

그렇다면 과연 어떠한 표현이 피해자의 사회적 가치나 평가가 침해될 가능성이 있다고 할 수 있을까? 어떤 표현이 명예훼손적인지는 그 표현에 대한 사회 통념에 따른 객관적 평가에 따라 판단하여야 한다고 법원은 말하고 있다(대법원 2008도6728). 그런데 어떤 상태나 현상에 대한 사회적 가치나 평가는 영원불변하지 않고 시대나 상황에 따라 달리 평가될 수 있는 경우가 분명히 존재한다. 그렇기 때문에 어떤 표현이 명예훼손에 해당하는지를 구별하기 위해서는 그 표현이 사용된 시간적·공간적 상황, 발화자와 피해자의 관계, 발화자가 표현하게 된 경위, 표현하고자 하는 바의 전체적인 맥락, 표현 전·후의 정황, 그리고 문제된 표현의 사전적 의미 등을 종합적으로 고려해 판단한다.

(3) 명예훼손죄와 모욕죄

일상생활 속에서 접하게 되는 어떤 표현이 명예훼손에 해당하는지, 모욕에 해당하는지 구분하기가 쉽지 않은 경우가 많다. 과연 명예훼손과 모욕을 구분하는 법률적 기준은 무엇일까?

먼저 「형법」상 명예훼손죄와 모욕죄의 공통점은 그 보호법익이 사람의 명예라는 점이다. 둘 다 독립된 인격체로 인정되는 가치라 할 수 있는 명예를 보호하기 위한 법적 장치들이라 할 수 있다.

차이점은, 명예훼손죄가 사람의 사회적 평가를 저하시킬 만한 구체적 사실을 적시하여 명예를 침해하는 것임에 반해, 모욕죄는 구체적 사실이 아닌 단순한 추상적 판단이나 경멸적 감정의 표현으로 사회적 명예를 침해하는 것이라는 점이다. 그렇기 때문에 추상적 판단이 아닌 구체적 사실을 적시한 명예훼손의 행위에 대해서는 모욕의 행위에 비하여 그 형을 무겁게 하고 있다(대법원 87도739).

다중 앞에서 "애꾸눈, 병신"이라고 발언한 사실로 인해 명예훼손죄로 형사 고소된 사건에 대해 대법원은 "'애꾸눈, 병신'이라는 발언 내용은 피고인이 피해자를 모욕하기 위하여 경멸적인 언사를 사용하면서 욕설을 한 것에 지나지 아니하고, 피해자의 사회적 가치나 평가를 저하시키기에 충분한 구체적 사실을 적시한 것이라고 보기는 어렵다"면서 명예훼손을 인정하지 않았다(대법원 94도1770). 이 사건의 경우 피해자가 피고인을 명예훼손죄가 아닌 모욕죄로 형사고소를 했더라면 피고인이 유죄판결을 받을 가능성이 높다고 볼 수가 있겠다.

(4) 명예훼손죄의 위법성 조각

　우리나라는 자유민주주의 국가로서 미디어에 의한 표현의 자유, 즉 언론의 자유가 무엇보다도 강조되고 있다. 그런데 미디어가 국민의 알권리 충족을 위해 보도 활동을 수행하는 과정에서 누군가의 명예를 침범하는 경우가 발생할 수 있다. 아무리 언론의 자유가 중요하다 하더라도 개인의 법익을 침해한 경우라면 그에 대한 책임을 져야 한다는 것이 일반론적인 입장이다. 하지만, 예외적인 경우에는 개인의 법익 침해를 허용하기도 한다. 「형법」 제310조에 따르면 진실한 사실로서 공공의 이익에 관한 때에는 그 사실을 공표함으로 누군가의 명예를 훼손했다 하더라도 처벌하지 않도록 하고 있다. 표현의 자유 및 언론의 자유를 두텁게 보호하는 장치라고 볼 수 있겠다. 그렇다면 구체적으로 어떤 경우에 미디어에 의한 명예훼손 행위에 대해 위법성을 인정하지 않는지 자세히 알아보자.

　첫째, 공공의 이익에 관한 것으로 진실한 사실이라면 그 내용을 공표함으로 인해 누군가의 명예가 훼손되었다 하더라도 위법성을 인정하지 않는다. 이는 「형법」 제310조에서 언급하고 있는 공익성과 진실성을 갖춘 경우에 해당한다.

　둘째, 공공의 이익에 관한 것으로 비록 진실한 사실이 아닌 것으로 밝혀졌지만, 미디어가 진실이라고 믿고 보도할 상당한 이유가 인정되는 경우에도 위법성을 인정하지 않는다. 진실을 잘못 이해할 상당한 이유가 있는 보도라면 진실한 보도와 같은 수준에서 책임지도록 한다는 게 법원의 태도다.

　명예훼손적 보도에 대해 위법성이 인정되지 않는 세 가지 사유인 '공공의 이익에 관한 사항(공익성)', '진실한 사실에 관한 내용(진실성)', '진실이라고 믿을 만한 상당한 이유(상당성)'에 대해 좀 더 알아보자.

　① 공익성
　미디어가 객관적으로 볼 때 공공의 이익 또는 공공의 이해에 관한 것으로서 보도 행위가 공공의 이익을 위하여 이루어져야 한다. '공공의 이익'에는 널리 국가·사회, 기타 일반 다수인의 이익에 관한 것뿐만 아니라 특정한 사회집단이나 그 구성원 전체의 관심과 이익에 관한 것도 포함된다(대법원 98도2188).

예를 들면, 공직자, 사회적 공인 또는 사회적으로 광범위한 영향력이 있는 사람의 범죄 사건 보도나 유명 연예인 등의 사회적 일탈행위 보도, 사회적 흉악 범죄 보도, 그리고 국민의 알권리를 충족하는 다양한 보도 등은 공공의 이익에 관한 보도, 즉 공익성이 있는 보도라 할 수 있다.

② 진실성

미디어의 보도가 진실한 사실에 부합하는 경우 진실한 보도라고 한다. 여기에서 '진실한 사실'이란 그 내용 전체의 취지를 살펴볼 때 중요한 부분이 객관적 사실과 합치되는 사실이라는 의미로서, 세부(細部)에 있어 진실과 약간 차이가 나거나 다소 과장된 표현이 있더라도 무방하다(대법원 98도2188).

③ 상당성

보도의 내용이 진실이 아닌 것으로 밝혀지더라도, 미디어가 보도할 당시 진실이라고 믿었고, 또 그렇게 믿을 만한 타당한 이유가 인정된다면 그 책임을 인정하지 않는다. 이를 '진실오신(眞實誤信)의 상당성(相當性)'이라고 하며 간단히 줄여서 '상당성'이라고 한다. '상당성' 개념은 법원의 판례를 통해 형성된 법리인데, 미디어에 의한 명예훼손 소송에서의 주된 쟁점은 대부분이 상당성의 인정 여부에 관한 것이라고 해도 과언이 아니다(법원행정처, 2008: 167).

상당성이 인정되는 대표적인 사례로 미디어가 사실 확인을 위해 최선을 다해 취재하고 보도했으나 결과적으로 보도 내용이 진실하지 않은 경우(대법원 94도3191), 행정기관 또는 수사기관의 발표 자료에 근거해 보도했으나 그 내용이 잘못된 것으로 밝혀진 경우(대법원 2003다24406) 등이 있다.

상당성이 부정된 사례로 유명 연예인의 불법행위에 관해 보도하면서 당사자와 인터뷰가 되지 않는다는 이유로 다른 신문의 기사 내용을 참고로 기사를 작성한 경우(대법원 94다33828), 신문에 비해 상대적으로 신속성이 덜한 잡지가 진실 여부에 관해 충분한 조사 활동을 하지 않은 경우(대법원 85다카29), 공직자 비위 관련 보도에서 제3자의 일방적 제보만을 바탕으로 기사를 작성한 경우(대법원 97다24207) 등을 들 수 있다.

(5) 미디어로 인한 명예훼손 대처

미디어로 인한 명예훼손이 발생하지 않도록 하거나 피해를 최소화하기 위해서는 보도의 객체가 되는 시민보다는 보도의 주체가 되는 미디어에게 더 많은 노력이 요구된다. 미디어가 어떻게 보도하느냐에 따라 명예훼손 성립 여부가 갈릴 수 있기 때문이다. 그렇기에 미디어는 소속 관계자에게 취재, 보도하는 과정에서 시민의 인격권이 침해되지 않도록 취재 윤리와 보도 준칙을 준수하도록 요구해야 한다. 이러한 보도 문화는 종국적으로 미디어에게도 득이 된다. 우리 국민들의 권리의식은 매우 높아졌고, 권리를 침해한 자에게는 그 책임을 묻는 사회적 분위기가 이미 형성되었기 때문이다.

한편, 미디어에 의해 명예훼손을 당하게 된 피해자가 자신의 피해를 회복하거나 피해가 지속되지 않도록 하기 위해, 정정보도·반론보도·사과보도·손해배상과 기사 삭제 및 수정, 출판물 회수 등의 조치를 구할 수가 있다. 이러한 각 조치는 어떻게 구할 수 있을까?

첫째, 해당 미디어와 직접 협상한다. 명예훼손 피해자가 전화·이메일·우편 등을 통해 미디어에게 명예 회복을 위한 적당한 처분을 요구하면, 미디어가 가해를 인정하고 피해자의 피해 회복을 도모하는 것이다. 가장 손쉽고 이상적인 해결 방법인 듯하나, 현실적으로는 그리 간단하지가 않다. 피해당사자인 개인이 미디어에 직접 연락하는 것 자체가 용이하지 않을뿐더러 미디어와 연락이 되더라도 그 가해를 인정하지 않는 경우가 많고, 그럴 경우에는 먼저 침해에 대한 책임 소재를 다투어야 되기 때문이다.

둘째, 민·형사 절차를 따른다. 「민법」 제750조나 제764조, 혹은 「언론중재및피해구제등에관한법률」 제26조 내지 제31조에 따라 잘못 보도한 미디어를 상대로 손해배상이나 정정보도 등을 구하는 소송을 제기할 수 있다. 아울러, 「형법」 제307조 또는

제309조에 따라 보도에 관여한 사람들을 형사 처벌하도록 하는 조치를 취할 수도 있다. 일반 시민이라면 소송을 수행해야 한다는 심적 부담을 감내해야 하는 게 쉽지 않지만, 침해의 수준이 심대하다면 부담을 안고서라도 침해된 권리 회복을 위해 나아갈 필요가 있다.

셋째, 언론중재위원회 조정·중재 절차를 활용한다. 「언론중재및피해구제등에관한법률」에 의하면, "법원을 통한 소송 외에도 언론 조정·중재 절차를 밟을 수가 있다. 미디어와 언론 피해자가 서로 대화 및 타협의 과정을 거쳐 앞에서 알아본 다양한 방식에 따라 신속한 피해 회복을 도모할 수 있다." 양 당사자가 서로 합의한 사항은 재판상 화해 또는 확정판결과 동등한 효력을 가지고 있어 이행의 강제력도 갖추고 있다. 신청 절차가 간소하다는 점과 처리 비용이 무료라는 점, 그리고 단시일 내에 신속하게 마무리된다는 점이 언론 조정·중재 절차의 가장 큰 장점이다.

넷째, 임시조치제도를 이용한다. 임시조치란 개인의 인격권을 침해할 개연성이 있는 정보에 대한 접근을 임시적으로 차단하는 조치를 의미한다. 「정보통신망이용촉진및정보보호등에관한법률」 제44조의 2와 제44조의 3에 의거해 인터넷과 같은 정보통신망을 통하여 명예훼손 등 인격권을 침해하는 정보가 게시된 경우, 피해자는 정보통신서비스 제공자에게 침해 사실을 소명하고 그 정보의 삭제나 반박 내용의 게재를 요청할 수 있다. 이 경우 정보통신서비스 제공자는 지체 없이 삭제·임시조치 등의 필요한 조치를 하고, 즉시 요청자와 정보 게재자에게 알려야 한다. 임시조치제도는 포털 등과 같은 인터넷 기반 매체들이 주류 미디어가 되고 있는 현실에서 많은 시민들이 인식하고 이용해야 할 제도 중 하나이다.

미디어에 의해 명예훼손 피해를 입게 되었을 경우, 당사자는 다양한 절차를 통해 피해 회복을 도모할 수 있다. 피해당사자의 성향에 따라 선호하는 피해 회복 절차가 달라질 수 있고, 피해를 준 매체의 유형에 따라 적용할 절차가 달라질 수도 있다. 효과적인 피해 회복이 가능하기 위해서는 우리 사회가 제공하고 있는 다양한 권리보호 장치들에 대한 이해의 수준을 높여야 할 것이다.

2) 초상권 침해

명예훼손 다음으로 미디어 등에 의해 많은 다툼이 발생하고 있는 개인 법익이 초상권이다(언론중재위원회, 2022a: 30). 미디어 환경이 변화되면서 사진이나 영상을 활용하는 보도 방식이 더욱 확산되면서 초상권 침해와 관련한 분쟁 발생의 가능성이 더욱 높아지고 있다. 일반인도 쉽게 정보의 생산자이면서 동시에 소비자가 될 수 있는 환경에 놓이게 된 시대에서 우리는 초상권에 대한 인식을 공고히 하여 초상권 침해로 인한 분쟁이 만연하지 않도록 신경 써야 할 때를 맞이하게 되었다.

(1) 초상권의 개념

초상권은 우리나라 현행 법령상 명문화된 규정이 없지만, 인간의 존엄과 가치를 보장하는 「헌법」 제10조에 의거해 일반적 인격권에 포함되는 것으로 본다. 이때의 초상이라 함은 타인과 구별되는 모든 신체적 특징을 포괄하는 개념으로서, 사람의 얼굴뿐만 아니라 뒷모습·실루엣, 더 나아가 특징적인 신체의 일부까지도 포함되는 것으로 법원은 보고 있다(서울서부지방법원 2011가합10952). 그리고 초상권에 대해서는 "사람의 얼굴, 기타 사회 통념상 특정인임을 식별할 수 있는 신체적 특징에 관하여 함부로 촬영 또는 공표되지 아니하며 영리적으로 이용되지 않을 권리"라고 정의하고 있다(대법원 2004다16280).

이러한 초상권의 개념은 독일의 인격권 개념과 미국의 프라이버시권 개념을 수용한 것으로, 초상권은 인격권의 일부로 보고 있다(동세호·김성용·안호림, 2016: 372). 초창기 초상권은 인격권의 일부로 인정되었지만, 근래에는 재산권의 개념으로까지 확장되었다. 초상권에는 사람이 자신의 성명·초상, 그 밖의 아이덴티티(identity)를 상업적으로 이용하고 통제할 수 있는 권리, 즉 퍼블리시티권(Right of publicity)도 포함된다.

(2) 초상권에 대한 시민들의 인식

우리나라의 초상권 역사는 매우 일천하다. 법원에서 초상권을 인격권의 한 종류로 최초로 인정한 때가 1982년이다. 모 기업체의 대표가 자신의 동의 없이 자신과 가족들의 사진을 실었던 서적에 대해 판매 금지 가처분 신청한 것이 재판에서 받아들여지면서 최초의 초상권 인정 사례가 나왔다(서울민사지방법원 82카19263).

이러한 법원의 결정이 나온 후부터 초상권의 권리 개념과 보호 범위를 명료화하려는 논의들이 일부 있었으나, 본격적인 연구가 나오기 시작한 것은 1990년대에 들어서면서부터다. 그전까지는 주로 언론진흥재단의 『신문과 방송』, 언론중재위원회의 『언론중재』를 중심으로 논의가 이루어져 왔다(동세호·김성용·안호림, 2016: 372).

일반 시민들에게도 1990년대에 들어서면서부터 차츰 초상권에 대한 개념이 확산되기 시작했지만, 여전히 권리의식은 미미한 편이었다. 일반 시민들도 1990년대부터 초상권 침해를 이유로 손해배상청구 소송을 제기하는 경우가 있기는 했으나, 대부분 명예훼손적인 보도와 함께 자신의 초상이 사용된 경우에 초상권 침해를 주장했다.

2000년대가 되면서 IT기술의 발달과 함께 인터넷 언론사들이 급격하게 증가하게 되었고, 시민들의 일상적인 모습들이 여과 없이 인터넷 매체에 게시되는 경우가 빈번하게 발생했다. 이즈음 시민들의 권리의식도 한층 높아지게 되면서 명예훼손적인 보도가 아닌 단순 초상권 침해 보도라 하더라도 적극적으로 침해에 대해 구제받고자 하는 모습을 보이기 시작했다.

최근에는 시민들의 권리의식이 더욱 높아지고 있기에 그에 따른 언론사들의 보도 방식에도 변화의 바람이 불고 있다. 많은 언론사가 당사자 동의 없이 촬영된 사진이나 영상을 보도에 활용하던 종전의 방식을 탈피해 가급적이면 피촬영자의 동의를 구하려 애쓰고, 동의를 구하기가 곤란할 경우라면 당사자가 특정되지 않도록 별도의 조치를 취하는 데 상당한 품을 들이고 있다.

한편, 유튜브나 틱톡, 인스타그램 또는 인터넷 커뮤니티와 같은 사회관계망 서비스를 통해 활동하는 인플루언서(influencer)들이 다수 등장하게 되면서, 기존에는 유명 연예인이나 스포츠 스타들에게나 해당되었던 퍼블리시티권을 준유명인이라 할 수 있는 인플루언서들도 주장하고 나섰다. 이로 인해 초상권과 관련된 다툼이 더욱 빈번하게 발생하게 된 것이다.

(3) 초상권 침해 판단 기준

초상권 침해를 판단하는 기준은 식별 가능성과 동의 유무이다. 특정인임을 식별할 수 있는 신체적 특징에 관하여 당사자 동의 없이 촬영 또는 공표되었다면 초상권을 침해했다고 대법원은 판단한 바 있다(대법원 2004다16280).

① 식별 가능성

무작위로 영상이나 사진을 촬영하였더라도 피촬영자가 누구인지 알아볼 수 있는 경우, 또는 영상이나 사진에서 피촬영자에 대해 모자이크 처리나 스티커 등으로 일부분을 가렸다고 해도 그가 누구인지 식별할 수 있다면 초상권 침해 기준을 충족한다.

② 당사자 동의 유무

초상권 침해를 따지는 가장 핵심적 요건은 초상권자의 동의 유무라 할 수 있다. 일단 초상권자에게는 아래와 같은 권리가 있다. 자신의 초상이 함부로 촬영 또는 작성되지 않도록 거절할 권리(초상 작성 거절권), 작성된 초상이 함부로 사용 또는 공표되지 않도록 할 권리(초상 공표 거절권), 그리고 자신의 초상을 통해 영리 행위를 할 수 있는 권리(초상영리권)다. 그러므로 초상권자의 허락을 구하지 않고 초상을 작성한다거나, 작성된 초상을 공표한다거나, 초상을 영리 목적이나 상업 목적으로 사용한다면 초상권자의 권리를 침해하게 된다.

③ 당사자 동의 범위 일탈 여부

누군가의 초상을 활용하려면, 동의나 계약을 통해 사진이나 영상, 그림 등을 제작하고 이를 사용, 배포하는 것이 일반적이다. 그러나 동의나 계약의 내용을 넘어서는 수준으로 초상을 활용하게 되면 초상권 침해가 인정된다. 촬영 당시 당사자의 동의를 얻었더라도 허락 없이 영리적인 목적으로 해당 사진 등을 사용한 경우, 또는 계약 범위를 벗어나 사용했거나 사회 일반 상식과 거래 통념상 허용하였다고 보이는 범위를 벗어나 사용한 경우라면 초상권 침해에 해당한다. 그러므로 이때에는 초상권자로부터 새로운 동의를 받거나 계약을 맺어야 한다(대법원 2010다103185).

④ 기타 고려 사항

초상권을 침해함에서 명예훼손적인 내용과 결부된 경우가 있다. 단순한 초상권 침해와 달리 명예훼손적 내용과 결부된 초상권 침해라면 그 피해는 훨씬 심각하다. 아무런 동의 없이 누군가의 사진을 범죄 행각을 알리는 언론보도나 유흥업소 광고전단지에 싣는 경우가 대표적인 예라 할 수 있다.

초상권 침해가 명예훼손적인 내용과 결부되어 있는 경우 법원은 손해배상액을 산정함에 있어 가중 요소로 판단하고 있나.

⑤ 초상권 침해의 면책

미디어가 보도 과정에서 초상권자의 동의 없이 초상을 사용함으로써 초상권 침해가 발생했다 하더라도 공익성·필연성·긴급성이 인정된다면 초상권 침해에 대한 위법성이 인정되지 않는다. 즉, 동의 없이 초상이 사용되었다 하더라도 그 목적이 공익을 위한 것으로서 목적 달성을 위해 불가피하게 초상을 사용하였고, 그 과정에서 초상권자의 동의를 구할 수 없는 상황이었다면, 초상권 침해에 대한 책임을 지울 수 없다(서울서부지방법원 2007나9003).

(4) 초상권 침해 사례

일반 시민이 일상생활에서 마주할 수 있는 초상권 침해는 미디어의 보도와 연관되는 경우가 대부분이라고 할 수 있다. 그 침해 양상은 크게 당사자의 동의 없이 초상을 촬영, 사용한 경우와 당사자의 동의를 구하기는 했으나 동의 범위를 벗어나 초상을 촬영,사용한 경우로 나눌 수가 있겠다.

① 동의 없는 초상 사용

당사자로부터 동의를 구하지 않고 임의로 초상을 촬영, 사용함으로써 초상권자의 권리를 침해하는 행위는 빈번하게 발생하고 있다. 다음은 언론중재위원회 또는 법원에서 초상권 침해가 인정되었던 사례들이다.

미디어가 지역 '맛집' 소개 프로그램에서 식사하는 손님의 모습을 동의 없이 촬영, 방송한 경우(언론중재위 2020서울조정308), 유명 유튜버의 노출 사진이 유포된 사건을 보도하면서 이름이 유사한 사람의 사진을 잘못 게재한 경우(언론중재위 2018서울조정1419), 양육비 청구소송에 대해 보도하면서 보도 내용과 아무런 관련이 없는 일가족의 모습을 자료 화면으로 사용한 경우(언론중재위 2021서울조정1365), 방파제에서 낚시를 하다 추락하여 응급조치를 받고 있는 피해자의 사진을 게재한 경우(언론중재위 2021경남조정24) 등은 언론중재위원회 사례들이다.

성형외과 의원을 홍보하는 블로그에 유명 연예인의 사진을 동의 없이 사용한 경우(서울중앙지방법원 2013가합503743), 사진작가가 인사동 거리에서 여성의 얼굴을 몰래 촬영한 사진을 인터넷사이트에 게시한 경우(서울서부지방법원2006나8560), 당사자 동의 없이 찍힌 '한복 의상의 장구춤' 사진이 한국관광공사가 진행하는 공모전에 입선하게 되면서 공표된 경우(인천지방법원 2015가단232254) 등은 법원을 통해 처리됐던 사례들이다.

그런데 부정적인 내용의 보도에 초상이 실리게 될 경우에는 초상권 침해와 더불어 명예훼손의 피해까지 발생하게 되기도 한다. 이러한 경우 단순한 초상권 침해에 비해 그 피해의 수준이 더 심각한 것으로 보아, 그 책임을 중하게 묻는 경향을 보이고 있다.

추심업체의 불법추심 의혹에 대해 보도하면서 그와 무관한 상담원의 사진을 동의 없이 노출한 경우(언론중재위 2020서울조정1923), "월급쟁이의 46%는 월 200만원도 못

번다"는 내용의 보도와 함께 출근하는 직장인의 모습을 동의 없이 촬영,노출한 경우(언론중재위 2017서울조정17), 해외에서 함께 여행 중이던 여성을 고문 및 성폭행한 혐의로 현지에서 기소된 남성에 대한 보도에 그 사건과 무관한 남성의 사진을 게재한 경우(언론중재위 2021서울조정1401), 한국에 과소비 풍조가 만연하여 대학생들이 비싼 카페에서 식사하고 과시적으로 고급 옷을 즐겨 입는다는 보도와 함께 정장 차림으로 하교하는 여대생들의 모습을 동의 없이 촬영, 노출한 경우(서울민사지방법원82카19263)등이 명예훼손적 내용과 결부된 초상권 침해 사례들이다.

② 동의 범위 일탈한 초상 사용

미디어가 초상의 촬영, 사용에 대해 당사자의 동의를 구하였으나 보도된 내용이 애초 약속했던 바와 달라졌다면 이는 초상권 사용에 대한 동의의 범위를 벗어난 경우로서 초상권 침해에 해당한다. 당사자 동의의 범위를 일탈해 초상권을 침해한 사례는 다음과 같다.

긍정적인 내용의 보도를 위해 제공한 사진을 동의 없이 부정적인 내용의 보도에 재사용한 경우(언론중재위 2019대구조정32), 3년 전 진행한 인터뷰 내용을 당사자 동의 없이 다시 보도한 경우(언론중재위 2020서울조정1435), 외국어 영재에 관한 프로그램이라고 하여 출연했는데, 조기 외국어 교육의 폐해에 관한 내용이었던 경우(언론중재위 2016서울조정 396), 유명 합주단 단원들의 얼굴이 구체적으로 드러나지 않도록 한다는 조건으로 연주 장면을 촬영, 사용하기로 했으나 그 장면이 사용된 드라마에서 연주자들을 식별할 수 있게 된 경우(서울고등법원 2007나11059), 인터넷쇼핑몰이 여배우와 초상 사용 계약을 맺고 영업을 하고 있다 하더라도 초상 사용에 대한 기한이 정해지지 않은 경우(대법원 2021다219116) 등 다양하다.

③ 초상 사용 동의에 대한 판단

초상의 촬영, 사용에 대한 당사자 동의 유무는 초상권 침해 여부를 다툴 때 매우 중요한 판단 기준이 된다. 당사자가 초상 사용에 대해 동의를 했고 초상 사용자가 동의의 범위 내에서 초상을 사용했다면 초상권 침해가 인정되지 않는다. 그러다 보니 종종 초상 사용에 대한 동의 유무에 대한 다툼이 발생하기도 하는데, 그러한 경우에는 동의 유무에 대한 증명 책임은 초상 사용자에게 요구된다(대법원 2010다103185).

동의는 명시적 동의뿐만 아니라 묵시적 동의도 포함한다. 초상권자는 자신의 초상 사용에 대해 문서·영상·녹음, 또는 구두의 방식을 통해 명시적으로 승낙하거나 동의할 수 있다. 그런데 이와 같은 명시적인 의사 표현 형태가 아니라 하더라도 초상권자가 자신의 초상 사용에 대해 묵시적으로 승낙 또는 동의한 것으로 보이는 객관적인 상황이라면 초상 사용을 인정한 것으로 판단한다.

초상권자가 초상의 촬영과 공표 사실을 알고 있거나 예상하면서도 촬영을 적극적으로 제지하거나 이의를 제기하지 않고 촬영에 임하는 경우, 카메라 앞에서 스스로 촬영에 응해 포즈를 취하거나 카메라를 피하지 않고 친근하게 웃는 표정을 짓는 경우, 신문기자에게 기꺼이 설명하는 경우 등은 초상 사용에 대해 암묵적으로 동의한 것으로 인정된다(이재진·동세호, 2015: 117~118).

모 지자체가 취약계층을 대상으로 진행한 독감백신 무료접종 행사 관련 보도에서 예방주사를 맞는 자신의 사진이 게재됐다며 초상권 침해를 주장했는데, 그는 행사 참여 과정에서 사진 촬영, 배포에 관한 동의서를 작성했던 사실이 밝혀져 초상권 침해가 인정되지 않았던 사례가 있다(언론중재위 2014서울조정2119). 당사자의 명시적 동의로 인해 초상권 침해가 인정되지 않았던 것이다.

집회·시위 현장에 참여한 자신의 모습을 동의 없이 촬영하여 보도한 데 대해 초상권 침해를 주장한 사건에서, 법원은 언론이 시위 현장을 보도한 것은 초상권 침해에 해당하지 않는다고 보았다(서울중앙지법 2009가합41071). 공공장소에서의 집회·시위는 참가자들이 집단적인 행위를 통해 자신의 의사를 널리 알리고자 하는 것으로서, 집회·시위 행위는 기본적으로 언론에 보도될 것을 충분히 예견할 수 있어 초상 사용 등에 대해 묵시적으로 동의한 경우에 해당한다는 것이다.

'탈코르셋 운동' 참여를 밝히며 SNS 계정에 자신의 단발머리 사진을 공개한 사실에 대해 언론이 기사화하면서 해당 사진도 같이 보도한 것은 집회나 시위에 참여한 사람의 초상을 보도한 경우와 본질적으로 유사하다고 해석해 초상권 침해를 인정하지 않았던 사례도 있다(언론중재위 2018서울조정2230).

(5) 초상권 침해 예방 및 대처

인터넷을 기반으로 하는 언론매체가 크게 늘어나고, 유튜브·블로그나 인터넷카페와 같은 인터넷 커뮤니티 등의 사회관계망 서비스가 활성화되면서 개인 초상권의 침해 현상이 더욱 확산되고 있다. PC와 스마트폰의 보급이 일반화됨으로 인해 "대한민국에는 5천만 개의 방송국이 있다"는 말도 생겨났다. 스마트폰만 있으면 누구든지 1인 미디어의 역할을 수행할 수 있다는 의미다. 이러한 미디어 환경에서는 누구든지 초상권 침해의 가해자가 될 수 있고, 동시에 피해자가 될 수도 있다.

그렇다면, 어떻게 해야 초상권 침해를 최소화할 수 있을지, 그리고 초상권 침해가 발생했을 때 어떻게 대처를 해야 할지에 대해 살펴보자.

① 초상권 침해의 방지 또는 최소화

모두가 미디어 기능을 수행할 수 있는 만큼 타인의 초상을 함부로 촬영하지 않는 습관을 길러야 한다. 많은 사람들이 길거리를 오가다가 특이한 상황이나 장면을 목격하게 되면 습관적으로 스마트폰을 꺼내 들고 촬영하려 한다. 그 과정에서 의도치 않게 특정인에 대해 촬영하게 되면 동의 없이 촬영한 것만으로도 초상권 침해가 된다. 그리고, 사진 또는 영상을 외부로 공표한다면 초상권 침해의 정도는 더 심해진다는 점도 꼭 기억하고 주의해야 한다. 공공의 이익을 위해 어떤 사진이나 영상을 공표해야 되는 경우도 생길 수 있지만, 그때에는 가급적 피촬영자에 대해 모자이크 처리나 블러 처리를 함으로써 초상권 침해가 최소화할 수 있도록 한다.

특정 상황이나 장면을 반드시 촬영해야 하는 경우에는 당사자와 초상 사용에 관한 동의 절차를 거치도록 한다. 초상 제공자는 초상 사용의 목적·방법·기간·범위 등에 대해 꼼꼼히 짚어 보고 동의 여부를 결정하도록 한다. 상호간 논의됐던 사항에 대해서 명시적인 자료를 남기는 것이 바람직하다.

공개된 장소에서의 일상적인 야외 활동의 모습은 특별한 사정이 있지 않는 한 초상권 보호의 대상이 아니지만, 특정인의 야외 활동 모습을 부각해서 촬영한 경우라면 초상권 침해에 해당할 수 있다. 물론, 동시에 사생활 침해도 성립될 수 있다. 그러므로 공개된 장소라 하더라도 사진이나 영상을 촬영할 경우에는 신중하게 접근하려고 노력하는 습관을 길러야 한다.

집회·시위 현장에 참여한 사람들에 대한 초상권은 인정되지 않는 것이 일반적이나, 집회·시위 현장에 관한 사진이나 영상과 결부된 기사 내용이 지나치게 부정적인 인상을 갖도록 구성되었거나 사실을 왜곡하도록 의도적으로 편집됐다면 초상권 침해가 인정된다(서울중앙지법 2009가합41071). 그렇기에 집회·시위 현장 모습을 타인에게 전달하고자 할 때는 있는 그대로의 상황을 담아 전달해야 하고, 전달자가 의도를 가지고 상황을 왜곡해서 촬영하거나 편집한다면 또 다른 분쟁의 씨앗을 남기게 된다는 것을 기억해야 한다.

② 초상권 침해 발생 시 조치 사항

초상권 침해 경로는 다양하지만, 가장 그 폐해가 심각한 것은 미디어를 통해 초상이 공표됨으로써 발생하는 경우다. 미디어의 속성상 전파성과 확산성은 이루 말할 수 없이 커졌다. 이에 발맞춰 초상권 침해의 수준도 매우 심각해졌다. 미디어로 인한 초상권 침해에 대해서는 신속한 조치가 관건이다. 미디어에 의한 침해는 곧바로 포털 및 각종 사회관계망 서비스를 통해 일파만파 퍼지게 된다. 그러므로 침해를 인식하자마자 바로잡지 않으면 나중엔 수십 배의 노력을 기울여도 바로잡기 힘들다.

초상권 침해를 인지하면 곧바로 침해 행위자에게 연락해 침해 상태를 해제하라고 요구해야 한다. 요구 방법은 전화 통화나 문자, 이메일 또는 서면 등을 통해 초상권자의 의사를 전달할 수 있으면 족하다.

그런데, 침해 행위자가 초상권자의 요구에 불응한다면 민사소송 절차나 언론 조정·중재 절차를 이용해 권리를 찾을 수 있다. 미디어에게 손해를 배상하도록 하거나, 출판을 금지 또는 배포된 출판물을 회수하도록 하거나, 기사를 삭제하거나 수정하도록 할 수가 있다. 한편, 우리나라에는 '초상권 침해'에 관한 「형법」 조항이 없기에 죄형법 정주의에 따라 형사처벌할 수가 없다. 다만, 사안에 따라 인격권 침해로 보고 벌금형을 내리는 경우가 있음을 참고할 필요는 있다.

특히 언론중재위원회의 언론 조정·중재 절차는 언론보도 등으로 인한 침해에 대해 조정 신청이 접수된 날로부터 14일 이내에 처리하도록 되어 있어 피해 구제의 신속성에서 우위를 점하고 있는 유용한 제도이다. 조정 절차는 분쟁 당사자가 서로 의견 교환과 합의를 통해 분쟁 상태를 종식하는 절차이다 보니, 피해자가 희망하는 방향으로 피해 구제가 이루어지는 경향이 높다.

초상권 침해가 발생하여 그 책임 소재를 다투게 된다면, 미디어는 그 침해를 부정하거나 침해행위에 위법성이 없음을 주장하려 할 것이다. 이에 대한 증명 책임은 미디어에게 있으며, 미디어가 스스로 이를 증명하지 못하면 침해에 대한 책임에서 자유로울 수가 없다(대법원 2012다31628).

3) 기타 법익의 침해

잘못된 언론보도 등으로 인해 사회 구성원들이 침해당하는 법익은 참으로 다양하다. 법원과 언론중재위원회에 접수되었던 언론보도 등으로 인한 분쟁 사건들을 살펴보면, 명예와 초상 외에도 사생활·재산·신용·음성·성명·저작·기타 등의 법익 침해가 발생하고 있는 것으로 나타났다(언론중재위원회, 2022a: 18 & 2022b: 21). 법원이나 언론중재위원회에서 처리했던 기타 법익 침해 관련 구체적 사례는 다음과 같다.

한 인터넷 매체가 대기업 부회장의 약혼식과 관련해 양가 상견례, 데이트 장면 등에 대해 상세히 보도하면서 약혼녀를 무단으로 촬영한 사진을 함께 게재함으로써 개인의 사생활을 침해하였다. 이 경우 법원은 초상권 침해도 함께 인정하였다(대법원 2012다31628).

일간신문이 경기 불황으로 청담동에 빈 상가들이 늘고 있다고 보도하면서 무단으로 촬영한 특정 상가건물 사진을 게재하였는데, 이로 인해 해당 건물에 대한 평가가 저하될 개연성이 인정되면서 재산권 침해가 발생하였다(언론중재위 2017서울조정711).

시멘트 회사가 제품을 제조하는 과정에서 필수 화합물 중 소수 원료만을 사용했기에 불량 시멘트를 생산한 것이라고 보도함으로써 회사의 신용이 훼손되었다고 본 사례가 있다(언론중재위 2021충북조정10). 한편, 신용은 명예를 구성하는 일부분으로서 신용훼손에 대해서는 명예훼손의 문제로 다룰 수 있다.

모 방송 소비자 고발 프로그램에서 가격표를 제대로 붙여 놓지 않고 고액의 비용을 받으며 영업하는 미용실에 관해 보도하면서 취재 때 미용실 원장과 나눴던 대화도 같이 노출해 음성권 침해가 인정되었다(서울남부지방법원 2007가합21642).

인터넷으로 집단소송 사건의 의뢰인들을 모집해 소송을 대리하는 변호사의 수임료가 과도하다는 취지의 보도를 하면서 특정 변호사의 실명을 공개한 것은 성명권 침해에 해당한다(서울동부지방법원 2008가단62527). 이 사건의 경우 해당 변호사의 사진도 공개가 돼 초상권 침해도 같이 인정되었다.

공연 사진과 함께 공연 후기를 정기적으로 게시하는 블로그에 올라온 사진을 미디어가 동의 없이 사용해 저작권을 침해한 사례(언론중재위 2021대전조정48), 개인이 운영하는 음식점에서 발생한 흉기 난동 사건을 보도하면서 음식점 내부를 노출해 식당 영업에 손실이 발생하게 된 사례(언론중재위 2016서울조정8)도 있다.

이상과 같이 언론보도 등으로 인해 다양한 법익의 침해 양상이 나타날 수 있으나, 그 침해에 대한 대처 방식은 앞서 알아본 명예훼손이나 초상권 침해에 대한 그것과 같은 맥락으로 접근할 수 있겠다.

3. 표현의 자유와 시민 권익의 조화

다수의 사회 구성원이 자신이 속한 사회에 만족하며 순응하는 모습을 보일 때, 그 사회는 견고하고 안정되었다고 평가한다. 사회의 구성원이라 할 수 있는 시민들이 사회에 만족하고 순응적인 성향을 띨 수 있는 것은 자신들의 권익이 충분히 보호받고 있다고 느낄 때이다. 시민들의 기본권과 인격권이 외부 세력으로부터 침해받지 않도록 해 주는 제도적 장치가 갖춰져 있고, 자신의 권리는 스스로 지킨다는 권리의식과 타인의 권리를 함부로 침해해서는 안 된다는 시민의식이 견고하게 자리 잡힌 사회가 온전하게 시민 권익을 보장할 수 있다. 시민 권익은 관련 제도와 성숙한 시민의식이 잘 안착한 사회에서 제대로 보호받고 향유될 수 있는 것이다.

한편, 표현의 자유는 국민 개개인이 방해받지 않고 자기의 의사를 표현할 수 있는 주관적 권리인 '개인 표현의 자유'와, 미디어 등을 활용해 국민의 여론 형성에 봉사하는 도구적 성격의 권리인 '언론의 자유'의 개념을 모두 담고 있다. 전자의 경우는 개인의 권리 보장에, 후자의 경우는 민주주의 질서 확립에 중점을 두고 있다.

자유민주주의를 표방하는 대다수 현대국가가 언론·출판의 자유, 즉 표현의 자유를 우선적으로 보장하려는 이유가 여기에 있다. 자유로운 사상의 교환은 민주정치를 가능하게 하지만, 사상 흐름의 제한은 민주정치에 걸림돌이 된다. 표현의 자유가 다른 기본권에 우선하는 헌법상의 지위를 갖는 이유는 단순한 개인의 자유권에 그치지 않고 통치권자를 비판함으로써 피통치자도 지배기구에 참여하는 자치정체의 이념을 근간으로 하기 때문이다(문재완 등, 2017: 4).

시민 권익과 표현의 자유는 반드시 보장되어야 할 배타적이며 독립적인 권리이다. 비록 표현의 자유가 '다른 기본권에 우선하는' 헌법상의 지위를 갖는다고 하더라도, 이를 보장하기 위해 시민의 권익이 희생되어야 한다는 의미는 아니다. 시민 권익과 표현의 자유가 부딪쳐 경합하게 되는 구체적 상황이 발생한다면 사회적인 여러 가지 이익을 비교하여 표현의 자유로 얻어지는 가치와 인격권의 보호에 의하여 달성되는 가치를 형량하여 판단해야 함에 대해서는 충분히 살펴보았다. 즉, 표현의 자유로 확보되는 이익보다 침해당하는 시민 권익의 피해가 더 크다면 오히려 표현의 자유를 제한할 수 있다는 것이다.

성숙한 자유민주주의가 완성되기 위해서는 표현의 자유와 시민 권익 간에 조화가 이루어져야 한다. 표현의 자유가 충분히 보장되면서 동시에 개인의 권리, 즉 시민 권익 또한 마땅히 존중받는 사회문화가 필요하다.

표현의 자유를 추구하는 과정에서 침해 빈도가 높은 시민 권익으로 명예훼손과 초상권 침해를 꼽을 수 있다. 사회 구성원이라면 누구나 가해자와 피해자가 될 수 있음을 기억하고, 명예훼손 등의 구성요건이나 구체적 사례 등에 대해서도 잘 숙지한다면 그 피해는 최소화될 것이다.

아울러 민주시민이라면 자신이 몸담고 있는 사회에서 제공하고 있는 다양한 권리보호 장치들에 대한 이해도를 높이고 이에 대한 활용 능력을 길러 줄 것을 당부한다. 미디어의 보도 행위로 인해 시민 권익이 훼손당하면 언론중재위원회나 법원과 같은 권리보호 장치를 활용해 그 권익을 보호할 수 있을 때 표현의 자유와 시민 권익이 조화를 이루고 있다고 하겠다.

5장

미디어중독과
리터러시

한희정

온라인중독의 위험이 가장 큰 집단으로서 청소년의 디지털 미디어에 대한 과도한 이용과 의존성에 관해 살펴본다. 포괄적으로 미디어중독이라 할 수 있는 인터넷중독의 네 가지 유형, 온라인 게임중독, 온라인 관계 중독, 사이버상의 성적 강박 및 성중독, 온라인 도박중독에 관해 설명하고 인터넷중독의 진단과 중독 행동을 예방하기 위한 방안을 논한다. 인터넷중독의 증상 가운데 금단 장애와 같은 증상은 니코틴·알코올, 그리고 다른 약물중독자들의 증상을 떠올리게 하고 과도한 온라인 활동의 위험에 대한 경고로 인터넷 '중독'이라는 용어를 사용하지만, 일부 정신건강 전문가들은 인터넷 이용의 맥락에서 '중독'이라는 용어의 사용에 의문을 제기하면서 '과몰입', '과의존'이라는 단어를 사용하기도 한다. 인터넷중독이 특정 삶의 문제들로부터 기인하는지 또는 특정 삶의 문제들의 원인이 되는지, 인터넷중독이 그 자체로 문제가 되는지 혹은 다른 질병의 징후인지 분명하지 않다는 주장도 있다. 그러나 분명한 것은 인터넷중독 청소년들은 자신의 삶을 지속시켜 나가는 데 어려움을 안고 있다는 점이다. 또한 일상생활에서 사이버중독에 한 구체적인 증상을 되돌아볼 수 있도록 중독 유형별로 진단 리스트를 몇 가지 제시했다. 인터넷중독의 구체적인 증상은 몰입, 내성, 자제력 상실, 금단증상, 과다한 사용 시간, 사회 관계 문제 발생 및 기능장애, 과다 사용 은폐, 현실 고민으로부터의 도피 수단으로 삼기 등이다. 이러한 증상은 청소년뿐만 아니라 사이버중독에 빠진 사람들이라면 예외 없이 나타나는 현상으로, 나이와 세대 구분 없이 적용할 수 있다. 스마트폰 과의존 위험군 등 인터넷중독의 위험에 노출된 청소년들은 현실에서는 이루기 쉽지 않은 관계 욕구, 인정 욕구, 지위 향상 욕구, 대박 욕구 등을 사이버상에서 찾음으로써 대리만족을 얻는다. 따라서 이러한 욕구가 현실의 가족 관계나 학교생활, 또래 관계에서 충분히 만족된다면 청소년들이 각종 인터넷중독으로부터 벗어날 수 있을 것이다. 특히 청소년의 온라인 음란물 중독은 형식적이고 일방적인 성교육이 아닌, 학교생활 일상에서 교사와 학생이 만나는 시공간에서 이루어져야 한다. 아울러 청소년을 대상으로 한 학교와 사회에서의 체계적인 미디어 리터러시 교육뿐만 아니라 자녀들이 디지털 미디어 등 각종 미디어에 쉽게 조종당하지 않고, 미디어의 힘을 이해하고 가치 있게 활용할 수 있도록 부모를 대상으로 한 미디어 리터러시 교육이 절실하다.

1. 미디어중독

1) 미디어중독의 의미

(1) 미디어중독, 인터넷중독

의학적으로 중독이란 유해 물질에 의한 신체 증상인 중독(intoxication, 약물중독)과 알코올·마약과 같은 약물남용에 의한 정신적인 중독이 문제가 되는 중독(addiction, 의존증)을 말한다(아산병원 홈페이지). 현대의학은 마약·담배·알코올과 같은 향정신성 약물에 대한 것은 물론, 어떤 행동이나 활동·관심·운동, 사람이나 사물에 대해 정신적으로 과도하게 집착하고 몰입하는 것도 중독에 포함시킨다. 특히 개인주의가 심화되고 다양화된 사회에서 과도한 스트레스, 소외에 시달리는 현대인들의 중독은 점점 더 양상과 정도가 심해지고 있다. 일·취미·활동 등 한 가지에만 몰입할 때, 그것은 중독되었다고 볼 수 있다. 이러한 극단적인 몰입은 개인의 정신적·육체적 건강을 해치는 차원에 머무르지 않고 자신은 물론, 타인·사회에까지 해를 끼치는 사회병리적 현상이 되기도 한다. 중요한 것은 제때 치유하는 것이다(이재용, 2011). 미디어중독이라고 했을 때 최근 문제가 되는 것은 가상 세계에 몰입하게 되는 인터넷중독·사이버중독을 말한다.

각종 미디어에 의존하여 일상생활에 문제를 일으킬 정도의 과몰입을 미디어중독이라고 할 수 있다. 일방향으로 우리에게 전달되는 TV·라디오·비디오 등의 전통적 미디어와는 다르게 인터넷은 이용자의 적극적인 개입을 전제로 소비되는 매체이다. 인터넷 이용자는 사이버공간에서 능동적인 선택을 통해 쌍방향 교류를 하며 이용자 자신만의 독특한 개성을 표현할 수 있게 해 준다. 사이버는 "자기표현과 인간관계가 함께 이루어지는 심리적 공간"이라고 할 수 있다(황상민, 2004). 잘만 활용하면 사이버공간은 우리에게 이전에는 누릴 수 없었던 즐거움과 경이로움을 준다. 시공간을 초월하여 전 세계가 연결되어 있고, 오프라인의 만남 없이도 나의 관심사와 같은 이들과 마음껏 교류도 할 수 있다. 인터넷이나 사이버 기술 자체가 문제가 아니라, 그것을 잘못 이용하는 인간의 타락한 욕망이 문제인 것이다.

2021년 한국지능정보사회진흥원의 인터넷 이용 실태조사 결과에 의하면, 우리나라 가구의 99.9%가 인터넷 접속이 가능하며, 전체 응답자의 93%가 최근 1개월 이내 인터넷을 이용한 것으로 나타났다. 10대의 99.4%가 인터넷을 이용하는 것으로 나타났으며, 10대는 인터넷으로 교육과 온라인 게임을 주로 이용한 것으로 드러났다(한국지능정보사회진흥원, 2022). 2014년의 인터넷중독 실태조사에 따르면 유아동·청소년·성인 등 전체 인터넷 이용자의 6.9%가 인터넷중독 위험군으로 나타났으며, 연령대별 위험군은 유아동 5.6%, 청소년 12.5%, 성인 5.8%로 청소년 집단이 인터넷중독에 빠질 위험이 가장 큰 것으로 드러났다(한국지능정보사회진흥원, 2015). 온라인 환경에 대한 의존은 장점도 많지만, 그만큼 부작용도 크다. 인터넷 보급률 및 사용률이 높은 우리나라의 경우, 인터넷중독(Internet addiction) 문제는 정보시대의 핵심적 해결 과제로 제시됐다. 청소년 집단은 컴퓨터중독·인터넷중독·게임중독·온라인쇼핑중독·스마트폰중독 등 주로 사이버상에서 극단적인 몰입으로 해로운 중독(intoxicated addiction) 상태에 이르게 될 가능성이 크다.

2. 인터넷중독의 유형 및 증상

1) 인터넷중독의 유형

인터넷을 매개로 한 가상 세계에서의 과도하게 몰입하는 사이버중독은 뉴미디어 시대의 새로운 중독이다. 현실에서 보이는 중독 증상보다 디지털 미디어를 통한 중독 증상은 더욱 광범위하게 발생한다. 한국 사회의 인터넷중독은 게임이나 포르노그래피·불법촬영물 같은 영역 이외에 인터넷쇼핑중독, 웹서핑중독, 블로깅(blogging)중독, 사이버 주식거래(HTS: Home Trading System)중독, 스마트폰중독, 유튜브중독, 넷플릭스중독 등 끊임없이 만들어질 수 있다.

(1) 게임중독

인터넷중독 정도에 따른 형태적 특성 분석(김혜수·김미화·김상준, 2006)을 살펴보면, 인터넷 중독자가 인터넷 이용자와 구별되는 몇 가지 특징 중 하나가 온라인게임 이용이다. 고위험 사용자군의 온라인게임 이용 비율은 84.8%로 잠재적 위험 사용자군(76.4%)과 일반 사용자군(62.6%)에 비해 높았고, 고위험 사용자군은 주 평균 8.3시간, 잠재적 위험 사용군은 7.1시간, 일반 사용자군은 3.5시간을 이용하는 것으로 나타났다. 청소년은 고위험 사용자군이 주 평균 9.3시간 동안 온라인게임을 이용하는 것으로 나타나 중독 정도가 더욱 심각했다. 인터넷중독 정도가 심할수록 온라인게임에서처럼 현실에서 실현하고 싶은 욕구 정도와 게임 세계에 소속감을 느끼는 정도가 높은 것으로 나타났다. 또한 인터넷 중독 정도가 심할수록 온라인 게임 조절 가능 정도에 대한 평가도 낮게 나타났다. 즉, 인터넷 중독의 정도가 심각할수록 온라인 게임을 줄이거나 적절하게 조절 하는 것을 어려워한다는 것을 알 수 있다.

게임은 시스템에 따라 아케이드게임(arcade game, 업소용·게임), PC게임, 비디오게임,

온라인게임, 모바일게임으로 분류할 수 있다. 이러한 구분은 사실상 게임이 발전되어 온 역사와 일치한다. 이 가운데 온라인게임은 PC게임을 네트워크로 연결하면서 시작된 플랫폼으로, 인터넷을 통해 게임 서버에 접속하여 동시에 같은 서버에 접속한 다른 이용자와 게임을 진행하는 형태다. 온라인게임은 인터넷으로 연결된 게임 공간에서 다수의 이용자가 멀티플레이를 하는 것이다. 이 게임 공간에서는 현실과 마찬가지로 게임 내에서 공동체를 형성하고 사회 활동을 하면서 새로운 시나리오를 직접 만들어 갈 수 있다(박승민 외, 2017).

한국 사회에 게임이 하나의 문화로 등장하게 된 데는 스타크래프트의 힘이 컸다고 평한다. 스타크래프트의 인기와 더불어 PC방 문화가 형성되었을 뿐 아니라 다른 게임 산업이 폭발적으로 성장하는 데 촉발적 역할을 담당했기 때문이다. 또한 롤플레잉 게임(RPG)은 네트워크가 제공하는 가상의 공간에서 사용자가 특정한 하나의 역할을 맡아 그 인물의 능력·경험 등의 성장을 통해 게임 속의 목적을 달성하는 게임이다. 온라인에서 아바타의 시각적 이미지가 게이머를 대신하여 역할을 수행한다. RPG는 게이머가 자유롭게 게임을 진행할 수 있는 특징이 있다. 정해진 줄거리가 아닌 자율적인 선택으로 게임을 풀어 나가는 방식인데, 이런 RPG는 목적이 달성되면 게임이 끝나는 전략 시뮬레이션과 달리, 시작도 끝도 없는 게임이다. 스타크래프트가 인터넷상에서 길드라는 게임 공동체를 조직한다면, RPG 게임은 네트워크로 연결되어 다중이 참여하는 MUD(Multi-User Dungeon 또는 Multi-User Dimension) 게임 형태를 띠면서 하나의 가상 사회를 이루게 해 준다. 각각이 참여자가 특정 목적이 전제되지 않은 개방적인 게임 공간에 참여하여 여러 사람과 경쟁하며 살아가는 하나의 사회를 이루게 되는 것이다. 대표적인 RPG로는 엔씨소프트사의 리니지(Lineage)를 들 수 있다. 리니지 같은 컴퓨터 네트워크를 수단으로 인간 간의 자유로운 상호작용이 가능한 다중 접속 온라인게임 형태를 다중접속 역할 수행 게임(MMORPG: massively multi-player role playing game)이라고 한다. MMORPG는 RPG가 가지는 속성에 온라인게임이 가지는 상호작용성을 부가하여 게임을 실제 현실에 더욱 유사하게 만들어 주는 방식이다. 이러한 RPG 게임은 매우 중독성이 강한 온라인이나 컴퓨터게임을 뜻하는 '헤로인웨어

(heroin ware)'라는 별명을 얻을 정도로 가장 중독성이 높은 것으로 알려져 있다(박승민 외, 2017).

온라인게임 중독은 재미를 추구한다고 하지만, 스트레스를 해소하기 위해 게임에 과몰입한 나머지 정신적·육체적으로 소진하고 정상적인 학업이나 업무 수행을 불가능하게 만든다. 온라인게임의 장르에 따라 이용자의 심리적 특성도 상이하게 나타난다(장미경 외, 2004). 스타크래프트·쿠키샵·타이푼과 같은 시뮬레이션게임을 즐기는 게이머들은 게임을 통해 현실과 다른 자신의 모습을 갖기를 원하거나 게임을 통해 분노를 해소하지만, 인터넷을 매개로 하는 대인관계에는 관심이 적다. 반면 RPG를 주로 하는 게이머는 게임을 통해 현실의 스트레스로부터 도피하려는 욕구나 공격성, 자극적인 재미를 추구하는 경향이 뚜렷하다. 이들 중 일부는 '지존'의 욕구를 충족하여 실생활에서의 열등감을 보상하려고 한다. 공부를 못한다거나 인기가 없어서 현실에서는 위축된 게이머가 사이버 세계에서는 가상의 캐릭터를 통해 지위가 올라가거나 부러움의 대상이 되는 등 현실에서는 꿈도 못 꾸는 인정의 욕구를 충족시키게 된다. 게이머는 게임에 더욱디 집착하게 되고, 결국 게임을 떠난 자신은 생각할 수 없다고 느끼게 된다. 리니지·디아블로와 같은 RPG에 대한 중독 현상이 심각한 것은, 이러한 이용자의 심리적 특성을 충족시키는 게임의 강화 요인과 관련이 있다고 볼 수 있다.

온라인게임을 하는 청소년의 내면에는 지위 향상의 욕구, 관계의 욕구, 한탕주의 욕구가 있다(성윤숙·이소희, 2003). 게임을 하는 사람은 누구나 지존을 꿈꾸게 되는데, 리니지 등 온라인게임은 무조건 장시간 플레이를 하면 지존의 자리에 오를 수 있는 레벨업 시스템을 갖고 있다. 엄청난 시간과 돈이 투자되지만, 이러한 레벨업 시스템은 청소년들이 일상생활을 포기하고 컴퓨터게임을 지속하게 하는 요인이 된다. 다음은 온라인에서의 관계 맺기다. 온라인게임은 단순한 공통적인 관심사 이상의, 서로의 생존을 위해 의지하는 관계 형성의 장이 된다. 게임에서 살아남기 위해서는 좋은 혈맹에 가입하는 것이 중요하다. 온라인 MUD 게임을 통해 참여자는 가상의 인간관계를 만들고 그 속에서 새로운 형태의 놀이 공동체가 형성된다. 그러나 이러한 조직에 가입하는 이유는 대의(大義)를 위한 공동체라기보다는 조직을 통해서 싸움을 잘하고자 하거나 싸움을 할 때 도움을 얻고자 하는 등의 현실적인 이익을 추구하기 위한 것이라는 점을 간과하지 말아야 한다(양철진, 2006). 다음은 한탕주의 욕구를 갖게 된다는 것이다. 게이머들은 아이템에 집착하게 된다. 리니지의 경우, 생존을 위해 각종 무기 아이템, 방어구(투구·방패·옷 등) 등이 필요하다. 이들 아이템을 상인에게 아데나(돈)를 주고 구입할 수 있지만, 고급 아이템들은 모두 전투를 통해 얻는다. 온라인에서 내가 남보다 더 잘살기 위해서는 남보다 더 좋은 아이템을 가져야만 한다(황상민, 2004). 이러한 게임 아이템은 노력보다 운이 좋으면 얻게 되는데, 이런 시스템이 혹시나 내게 좋은 아이템이 떨어지지 않을까 하는 한탕주의 욕구를 부추겨 허황된 꿈을 가지고 계속 게임에 몰입하게 만든다. 온라인상에서 시비가 붙은 사람들이 결투를 신청하고, 실제로 만나 다투는 행위를 말하는, 일명 '현피〔현실의 앞글자인 현(現)과 PK(playing killing)의 앞글자인 피(P)의 합성어〕' 사건도 아이템 획득과 관련된다. PK는 게임 속에서 다른 이용자의 캐릭터를 죽이는 살인 행위이며 PK를 통해 상대방의 아이템을 뺏는 것이다. 물론 그들은 사이버 공간에서 일어나는 일이 현실과 유사한 모습을 가질 수 있음은 인정하지만, 현실과는 다른 의미가 있다. 그들이 보는 PK는 분명 현실의 살인과는 다른 것으로 PK는 단지 하나의 게임 문화일 수 있지만, '현피'는 게임의 과몰입이 가져온 비극이라고 할 수 있다.

(2) 온라인 관계 중독 - 인터넷채팅중독, 블로깅중독, 검색중독

인터넷은 시공간을 초월하여 다른 사람들을 만나고 상호작용할 수 있는 다양한 기회를 제공한다. 온라인의 익명성 때문에 이용자들은 친밀한 속성의 개인들과 정서적 유대를 쉽게 쌓을 수 있다. 청소년들의 문제만은 아니겠지만, 온라인 관계는 온라인 커뮤니케이션의 즉각적인 특성, 24시간 상호작용이 가능하다는 점 때문에 지나치게 많은 시간을 쏟기 쉽다. 커뮤니케이션 파트너가 오프라인의 파트너인지 온라인의 파트너인지를 떠나서, 문제가 되는 것은 상호작용하고 커뮤니케이션하는 데 들이는 시간의 양이다. 온라인 관계를 유지하기 위해 사용하는 시간 때문에 삶의 여러 측면과의 접촉이 끊어질 정도로 심각해지면 온라인 관계 중독이라고 할 수 있다(Subrahmanyam & Šmahel, 2011·2014).

인터넷채팅중독·검색중독·블로깅중독은 기본적으로 비슷하게 문자나 채팅, 블로그 활동 등에 과도하게 몰입, 집착하여 학업과 업무에 지장을 초래하는 것이다. 수시로 새로운 문자나 댓글을 확인하거나 쪽지나 메시지를 보내고 응답이 없는 경우, 불안해하는 증상을 보이고 과도하게 신경을 쓴 나머지 정신적·육체적 피로감을 심하게 느끼게 된다.

블로그를 운영하는 이들이 겪을 수 있는 블로깅중독은, 첫째, 빈번한 방문 횟수(방문자가 얼마인지 확인하고 방문자를 늘이기 위해서 애씀), 둘째, 댓글(reply)중독〔댓글이 달렸는지 확인하고, 댓글이 달리면 꼭 덧글(talkback)을 달게 됨〕, 셋째, 트랙백〔먼 댓글(trackback)〕중독 등을 들 수 있다. 내 블로그에 글을 올리고 내 글의 일정 부분이 다른 사람의 댓글로 보이도록 트랙백 핑(TrackBack Ping)을 보내는 것으로서, 댓글을 달고 싶은 남의 글에서 트랙백 주소를 복사한 후 자신의 블로그 제목 부분에 있는 트랙백(관련 글) 열린 팝업 창에 주소를 붙여 넣고 보내는(submit) 것이다(이강원·손호웅, 2016). 트랙백 글은 자신의 사이트에서 내용을 길게 하거나 동영상을 넣고 표현을 고치는 것이 가능하다. 검색중독도 꼭 필요해서 하는 것이 아니라 습관적으로 지나치게 많은 시간과 노력을 들여 인터넷서핑을 하는 현상을 말하는데, 정상적인 생활이 어렵게 된다.

다른 종류의 문제 행동처럼, 청소년들의 일부 특성은 과도한 온라인 커뮤니케이션에 빠질 위험을 높일 수 있다. 니엠즈(Niemz) 등(2005)은 인터넷에서의 중독 행동에 편향된 학생들은 오프라인 맥락과 비교하여 더 우호적이고 더 개방적이라고 생각했다. 그러한 청소년들은 인터넷에서 친구가 더 많고 그들과 모든 비밀을 공유했다(Niemz, Griffiths & Banyard, 2005).

(3) 온라인 성적 강박 및 성중독

미디어는 누구에게나 접근할 수 있기에 성에 관한 호기심이 많은 청소년에게 성적 정보와 자극을 얻는 중요한 수단으로 이용되고 있다. 가벼운 성 표현물부터 실제 성행위를 보여 주는 사진·소설·동영상 등 대부분 미디어를 통한 음란물 및 불법 촬영물은 올바른 성에 대한 태도와는 거리가 있으며, 성 자체를 왜곡되게 받아들이게 될 확률이 높다. 청소년 시기의 음란물 노출의 영향은 성폭력 가해 행동, 왜곡된 성 의식으로 인한 성도착적 현상, 부적절한 성행동의 조기화 등 여러 가지 부정적 영향을 미친다(김미선·박성수, 2019).

음란물 중독이란 특히 청소년에게서 많이 발견되는 현상으로, 음란물에 자주 접촉함으로써 학습에 지장을 받거나 부모와 갈등이 생기며, 성에 대해 왜곡된 인식을 하게 되고 성충동이 증가하여 모방 성범죄로 이어질 가능성이 있다고 여러 임상 경험과 사례 분석을 통해 알려져 있다(이정윤·이상희, 2004). 청소년들이 음란물에 빠져들게 되는 이유는, 우선 음란물을 보는 행위가 신체적인 접촉을 하지 않기 때문에 안전하고 편리하다고 인식된다. 또한 익명으로 자신의 감춰진 욕망을 마음껏 표출할 수 있고, 새로운 성적 자극을 추구할 수 있고, 가상공간에서는 누군가에게 통제당하거나 비난받지 않고 자신의 성적 욕구를 표현, 성적인 대리만족의 공간이 된다. 무엇보다 많은 양의 PC 음란물이 유통되고 있어 청소년들은 유혹에 빠지기 쉽다(김미선·박성수, 2019).

온라인의 음란물에서 재현되는 성은 성기 중심의 성이며, 식욕·수면욕과 같은 다른 욕구처럼 성욕도 충족되어야 할 욕구가 아니라, 남성의 성욕은 해소되어야 할 것으로 인식하게 한다. 남성의 성욕 '해소'를 위해 여성은 늘 대상화되고 남성 성욕 해소의 도구로 재현될 뿐이다. 이렇듯 온라인에서의 왜곡된 성 의식은 여성을 성적 폭력으로 지배하고 착취하려는 문화를 당연시하고 양산하기 때문에 2020년 한국 사회를 충격에 휩싸이게 한 N번방 사건 같은 끔찍한 성범죄와도 밀접하게 연관된다.

온라인 성중독은 "인터넷 성중독"(Griffiths, 2001) 또는 "온라인 성 강박행동"(Cooper, Putnam, Planchon & Boies, 1999) 같은 용어도 사용된다. 쿠퍼(Cooper)와 동료들은 성적으로 강박적인 행동을 "비합리적인 성행동을 하려는 억제할 수 없는 충동"으로 정의했다. 이러한 유형의 행동은 서로 다른 나이와 성별이 인터넷 사용자들에게서 발견되고, 다섯 가지 기본 특성의 측면에서 정의될 수 있다. ① 부인: 해당하는 사람은 온라인에서의 성행동을 과소평가하거나 숨긴다. ② 이러한 활동을 중지하는 데 반복된 실패: 해당하는 사람은 성행동을 줄이려고 계속 시도하지만 성공하지 못한다. ③ 과도한 시간: 해당하는 사람은 특정 온라인 성활동 또는 여러 성활동에 과도한 양의 시간을 쏟는다. ④ 온라인 성행동의 부정적인 효과: 해당하는 사람의 온라인 성활동이 사회적·개인적·사적인 문제와 갈등을 초래한다. ⑤ 반복적인 온라인 성행동: 부정적인 결과에도 불구하고 해당하는 사람은 온라인 성행동을 반복한다(Subrahmanyam & Šmahel, 2011·2014).

쿠퍼(Cooper)와 동료들은 이러한 온라인 성활동에 관여하는 인터넷 사용자들을 오락적이고 비병리적 사용자, 강박적 사용자, 위험한 사용자(Hazardous users) 등 세 유형으로 구분한다. 첫째, 오락적이고 비병리적 사용자들은 성적인 내용에 관한 호기심을 충족시키고, 때때로 성적 욕구를 실험하고 이를 통해 성적 욕구를 충족한다. 둘째, 강박적 사용자들은 성적으로 강박적인 특질을 보였고 그들의 행동으로 인해 부정적인 결과를 경험한다. 강박적 사용자들은 온라인 사용 전에 음란물에 대한 몰두, 다수의 성적 경험 등과 같이 비관습적인 성행위 방식을 이미 확립했을 수도 있다. 온라인 성강박은 이러한 일반적이지 않은 활동의 맥락에서 발달한다. 셋째, 위험한 사용자들은 성적으로 강박적인 행동에 대한 전력은 없지만, 인터넷을 할 때 처음으로 문제를 경험하는 사람들이다. 그들의 문제는 인터넷이 없었다면 나타나지 않았을 수도 있다. 인터넷 성활동의 익명성과 접근성은 "그들을 흡수하여" 그들의 성행동과 습관을 변화시킨다. 사이버 환경의 속성이 성적으로 강박적인 행동과 중독의 발현을 촉발한다고 할 수 있다. 가장 위험한 집단은 강박적 사용자들과 위험한 사용자들이다. 청소년은 오프라인 성행동이 성인만큼 발달하지 못했고 강박적인 성행동에 대한 경험이 적기 때문에 위험한 사용자군에 속하기 쉽다. 의도하지 않은 노출 가능성이 있는 인터넷은 이러한 강박 행동의 발달을 촉진할 수 있어서 특히 청소년 집단이 취약하다(Subrahmanyam & Šmahel, 2011·2014).

미국의 심리학자 빅터 클라인은 청소년의 음란물 중독을 4단계로 분류했다. 1단계

'호기심으로 본다', 2단계 '더 자극적인 것을 찾는다', 3단계 '음란물을 일반적인 것으로 생각한다', 4단계 '음란물을 통해 실제로 성행위를 경험해 보려는 강한 욕구를 느끼게 된다'. 따라서 성범죄로 이어지는 경우가 많아진다. 온라인상의 대표적인 사이버 성범죄는 몸캠 피싱(메신저에서 음란 화상 채팅을 하자고 접근하여 상대방의 음란행위를 녹화한 후 가족과 지인들에게 이를 유포하겠다고 협박하며 금품을 탈취하는 범죄행위)을 들 수 있다.

온라인 음란물 중독에 빠진 경우 일상생활에서의 증상을 살펴보면, "밤새도록 보고 낮에는 존다", "신경쇠약 증세를 보이기도 한다", "음란물을 보다가 몇 차례 발견되어도 또 본다", "음란물을 보면서 자위행위를 과도하게 된다", "실제 이성에 대한 성적 관심이 사라지고, 실제 성관계를 멀리한다", "PC를 몰래 사용하고, 가족에게 숨긴다", "자신의 중독적 행동 때문에 우울해하고 죄의식으로 결벽증에 걸리기도 한다", "음란물을 보는 것을 심하게 말리며 저지하는 부모와 맞서기도 한다" 등이다(박혜선, 2016. 9. 7).

(4) 온라인 도박중독

도박은 개인이 결과에 대해 통제력을 가지고 있지 않은 불확실한 사건의 결과에 가치 있는 무엇인가를 거는 활동으로 정의된다(Cabot, 1999). 온라인 도박은 이러한 활동이 인터넷상에서 발생하는 것이다. 온라인 도박의 일반적인 형태는 온라인 카지노, 카드 게임, 스포츠 도박, 그리고 온라인 복권을 들 수 있다. 한국의 청소년 도박 문제는 매년 증가하고 있다. 2020년 청소년 도박 실태조사에 따르면, 전체 중고등학교 재학생 2.4%가 도박 문제 위험 집단이다. 도박 문제로 병원에서 진료 받은 청소년은 2017년 837명에서 2021년 2,269명으로 5년 사이 약 3배 증가했다(김남희, 2022. 9).

특히 2020년부터 코로나19 사태가 계속 이어지자, 온라인 활동이 증가하면서 오프라인 사행산업들의 콘텐츠들이 사이버에서 펼쳐지는 바람에, 많은 이들이 새로운 사행성 서비스에 노출될 위험에 처해 있다. 최근 불법 경마나 불법 스포츠토토는 모바일로 이용객을 모으는데, 아이러니하게도 애초에 불법이기 때문에 사이버에서 성인 인증이 필요 없어서 미성년인 청소년이 쉽게 접속할 수 있다.

이에 따라 2022년 10월, 여성가족부는 국내 최초로 불법 게임, 불법 스포츠토토 등 온라인 도박에 빠져 일상생활에 어려움을 겪는 청소년을 대상으로 '기숙형 온라인 도박 치유 캠프'를 마련했다. 이 치유 캠프는 청소년 도박 척도(CAGI)상 위험군에 속한 청소년 15명을 대상으로 하는데, 온라인 도박과 단절된 환경에서 심리극, 정서 조절 및 스트레스 관리, 자기 통제력 강화, 개인·집단 상담, 진로 교육 등 체계적인 치유 프로그램이 진행된다. 도박중독은 일시적으로 해결할 수 없기 때문에 한국도박문제예방치유원과 지역청소년상담복지센터와 연계해서 치유 효과가 지속될 수 있도록 지원해야 한다(김남희, 2022. 9. 19).

온라인 도박이 온라인 도박을 하는 청소년들에게 미치는 영향이나 상관 요인에 대해 명확하게 알려진 바는 많지 않다. 그러나 청소년 도박중독 집단과 위험군의 청소년들이 더 많은 문제적 행동을 보인다는 것은 밝혀졌다. 그들은 자신과 또래 집단, 그리고 가족구성원들의 약물·알코올 문제를 보고하고, 학습장애가 있고 자신을 학습부진아로 분류하고, 가족 문제가 더 많고 정서 문제를 평가하는 임상적 범위에서 높은 점수를 얻을 경향성이 더 높다. 도박에 대한 이러한 상관 요인들은 인터넷중독 행동의 상관 요인과 유사하다. 온라인 도박에 빠져 있는 청소년들은 삶의 다른 영역에서 어려움을 겪고 있을 가능성이 매우 크다(Subrahmanyam & Šmahel, 2011·2014).

2) 인터넷중독의 원인과 증상

(1) 인터넷중독의 원인

인터넷중독의 사회심리학적 요인에는 여러 가지가 있을 수 있으나 일반적으로 우울증·자기통제상실·대인기피·충동성·공격성 등과 더불어 강박장애를 들 수 있다.

청소년의 인터넷중독에 미치는 변인 연구 결과에 의하면(홍기칠, 2013), 인터넷중독에 영향을 미치는 요인은 인터넷 매체 특성, 개인 특성, 환경 특성으로 나눠 설명할 수 있다. 인터넷 매체 특성은 익명성, 편리성, 현실 탈출, 접근 용이성, 통제감, 흥미, 보상적 강화성, 새로운 자아상 창출, 탈억제, 몰입을 통한 시간 왜곡, 강한 친밀감, 지속적 자극, 성취욕과 대리만족, 다양성, 환상적 현상, 취미 공간 제공 등을 들 수 있다. 그리고 개인적 특성은 공존 질환(ADHD, 우울증·대인기피증·강박장애), 낮은 자아 존중감, 낮은 사회성, 충동성, 공격성, 자기 통제력 부족, 스트레스 대처 능력 부족, 문제의식 부재, 젠더 특성 등을 들 수 있다. 다음 환경 특성으로 가정환경, 학교환경(친구와 교사 관계, 성적), 사회환경(건전한 놀이문화 부재, 인터넷 접근 용이성, 정부 교육정책의 부재)을 들 수 있다. 특히 가정환경에는 비합리적 부모의 양육 태도, 결손가정, 가정폭력 경험, 부적절한 심리적 환경, 가족 간 의사소통 부재 등이 인터넷중독에 영향을 미치는 것으로 나타났다.

킴벌리 영(Young, 1996)에 따르면, 병리적인 인터넷 사용이 우울과 높은 상관성이 있고, 우울한 사람에게서 보이는 낮은 자존감, 동기 저하, 거절에 대한 두려움, 인정받고자 하는 욕구가 인터넷 사용을 더욱 촉진시킨다. 인터넷중독은 충동조절장애의 일종으로 통제성 상실, 갈망과 내성, 과도한 재정 문제, 학업 실패 등의 문제를 일으킬 수 있으며, 결국 금단과 내성이 증가하여 직업적 기능을 손상시키고, 또한 공격성을 유발하기 쉬워진다. 남녀 공통적으로 인터넷중독과 우울, 불안, 낮은 자존감, 외로움, 강박증과의 상관성이 높지만, 인터넷중독과 공격성, 인터넷중독과 적개심의 상관성은 남성에게 더 잘 나타났다(Alavi, et al., 2011). 이들 연구 결과는 인터넷중독과 심리사회적 요인들 사이에 상관성이 있음을 보여 주는 것이라 할 수 있다. 그리고 이 상관성은 인터넷중독이 심리적 문제를 야기할 수 있다는 관점과 반대로, 심리적 요인이 인터넷중독을 더욱 악화시킬 수 있다는 두 가지 대척적인 입장으로 나뉜다(김정애, 2021). 반면, 심리사회적 요인이 인터넷중독을 일으키는 것이라는 관점에서는 인터넷중독이 개인의 환경적·심리적 특성 때문에 생기는 문제일 뿐, 인터넷중독 자체를 질병으로 간주하는 것이 적절치 않다는 견해다. 이 경우는 '중독'이란 용어 대신에 '과몰입'이나

'과의존'이라는 용어를 사용한다.

(2) 인터넷중독의 증상

인터넷에 빠져드는 사람은 우울하고 외로운 상태이며 자격지심이 있고 불안과 걱정에 시달리면서 감정을 억누르고 있는 상태에 처한 경우가 많다. 또한 친구 관계나 직장, 사회생활에서 불행한 상태일 수 있다. 이들에게 인터넷은 온라인에 있는 동안만이라도 현실의 문제를 잊게 해 주는 일종의 탈출구이다. 인터넷의 익명성은 자신의 정체를 드러내지 않고 욕구를 마음껏 드러낼 기회도 제공해 준다. 그러나 문제는 이 탈출이 일시적이라는 것이다. 인터넷 밖으로 나오게 되면 현실 세계의 문제가 되살아나고 상황은 더 어렵게 느끼게 된다. 우울함을 깊어지고 외로움이 심해지고 가족이나 친구들에게는 죄책감이 더해진다. 따라서 컴퓨터를 껐을 때의 고통을 겪고 싶지 않아서라도 더 오래 사이버 안에 머물게 된다.

인터넷중독은 연구마다 차이가 있지만, 우리나라 청소년 중 10~30% 정도는 사이버중독에 가까운 상태에 있는 것으로 알려져 있다. 한국 중고등학생들의 스트레스 수준은 꽤 악명이 높다. 학벌주의·학력주의에 따른 능력주의가 팽배한 한국 사회에서는 공부를 잘하건 못하건, 진학을 목표로 학교에 머물러 있든지 학교 밖에서 진로를 고민하든지, 청소년들은 자타가 공인하는 세계 최고의 수준의 불안감과 스트레스를 받고 있다.

인터넷중독의 특성은 다음과 같다(권미영 외, 2013). ① 인터넷 사용자가 인터넷의 사용 행위가 삶에서 가장 중요한 위치를 차지하고 오로지 인터넷만을 생각하고 계속하고자 한다. ② 인터넷을 사용하지 않을 경우, 다시 인터넷을 사용하기까지 무능력 상태가 되며 인터넷을 사용하는 시간 동안 만족감과 행복감을 느낀다. 또한 인터넷을 사회생활과 개인 및 집단과의 문제를 해결하기 위한 주체로 사용하게 된다. ③ 인터넷 이용 시 나타나는 일종의 쾌감 지속 시간을 연장하기 위해 사용 시간을 점차 늘린다. ④ 만약 인터넷 사용을 중지하거나 그 사용 시간을 줄일 경우, 불쾌감·불안감·우울감·불면 등 정신의학적 증상이 나타난다. ⑤ 인터넷을 사용하는 다른 사용자와만 관계를 지속할 때 사회화가 늦어지거나 왜곡될 수 있다. ⑥ 인터넷 사용자가 사용 조절을 한 후에도 언제든지 중독성을 보일 수 있는 여건이 발생할 경우 같은 형태로 재발할 수 있다(권미영 외, 2013).

인터넷중독의 병리적 증상은 크게 금단현상(withdrawal syndrome), 내성(tolerance), 정신병리 증상의 심화로 나눌 수 있다. 모든 중독에서 볼 수 있는 금단현상은 과도하게 인터넷을 사용하던 사람이 인터넷을 하지 않으면 초조와 불안, 강박적 사고, 환상이나 백일몽, 손가락의 수의적(의지대로 움직임) 또는 불수의적(의지와는 상관없이 움직임) 자판 두드리기 등의 금단현상을 겪게 된다(Goldberg, 1996).

부산 지역 12개 전문계열 고등학생을 대상으로 한 연구 결과, 인터넷중독은 ADHD(주의력결핍과잉행동장애: Attention Deficit Hyperactivity Disorder), 우울, 불안과 정적 상관을 보였다. 특히 ADHD는 인터넷중독에 직접적인 영향을 미쳤지만, 우울과 불안은 인터넷중독에 직접적인 영향을 미치지 않고 ADHD를 통해 간접적으로 영향을 미쳤다. 즉, 우울이 불안에 강력하게 영향을 미치고, 불안은 ADHD에 영향을 미치며, 최종적으로 ADHD가 인터넷중독에 영향을 미치는 것으로 나타났다(노석준 외, 2011). 인터넷중독·게임중독은 ADHD뿐만 아니라 ADD(주의력결핍장애: Attention Deficit Disorder)와도 밀접하게 연관되어 있다. 이 모든 증상은 과도한 디지털 미디어에 노출될 때 생기는 경우가 많다(Gary & Vorgan, 2009·2010).

흔히 우울증은 신경전달물질의 균형이 깨지는 것을 말한다. 감정을 전달하는 신경전달물질에는 세로토닌·도파민·노르에피네프린 등이 있다. 뇌 속에 떠도는 신경전달물질은 마치 크기에 맞는 건전지를 넣어야 전구의 불이 들어오는 것처럼 자신에 맞는 수용체에 정확히 붙을 때 고유의 기능을 발휘한다. 세로토닌이 부족하면 죄책감·불안감·공격성·짜증·외로움을 증가시키고, 도파민이 부족하면 행복감·즐거움·각성·열정·자신감이 줄어든다. 노르에피네프린은 긍정적·부정적 정서에 모두 영향을 미친다(정희주, 2022. 7. 11.). 중추신경계(CNS)에서의 노르에피네프린은 뇌줄기(brain stem)의 양 측면에 위치하는 청색반점(청반: locus coeruleus)의 뉴런에서 사용된다. 청반은 주의력, 각성 반응, 수면–각성의 주기 조절, 학습, 기억, 통증, 기분 등에 관여하는 것으로 알려졌다. 노르에피네프린은 스트레스가 증가하면 같이 증가하여 뇌의 전두엽과 인지기능에 심각한 악영향을 미친다. 10대 청소년들이 가정환경·학업 등으로 인해 스트레스를 받으면 노르에피네프린이 증가하여 한창 뇌가 성숙해질 10대에 전두엽과 인지기능에 심각한 영향을 주게 된다. 전두엽은 참을성이나 책임감과 직결되는데, 성인으로 성장할수록 성숙해진다. 청소년들이 과도한 스트레스로 전두엽이 미성숙한 상태로 성장하지 못하면 인내심이나 책임감이 모자란 성인으로 자라게 된다. 결국 성인이 되어 다른 사람과 어울려 살아가야 할 사회성이 부족하여 자기중심적이고 미성숙한 인격을 지닌 자아로 살아갈 가능성이 커진다(이재용, 2011).

3. 인터넷중독의 진단

한국지능정보사회진흥원 산하의 스마트쉼센터(https://www.iapc.or.kr/)는 인터넷중독과 스마트폰 과몰입에 대한 진단과 예방 활동을 수행하고 있다. 특히 최근에는 스마트폰 과도한 이용의 위험에 관한 논의가 풍부한데, 여기서 스마트폰 과몰입은 과도한 스마트폰 이용으로 스마트폰에 대한 현저성이 증가하고, 이용 조절력이 감소하여 일상생활에서 문제를 경험하는 상태를 말한다. 우선 현저성(salience)이란, 개인의 삶에서 스마트폰을 이용하는 생활패턴이 다른 생활보다 두드러지고 가장 중요한 활동이 되는 것을 말한다. 다음, 조절 실패(self-control failure)는 이용자의 주관적 목표 대비 스마트폰 이용에 대한 자율 조절능력이 떨어지는 것이다. 문제적 결과(serious consequences)는 스마트폰 이용으로 인해 신체적·심리적·사회적으로 부정적인 결과를 경험하고 있음에도 불구하고 스마트폰을 지속적으로 이용하게 되는 것이다(스마트쉼센터 홈페이지).

스마트폰 과의존 경향의 정도에 따라 다음과 같은 사용자군으로 분류한다. 첫째, 스마트폰중독이라고 할 수 있는 고위험 사용군이다. 스마트폰 사용에 대한 통제력을 상실한 상태로 대인관계 갈등이나 일상의 역할 문제, 건강 문제 등이 심각하게 발생한 상태이고, 반드시 관련 기관의 전문적인 지원과 도움을 받아 집중 치료를 요한다. 둘째, 잠재적 위험 사용군이다. 이들은 스마트폰 사용에 대한 조절력이 약화된 상태로 대인관계 갈등이나 일상의 역할에 문제가 발생하기 시작한 단계에 있으므로 상담이 필요하다. 셋째, 스마트폰을 조절하여 사용할 줄 아는 일반 사용군이다.

스마트폰중독의 세부 내용은 정보검색중독, 모바일메신저중독, SNS중독, 앱중독(앱피로증후군), 모바일게임중독, 모바일성인용콘텐츠중독(음란 채팅, 음란물 공유 등 불법촬영물, 포르노 등의 내용물을 담고 있는 모바일콘텐츠를 강박적으로 계속 드나드는 경우) 등이다. 이들은 인터넷상에서 빠질 수 있는 중독과 상당히 유사하지만, 스마트폰은 어디에서나 사용할 수 있어서 훨씬 더 중독성이 크다고 할 수 있다.

스마트쉼센터가 실시한 2021년 스마트폰 과의존 실태조사에 따르면, 우리나라 스마트폰 이용자 중 스마트폰 의존 고위험군(잠재적 위험군+고위험군)은 이용자 중 24.2%에 이른다. 이는 전년 대비 0.9%포인트 증가한 것이며, 2016년 조사 시의 17.8%보다 6.4%포인트 증가한 수치로 매우 심각한 상황이다. 세대별로 유아동·청소년은 지속적이어서 가장 높은 의존 고위험군이다. 유아동은 잠재적 위험군과 고위험군을 합하여 27.3%(2020), 28.4%(2021)이며, 청소년은 35.8%(2020), 37%(2021)로 나타나 매년 상승세가 지속되고 있음을 보여 주고 있다. "나"의 스마트폰 과다 이용에 대한 인식은 "그렇다"와 "매우 그렇다"를 합쳐서 2020년에 43.9%가 2021년에 44.4%로 늘어났다. 또한 과의존 위험군은 57.1%, 일반 이용군의 경우 40.3%가 자신이 스마트폰을 과다 이용하고 있다고 인식하고 있다. 코로나19 전과 비교해서 코로나19 이후 이용 콘텐츠는 영화/TV/동영상, 게임, 메신저, 뉴스 보기, 상품/서비스 구매이고, 특히 게임은 과의존 위험군이 이용 일반군보다 3%포인트 높은 것으로 나타났다.

<표 5-1> 청소년·성인·고령층 스마트폰 과의존 척도

- 청소년·성인·고령층용(자기보고용)은 총 10문항으로 구성되며, 4점 만점 척도를 사용
- 대상별 척도 문항은 동일하나 과의존 위험군 유형을 구분하는 기준 점수는 상이 – 청소년: 고위험군 31점
이상, 잠재적 위험군 30점~23점
  – 성인: 고위험군 29점 이상, 잠재적 위험군 28점~24점
  – 60대: 고위험군 28점 이상, 잠재적 위험군 27점~24점

- 1점–전혀 그렇지 않다/ 2점–그렇지 않다/ 3점–그렇다/ 4점–매우 그렇다

요인	항목	전혀 그렇지 않다	그렇지 않다	그렇다	매우 그렇다
조절 실패	1) 스마트폰 이용 시간을 줄이려 할 때마다 실패한다	①	②	③	④
	2) 스마트폰 이용 시간을 조절하는 것이 어렵다	①	②	③	④
	3) 적절한 스마트폰 이용 시간을 지키는 것이 어렵다	①	②	③	④
현저성	4) 스마트폰이 옆에 있으면 다른 일에 집중하기 어렵다	①	②	③	④
	5) 스마트폰 생각이 머리에서 떠나지 않는다	①	②	③	④
	6) 스마트폰을 이용하고 싶은 충동을 강하게 느낀다	①	②	③	④
문제적 결과	7) 스마트폰 이용 때문에 건강에 문제가 생긴 적이 있다	①	②	③	④
	8) 스마트폰 이용 때문에 가족과 심하게 다툰 적이 있다	①	②	③	④
	9) 스마트폰 이용 때문에 친구 혹은 동료, 사회적 관계에서 심한 갈등을 경험한 적이 있다.	①	②	③	④
	10) 스마트폰 때문에 업무(학업 혹은 직업 등) 수행에 어려움이 있다.	①	②	③	④

출처: 한국지능정보사회진흥원(2021). https://www.nia.or.kr/site/nia_kor/ex/bbs/
View.do?cbIdx=90549&bcIdx=23490&parentSeq=23490

〈표 5-2〉 청소년 도박 문제 자가점검(CAGI)

- 아래 문항은 지난 3개월 동안 자신이 이런 경험들을 겪었는지, 겪었다면 얼마나 자주 (2점) 겪었는지 해당하는 보기 번호에 체크 표시(V)해 주세요.
  돈내기게임(도박)이란 돈 또는 그만큼의 가치가 있는 물건을 걸고, 카드나 화투, (인형 등) 뽑기, 스포츠 경기 내기, 복권/토토 등을 온라인 또는 오프라인에서 하는 것을 의미합니다.

1. 돈내기게임 때문에 단체활동이나 연습에 빠진 적이 있나요?	없음 (0)	가끔 (1)	자주 (2)	거의 항상 (3)
2. 돈내기게임을 같이 하는 친구들과 어울리느라 다른 친구들과의 약속을 어긴 적이 있나요?	없음 (0)	가끔 (1)	자주 2)	거의 항상 (3)
3. 돈내기게임을 위해 계획을 세운 적이 있나요?	없음 (0)	가끔 (1)	자주 (2)	거의 항상 (3)
4. 돈내기게임 때문에 기분이 나빴던 적이 있나요?	없음 (0)	가끔 (1)	자주 (2)	거의 항상 (3)
5. 전에 잃은 돈을 되찾기 위해 다시 돈내기게임을 한 적이 있나요?	없음 (0)	가끔 (1)	자주 (2)	거의 항상 (3)
6. 돈내기게임 하는 것을 부모님이나 가족 또는 선생님에게 숨긴 적이 있나요?	없음 (0)	가끔 (1)	자주 (2)	거의 항상 (3)
7. 지난 3개월 동안 돈내기게임으로 인해 내게 문제가 생겼다고 느낀 적이 있나요?	없음 (0)	가끔 (1)	자주 (2)	거의 항상 (3)
8. 밥이나 옷, 영화표 구입 등에 써야 할 용돈을 돈내기게임에 쓴 적이 있나요?	없음 (0)	1~3회 (1)	4~6회 (1)	7회 이상 (3)
9. 돈내기게임을 위해 남의 돈이나 돈이 될 만한 물건을 몰래 가져온 적이 있나요?	없음 (0)	1~3회 (1)	4~6회 (2)	7회 이상 (3)

〈문자, 정보제공 등 서비스 온라인 신청(만14세 이상만 신청 가능)〉

- 자가점검 점수의 합이 2점 이상일 경우 도박 문제와 관련한 정보를 문자로 받아보시거나 센터에 상담(전화·내방 등)을 신청하실 수 있습니다. 원하는 서비스에 표시해 주시고, 개인정보 수집 이용 동의서를 작성해 주시기 바랍니다.
- 만14세 미만 청소년의 경우 법정대리인 동의 절차로 인해 인터넷으로 조기 개입 서비스를 신청하실 수 없습니다. 번거로우시겠지만 지역센터로 직접 신청해 주시기 바랍니다.
  - 자가진단 점수 2~5점: 노랑 신호등 빨간 불. 도박 신호등 노란 불이 켜진 상태로, 위험 수준에 해당되는 점수입니다. 도박 경험이 있으며, 경미한 수준에서 조절 실패와 그로 인해 심리적·사회적·경제적 폐해 등이 발생한 상태. 문제 수준으로 진행하고 있을 가능성이 의심되므로, 도박 중단이 가장 확실하고 안전한 방법임을 권해 드림.
  - 자가진단 점수 6점: 도박 신호등 빨간 불이 켜진 상태로, 문제 수준에 해당 되는 점수. 반복적인 도박 경험이 있으며, 심각한 수준의 조절 실패와 그로 인해 심리적·사회적·경제적 폐해 등이 발생하여 도박중독 위험성이 높은 상태로 전문가의 도움이 시급함.

출처: 한국도박문제예방치유원.
https://www.kcgp.or.kr/pp/gambleIntrcn/2/selfDgnss.do?gubun=con2

게리 스몰(Gary Small)과 지지 보건(Gigi Vorgan)은 사이버중독에 관해 여덟 가지 진단 척도를 내놓았다. 첫째, 몰입이다. 인터넷 등 디지털기기에 접속하고 싶은 생각이 떠나지 않는다. 인터넷서핑 중에는 다른 어떤 것도 끼어들 여지가 없다. 둘째, 내성이다. 아무리 스테이지를 돌아다니고 인터넷을 서핑해도 지치지 않고 계속할 수 있게 느껴진다. 자신이 얼마나 깊이 빠져 있는지 자각하지 못한다. 셋째, 자제력 상실이다. 식사도 거르고 해야 할 일도 하지 않고 사람도 만나지 않은 채 사이버 세상에서 산다. 자의든 타의든 문제점을 인식해도 통제가 되지 않는다. 넷째, 금단증상이다. 이메일 체크나 게임 등 인터넷이나 컴퓨터에 접속하지 않으면 불안하고 초조하며 안절부절못한다. 하루라도 인터넷에 접속하지 않으면 생활이 안 된다. 다섯째, 과다한 사용 시간이다. 자기 자신도 모르게 생활 대부분이 컴퓨터와 인터넷 세상에 빠져 있다. 스스로 약속하거나 부모와 결정한 사용 시간을 훌쩍 넘겨 오래 사용한다. 여섯째, 기능장애이다. 인터넷과 컴퓨터 사용으로 학교·직장·가정·사회 관계에 문제가 생긴다. 일곱째, 은폐이다. 자신의 컴퓨터·인터넷 사용을 다른 사람에게 숨겨야만 한다. 여덟째, 도피의 수단이 되는 것이나. 모는 고민과 문제에서 벗어나기 위해 컴퓨터 앞에 앉는다. 이상의 증상은 사이버 중독에 빠진 사람들이라면 예외 없이 나타나는 현상으로 나이와 세대 구분 없이 적용할 수 있다(Gary Small & Gigi Vorgan, 2009·2010).

4. 인터넷중독의 예방 및 치유

'인터넷'과 '스마트폰'은 이제 따로 사용할 수 있는, 다른 단어가 아니다. 기기의 발달로 미디어의 기능 자체가 융합되고 진화하면서 미디어의 원래 의미가 점점 확장하고 있다. 스마트폰은 이제 무선의 네트워킹 도구이고 많은 기능 가운데 하나가 폰의 기능을 하고 있을 뿐이다.

또한 디지털 미디어는 소셜미디어의 기능을 포함하여 콘텐츠뿐만 아니라 시공간을 초월하여 다른 사람과의 관계 연결을 가능하게 해 준다. 이렇게 연결이 극대화되면 약한 연결의 수도 늘어나지만, 항시 연결될 수 있어서 강한 연결이 더욱 강화될 수 있다.. 이로 인해 동질적인 콘텐츠만 집중적으로 소비하거나, 동질적인 사람들끼리만 뭉치게 할 수 있다. 본디 디지털 세계에 다양한 콘텐츠와 사람들, 다양한 의견들이 열려 있어서 선택의 폭이 매우 넓어졌다고 할 수 있다. 그러나 자유롭게 선택할 수 있어서 우리는 원래 좋아하던 것만 계속 탐닉하게 된다. 그것이 인간의 본성이며, 이는 디지털 미디어 환경이 중독을 유발하기 쉬운 원인 중 하나다(나은영, 2010).

한국지능정보사회진흥원의 스마트폰 과의존 실태조사(2021)에 의하면, 우리나라 청소년의 60.5%(스마트폰 과의존군은 59.3%)의 주된 고민은 '성적·적성 등의 공부' 문제인 것으로 나타났다. 특이한 점은, 주된 고민 항목 중 '외모'가 고민이라고 응답한 이들 가운데 과의존 위험군의 응답률은 13.7%로 일반 사용자군(10.9%)보다 2.8%포인트 높았다.

일반 사용자군은 과의존 위험군(스마트폰중독)보다 과의존 해소를 위해 일상생활에서 더 큰 노력을 하는 것으로 드러났다. 무엇보다 과의존 해소를 위한 일상생활에서의 노력이 필요하다. 구체적으로, 보행 이동할 때는 스마트폰을 보지 않으려고 주의한다든가, 공공장소에서 스마트폰 예절을 지키고, 진동 기능이나 업무 방해 금지 기능을 통해 가능한 업무에 집중하려고 노력하는 것이다. 무엇보다 다양한 교육에 참여하여 스마트폰 활용 역량을 개발하고, 스마트폰 관리 앱으로 사용 내용을 주기적으로 확인할 필요가 있다. 스마트폰 이용 제한 시간·공간을 정해서 스스로 디지털 디톡스를 실천하려는 노력이 필요하다.

청소년 자녀는 부모의 스마트폰 교육에 관해서 스마트폰 이용 시 "스마트폰 사용의 좋은 점과 나쁜 점을 말해 준다"라는 비율(63.6%)이 가장 높았고, "스마트폰 사용 방법을 가르친다"(46.7%), "자녀에게 스마트폰으로 할 수 있는 유익한 사이트나 앱을 추천한다"(44.3%) 순으로 응답했다. 스마트폰 일반 사용자군은 부모의 스마트폰 이용 교육 여부에 대한 앞의 모든 응답이 과의존 위험군보다 각각 2.8%포인트, 5.2%포인트, 3.2%포인트씩 더 높았다는 조사 결과는, 가정 내 스마트폰 이용 지도로 청소년의 스마트폰 과의존을 막는 데 어느 정도 역할을 할 수 있음을 알 수 있다.

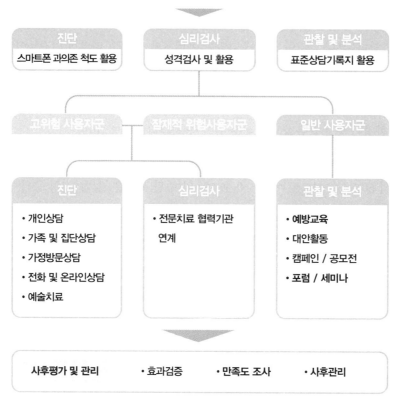

〈그림 5-1〉 인터넷 스마트폰 과몰입 사용자군에 따른 대응 방향
출처: 스마트쉼센터, https://www.iapc.or.kr/contents.do?cid=7&idx=6

스마트폰 일반 사용자군의 경우, 부모의 스마트폰 이용 시 가정 내 협조 여부에 관한 모든 응답은 과의존 위험군보다 역시 높았다. 즉, '함께 가족의 스마트폰 사용 규칙을 만들고 다 같이 지키려고 노력한다.'는 응답은 일반 사용자군이 과의존 위험군보다 3.9%포인트 높은 50.4%로 가장 높았고, '함께 유익한 사이트나 앱을 같이 이용한다'는 4.7% 포인트, '자녀와 함께 유익한 스마트폰게임을 같이 이용한다'는 7.7%포인트의 차이가 났다.

스마트쉼센터의 조사(2021)에 의하면, 인터넷 및 스마트폰 이용자 중 불과 11.3%

만이 과의존 예방 교육 경험이 있는 것으로 조사되었다. 과의존 위험군의 예방 교육 경험률이 14.6%로 일반 사용자군(10.3%)보다 4.3%포인트 높은 것으로 나타났는데, 이는 이미 미디어중독의 증세를 보인 이후에야 미디어 리터러시 교육을 사후적으로 실시한 것으로 추정된다. 예방 교육의 장소와 관련한 응답에서 과의존 위험군의 '상담 기관' 응답이 3.4%로 일반 사용자군(1.5%)보다 1.9%포인트 높다는 점으로도 알 수 있다. 일반적으로 스마트폰 과의존 예방 교육 경험자의 교육 장소로 '각급 학교 및 직장'(90.9%)이 가장 높게 나타났고, 다음으로 '기업'(2.8%), '주민자치센터'(2.7%) 등의 순으로 나타났다.

인터넷중독을 예방하기 위해서는 가정과 사회의 커뮤니케이션 환경이 매우 중요하다. 어떤 커뮤니케이션 환경이냐에 따라, 청소년이 쉽게 게임에 빠지기도 하고 그러한 과정을 미리 예방할 수도 있다. 특히 게임에 취약한 청소년들은 자기 통제성과 자기 효능감이 상대적으로 낮은 경우가 많다. 또한 청소년들은 현실 속에서 이루기 쉽지 않은 관계 욕구, 지위 향상 욕구, 대박 욕구 등을 인터넷 속에서 발산시킴으로써 대리만족을 얻는다. 따라서 이러한 욕구가 가족관계나 학교생활, 또래 관계에서 충분히 만족된다면 인터넷중독이나 게임중독에 빠질 위험이 다소 줄어들 수 있다(김혜원, 2001). 미디어 환경의 일부인 컴퓨터의 '위치'도 컴퓨터게임 몰입에 영향을 줄 수 있다는 연구도 있다. 즉 컴퓨터가 가정 내 어디에 위치하느냐가 미디어 몰입, 나아가 중독 여부에 영향을 줄 수 있다는 것인데, 스마트폰은 위치에 상관없이 늘 연결이 가능하다는 점을 예의 주시해야 한다. 이때 필요한 것은 청소년들의 자기 통제성을 높이는 방안이며, 가정 내 보호자와의 개방적 커뮤니케이션 환경이 중요하다. 요컨대, 상호작용성·능동성, 즉 선택과 통제의 자유라는 디지털 미디어의 물리적 속성이 우리의 삶에 긍정적으로 작용하기 위해서는 주변의 커뮤니케이션 환경이 원만하게 조성되도록 해야 한다. 미디어 제국 안에서 인간이 미디어에 의해 지배받지 않고 주인의식을 가지고 살아가기 위해서는 개인의 통제력을 키워야 한다. 이것이 미디어 리터러시 교육이 절실히 필요한 이유이다.

청소년 음란물 중독을 위한 예방 대책으로는 청소년 성인지 능력 향상을 위한 올바른 성교육 실시, 성인물 접촉 환경 극복을 위한 자율적 보호 능력 환경 조성 등의 필요성이 제기되었다. 그리고 청소년기 유해 환경 노출로 인한 대응책으로, 인터넷상 성인물 관리 감독 강화와 불법적인 음란물 차단을 위한 세부적인 규제 정책 마련의 필요성, 성인물에 대한 인증 절차 모니터링 강화 등을 제안한다(김미선·박성수, 2019). 청소년들의 변화를 위한 의미 있는 성교육은 외부 강사가 학교를 방문하여 1년에 한두 번실시하는 형식적인 교육이 아니라, 교사들의 한국의 성문화에 관한 근본적인 성찰과 더불어, 성교육은 교사가 학생과 만나는 일상에서 이루어져야 한다.

　인터넷중독에 빠진 청소년들은 보다 전문적인 훈련을 받은 상담사나 정신과 의사를 찾아가 상담 치료를 받는 것이 좋다. 하지만 그전에 동기 강화 상담의 일반 원리를 따라서 가정이나 학교에서 할 수 있는 조치를 소개하면 다음과 같다. 인터넷에만 몰두하는 행동을 그만두게 하는 동기 강화를 위해 우선 취해야 하는 일은 "공감 표현"이다. 공감 표현은 부모나 교사가 아이를 판단, 비판, 비난하지 않고, 아이의 느낌이나 욕구를 이해하고자 하는 태도로 경청하는 것이다. 어떤 일이 생길지라도 해당 청소년의 입장에서 충분히 그럴 수 있다고 공감해 주는 것이다. 두 번째로 할 일은 "불일치감"을 조성하는 것이다. 불일치감 조성은 왜 자신의 행동과 습관을 변화해야 하는지를 못 느끼는 아이를 위한 조치다. 불일치감이란 부모나 교사와 아이 사이의 불일치가 아니라, 아이 스스로 생각하는 것들 사이의 불일치를 말한다. 대부분 사람이 그러하듯이 '인터넷에 자신을 빼앗긴' 아이도 자신의 행동을 지속할 것인지에 대해 양가감정(兩價感情) 혹은 양가적 태도를 지닌다. 게임만 계속하고 싶은 마음과 게임을 끊고 건강한 생활을 하고 싶은 마음 사이를 오락가락하는 것이다. 이 양가감정이 계속 충돌하도록 조장해 주는 것이 중요하다. 아이가 진정으로 원하는 삶이 무엇인지, 그리고 현재 게임에 몰두하는 행위가 그 원하는 것을 얻는 데 도움이 되는지 여부를 아이 스스로 판단할 수 있게 해 주는 것이다. 이 작업은 쉬운 일이 아닐 수 있다. 부모나 교사가 먼저 앞서서 자기보다는 공감의 신뢰 속에서 아이가 느낄 수 있도록 도와주는 것이 좋다. 인내하면서 아이가 스스로 느끼게 하는 것이 더 효과적이다. 마지막으로 아이의 '자기 효능감'을 살려 주는 것이 중요하다. 두 번째 단계의 불일치감이 변화의 중요성을 자각하게 만드는 것이라면, 이것은 아이의 자신감을 강화시켜 주는 것이다. 자기효능감은 어떤 과제를 성취하거나 성공할 수 있다는 자기 능력에 대한 확신이다. 인터넷 중독자 중에는 자기 능력이나 대인관계에서 자기효능감이 떨어진 사람이 많다. 아이 나름대로 이것저것 다 해 봤지만 다 실패하여 그냥 충동적인 반응만 하면 되는 인터넷 세계로 도피한 것이다. 하다못해 게임에서의 성공이라도 성공의 경험이므로 자신감을 갖도록 힘을 불어넣어 주는 것이다(고영삼, 2018: 241~243).

마크 바우어라인(Mark Bauerlein, 2008·2014)은 디지털 세계가 우리의 미래를 위태롭게 한다고 주장하면서, 청소년은 더 이상 쿨한 생각을 하거나 옳은 행동을 하지 않는다고 쓴소리를 한다. 가장 '멍청한' 세대가 무지를 극복하려면 자신들이 몰두하는 문화가 사소한 갈등으로 이루어진 저급한 영역이라는 진실을 말해야 한다고 역설한다. 청소년은 다른 모든 세대가 그러했듯이 역사의 한 위치를 차지하고 있으며 그들의 시간도 곧 지나갈 것이다. 그러나 그들이 미디어를 통해 남긴 습관은 계속될 것이다. 변화가 일어나지 않으면 그들은 자신들이 상속받은 특권을 누릴 자격이 없는 세대로 기억될 것이다. 어쩌면 그들은 위대한 유산을 영원히 잃어버린 세대로 기억될지도 모른다. 디지털 세대인 청소년들이 미디어에 종속당하지 않도록 미디어의 힘을 이해하고 가치 있게 활용할 수 있도록 도와야 한다.

〈표 5-3〉 치료 목표

디지털 미디어 사용 중단 진행하기
- 자신을 바꾸고자 하는 동기 유발하기
- 자신의 의존증을 설명할 개별적 모델 만들기
- 의존증을 유발한 인터넷 사용 유형을 완전히 중단하기
- 대안: 인터넷 사용을 통제할 수 있는 방안 숙고하기
- 중독 미디어에 대한 욕구와 금단현상 대처법 습득하기
- 재발 방지를 위한 개별적인 예방조치 취하기
- 중독 전이 현상 방지하기
- 위기 상황과 재발에 관한 비상 대책 수립하기

대안적 활동 모색하기

- 주거 상황과 재정 지원 등의 사회적 상황을 파악하고 개선하기
- 새로운 사회적 환경 조성하기
- 본래 지녔던 관심·능력·재능을 돌아보기
- 과거의 대인관계와 취미 되살리기
- 규칙적으로 운동하기
- 건강한 식습관과 수면 습관 등 생활 리듬과 의식 정착시키기
- 중단한 학업·직업교육 혹은 직업 활동 재개하기
- 현실의 삶과 연관된 자존감과 자신감 개선하기

출처: te Wildt, 2015/2017: 191~192

〈표 5-4〉 일상생활에서 미디어 사용 시간 관리하기

- 가능한 한 인류의 역사에서 미디어가 발명된 순서에 따라 자녀가 미디어를 체험하게 하라. 읽기·쓰기·계 산하기와 같이 단순한 아날로그 문화를 접하고 나서 복잡한 디지털 기술을 접하게 하는 것이다.
- 평균적으로 8세가 되어서야 비로소 현실과 허구를 분명히 구분할 수 있다는 사실을 명심하라! 8세 전까지 는 아이들 방에 텔레비전이나 게임 콘솔, 컴퓨터를 절대 들여놓지 마라.
- 당신과 가족들이 얼마나 인터넷에 접속해 있는지 날마다 기록해 보라
- 하루 동안 컴퓨터로 무엇을 얼마나 했는지 정확히 알려 주는 소프트웨어를 활용하라. 그러면 미디어 사용 행태를 변화하고 싶은 동기가 유발될 것이다.
- 당신과 자녀의 인터넷 사용 시간을 정하라. 자녀의 연령을 고려하여 처음에는 하루에 1~2시간으로 하고 이 규칙이 제대로 이행되면 1주일에 7~14시간으로 정해 본다.
- 타이머를 사용하여 인터넷 접속이 가능한 모든 영상매체 사용 시간을 측정하라.
- 섹스와 범죄 등 특정 콘텐츠는 청소년기가 끝날 때쯤 접하게 한다고 생각하라. 해당 연령이 되기 전까지는 필터 소프트웨어를 사용하여 자녀를 보호하라.
- 자녀들이 디지털 미디어 없이 시간을 보내도록 교육하라. 적어도 아침에 기상 후 1시간 혹은 취침 전 1시 간 동안, 그리고 식사 시간에는 항상 디지털 미디어 사용을 자제하도록 하라.
- 자녀들이 영상 매체 앞에 우두커니 앉아 있는 동안 얼마나 많은 것을 체험하고 학습할 기회를 놓치는지를 항상 염두에 두라.
- 온 가족이 미디어 없이 보내는 특별한 시간을 계획하고 가꾸어 보라.
- 적어도 일주일에 하루 혹은 하루 저녁은 디지털 미디어 없이 보내라.
- 일 년에 한 번, 일주일 간 온 가족이 함께 디지털 미디어 없이 보내라.
- 휴가를 갈 때는 최소한의 전자기기만 갖고 가라.
- 하루가 끝날 때쯤 "좀 더 많은 시간을 운동과 다른 창조 활동을 하면서 보낼 수 있으면 좋겠다"고 생각할 정도로 자녀들이 컴퓨터 외에 운동과 다른 활동을 하도록 하루 종일 조정해 보라.
- 자녀들이 일찍부터 사람을 만나고 함께 어울려 지내면서 친구의 소중함을 경험할 수 있도록 도와라.

출처: te Wildt, 2015 · 2017: 279~280

6장

뉴스 읽기와
팩트체크

김성재

언론의 뉴스 보도는 우리 일상생활에 필요한 정보를 제공할 뿐만 아니라, 공론의 장을 열어 민주주의 사회가 유지되도록 하는 중요한 역할을 한다. 그러나 최근 10여 년 사이 언론에 대한 신뢰는 심각하게 낮아지고, 심지어 언론이 보도하는 뉴스를 회피하는 현상까지 심화하고 있다. 언론의 뉴스에 대한 신뢰가 낮아진 가장 큰 이유는 무엇보다 언론의 오보와 허위 조작 뉴스, 이른바 '가짜뉴스'가 크게 늘었기 때문이다. 가짜뉴스란, 실수나 부주의로 인해 잘못된 사실을 보도하는 오보, 의도를 갖고 사실을 왜곡하는 허위 조작 뉴스뿐 아니라 편파적 뉴스, 선정적 뉴스, 독자를 기만하는 기사형 광고 등이 포함된다. 최근 디지털 미디어 환경이 확산되면서 언론이 생산하는 이러한 가짜뉴스는 SNS를 통해 더욱 빠르게, 더욱 광범위하게 확산되고 있다. 언론매체가 갖고 있는 정치적 편향성, 광고 수익에 생존을 걸고 있는 언론사의 경영 구조, 뉴스 제작 과정의 문제, 포털 종속적 뉴스 유통 등은 언론의 가짜뉴스 생산을 부추기는 요인들이다. 언론이 스스로 오보, 왜곡보도 등 가짜뉴스 생산을 중단하는 것이 가장 중요하지만, 독자와 시청자, 즉 언론의 수용자가 언론의 속성과 뉴스 제작·보도 과정에 관해 정확히 이해하면서 직접 가짜뉴스를 선별해 내고 비판적으로 받아들이는 능력(미디어 리터러시)도 필요하다. 언론의 팩트체크와 미디어 비평을 활성화, 그리고 시민들의 팩트체크와 미디어 리터러시 교육 참여 필요성이 더욱 커지고 있다. 현재 국내 여러 언론인·시민들이 참여하는 전문 팩트체크 사이트와 매체가 활동 중이며, 한국언론진흥재단 등 공공기관에서 팩트체크 과정에 대한 언론인 및 시민 대상 교육을 진행 중이다.

1. 뉴스를 믿지도, 읽지도 않는 시대

"신문에서 봤어!"

"어제 뉴스에 나왔거든!"

십여 년 전만 해도 이런 말을 자주 했다. 신문이나 방송 같은 언론에서 보도한 내용을 '사실(Fact)' 혹은 '진실(Truth)'이라고 굳게 믿었기 때문이다. 자기 이야기나 주장이 사실이나 진실이라는 것을 증명할 때, 언론의 보도를 절대적인 증거로 내세웠다. 그런데 이제 더는 이런 말을 하지 않는다. 오히려 언론보도를 보면서 코웃음을 치거나 비아냥대는 경우가 많아졌다. 신문이나 방송의 뉴스를 아예 보지 않는 사람들도 많다. 언론보도를 거짓말 취급하는 사람도 있다.

"이 뉴스 진짜야?"

"알고 보니 그거 사실이 아니래!"

"넌 아직도 뉴스를 보니?"

"그거 가짜뉴스야!"

언론에 대한 이런 불신은 설문조사 결과를 통해서도 나타난다. 한국언론진흥재단이 영국 옥스퍼드대학교(University of Oxford) 부설 로이터저널리즘연구소(Reuters

Institute for the Study of Journalism)와 공동으로 매년 실시하는 언론 신뢰도 조사에 따르면, 2022년 우리나라 국민들의 언론(뉴스 전반)에 대한 신뢰도는 30%로 전년보다 2% 포인트 하락했다. 조사 대상 46개국의 평균은 42%이니, 세계 평균에 미치지 못할 뿐 아니라, 순위로 40등이니 최하위권이다. 과거 이 조사에서 한국의 순위는 조사를 처음 시작한 2016년 26개 조사 대상국 가운데 25위를 기록했고, 그 다음해인 2017년부터 2020년까지 내리 4년간 '꼴찌'를 차지했다. 2021년은 46개국 중 공동 38위를 기록해 모처럼 꼴찌를 면했는데, 그 이유는 코로나19가 한창이던 그해 코로나19 관련 가짜뉴스가 창궐하는 동안 국민들이 그나마 방송을 통해 방역과 대응에 필요한 정보를 얻을 수 있었기 때문으로 분석됐다.

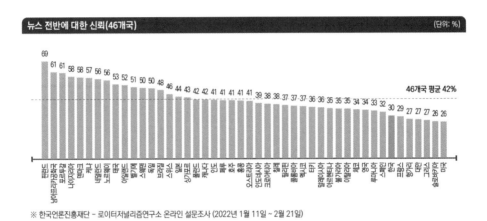

※ 한국언론진흥재단 – 로이터저널리즘연구소 온라인 설문조사 (2022년 1월 11일 ~ 2월 21일)

〈그림 6-1〉 뉴스에 대한 국민 신뢰
출처: 〈Digital News Report 2022〉로 본 한국의 디지털 뉴스 지형,
Media Issue, 8권 3호, 한국언론진흥재단.

국내 시사주간지 〈시사인〉이 창간 15주년 특집으로 2022년 8월 중에 실시한 여론 조사 결과를 보면, 언론에 대한 불신이 점점 더 커지고 있음이 드러난다. "가장 신뢰하는 언론매체"를 묻는 질문에 '없다,' '모른다,' '무응답'이 28.1%였다. 이 수치는 두 해 전의 17.8%, 전년의 16.8%에 비해 '현저하게' 높아진 것이다. 〈KBS〉나 〈조선일보〉, 〈한겨레〉 등 어느 매체를 꼽지 않고 그냥 '없다,' '모른다'고 답하거나 아예 답을 하지 않은 응답자가 크게 늘었다는 것인데, 언론 그 자체에 관심이 없어졌다는 의미로 해석된다.

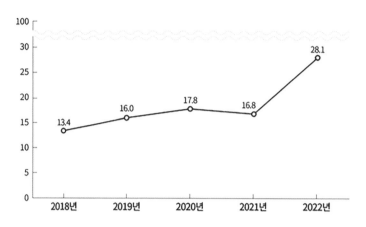

〈그림 6-2〉 가장 신뢰하는 언론매체 '없다·모름·무응답' 추이(단위: %)
출처: 〈시사인〉 782호, 2022년 9월

한국언론진흥재단과 로이터저널리즘연구소의 조사 결과에는 또 하나 눈여겨봐야 할 대목이 있다. '뉴스 회피(selective news avoidance) 경험'에 대한 질문 결과이다. '뉴스 회피'란 말 그대로 "의도적으로 뉴스를 보지 않는 현상"이다. 대개 뉴스 내용이 자기 맘에 들지 않았거나, 별 도움이 되지 않았거나, 믿을 만하지 않았기 때문에 일어나는 일이다. 이 질문에 한국의 뉴스 이용자 3명 중 2명(67%)이 "뉴스를 회피한 경험이 있다"고 답했는데, 이는 5년 전 조사 결과인 52%에 비하면 무려 15%포인트나 높아진 수치이다.

한때 우리 일상생활의 중요한 정보원이었던 언론의 뉴스가 이처럼 불신과 회피의 대상이 되어 버린 이유는 무엇일까? '뉴스 회피'의 이유에 대해서는, 앞의 한국언론진흥재단-로이터저널리즘연구소 설문조사(2022년)에 답이 있다. 뉴스를 회피한 경험이 있다는 응답자에게 그 이유를 물어보자(복수 응답), 한국의 뉴스 이용자들은 △ '뉴스가 신뢰할 수 없거나 편향적이기 때문'이라는 대답을 가장 많이(42%)했다. 그다음으로 많은 응답이 △ '정치·코로나바이러스와 같은 주제를 너무 많이 다룬다'(39%), △

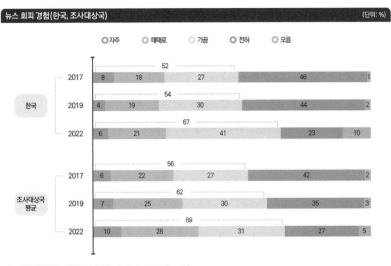

〈그림 6-3〉 2017년, 2019년, 2022년 뉴스 회피 경험
출처: 〈Digital News Report 2022〉로 본 한국의 디지털 뉴스 지형,
Media Issue, 8권 3호, 한국언론진흥재단.

'뉴스가 내 기분에 부정적인 영향을 미친다'(26%) 등이었다.

2. 언론 불신과 언론 회피의 원인

언론은 우리가 일상생활을 제대로 영위하고 유지하도록 정보를 준다. 언론이 그 어떤 권력에 의해서도 제한받지 않고 자유로운 취재와 보도를 통해 사실을 전달하고 진실을 밝히는 역할을 해 주기를 기대하는 것은 언론이 민주주의와 인권·평화·정의와 같은 인류의 보편적 가치를 지킴으로써 시민들이 평온하고 지속 가능한 일상을 누리기를 원하기 때문이다.

언론이 중요하다고 할 때, 그것이 민주주의라는 이념 혹은 체제를 지키는 보루라는 거창한 이유 때문만은 아니다. 우리는 언론의 뉴스를 통해 얻은 정보를 통해 다양한 경제생활을 한다. 뉴스와 정보 공유를 통해 공정하고 활기 있는 시장경제의 질서를 유지하고, 개인과 사회의 경제적 안정과 풍요를 보장하는 데에도 언론은 중요한 역할을 한다. 고기·채소 등 신선식품, 수많은 공산품에 대한 가격과 수요·공급에 관한 정보는 물론이고, 물가·주가·환율·집값 같은 경제지표를 언론을 통해 정확하고 충분하게 전달받지 않는다면 우리의 일상생활은 금세 혼란에 빠질 것이다. 대기업들과 중소기업·자영업자·소비자·기업종사자 등 경제 주체들이 시장에 참여해 수익을 내고, 소득을 올리고, 소비를 즐기도록 하는 것도 언론의 역할이다. 요컨대, 언론은 질서 있고 건강한 민주주의와 시장경제, 그리고 일상을 지켜 주는 필수 요소이다. 한 나라 언론의 수준이 곧 민주주의의 수준이며, 언론이 바로 서야 민주주의가 제대로 작동한다는 말은 그래서 나온 것이다. 언론의 자유 또는 표현의 자유를 대한민국 헌법에 명시하고 있는 이유도 마찬가지다. 언론은 민주주의 국가의 필요충분조건인 것이다. 그런 언론이 요즘 수난 시대를 겪고 있다. 믿을 수 없고, 피하고 싶은 존재로 전락했다. 언론이 어쩌다 이런 취급을 당하게 되었을까?

1) 엉터리 혹은 거짓말 뉴스 – 오보

언론에 대한 불신과 회피가 이렇게 심각해진 이유를 몇 가지 짚어 보자. 첫째, 너무 잦은 오보(誤報, misinformation) 때문이다. 오보는 대체로 '의도하지 않은 틀린 정보'를 말한다. 사실 관계가 명백히 틀린 내용을 담고 있는 뉴스인데, 오타(誤打)나 틀린 통계 수치를 사용함으로써 만들어진 단순한 오보에서부터 기사의 핵심 내용이나 이를 뒷받침하는 근거의 사실관계가 잘못된 오보도 있다.

언론의 오보는 대체로 취재와 기사 작성, 기사 공개(기사 출고) 과정에서 기자와 데스크(언론사의 간부급 기자)의 실수·부주의·게으름, 그리고 잘못된 관행 때문에 발생한다. 기사에 쓸 내용을 잘못 취재하는 경우, 취재원의 틀린 말이나 정보를 그대로 믿고 인용하는 경우, 기자가 기사 내용을 충분히 이해하지 못해 맥락이 틀린 기사를 쓰는 경우 이런 오보가 발생할 수 있다. 우리나라 취재·보도 관행에는 이른바 '받아쓰기'라는 게 있다. 출입처에서 나온 보도 자료나 취재원의 발표(문)을 그대로 받아쓰고 이를 기사 형식을 갖춘 문장으로 만들어 보도하는 것이다. 요즘에는 SNS에서 이른바 '셀럽'들이 써 놓은 글을 그대로 받아쓰기해 기사로 내보내는 일도 많다. 보도 자료나 발표문, 셀럽의 정보가 잘못된 것이라면 그 말을 받아쓰기한 언론의 기사는 당연히 오보가 된다. 한국 언론은 크고 작은 오보를 너무 자주 내는데, 국민들은 모든 언론매체를 다 접하고 소비하지는 않기 때문에 이런 사실을 잘 알 수가 없다. 오보의 몇 가지 사례를 통해 언론이 얼마나 '어처구니없는' 오보를 내는지 보자.

(1) 사례: 의처증 남편의 주장만으로 쓴 오보

〈연합뉴스〉가 2017년 8월 8일 보도한 "법원, 15년간 외도 아내 통화 내용 몰래 녹음한 남편 선처" 뉴스는 보도된 지 석 달 만에 오보로 밝혀졌다. 60대 남성이 아내의 불륜을 의심해 몰래 아내의 통화 내용을 다섯 차례 녹음한 혐의(통신비밀보호법 위반)로 재판에 넘겨졌으나, 법원에서 이 남성에게 '선처'라고 할 만큼 가벼운 처벌 형량을 선고했다는 내용의 보도였다. 다른 매체의 기자가 이 부부의 이혼소송 판결문과 사실관계를 추가 취재한 결과 "아내가 15년간 외도를 했다"는 것은 남편의 일방적 거짓 주장이었고, 실은 남편이 의처증으로 아내에게 폭력을 일삼았다는 사실이 밝혀졌다. 〈연합뉴스〉와 이를 받아쓴 다른 언론사들은 정정보도문을 냈다. 미디어 비평 전문매체인 〈미디어오늘〉은 "의처증 남편의 눈물에 기자도 속았다"라고 보도했다.

취재원의 일방적인 말만 듣고 기사를 썼거나(받아쓰기), 추가적인 확인 취재 없이 기사를 썼거나(부주의), 혹은 다른 언론사 보도를 그대로 인용해 기사를 썼다가(게으름) 결국 오보를 낸 것이다. 언론에서 심심치 않게 벌어지는 일이다.

(2) 사례: 기업의 일방적 발표를 확인 안 한 '코로나19 억제 음료' 오보

앞의 〈연합뉴스〉 오보는 개인의 사생활 영역에서 벌어진 범죄를 다룬 것이지만, 이번에는 전 국민의 건강에 영향을 미칠 수 있는 심각한 오보 사례다. 2021년 4월 13일 여러 신문·방송·인터넷신문 등이 "남양유업 불가리스, 코로나19 억제 효과 77.8%"라는 기사를 냈다. 코로나19 치료약도 없고 백신효과도 걱정스러웠던 국민들로서는 눈이 번쩍 뜨이는 뉴스였다. 남양유업은 그날부터 단숨에 주가가 최고가로 뛰었다. 하지만 이 뉴스도 기자들의 받아쓰기 관행과 게으름이 낳은 코미디 같은 보도였다. 몇 개월 후 남양유업은 대국민 사과를 했고 업체 관계자들은 검찰에 불려갔다. 코로나19로 전 인류가 힘든 시절을 보내고 있고, 또한 코로나19 관련 오보가 끈질기게 나오고 있는 와중에 이런 오보는 정부의 방역 시스템과 국민들을 혼란에 빠뜨리는 심각한 문제가 아닐 수 없다. 코로나19가 시작된 2020년부터 수많은 오보가 언론에 난무했다.

(3) 사례: 최악의 받아쓰기 참사 - 세월호 오보

언론의 오보는 수많은 사람의 건강과 생명을 좌지우지하기도 한다. 최악의 경우 사회나 국가를 위기에 빠뜨릴 수도 있다. 불행히도 우리 언론사에는 그런 사례들이 몇 가지 있다. 2014년 4월 16일 아침 〈KBS〉, 〈MBC〉, 〈YTN〉, 〈SBS〉 등 거의 모든 방송들이 '세월호 탑승 학생 전원 구조'라는 자막을 화면에 냈다. 이 자막을 본 국민들은 안도의 한숨을 쉬었고, 정부의 구조가 순조롭게 이뤄진 것이라 믿었다. 하지만 오보였다. 그사이 한 명이라도 더 구조할 수 있는 골든타임은 흘러갔고, 상황은 최악으로 치달았다. 오보가 여기서 끝난 게 아니다. '전원 구조'에서 '161명 구조', '179명 구조', '368명 구조', '180명 구조'… 언론은 확인도 하지 않고 정부가 발표하는 숫자를 '받아쓰기'해 보도했다. "정부가 사상 최대의 구조 작전을 펼치고 있다"고도 했고, "선체 진입에 성공했다"는 뉴스도 나왔다. 모두 오보였다. 세월호 참사에는 언론의 책임이 크다. 세월호 참사 당시에 쏟아진 믿을 수 없는 '오보 참사' 이후 국민들은 기자를 향해 '기레기'라는 멸칭을 사용하기 시작했다.

2) 의도적 오보 – 허위조작정보

언론은 어떤 의도를 갖고 오보를 내기도 한다. 의도하지 않은 것처럼 보도하지만 사실은 의도적인 오보도 있다. 허위조작정보(disinformation)라고 하는 가짜뉴스다. 의도적 오보는 잘못된 정보라는 점에서 문제가 되는데, 더 큰 문제는 그 '의도'다. 무언가 의도를 갖고 거짓 정보를 주는 것이라면, 그 의도에는 반드시 누군가를 해치거나 피해를 입히고 자신은 이득을 보려는 계산이 숨어 있기 때문이다. 의도가 드러나지 않도록 사실인 것처럼 교묘하고 그럴듯하게 포장하기 때문에 속아 넘어가기도 쉽다.

(1) 사례: '일진'으로 둔갑시킨 복싱선수 인터뷰

2012년 1월 〈조선일보〉에는 '복싱 국가대표 신○○, "나는 일진이었다 … 런던 금(金)으로 속죄하겠다"'라는 인터뷰 기사가 게재되었다. 복싱 49kg급 세계 1위인 신종훈 선수가 학창 시절 "학생들 돈을 뺏었고 폭력을 쓰고 괴롭혔는데 복싱을 시작하며 삶을 바꿨다"라는 내용을 인터뷰 형식을 빌려 쓴 기사였다. 그런데 이틀 뒤 미디어 비평 전문매체인 〈미디어오늘〉은 "신종훈 선수 측이 '〈조선일보〉가 대부분 거짓말로 기사를 꾸몄다. 이후 엄청난 피해를 보고 있다'고 말했다"며 "거짓·왜곡 보도를 해 물의를 빚고 있다"는 기사를 보도했다. 〈미디어오늘〉이 신 선수에게 사실을 다시 확인해 보도하지 않았다면 이 권투선수는 한때 학생들을 괴롭혔던 '일진'으로 낙인찍힌 채 살게 되었을 것이다. 〈조선일보〉가 이렇게 있지도 않은 사실을 조작해 보도한 이유와 의도는 무엇일까? 좀 더 '드라마틱한' 기사를 만들어 독자들의 눈길을 끌고자 하는 의도에서 비롯된 게 아닐까?

(2) 사례: '수포자'로 전락한 한국인 최초의 필즈상 수상자

2022년 7월 몇몇 언론에 이번에는 "고교 자퇴한 수포자 허준이 교수가 수학계 노벨상인 필즈상을 한국인으로 처음 수상했다"는 뉴스가 보도됐다. '한국인 최초의 필즈상 수상'이라는 사실도 사람들의 주목을 끌기에 충분한 뉴스 가치가 있는데, 게다가 수상자가 '고교를 자퇴한 수학 포기자'라니, 수많은 사람들은 깜짝 놀라 뉴스를 보고, 모이는 자리마다 화제로 삼았다. 더구나 자녀 교육열이 세계 1위라는 우리나라에서 '수학 포기자'의 필즈상 수상 소식은 그날 온 언론에서 톱뉴스가 되었다. 그러나 이 뉴스도 가짜뉴스였다. 주인공 허준이 교수는 다음날 한 방송에 나와 "기자에게 2학년 때 구구단 외우는 거 너무 힘들었다고 했더니, 기사 제목을 수포자라고 쓰셨다"고 웃으며 말했다. '수포자 신화'가 하루 만에 물거품이 된 것이다. 이 해프닝 역시 언론이 선정적인 혹은 드라마틱한 뉴스를 만들어 주목을 끌려는 의도가 만들어 낸 허위조작뉴스의 사례가 되었다.

거에서 상대방 후보를 음해하고 공격하기 위해, 상대 정당을 깎아내리기 위해, 정부와 대통령을 공격해 지지율을 떨어뜨리거나 반대로 지지율을 끌어올리기 위해 허위조작정보를 만드는 경우가 자주 있다. 특히, 남북이 분단되어 수십 년간 적대적 관계를 이어 오고, 군사독재정권이 이를 정치적으로 이용해 정권을 유지해 온 한국 사회에서는 언론이 간첩 조작 보도, 재야·야당·학생 운동권에 대한 허위조작뉴스를 만들어 낸 과거 사례가 아주 많다. 정치적 의도를 갖고 만들어지는 언론의 이런 허위조작뉴스는 군사독재 정부나 부패한 정치세력이 먼저 만들어 내고 이를 언론이 사실 관계를 확인하지 않은 채 그대로 보도했다. 언론의 정파성 또는 정치적 편향성이 더욱 커진 요즘은 아예 언론이 정치판에 선수로 뛰어들어 특정 정치세력을 공격하거나 지지하기 위한 허위조작뉴스를 자발적으로 만들어 내기도 한다.

(3) 사례: '총살당했다'던 북한 예술인, 평창동계올림픽에 출현

2013년 8월 〈조선일보〉는 "북한 김정은의 옛 애인인 가수 현송월을 포함해 북한 유명 예술인 10여 명이 음란물 영상을 찍다 적발되어 공개 총살을 당했다"라는 뉴스를 보도했다. 그런데 '공개 총살을 당했다'는 가수 현송월은 멀쩡하게 살아서 2018년 1월 평창동계올림픽 때 북한 예술단 사전점검단장으로 남한을 방문했다. '현송월 공개 처형설'을 보도했던 기자도 결국 오보임을 인정했다. 2012년에 한 시사 월간지 기자는 북한 김정일 국방위원장의 장남인 김정남이 일본의 한 언론인과 주고받은 이메일에서 "천안함 사건은 북한의 필요로 이뤄진 것"이라고 언급했다고 보도했다. 하지만 며칠 후 그 일본 언론인이 "김정남과 주고받은 이메일에 천안함과 관련된 내용은 단 한 군데도 없다"고 밝혔다. 오보임이 드러나자 이를 보도했던 매체는 '바로잡습니다' 코너를 빌려 오보임을 인정하고 사과했다. 북한 관련 오보는 한국 사회의 레드컴플렉스와 맞물려 정치적 의도를 갖고 자주 출현했다. 특히, 북한 관련 정보는 엄격히 통제되어 있어 사실 확인이 어렵기 때문에 '아니면 말고' 식으로 언론이 만들어 내는 경우가 많다.

(4) 사례: IMF사태 직전 '한국 경제 위기 아니다' 보도

1997년 11월 한국 경제는 이른바 'IMF사태'를 맞았다. 건국 이래 처음으로 나라 경제가 무너진 대참사였다. 기업들이 줄도산하고 하청업체 파산 사태가 속출했으니, 실업자들이 거리에 즐비했다. 원/달러 환율은 1,800원대, 시중은행 금리는 20%대로 뛰고 물가도 급등했다. 일자리를 잃고 소득이 끊어지자 서민들의 생계형범죄가 늘었고, 고통스런 경제난에 극단적 선택을 하는 사람들도 나왔다. 그런데, 한국 정부가 IMF에 구제금융을 요청하기 직전 일부 언론에 '한국 경제는 위기가 아니다'라는 기사가 실렸다. 한 유력 일간신문은 1997년 9월 18일 '한국 경제 위기 아니다 – 캉드쉬 IMF 총재 회견' 기사를 게재했다. 구제금융 요청 이틀 전까지 '외환위기는 없다'라고 보도한 것이다. 오보였다. 언론이 한국 경제의 위기 상황을 미리 정확히 파악해서 보도했더라면 경제위기를 피할 수는 없었다고 하더라도 정부와 국민이 그 엄청난 경제 한파에 대비하거나 준비할 수 있는 골든타임을 가질 수 있었을 것이다.

3) 확증편향과 갈등을 부추기는 편파적 보도

언론의 편파성도 언론에 대한 불신을 키운 주범이다. 언론학개론에는 언론보도의 3대 기본 원칙을 중립성·객관성·공정성이라고 말한다. 어느 한쪽에 치우치지 말고(중립성), 제3자라는 객관적 입장에서(객관성), 차별과 쏠림을 두지 않고 공평하게(공정성) 보도해야 한다는 뜻이다. 하지만 요즘 많은 사람들은 언론이 중립적이지도, 객관적이지도, 공정하지도 않다고 생각한다. 정치적 혹은 정파적으로 편향되어 있다고 보는 사람이 더 많다. '보수 매체'와 '진보 매체'가 있어서 각각 자신들이 지지하는 정당·정파에 유리한 논조의 보도를 하고 있으며, 재벌 기업에 친화적인 매체와 노동자들에게 친화적인 매체가 나눠져 있다고 생각한다. 언론사가 사주(社主)와 자기 매체에 도움이 되는 기사를 크게 보도하고 불리한 기사는 보도하지 않거나 축소 보도한다고 생각한다. 이런 시각에는 독자·시청자, 즉 뉴스 소비자들이 선입관이나 확증편향이 묻어 있긴 하지만, 실제 현실에서 완전히 틀린 얘기는 아니다. 더욱이 대부분의 국내 언론들은 자신들이 중립적·객관적, 공정한 언론임을 표방하면서도 실제 보도의 논조에서 '매우 자주' 특정 정당·정치세력, 계급·계층, 일부 집단을 편드는 경향이 심하게 나타난다. 뉴스 소비자들은 언론의 '중립·객관·공정' 표방이 기만이라고 느끼고 있다.

4) 선정적 보도

언론 신뢰를 갉아먹고 언론 회피를 부추기는 세 번째 요인으로 언론의 선정성과 저급함을 들지 않을 수 없다. 이것은 이른바 '황색매체'의 선정을 말하는 것이 아니다. '정론지'라는 신문(인터넷신문 포함)이나 방송(지상파·종편·뉴스전문 방송 등)도 선정적 표현, 막말, 여성·장애인 등을 비하하는 발언, 클릭을 유도하기 위한 낚시성 제목 등을 남발하고 있다. 성폭력 사건을 보도할 때 아무런 문제의식 없이 피해자의 신분이나 외모를 노출하기도 하고, 자살 보도에서 유가족이 공개를 반대한 유언장이나 자살 동기를 마구 보도하기도 한다. "무엇무엇이 궁금했는데, 알고 보니 이것", "여성 연예인 누가 이러저러한 행위를 한 이유"와 같은 낚시성 제목이 우리가 주로 뉴스를 보는 플랫폼인 포털 대문에 줄줄이 올라 있다. 한국언론진흥재단으로부터 지원을 받아 운영되는 한국신문윤리위원회가 매달 보도의 선정성을 심의하는데, 달마다 심의 위반 기사가 수십 건 쏟아진다. 2022년 9월 한국신문윤리위원회가 발간한 월간 〈신문윤리〉를 보면 △"집단폭행·미(美)총격전 영상 그대로 실은 7개사 무더기 경고" △"'옷핀으로 눈 찔러', '양쪽 눈에 염산' 선정 보도 경고" △"소설 속 인물 대화 중 욕설, 음란·선정적 표현 남도일보 연재소설에 경고" △"극단 선택 직전 남긴 유서 사진·내용 공개에 제재"와 같은 기사들이 올라 있다.

5) 독자 기만하는 기사형 광고

언론 신뢰도의 또 하나의 적은 이른바 '기사형 광고'다. 마치 언론사에 소속된 기자가 공익을 위해 취재하고 작성한 기사처럼 위장해 게재한 기업·단체의 제품 광고, 이미지 광고를 기사형 광고라고 한다. 기사형 광고는 언론사가 광고 수익을 올리기 위해 기사'처럼' 써서 보도한 광고일 뿐이니 독자를 속이는 사기 행위에 해당된다. 일부 언론은 이것이 언론 윤리에 맞지 않을 뿐 아니라 불법이라는 점을 알면서도 몰래 매체에 게재하고 있다. 〈미디어오늘〉에 따르면, 언론매체의 광고를 자율적으로 심의하는 한국광고자율심의기구의 2021년 기사형 광고 심의를 전수 조사한 결과, 무려 1만 1,342건의 보도물이 기사형 광고로 나타났다고 보도했다(http://www.

mediatoday.co.kr/news/articleView.html?idxno=301700). 2019년 5,517건에 비해 2배 이상 늘어난 수치다. 신문 매체별로 보면 〈조선일보〉가 1,001건으로 가장 많았고, 이어 〈매일경제〉, 〈한국경제〉, 〈파이낸셜뉴스〉, 〈아시아투데이〉, 〈중앙일보〉, 〈동아일보〉 등이다. 이름만 대면 알 만한, 언론계에서 '메이저 신문'이라고 불리는 주요 언론들이다. 2022년에는 국가기간통신사로 불리는 〈연합뉴스〉가 기사형 광고를 포털을 통해 노출시키다가 적발돼 포털 뉴스제휴평가위원회가 〈연합뉴스〉를 포털에서 퇴출시킨 적도 있다(https://www.sisain.co.kr/news/articleView.html?idxno=46147).

6) 반성도 사과도 않는 언론

언론이 잘못된 기사를 쏠 수도 있다. 해서는 물론 안 되겠지만, 기자도 완벽할 수는 없어서 때로 실수를 저지르기도 하고, 한순간 잘못된 판단으로 오보를 낼 수 있다. 그래시 사과하고, 그에 대한 응분의 책임을 지고, 다시 그런 잘못을 서시르지 않겠다고 다짐하고 노력한다면, 독자와 시청자가 언론에 대한 신뢰를 버리지는 않을 것이다. 그러나 한국 언론은 대체로 오보, 허위조작정보, 편향성, 선정적 보도, 기사형 광고에 대해 적극적으로 잘못을 인정하지도, 반성하지도, 사과하지도, 바로잡으려 하지도 않는다는 데에 더 큰 문제가 있다.

우리 언론은 사실관계가 확인되어 오보 또는 허위조작정보임이 밝혀진 뒤에도 좀처럼 '바로잡습니다'나 '정정보도' 같은 기사를 내려 하지 않는 경향이 있다. 뉴스가 오보인지 아닌지는 오보를 만들어 낸 기자가 아니라, 오히려 그 오보로 인해 피해를 입은 자, 뉴스 내용에 관련된 자, 관련 전문가 등이 발견하고 사실관계를 밝힘으로써 드러나는 경우가 많다. 한국신문윤리위원회는 2022년 6월에도 오보를 낸 후 바로잡지 않은 4개 매체에 '주의'를 내렸다고 밝힌 바 있다(한국신문윤리위원회 〈신문윤리〉 2022년 6월 발간 269호 참조). 언론이 먼저 가짜뉴스임을 인정하지도, 사과하지도, 정정하지도 않으니, 피해를 입은 사람들은 언론중재위원회를 찾아간다. 언론의 오보로 인해 피해 자가 피해 구제를 받을 수 있도록 지원하는 언론중재위원회에는 매년 수천 건의 조정·중재 청구가 들어온다. 언론중재위원회 홈페이지에 게시된 '언론 조정·중재 신청 처리 현황'을 보면, 2000년 초반까지 매년 1천 건 안팎이었던 조정 청구 건수가 2010년 들어 2천 건으로 늘었고, 2014년 이후 3천~5천 건에 이르고 있다.

3. 디지털 환경과 선거가 불러온 가짜뉴스 전성시대

언론의 신뢰를 갉아먹는 가짜뉴스, 영어로 '페이크 뉴스(fake news)'는 최근에 새롭게 생겨난 것은 아니지만, 요즘에는 거의 일상에서도 자주 사용되는 용어가 되었다. 가짜뉴스는 주로 언론의 오보, 허위조작정보가 포함되지만, 실은 이보다 훨씬 광범위하게 가짜뉴스가 존재한다. 가짜뉴스를 생산해 내는 주체도 정치인·전문가·학자·유명인 등으로 다양하고, 가짜뉴스가 유통되는 경로도 언론이 아닌 사회관계망서비스(SNS), 인터넷커뮤니티, 유튜브 등으로 훨씬 더 넓어졌다. 2019년 한국언론진흥재단이 전국 성인 1,200명을 대상으로 온라인 설문조사를 벌인 결과 언론보도 중 사실 확인 부족으로 생기는 오보뿐만 아니라 △선정적 제목을 붙인 낚시성 기사 △클릭 수를 높이기 위해 짜깁기하거나 동일 내용을 반복 게재하는 기사 △SNS에 올라온 내용을 확인 없이 그대로 전재한 기사 △한쪽 입장 혹은 전체 사건 중 일부분만 전달하는 편파적 기사 등에 대해서도 가짜뉴스라고 생각한다는 응답이 80%를 넘었다. 가짜뉴스가 내용 측면에서 단순히 '사실이 아닌 거짓을 담고 있는 뉴스'뿐 아니라 진실을 혼동하게 만드는 다양한 유해정보(malinformation)까지도 가짜뉴스라고 본다는 의미다.

사실 가짜뉴스가 어제오늘 새로 생긴 문제는 아니다. 언론의 오보는 언론이 시작되었던 근현대 시기에도 있었고, 민주주의가 발전하기 이전에도 정치인·통치자·관료·민중들이 만들어 낸 가짜뉴스가 기록에 남아 있다. 어떤 이는 인류 최초의 가짜뉴스가 "기독교 성경 창세기에 나오는 뱀이 이브에게 전한 가짜뉴스"라고도 한다. 우리나라에서는 신라 진평왕의 셋째 딸 선화공주를 사모한 백제 서동(무왕)이 만들어 퍼뜨렸다는 〈서동요(薯童謠)〉 중 "선화공주님은 남몰래 사귀어 두고 서동방을 밤에 몰래 안고 가다"를 최초의 가짜뉴스라고 주장하는 이도 있다. 제2차세계대전 당시 나치 독일에서는 유태인에 대한 가짜뉴스를 퍼뜨려 혐오를 조장한 뒤 집단 학살했고, 일본제국주의는 관동대지진 당시 조선인에 대한 혐오를 담은 가짜뉴스를 확산해 조선인을 공격한 바 있다. 1945년 해방 직후 〈동아일보〉가 12월 27일 자 1면에 보도한 "소련은 신탁통치 주장, 미국은 즉시 독립 주장"이라는 뉴스는 격변기에 한국 역사의 물줄기를 바꿔놓은 가짜뉴스였다.

인터넷 시대에 이어 모바일 시대가 되자 가짜뉴스의 심각성은 그야말로 걷잡을 수 없이 커졌다. 미국에서도 가짜뉴스를 생산하는 인터넷 매체가 우후죽순으로 생겼고, 특히 선거에서 가짜뉴스는 큰 문제로 대두됐다. 2016년 미국 대선 당시 한 매체가 "프란시스코 교황이 트럼프를 지지하는 성명을 냈다"고 보도하자, SNS를 타고 이 가짜뉴스가 미국 전역으로 확산되었다. 비슷한 시기에 이번에는 상대 후보인 힐러리를 포함한 민주당 고위 관계자들이 워싱턴D.C.의 피자 가게 지하실에서 비밀리에 아동 성매매를 한다는 가짜뉴스가 퍼지기도 했다.

한국에서 가짜뉴스 문제가 본격적으로 제기된 것도 대통령 선거 시기다. 한국언론진흥재단이 2017년 6월 발간한 '가짜뉴스 현황과 문제점' 연구서를 보면, 대선이 본격화한 2월부터 가짜뉴스 관련 기사의 양이 급격히 많아지고, 대선이 치러진 5월을 기점으로 기사량이 줄어들고 있다는 분석이 있다. 대선 전후 이렇게 가짜뉴스가 주목을 받으면서 가짜뉴스를 어떻게 정의 내리고 어떻게 규제할 것인지에 대한 논의도 본격적으로 시작되었다. 2017년 2월 한국언론진흥재단이 주최한 한 토론회에서 황용석 건국대 미디어커뮤니케이션학교 교수는 "가짜뉴스는 실제 뉴스의 형식을 갖춘, 정교하게 공표된 일종의 사기물 또는 선전물"이라고 설명했다. 박아란 한국언론진흥재단 연구위원도 "기사 형식을 빌려 독자가 기사로 오인해 신뢰도를 높이려는 의도가 담겨야 가짜뉴스"라고 정의했다. 그러니까, "△기사 형식을 갖추고, △속이려는 의도가 있고, △거짓 내용을 담고 있는" 뉴스를 가짜뉴스라고 본 것이다. 그러나 이후 디지털 환경이 갈수록 확산되고 더 많은 사람들이 디지털 이용자로서 가짜뉴스 제작, 유통에 참여하면서 가짜뉴스의 범위는 계속 넓어지고 있다. 김민정 한국외대 미디어커뮤니케이션학부 교수는 그해 12월에 낸 논문에서 "(가짜뉴스는) 첫째, 속이려는 의도로, 둘째, 허위의 내용으로, 셋째, 언론보도의 형식을 모방하는 경우를 일컫는 말이었으나 이제는 훨씬 더 확장된 의미로 쓰이고 있다"고 주장했다.

　어찌됐든 가짜뉴스라는 것이 이렇게 언론의 신뢰를 갉아먹고 국민들의 일상생활을 방해할 뿐 아니라 정치·경제·안보 등 여러 분야에서 혼란을 가져오는 해로운 정보(malinformation)라면, 중요한 것은 하루라도 빨리 가짜뉴스가 만들어지지도, 유통되지도 않도록 법이나 규제 정책을 정비해야 하지 않을까? 하지만 문제는 여기서 다시 시작됐다. 2017년 이후 가짜뉴스가 언론매체와 유튜브·SNS에서 계속 제작, 유통되면서 당시 총리실과 방송통신위원회가 '가짜뉴스 대응책' 마련에 나선 적이 있다. 그러나 정부는 어떤 대응책도 마련하지 못했다. 학계와 일부 정치권에서 가짜뉴스의 범위가 여전히 명확하지 않아서, 가짜뉴스를 규제하고 처벌하려는 법적·제도적 노력이 자칫하면 언론의 자유, 표현의 자유를 침해할 수 있다고 보았기 때문이었다. 대한민국 헌법 제21조에는 "① 모든 국민은 언론·출판의 자유와 집회·결사의 자유를 가진다. ② 언론·출판에 대한 허가나 검열과 집회·결사에 대한 허가는 인정되지 아니한다". 제22조에는 "① 모든 국민은 학문과 예술의 자유를 가진다"라고 명시되어 있다. 언론의 자유, 표현의 자유를 침해해서는 안 된다는 것이 헌법 정신인데, 명확한 기준이 없는 가짜뉴스를 잡겠다고 하다가 언론의 자유, 표현의 자유를 침해할 수 있다고 보는 것이다. 가짜뉴스에 대한 우려가 갈수록 커지지만, 그럼에도 이를 강하게 규제하지 못하고 있는 이유다.

4. 가짜뉴스를 만들어 내는 이유

갈수록 복잡해지고 확장되어 가는 디지털 환경 속에서 가짜뉴스는 여러 주체에 의해 여러 매체 혹은 플랫폼을 통해 확산되어 가고 있다. 여기서는 주로 언론인에 의해 만들어지고 유통되는 가짜뉴스, 앞에서 말한 오보, 허위조작정보, 편향 뉴스, 선정적 뉴스, 기사형 광고 등의 문제에 대해 설명하고 있다. 언론이 갖고 있는 매우 오래되고 뿌리 깊은 신뢰 자본(지금은 많이 약해졌지만), 영향력과 파급력, 뉴스 생산 능력 등을 볼 때, 정치인이나 유명인 등 다른 뉴스 생산 주체나 매체, 플랫폼에 비해 언론이 생산하고 유통하는 가짜뉴스의 폐해는 훨씬 더 크다고 보기 때문이다. 정치인이나 유명인이 만들어 낸 가짜뉴스, 하다못해 출처 불명의 가짜뉴스가 "언론이 만들어 낸 것처럼 기사 형식을 갖추고 있는" 이유도 그 때문이다. 또 정치인이나 유명인이 만들어 낸 가짜뉴스 역시 대체로 언론의 뉴스 보도를 근거로 삼거나, 이를 가공하거나, 흉내 내는 경우가 많다. 요즘은 언론이 만들어 낸 가짜뉴스와, 또 다른 주체들이 언론 아닌 다른 플랫폼에서 제작, 유통하는 가짜뉴스가 뒤죽박죽 섞여 있어 이것들이 총체적으로 언론의 신뢰를 무너뜨리고 있다.

언론이 먼저 가짜뉴스를 생산하지도, 유통하지도 않고, 나아가 오보에 대해 사과, 정정하거나 가짜뉴스에 대해 단호한 조처를 취한다면 언론으로서는 신뢰를 회복할 수도 있을 텐데, 왜 스스로 가짜뉴스를 만들어 내는 것일까? 이를 설명하려면 기자 혹은 언론사의 속성을 이해할 필요가 있다.

1) 저널리즘 기본 원칙을 망각한 편향성

우선, 뉴스의 편향성은 그 뉴스를 생산하는 언론사와 기자의 정치적 편향성에 크게 좌우된다. 2021년 발간된 '한국 언론의 정파성'이라는 연구서에서 이정훈 교수는 "한국 언론은 1987년 민주화 이후 정치권력으로부터 상대적 자율성을 획득했고, 김영삼 정부에서 정치적 파트너의 지위를 확보했고, 김대중 정부에서 진보와 보수라는 이념적 대립 구도를 형성하기 시작했고, 노무현 정부를 거치면서 그 (이념적) 대립은 강화되었다"고 주장한다. 이념적 대립은 이명박·박근혜·문재인 정부를 거치면서도 계속 되었다. 이른바 3대 메이저 신문은 '보수지'라고 통칭하고, 또 다른 2 3개 신문은 '진보지'라고 부른다. 다른 몇 개 주요 중앙일간지를 비롯해 지역신문들 중에도 대체로 이념적 지향성을 보여 주고 있는데, 한국에서는 비교적 '보수적인' 신문이 많다고 보면 된다. 우리나라는 35년 일제 식민 통치와 6.25전쟁, 미군정을 겪었고, 정부 수립 70여 년 중 50년 이상을 '보수정당' 집권으로, 또 그중 30여 년을 군사독재 정권이 통치하는 시대를 보내면서 '보수적' 이념이 사회 전반에 훨씬 강세를 보이고 있기 때문에 이는 당연한 것일지도 모른다. 방송도 마찬가지다. 〈KBS〉나 〈MBC〉 같은 공영방송은 물론, 〈SBS〉 같은 민영방송 역시 이런 시대적 상황 속에서 오랜 기간 '진보적' 논조보다는 '보수적' 목소리를 내 왔다. 게다가 이명박 정부 당시 출범한 종편 3사는 모두 '보수적' 일간신문의 계열사들이다. 재벌 대기업·건설회사 등으로부터 투자를 받아 설립되었거나 광고수익을 올리고 있는 경제신문들도 역시 재벌 기업에 대해 부정적 시각을 갖고 있는 진보의 논리보다는 과거 대기업 성장 지원에 충실했던 보수 이념을 지지하고 있다.

한국언론진흥재단이 조사, 발표한 제15회 언론인 의식조사('2021 한국의 언론인')에서도 언론의 보수성은 확인된다. 기자 2,014명을 대상으로 소속된 언론사의 이념적 성향을 11점 척도(0은 가장 진보, 5는 중도, 10은 가장 보수)로 물어본 결과, 5.55로 보수 성향이 높게 나타났다. 특히 신문사의 경우 6.08로, 평균보다 훨씬 보수적 성향이 강하게 나타났다. 3년마다 실시한 이 조사에서 언론사의 이념 성향 수치는 2013년에 7.04, 2017년에 6.00까지 높아져 매우 뚜렷한 보수성을 드러낸 바 있다.

이념적 성향은 정파적 성향으로도 나타난다. '보수적'인 매체는 '보수정당'에게 유리한 보도를, '진보적'인 매체는 '진보정당'에게 유리한 보도를 하게 된다. 기자나 그 소속 언론사가 정파적으로 편향된 기사를 보도하게 되고, 때로는 정파성에 충실하기 위해 무리한 주장을 내세운 뉴스나 칼럼, 심지어 허위조작뉴스를 내기도 한다. 어떤 정부가 들어서면 그 정부와 정파적 코드가 맞지 않는 언론이 그 정부를 공격하기 위해 오보나 허위 조작 정보를 동원해 비판하는 기사를 쓰기도 한다.

기자나 언론사가 정치적 편향성을 갖는 것이 꼭 문제인가에 대해서는 논란이 있다. 기자도 누구나 자신의 정치적 지향을 가질 수 있고 민간기업인 언론사도 마찬가지다. 그래서 언론매체의 이념성이나 정파성이 꼭 문제가 되는 것은 아니라는 주장도 있다. 미국의 유력 신문인 〈뉴욕타임스〉는 대선 때가 되면 늘 "우리는 이번 선거에서 민주당을 지지한다"는 사설을 낸다. 미국 〈폭스TV〉는 노골적으로 미국 공화당을 지지하는 보도를 하루 종일 방송하는 것으로 유명하다.

문제는 언론매체의 이념적 성향, 정파적 편향이 아니라, 취재 과정과 보도 결과의 합리성과 중립성이다. 뉴스 보도와 논평이 이념적 혹은 정파적 편향을 보이더라도, 그 뉴스와 논평의 취재·보도 과정이 중립적이고 합리적 근거를 제시하며 저널리즘의 기본 원칙을 따르는 것이라면 문제가 되지 않는다는 것이다. 사실 검증, 호도하지 않는 것, 양심에 따르는 것, 종합적 진실을 추구하는 것 등의 저널리즘의 기본 원칙에 충실한 뉴스를 보도하는 것이 중요하다는 얘기다. 특히 공영 언론은 국민의 세금으로 운영되는 만큼 한쪽 집단, 특정 세력의 이익이 아닌 공공의 이익에 부합하는 보도를 해야 하는데, 이념성 혹은 정파성에 따라 한쪽의 목소리를 더 비중 있게 보도하는 경우가 있다.

이처럼 한국의 일부 언론은 이념적 혹은 정파적 편향이 뚜렷한 데다, 이러한 편향된 시각을 국민들에게 효과적으로 전달하기 위해 왜곡 보도, 받아쓰기 보도, 함량 미달 보도 등 진실을 호도하는 가짜뉴스를 동원하는 경우가 자주 있다. 마치 중립적·객관적인 것처럼 보이기 위해 교묘하게 팩트와 허위 사실을 섞거나, '양비론(兩非論)', '기계적 중립'이라는 보도 방식으로 현실을 호도하기도 한다.

2) 광고수익에 목을 매야 하는 경제적 이유

언론사는 모두 기업이다. 소유 구조가 각각 다르긴 해도 모두 자본주의 시장에서 활동하고 있는 기업이다. 이 말은, 모든 사기업들이 그렇듯이, 일정한 수익을 내야 유지될 수 있다는 뜻이다. 언론사의 최대 수익원은 광고매출이고, 최대 비용 요인은 기자들의 급여, 즉 인건비다. 한국언론진흥재단의 '2021 한국신문산업실태조사'를 보면, 우리나라 1,484개 종이신문사의 수입 가운데 63.3%가 광고 수입이고, 20%는 구독료 수입, 16.7%는 기타 사업·콘텐츠판매·후원금 수입이다. 3,594개에 달하는 인터넷신문사의 광고비 수입 비중은 종이신문사보다 더 높은 66.2%다. 기업이나 정부로부터 광고를 받지 못하면 직원들 월급을 제대로 주지 못하는 기업이라는 뜻이다. 물론 탐사보도 전문 인터넷 매체 〈뉴스타파〉처럼 광고를 일절 받지 않고 후원금으로만 운영되는 언론도 있지만, 아주 드문 경우다. 정부로부터 국민 세금의 지원을 받는 공영방송 〈KBS〉도 예외적인 케이스다.

그래서 언론이 기업, 특히 대기업을 감시하고 비판하는 일을 할 것으로 생각하지만, 반드시 그렇지는 않다. 광고주인 대기업은 언론에게 어쩌면 '갑'일지도 모른다. 그래서 국내 최대 광고주 기업인 삼성이 광고를 줄이거나 끊으면 언론사 몇 개가 문을 닫는다는 말이 나온다. 이런 환경에서 언론이 대기업 관련 비판 기사, 특히 대기업 오너의 비리를 제대로 기사로 다루기란 쉽지 않다. 사회적 지탄을 받을 범죄를 저지른 대기업에 대해서도 부정적인 기사, 비판적인 뉴스가 나오지 않고, 긍정적인 기사가 때때로 대서특필하는 것은 이런 이유 때문이다. 반면, 대기업 오너·경영진과 대척점에서 있는 노동자·노조가 파업을 하면 "생산 차질로 기업 손실 수천억 원"이라는 보도가 나오는 것도 같은 배경이다.

아파트 값이 치솟고 온 나라가 '아파트 공화국'으로 변해 가면서 떼돈을 벌게 된 건설회사들이 요즘은 재벌 대기업 못지않는 언론의 주요 광고주 대열에 올랐다. 신문과 방송을 보면 아파트 분양 광고가 차고 넘친다. 막강한 언론사조차 '을'로 여기는 광고주 건설회사들은 최근 아예 여러 언론사들의 오너 지위까지 올라 있다. 〈SBS〉는 태영건설, 〈서울신문〉, 〈전자신문〉, 〈광주방송〉은 호반건설, 〈헤럴드경제〉는 중흥건설, 〈TV조선〉과 〈인천일보〉는 부영주택, 〈울산방송〉은 삼라건설, 〈강원민방〉은 SG건설이 사주(社主)다. 아파트 건설과 분양으로 엄청난 돈을 벌고 있는 건설회사들이 언론에 주요 광고주가 되고, 나아가 아예 언론사를 소유하게 되면 어떤 일이 벌어질지 쉽게 짐작할 수 있다. 건설회사들은 더 많은 돈을 벌기 위해 부동산시장 활성화와 아파트 값 상승을 노린 광고와 기사를 언론을 통해 쏟아 낸다. 정부가 부동산시장을 규제하는 정책을 내기라도 하면, 언론이 왜 그토록 정부를 비판하고 정책을 흔들어 냈는지 이해가 가는 대목이다.

3) 뉴스 제작 과정에 개입되는 '의도성'

과거 권위주의 정부 시절에는 청와대나 국정원(안기부) 등 정보기관이 보도지침을 내려 언론이 취재·보도를 할 것인지 여부, 보도할 경우 얼마나 비중 있게 보도할지, 보도의 방향과 논조를 어떻게 할 것인지, 심지어 어떻게 왜곡·조작 보도를 할 것인지, 즉 어떻게 가짜뉴스를 만들어 낼 것인지 등의 과정에 직접 개입했다. 이에 협조하지 않는 언론사나 언론인들에게 무자비한 탄압이 가해졌다. 하지만 적어도 절차적 민주주의가 진전을 보인 이래 지금은 그런 일은 거의 없다. 정치권력으로부터 한국 언론이 크게 자유로워졌다는 뜻이다.

정권의 언론보도 개입이 아주 없지는 않았다. 박근혜 정부 때에 이정현 청와대 홍보수석이 〈KBS〉 보도국장에게 전화를 걸어 9시뉴스 배치에 개입했다는 의혹과 논란이 있기도 했다. 하지만 이런 일은 흔히 벌어지지 않는, 좀 특수한 사례일 뿐이다. 노무현 정부나 문재인 정부 때 대통령이 단 한 번도 〈KBS〉 사장에게 전화하지 않았다는 사실은 잘 알려져 있다.

가짜뉴스가 만들어지는 시작과 경로는 언론사 밖의 정치권력보다는 오히려 언론사 내부에 있다. 뉴스가 만들어지고 유통되는 과정을 간단히 들여다보자. 우선 뉴스의 시작은 현장 취재에서 시작된다. 기자의 아이디어나 편집국 팀·부서의 아이디어 회의를 거쳐 취재가 시작되기도 하고, 가끔은 어떤 의도를 가진 부장·국장·사주(社主)의 취재 지시에 따라 시작되기도 한다. 이런 경우 이른바 '야마(기사의 주제)를 미리 정해 놓고 쓴 기사', '의도를 갖고 만들어진 보도'가 나올 수 있다. 어떤 이슈에 대해서는 '윗선'의 지시에 따라 취재, 보도를 하지 않고 덮어 버리기도 한다. 취재가 시작되면 기자는 팩트 수집, 전문가 인터뷰, 통계나 조사 결과 인용 등을 거쳐 기사를 작성하는데, 이때 '윗선'이 주문한 '미리 정해진 의도'에 맞게 기사를 쓴다. 기자와 데스크(언론사의 부장급 이상 간부)는 팩트를 선택적으로 취합하거나 누락하기도 하고, 어떤 팩트는 왜곡하기도 한다. 언론사에는 '편집자'라는 직책의 기자들이 있는데, 편집자는 기사에 역시 '미리 정해진 의도'에 맞는 제목을 붙인다. 기사를 직접 취재하고 쓴 기자의 의도, 데스크를 맡는 부장의 의도, 제목을 붙이는 편집기자의 의도, 기사의 강도·크기·논조 등을 조정하는 부장단 회의의 의도, 부장단에 영향을 미치는 편집(보도)국장, 언론사 사장·사주의 의도 등이 모두 개입되어, 기사나 논평이 마침내 독자·시청자가 보는 뉴스로 나타난다.

'미리 정해진 의도'라는 것은 그 언론사의 논조나 성향과 관련이 있다. 또는 광고수익과 같은 경제적 이유와도 관련이 있다. 이 과정에서 만들어지는 가짜뉴스는 여러 가지 유형이 있다. ① 팩트 왜곡 또는 조작 ② 과장 또는 축소 ③ 부분 보도 또는 은폐 ④ 받아쓰기(일명 '따옴표 저널리즘') ⑤ 소설쓰기(완전히 거짓 이야기를 기사의 형식으로 새로 지어냄) 등이다.

4) 포털에 갇혀 '클릭전쟁' 중인 뉴스

요즘은 대부분의 사람들이 포털에서 뉴스를 소비하기 때문에 언론사들의 포털 내 뉴스 클릭 경쟁은 하나의 '전쟁'이다. 과거 포털 뉴스 서비스가 존재하지 않고 신문사들이 각 가정에 구독 신문을 배달하던 당시, 배달 지국장들이 한 명이라도 구독자를 늘리려고 경쟁하다 칼부림을 벌인 적이 있다. 그런 경쟁이 포털 클릭 수 전쟁으로 바뀌었다고 생각하면 된다. 클릭 수를 더 많이 받으려면 뉴스를 빨리 포털업체에 보내야 한다. 빨리 써서 빨리 보내다 보면 기사에 오자(誤字)나 비문(非文)이 나오는 일이 자주 생기는데, 그보다 더 큰 문제는 사실(팩트) 확인이 제대로 안 된 채 보내진다는 점이다. 잘못된 팩트, 수많은 팩트 중 일부의 팩트, 편향된 팩트만으로 기사를 쓰면 전체적인 진실은 왜곡되거나 부분적 진실에 그칠 가능성이 높다. 저널리즘이라는 것은 사실을 수집하는 데만 그치지는 것이 아니라 수집한 사실(팩트)을 통해 '종합적' 진실을 찾아가는 과정이다. 짧은 시간 우르르 몰려들었다가 사라지는 '사이버 레커'식 취재로는 이런 종합적 진실을 찾아내기도, 보여 주기도 어렵다. 기자는 그 뉴스의 맥락과 의미도 모른 채 보도 자료를 베끼거나 그저 발표자의 말 '받아쓰기'만 하게 될 뿐 종합적 진실은 찾아볼 수 없게 된다. 사회의 목탁이 되겠다고 다짐했던 젊은 기자들이 언론의 이런 답답한 현실 때문에 그만두는 사례가 최근 급증하는 것은 이런 이유와 무관하지 않다.

5. 가짜뉴스를 이겨 내는 방법 – 팩트체크

언론의 신뢰가 추락한 가장 큰 원인은 언론이 사실 혹은 진실만을 보도하지는 않기 때문이다. 언론이 실수로 혹은 어떤 의도를 갖고 가짜뉴스를 보도해서는 안 되겠지만, 현실은 우리의 바람대로 나타나지 않는다. 앞에서 말한 여러 가지 이유와 과정을 통해 현실의 언론은 자주 가짜뉴스를 보도하고 진실을 왜곡, 호도한다. 언론이 가짜뉴스가 아닌 사실과 진실을 보도함으로써 건강한 공론의 장으로서 제 역할을 할 수 있도록 하려면 어떻게 해야 할까? 법과 규제로 가짜뉴스를 예방하고 줄이기란 쉽지 않다는 점은 앞에서 설명했다. 가짜뉴스 생산자와 유통자를 법으로 처벌하려 들면 헌법이 보장하는 언론의 자유, 표현의 자유가 침해될 수 있다는 이유를 들어 일부 언론학자와 정치인들이 반대하고 있다.

포털로 뉴스를 소비하는 현재의 뉴스 유통 시스템을 개선하는 것도 쉽지 않다. 언론 스스로가 포털을 벗어나기보다는 현재의 포털 뉴스 유통망 내에서 안정적으로 뉴스를 제공하고, 또 그로 인한 수익을 챙기고 싶어 한다. 선정적이고 저급한 낚시성 기사가 아닌 수준 높은 기사, 질 좋은 기사를 공급하기에는 언론사들의 경영 현실이 그리 녹록하지 않다. 언론인들이 언론의 낮은 신뢰도에 대한 문제의식을 갖고는 있지만, 마땅한 방법이 없기에 포기하게 된다. 굳이 나서려고 하지도 않는 편이다. 가짜뉴스가 아닌 좋은 기사를 취재, 보도할 수 역량 있는 기자를 키우고 지원하는 언론인 연수 프로그램이 더 많이 필요하기도 한데, 현실에서는 언론인들 스스로 교육받기를 꺼려하거나 과중한 업무 때문에 교육에 참여하기도 쉽지 않다. 그래서 현실적 방안으로 제기되는 것이 팩트체크와 미디어 리터러시 교육이다.

1) 활발해지는 '팩트체크 저널리즘'

팩트체크는 정치인들의 발언을 놓고 사실인지 거짓인지 확인하고 검증하면서 시작됐다. 팩트체크를 활용한 저널리즘이 가장 활발하게 진행되고 있는 미국에서 팩트체크가 주목받게 된 것은 1990년대 정치부 기자들의 새로운 시도와 노력 덕분이었다. 특히 미국에서 대선이 벌어졌던 2003년 현대적 팩트체킹의 원조라고 불리는 '팩트체크오알지(https://www.factcheck.org)'가 출범해 주요 대선후보와 정당의 발언에 대한 사실 검증을 벌이면서 팩트체크 저널리즘이 큰 반향을 불러왔다. 2008년 대선을 거치면서 팩트체크가 독자적인 저널리즘 분야로 자리 잡게 된 데에는 퓰리처상을 받은 '폴리티팩트닷컴(https://www.politifact.com)'이나 미국 내 유력 신문인 〈워싱턴포스트〉가 운영하는 '팩트체커' 코너가 큰 역할을 했다. 이렇게 3개 매체를 미국 3대 팩트체커로 부르기도 한다. 〈워싱턴포스트〉의 '팩트체커' 코너(https://www.washingtonpost.com/news/fact-checker)는 정치인 발언 검증 결과를 형상화한 피노키오 이미지와 한국계 미국인 미셸 예희 리(Michelle YeHee Lee)가 참여하고 있어 한국에서도 관심을 끌었다.

팩트체크 저널리즘은 이제 전 세계 곳곳에서 이뤄지고 있다. 팩트체크를 실시하는 전 세계 인터넷사이트와 조직은 2014년 44개에서 2년 뒤인 2021년 353개까지 늘어난 것으로 파악되고 있다. 전 세계 팩트체커들의 연대 조직인 '국제팩트체킹네트워크(IFCN, International Fact Checking Network)'이 주관하는 '글로벌 팩트체킹 서밋'이 매년 세계 각 나라에서 순회 방식으로 열려왔는데, 2023년 제10회 서밋은 아시아권 처음으로 한국의 서울에서 개최될 예정이다.

우리나라에서 팩트체크 보도는 2017년 대선 때 가장 활발했다. 19대 대선 기간 동안 20여 개 언론매체가 선거공약이나 후보의 발언, 선거캠프 측 발표에 대해 팩트체크하는 뉴스를 보도했다. 그해 학계와 언론계의 협업 플랫폼으로 출범한 'SNU팩트체크'(http://factcheck.snu.ac.kr)는 2022년 현재 30여 개 주요 언론사들과 제휴를 맺고 팩트체크 기사를 홈페이지에 게재하고 있으며, 2021년 9월 기준 팩트체크 기사의 누적 수는 3200여 개에 달하고 있다. 팩트체크 전담 기자와 각계 전문가·시민사회단체 등이 객원 팩트체커로 참여하는 〈뉴스톱〉(http://www.newstof.com)도 2017년부터 팩트체크 전문 뉴스 매체로 활동을 벌이고 있다. 2021년에는 한국기자협회와 방송기자연합회, 한국PD연합회 등 언론인 단체와 사회적 협동조합 빠띠가 방송통신위원회의 지원을 받아 〈팩트체크넷〉(https://factchecker.or.kr)을 출범시켰다. 팩트체크넷은 언론인과 각 분야 전문가, 그리고 시민들이 힘을 합쳐 팩트체크에 나서고, 전문 팩트체커 양성사업도 벌이고 있다.

2) 팩트체크 참여하기

팩트체크의 대상은 주로 정치인이나 유명인, 즉 여론 주도층의 발언이나 언론이 보도한 오보나 허위조작보도 등 가짜뉴스다. 팩트체크 과정은 이런 가짜뉴스가 사실에 부합하는지 또는 진실을 말하고 있는 것인지 검증하는 것이기 때문에 중요한 원칙들이 엄격히 지켜져야 성공할 수 있다. "기자라는 직업 자체가 원래 팩트체크하는 것인데, 무슨 새삼스럽게 팩트체크냐"라는 질문이 나오기도 하는데, 팩트체크 기사 쓰기에서 꼭 지켜져야 할 원칙과 독특한 취재·기사작성 방식이 있기 때문에 일반적 기사 쓰기보다는 조금 더 신경써야 할 부분들이 있다. 그래서 팩트체크 전문기자 또는 팩트체커들은 특별한 교육과 훈련이 필요하다. 최근에는 기자 출신이 아닌 전문가나 시민들도 팩트체커로 활동하고 있는데, 이들은 전문 연수기관에서 일정 기간 훈련을 거친 뒤에 실전에 나서게 된다.

팩트체크 전문가들은 팩트체크 취재·기사쓰기의 기본 원칙으로 첫째, 불편부당성, 둘째, 투명성을 특별하게 강조한다. '불편부당성'이란 검증 대상 발언이나 검증 대상자들의 영향력에서 벗어나 공정하게 취재하고 중립적으로 기사를 써야 한다는 원칙을 말한다. 어찌 보면 언론의 모든 취재·보도에서 지켜져야 할 원칙이지만, 허위 사실 의혹을 받고 팩트체크 대상이 된 검증 대상에 대해서는 훨씬 더 엄격한 중립과 공정이 요구된다는 것이다. 만일 이 원칙이 깨진다면 팩트체크 보도 자체가 또다시 가짜뉴스 논란에 휘말려들 수도 있다. 이 원칙에 따라 '의견'과 '주장'은 검증 대상에서 배제된다. 실질적 근거를 동원해 사실 여부를 확인할 수 있는 것만이 검증 대상에 해당된다. 또 다른 원칙으로는 '투명성'이 있다. 검증 대상을 어떻게 선정했는지, 검증 과정에서 활용한 자료·통계·증언·정보원은 어떤 것이었는지, 검증 과정에서 논란이 된 지점은 무엇이었는지, 판정 과정은 어떠했는지 등 전체 검증 과정을 투명하게 공개할 수 있어야 한다는 뜻이다. 국제팩트체킹네트워크(IFCN)은 2016년 전 세계 팩트체커들이 공통으로 지켜야 할 실천 규범으로 ① 비정파성과 공정성 ② 취재의 투명성 ③ 재정과 조직의 투명성 ④ 검증 방법의 투명성 ⑤ 공개적이고 정직한 수정 등을 제시한 바 있다(한국언론진흥재단, '올바른 저널리즘 실천을 위한 언론인 안내서,' 2022년).

이런 원칙과 규범에 따라 정은령 SNU팩트체크센터장은 다음과 같이 5가지 팩트체크 과정과 7가지 고려해야 할 사항을 정리했다.

1) 팩트체크는 ① 검증 대상 선정 ② 조사 ③ 판정 ④ 기사 작성 ⑤ 오류 수정의 과정을 거치게 된다.

2) 팩트체크 과정에서 고려되어야 할 사항으로 ① 검증 대상은 공적 관심사로서 사실 여부를 가릴 수 있는 것일 것: 의견은 검증 대상에서 배제 ② 조사는 발언자에서 시작할 것 ③ 조사는 이견을 수용하고, 독립적·중립적으로 증거를 수집할 것 ④ 증거는 신뢰할 수 있고 공정하고 움직일 수 없는 튼튼한 근거를 갖출 것 ⑤ 익명 취재원을 배제할 것 ⑥ 취재 과정을 투명하게 공개할 것 ⑦ 오류는 즉각, 공개적으로 수정할 것 등이다.

현재 SNU팩트체크센터, 팩트체크넷이 현직 언론인이나 시민들을 대상으로 팩트체크 연수 양성 과정을 개설해 운영 중이다. 한국언론진흥재단도 유튜브 계정(https://www.youtube.com/playlist?list=PLFGwKtGW rxwdm1MC40TO2JvOHjXPB4Fge)을 통해 팩트체크 이론·사례·실전훈련 등의 내용을 담은 연수용 동영상 8편을 제작해 누구에게나 공개하고 있다.

2부

미디어 리터러시
분석과 활용

7장 · 뉴스 리터러시

8장 · 방송 콘텐츠 리터러시 1: 사회적 소수자 재현

9장 · 방송 콘텐츠 리터러시 2: 젠더 재현

10장 · 광고 리터러시

11장 · 영화 리터러시

12장 · SNS 리터러시

13장 · 유튜브 리터러시

7장

뉴스
리터러시

조호연

뉴스 과잉 시대이다. 올바른 뉴스를 선별하기가 실정이다. 더구나 뉴스 시장에는 진영 논리, 필터버블, 추천알고리즘 등 공정성과 객관성을 좀먹는 바이러스가 활개를 치고 있다. 여기에 확증편향까지 가세해 뉴스 편식증, 가짜뉴스를 퍼뜨리고 있다. 뉴스는 미디어에 의해 만들어진 현실일 수밖에 없지만 갈수록 실제 현실과 거리가 먼, 이념과 상업주의에 물든 모습으로 만들어지고 있다.

누구나 뉴스 소비와 생산이 가능한 세상에서 뉴스 시장이 오염된 현실을 직시해야 한다. 뉴스 편식과 가짜뉴스를 피하고, 지각있는 뉴스 이용자가 되려면 뉴스 리터러시 역량을 함양해야 할 필요가 있다. 뉴스 리터러시란, 제대로 된 뉴스를 선별해 이용하고 소통하는 수단이다. 뉴스 리터러시를 통해 편견과 고정관념이 고착화된 미디어 현실을 바로잡을 수 있다.

이 글에서는 뉴스 리터러시의 항목을 △뉴스 비판적으로 읽기 △뉴스 분석의 실제 △뉴스 활용 △윤리와 책임 등 4개로 분류했다. '뉴스 비판적으로 읽기' 항목에서는 '의심하라' 등 5가지 행동 원칙을 제시했다. '뉴스 분석의 실제'에서는 유튜브와 종합일간지, 온라인 커뮤니티 등 다양한 매체가 보도한 가짜뉴스와 오보, 취재 윤리에서 벗어난 잘못된 다양한 뉴스들을 소개하고, 이를 검증, 분석하는 방안을 구체적으로 제시했다.

또한 '뉴스 활용' 항목에서는 시민들이 뉴스 공유와 댓글을 통해 뉴스 생산자의 지위를 얻게 된다는 것을 기술했다. 뉴스 공유와 댓글이 공론장에서 여론을 조성하는 역할을 하고 있다는 점도 소개하고 있다. 마지막 '윤리와 책임' 항목에서는 뉴스 시장의 혼탁이 심화됨에 따라 '뉴스 구성원'들의 윤리와 책임을 강조했다.

1. 뉴스 리터러시의 이해

1) 뉴스의 이해

(1) 뉴스란 무엇인가

미디어가 제작, 유통하는 시의성 있는 새로운 정보나 소식을 뜻하는 뉴스는 세상의 흐름을 이해하는 중요한 도구이다. 한편으로는 정보 습득과 사회 참여의 수단으로도 활용된다. 예컨대 코로나19 상황에서 시민은 뉴스를 통해 예방책과 생활 지침, 백신에 관한 정보를 얻었다. 뉴스는 또한 진실을 알리고 구현하는 수단이 된다. 시민은 뉴스를 통해 박종철 열사가 경찰의 물고문에 의해 사망했다는 진실을 알게 되었다. 뉴스라는 공공적 장치가 없었더라면 국민을 죽음으로 몰고 가는 국가 폭력의 실체가 드러나지 않았을지도 모른다.

무엇보다 뉴스는 개인과 개인, 개인과 사회가 소통하는 도구 역할을 한다. 시민은 뉴스라는 창을 통해 세상을 바라보고, 자신의 정체성을 구축한다. 나아가 미디어가 제공하는 공론장에서 다양한 의견을 제시하고 논의한다. 시민은 세상의 사건이나 이슈를 직접 경험하지 못하고 뉴스를 통해 접하게 된다. 뉴스는 있는 그대로의 현실이 아니라 미디어가 해석하고 만든 현실인 것이다. 게이 터크팜(Gaye Tuchman, 1978)은 "뉴스는 사실 그 자체가 아니라 재구성된 현실이다"라고 말했다. 뉴스를 모르거나 통제하지 못한다면 자칫 뉴스에 의해 구속되고 지배당할 수 있다.

(2) 뉴스의 변신

뉴미디어 시대에 다양한 내용과 형태의 뉴스가 쏟아지고 있다. 온라인 공간의 확장과 모바일 기술의 발전에 따라 뉴스 생산자와 수용자의 구분이 사라지고, 뉴스의 원칙과 가치들은 더 이상 존중받지 못하고 있다. 의사소통의 도구라는 근본 기능은 작동하고 있지만 뉴스의 정체성은 흔들리고 있다.

① 뉴스 생산자와 수용자의 허물어진 경계

뉴미디어 등장 이전 뉴스 생산자와 소비자는 확연히 구분되었다. 기자라는 특정 집단이 뉴스를 생산해 시민에게 제공하는 일방향 유통 체제가 오랫동안 유지돼 왔다. 그러나 인터넷과 휴대전화, SNS의 등장과 함께 뉴스는 변신을 거듭하고 있다. 누구나 정보에 폭넓게 접근 가능하고, 이를 활용, 가공해 정보를 생산해 낼 수 있게 미디어 기술이 발전하면서 뉴스 공급자와 사용자의 구분이 무의미해지고 있다. 디지털기기는 기자 훈련을 받지 않은 일반 시민이 뉴스 소재를 발굴, 취재하고 기사 쓰는 것을 가능하게 만들었고, 그것을 출판할 수 있는 플랫폼도 제공한다. 일반 시민이 뉴스와 정보의 취사선택·취재·분석·배포에서 능동적 역할을 수행하는 일종의 '참여저널리즘' 시대가 열린 셈이다.

② 뉴스의 내용과 형식 파괴

내용 측면에서는 생산자 개인의 주관적 의견의 뉴스화와 뉴스의 개인화, 뉴스의 파편화 현상이 두드러진다. 디지털 저널리즘의 특징 중 하나는 뉴스 생산자가 자신이나, 자신이 속한 조직의 이해와 입장을 여과 없이 드러내는 방식으로 뉴스를 제작하는 것이다. 이것이 주관적 의견의 뉴스화다. 대표 사례로는 2012년 열린 제30회 런던 올림픽 수영 400m 예선전에서 심판의 오심으로 인한 박태환 선수 실격 당시의 'SBS 8뉴스' 뉴스가 꼽힌다. 트위터에 올라온 시민의 의견이나 감정을 앵커가 하나의 뉴스로 취급해 보도한 것이다(김경희, 2012).

주관적 의견을 담은 뉴스라 하더라도 많은 사람들의 공감과 지지를 획득하면 하나의 뉴스로, 나아가 사회적 의제로 자리매김하게 된다. 이 같은 현상은 블로그에서 두드러진다. 2009년 금융위기 시기의 일자리를 주제로 한 언론사 온라인뉴스와 블로그 뉴스를 분석한 연구(정일권·김예란, 2010) 결과, 블로그 뉴스는 저자의 주관적 평가나 주장, 의견을 중시하는 것으로 나타났다.

뉴스의 개인화는 사건이나 이슈를 사람 중심으로 뉴스화하는 것을 말한다. 성범죄 사건 뉴스에서 피해자의 외모나 가해자의 악마성에 주목하는 뉴스가 그런 경우다. 폭력으로 성을 취할 수 있다고 여기는 폭력적 문화 등 사회구조적 문제보다 선정적이고 자극적인 내용을 통해 클릭 수를 올리겠다는 상업적 동기가 작용한 것이다. 이처럼 개인화한 뉴스는 사건이나 이슈의 본질 파악을 어렵게 한다.

뉴스의 파편화는 사건 중 일부만 분리해서 보도하는 뉴스다. 사건 전체의 흐름을 짚는 것이 아니기 때문에 자칫 사건의 맥락과 진실을 흐릴 수 있다. 앞에서 언급한 제30회 런던올림픽에서 박태환 선수의 실격을 다룬 방송의 첫 보도 제목은 "박태환, 자유형 400m '충격적인 실격'"이었다. 20분 뒤 "박태환, 실격 처리에 망연자실" 보도가 나왔고, 뒤이어 "실격된 박태환 측, 조직위에 비디오 판독 요청"이라는 기사가 나왔다. 관련 기사가 세 번이나 나왔지만, 실격 원인 등 핵심 내용은 등장하지 않는다. 1차 정보원에 접근할 수 있게 된 시민들이 파편적 사실을 인터넷에 게재하는 생산자로 변신하면서 생긴 현상이다. 이들과 경쟁해야 하는 전통 저널리즘들도 뉴스의 파편화에 뛰어든 것이다.

<표 7-1> 올드미디어와 뉴미디어의 차이

구분	올드미디어	뉴미디어
1	뉴스 있는 곳에 수용자 있다	수용자 있는 곳에 뉴스 있다
2	생산자와 소비자가 구분된다	생산자와 소비자 구분이 없다
3	기사가 경쟁 포인트	댓글·토론이 경쟁 포인트
4	기사 품질이 경쟁력	수용자 규모가 경쟁력
5	기자 강령 등 제작 규범 존재	제작 규범 없음
6	지면과 시간의 제약	지면과 시간 무한대
7	일방향성	쌍방향 의사소통 가능
8	6하(5W1H)원칙	자유로운 기사 작성

출처: 고영신(2007). 디지털 시대의 취재보도론. 31쪽 재구성.

③ 맞춤형 뉴스

맞춤형 뉴스란 수용자의 관심과 성향에 부합하는 뉴스를 말한다. 뉴스 생산자가 추천알고리즘을 통해 수용자의 정보를 선별하고 서열화해 선택적으로 제공하는 뉴스를 말한다. 추천알고리즘은 어떤 미디어 데이터를 눈에 잘 띄게 보여 줄 것인가에 관한 알고리즘이다. 디지털기기를 사용하는 한 추천알고리즘을 피할 수 없다. 누구나 휴대전화 등 뉴미디어기기를 사용하고 있기 때문이다. 예컨대 시민이 어떤 정보를 찾기 위해 구글링하는 순간 구글은 시민의 연령, 주거지, 관심사, 학력, 소득수준, 주거 형태, 혼인 여부, 자녀 유무까지 고려하여 관련성이 높은 순위에 따라 노출 순서를 자동으로 결정한다. 이로써 시민 각자가 추천알고리즘에 의해 편중된 정보만을 제공받는 현상이 발생하는데, 이를 필터버블(filter bubble)이라고 한다. 빅데이터를 기반으로 관심 갖는 정보 중심으로 제공하게 됨에 따라 수용자가 자신이 선호하는 정보에 갇히게 되는 것을 말한다.

추천알고리즘과 함께 뉴스와 정보의 편중적 소비를 가중시키는 것은 확증편향이다. 확증편향은 믿음이나 신념에 부합하는 콘텐츠만 선택해 기존 인식을 더욱 강화하려는 경향을 말한다. 자연히 그 외의 콘텐츠는 축소하거나 무시해 기존 인식의 수정을 막으려 든다. 추천알고리즘과 확증편향으로 인한 뉴스와 정보의 필터버블은 마치 좋아하는 음식만 섭취하는 편식과 같다. 정보 편식과 그에 따른 고정관념 및 편견 강화는 악순환의 고리를 형성한다. 이는 시민의 합리적이고 객관적인 판단을 방해할 뿐 아니라 가짜뉴스가 판을 칠 공간을 마련해 준다.

대표적인 사례가 도널드 트럼프와 힐러리 클린턴이 맞붙은 제45대 미국 대통령선거이다. 미국의 뉴스 및 엔터테인먼트 웹사이트인 버즈피드(BuzzFeed)의 2016년 분석 기사에 따르면, 미국 대선 전 3개월간 가장 인기 있었던 가짜뉴스 20개의 페이스북 공유, 반응, 댓글 수는 871만여 건으로 〈뉴욕타임스〉 등 유력 매체의 기사보다 훨씬 더 많았다. "프란체스코 교황이 트럼프 지지를 발표했다"거나 "클린턴 후보가 ISIS(이슬람국가)에 무기를 팔았다" 등 허무맹랑한 정보가 특정 성향의 그룹에서 광범위하게 전파된 것으로 조사됐다.

추천알고리즘과 필터버블은 러시아-우크라이나 전쟁에서도 맹위를 떨치고 있다. 구글 등 이른바 빅테크 기업이 설정한 '악(러시아)과 선(우크라이나)'이라는 추천알고리즘의 '활약'은 전쟁의 양상을 바꿔 놓았다. 페이스북은 러시아 국영기업의 검색어 노출을 정지시켰고, 유튜브는 러시아 정부에 관한 콘텐츠 추천 노출을 축소했다. 그 결과 볼로디미르 젤렌스키 우크라이나 대통령의 2022년 2월 "키예프 항전 독려" 영상은 702만이라는 기록적인 조회수를 기록했다. 반면 유사한 시기에 행한 블라디미르 푸틴 러시아 대통령의 연설은 80만 정도에 그쳤다. 이는 추천알고리즘이 푸틴의 연설을 노출하지 않았다는 방증이다. 뿐만 아니라 러시아군의 강간 및 살해 동영상 등이 노출되면서 부정적 이미지를 고착화시켰다. 이는 러시아에 대한 국제사회의 제재와 러시아 내 반전 여론을 불러일으키는 동력으로 작용했다(전상훈·최서연·신승중, 2022).

〈표 7-2〉 빅테크 기업들의 러시아-우크라이나 전쟁 대응

빅테크 기업	조치 내용
페이스북	러시아 국영기업 검색어 노출 정지
마이크로소프트	러시아 정부 콘텐츠·광고 노출 차단
구글(유튜브)	러시아 정부 콘텐츠 추천·노출 축소, 우크라이나 IP 러시아 콘텐츠 접근 봉쇄

출처: 전상훈·최서연·신승중(2022). 러시아-우크라이나 전쟁에서 파악된 SNS 추천알고리즘의
필터버블 강화현상 분석. 한국인터넷방송통신학회 논문지, 27쪽 참고해 구성.

(3) 뉴스의 가치와 원칙

① 달라지는 뉴스의 가치

뉴스 제작에는 사건과 이슈에 대한 취사선택의 기준이 작동하는데, 이때의 기준이 뉴스의 가치(News Value)이다. 모든 뉴스는 이슈의 선정, 취재, 기사 작성, 기사 배치, 보도 등의 과정을 거친다. 이 과정에서 게이트키핑과 틀짓기가 작동한다. 게이트키핑은 정보의 취사선택을 말하며, 게이트키핑의 기준으로 바로 뉴스 가치가 통용된다. 또한 틀짓기(프레이밍)는 정치·사회 분야 등의 현안을 특정 시각을 중심으로 재구성하는 것을 의미한다. 예컨대, 남북 관계의 경우 상호협력 대상으로 보느냐, 아니면 적대 국가로 보느냐에 따라 뉴스의 기조와 방향이 확연히 달라진다.

과거에는 각종 매체 간에 통용되는 뉴스 가치가 존재했다. 그러나 뉴미디어 시대에는 뉴스 가치가 달라지고 있다. 뉴스 생산자에 따라 다른 가치관과 세계관, 정치적 성향이 그대로 뉴스화됐기 때문이다. 여기에 정파성과 상업주의가 개입하면서 뉴스 가치 체계는 뿌리부터 흔들리고 있다.

그동안 뉴스 가치는 대략 10가지로 분류돼 왔다. 영향성·시의성·저명성·근접성·갈등성·희귀성·인간적 흥미성·부정성·관련성·유행성이 그것이다(고영신, 2007). 시대 변화에 따라 일부 뉴스 가치는 과거보다 중시되는가 하면 새로운 뉴스 가치가 출현하기도 했다. 전자의 경우 인간적 흥미성을 꼽을 수 있다. 2021년 '동네 마트 돈쭐' 사

건이 좋은 사례이다. 경기도 용인시의 한 맘카페에 여주인의 암 말기 판정으로 급히 폐점하게 된 동네 마트가 재고 처리를 근심하고 있다는 글이 올라온 뒤 이것이 SNS를 통해 확산되며 뉴스화됐다. 이후 카페 회원 등이 몰려가 재고품을 싹쓸이 구매했으며, 이 소식이 올드미디어에도 기사화됐다. 개인의 일상사가 뉴스가 되는 뉴스 가치라고 할 수 있다. 돈쭐은 '돈'과 '혼쭐'의 신조어로, 미담이나 화제의 주인공 가게 물건을 사 주는 것을 뜻한다.

새로 대두된 뉴스 가치로는 '이면성'을 들 수 있다. 이미 뉴스화된 사건 혹은 미처 다루지 못했던 사건·이슈의 소소한 뒷얘기나 관련 인물의 개인적 이야기 등에 뉴스 가치를 부여하는 것이다. 온라인 미디어에서 이면적인 내용을 게재하고, 이것이 인기를 끌어 주요 뉴스로 부상하는 일이 빈번해지면서 새로운 뉴스 가치로 부상하게 됐다.

② 위기에 빠진 뉴스의 원칙

정확성·공정성·객관성을 뜻하는 뉴스의 3원칙은 금과옥조처럼 지켜져 왔다. 그러나 지금은 위기를 맞고 있다. 객관성에 대한 위협이 가상 심각하다. 온라인 저널리즘을 중심으로 객관성을 최고의 가치로 인정하지 않는 경향이 심화되고 있다. 미디어 조직의 이해와 입장, 뉴스 생산자의 주관을 뉴스에 반영하는 보도 관행과 객관성을 훼손하더라도 공감과 지지만 얻으면 그만이라는 상업주의 풍조가 동시에 작동하고 있기 때문이다. '주장형 저널리즘'으로 불리는 이런 현상 탓에 사실과 의견이 뒤섞인 뉴스들이 넘쳐난다. 이는 뉴스 본래의 기능과 역할에 대한 근본적인 도전이라고 할 수밖에 없다. 객관성은 뉴스 정체성의 근간이기 때문이다.

2. 왜 뉴스 리터러시인가

1) 뉴스 리터러시란

뉴스 리터러시는 News와 Literacy의 합성어로, 복잡해진 뉴스의 생산 및 유통 생태 속에서 다양한 경로로 뉴스에 접근해 필요한 뉴스를 찾아내고, 가짜뉴스 등을 분별해 낼 수 있는 능력을 뜻한다. 누구나 뉴스 콘텐츠를 생산할 수 있는 환경이 전개됨에 따라 뉴스 제작 및 공유 능력, 책임과 윤리의식도 뉴스 리터러시의 범주에 포함된다(양길석·서수현·옥현진, 2021).

유네스코는 '미디어·정보 리터러시(MIL) 5대 법칙'(유네스코 MIL 연보, 2016)에서 "미디어가 전달하는 정보·지식·메시지는 가치중립적이지 않거나 편향될 수 있다. 미디어·정보 리터러시 교육을 통해 이처럼 왜곡되고 편향된 정보 및 메시지에 대한 선별과 비판적 이해 능력을 키워야 한다"고 밝히고 있다. 미국 최초의 뉴스 리터러시 교육기관인 '뉴스 리터러시 센터'는 "뉴스와 선전, 뉴스와 의견, 공정과 편견, 주장과 확인, 실증과 추론의 개념을 이해시키고 신문 기사나 방송, 디지털 언론 뉴스에서 이들을 구별해 낼 수 있는 능력 향상"을 목표로 설정하고 있다. 뉴스 리터러시는 시민이 미디어를 검색하고 선별하며, 미디어를 통해 의사소통하고 사회참여를 하는 역량이라고 말할 수 있다.

뉴스 리터러시는 뉴스가 사회에 해악을 끼치는 존재라는 것을 전제로 하지 않는다는 점을 명심할 필요가 있다. 오히려 뉴스가 민주주의 사회에 꼭 필요하고 유용하기 때문에 뉴스 리터러시 함양이 중요하다.

<표 7-3> 유네스코 미디어·정보 리터러시(MIL) 5대 법칙

- 법칙 1. 다양한 주체들이 미디어 리터러시에 기여한다. 미디어, 디지털 기술, 인터넷 및 기타 형태의 정보 제공자가 시민 참여와 지속가능발전에 기여할 수 있다.
- 법칙 2. 모든 시민이 정보·지식의 생성자이다. 모든 시민은 새로운 정보와 지식의 접근에 대한 권한과 표현의 자유를 가져야 한다.
- 법칙 3. 미디어가 전달하는 정보·지식·메시지는 가치중립적이지 않거나 편향될 수 있다. 미디어·정보 리터러시 교육을 통해 이처럼 왜곡되고 편향된 정보 및 메시지에 대한 선별과 비판적 이해 능력을 키워야 한다.
- 법칙 4. 모든 시민은 새로운 정보·지식·메시지를 알고, 이해하고, 소통하길 원하며, 각 시민들의 이 같은 권리가 침해되어서는 안 된다.
- 법칙 5. 미디어·정보 리터러시는 한 번에 습득되는 것이 아닌, 장기간에 걸쳐 얻어지는 역량이다. 어린이가 성인이 될 때까지 평생에 걸쳐 체험하고 교육을 받는 과정에서 얻어지는 역량으로 정부와 사회의 체계적인 지원이 필요하다.

출처: 유네스코 MIL 연보, 2016
http://www.unesco.org/new/en/communication-and-information/media-develo pment/
media-literacy/five-laws-of-mil/

2) 뉴스 리터러시가 중요한 이유

미디어 시장은 혼탁하다. 사실을 전하고 진실을 모색해야 할 미디어 본연의 역할도 하지만 정파성과 상업주의에 물들어 가고 있다. 이처럼 뉴스가 오염된 시대 뉴스 리터러시는 희망일 수밖에 없다. '나쁜 뉴스 해독제' 역할을 하기 때문이다. 같은 맥락에서 뉴스의 원칙의 권위를 회복할 수 있다는 희망도 뉴스 리터러시에서 찾아볼 수 있다.

뉴스의 원칙은 뉴스의 마지막 보루라고 할 수 있다. 뉴스에서 객관성과 공정성이 사라진다면, 그것은 뉴스가 아니라 의견이나 주장일 뿐이다. 자연히 뉴스를 기반으로 한 건전한 여론 형성이나 공론장 같은 민주주의의 기반이 흔들리게 된다. 뉴스 생태계는 민주주의 체제의 중요한 한 축이기 때문에 뉴스의 불건강성은 곧 민주주의 체제를 위협하게 되는 것이다. 그런 점에서 뉴스 리터러시는 민주주의 사회를 지탱하는 핵심 역량이라고 할 수 있다.

실제로 뉴스를 규칙적으로 보고, 비판적으로 이해하며, 환경감시· 토론을 위해 뉴스를 활용하고, 뉴스를 공유, 생산하는 데 책임감 있는 자세를 지닌 학생일수록 의사소통 및 공동체 역량이 더 높은 것으로 나타났다는 조사 결과(이숙정·양정애, 2017)도 있다. 여기서 공동체 역량이란 시민의식, 협업 능력, 참여의식, 배려, 관용, 공정성, 문제해결 능력 등을 말한다. 공동체 역량은 민주주의 시민 소양과 연결된다. 이처럼 뉴스 리터러시는 단순히 뉴스에 대한 비판적 이해를 넘어 민주시민성을 향상시키는 데 기여할 수 있다.

진영 대결과 미디어 상업주의, 필터버블 등으로 인한 사회적 혼란에 대처하기 위한 방안으로서 뉴스 리터러시의 역할은 이처럼 막중하다.

3. 분석과 활용

미디어 리터러시 교육이 가장 발달한 국가로 꼽히는 핀란드의 흔한 미디어 리터러시 수업 구호는 "뉴스를 믿습니까?"이다. 상징적이면서도 역설적인 표현이다. 뉴스는 사실 그대로를 지면 혹은 영상에 옮겨 놓은 것이 아니라 재구성된 미디어 현실이다. 합리적 의심이 뉴스 리터러시의 출발점이 되는 이유다.

1) 뉴스 읽기의 원칙

뉴스는 시대의 흐름을 알게 하고 사고의 폭을 넓혀 준다. 일상생활에 필요한 정보를 제공하고, 정치 및 경제 권력을 견제, 감시하는 수단이다. 뉴스 리터러시의 출발점은 뉴스의 의미와 맥락, 메시지를 파악하는 기본적인 해독이다. 나아가 가짜뉴스나 허위정보 조작을 가려내기 위해서는 비판적 읽기가 요구된다. 뉴스 내용에 생산자의 그릇된 주관이 섞이지 않았는지, 논리는 타당한지, 출처는 명시돼 있는지, 근거는 믿을 수 있는지 등을 판단하며 읽는 것이다. 뉴스의 진위에 대한 의심을 해소해야 비로소 올바른 뉴스 읽기가 가능하다. 특히 뉴스가 빅데이터 기반의 추천알고리즘에 의해 제공되었을 가능성을 염두에 둔 사려 깊은 자세가 요구된다. 이를 바탕으로 뉴스 읽기의 5가지 원칙을 제시한다.

(1) 의심하고, 확인하라

먼저 뉴스의 주제와 맥락을 이해해야 한다. 본문을 읽고 분석하고, 제목이 본문 내용에 부합하는지를 비교한다. 다음으로 사실인지 의견인지 구별해야 한다. 새로운 사건이나 현상을 전달했다면 사실이다. 사실에 대한 생각을 밝혔다면 그것은 의견이다. 뉴스의 '사실'이 입증되지 않으면 의견으로 분류할 수 있다. 사실과 의견 구분이 쉽다고 생각할지 모르지만, 교묘하게 사실과 의견을 섞은 뉴스가 많아 분별이 마냥 쉽지만은 않다. 예컨대 "금리인상으로 집값 더 떨어질 것"이란 부동산 뉴스를 상정해 보자. 이 경우 '금리인상'은 사실에 해당하지만 '집값 떨어질 것'이라는 내용은 의견이다. 본문에 집값이 떨어질 것이란 당국이나 전문가의 관측을 담았다 해도 이 제목은 부적절하다. 이 경우에는 "당국(전문가들), 금리인상으로 집값이 떨어질 것"이란 제목을 붙이면 무방할 듯하다.

사실과 의견을 구분하는 직관적인 방법은 글에 수식어가 담겨 있느냐 여부를 확인하는 것이다. 사실 보도는 형용사나 부사의 도움이 필요 없다. 반면, 의견 보도는 수식어를 많이 사용하게 된다. 뉴스의 사실 여부를 가리는 확실한 방법은 출처나 근거를 검증하는 것이다.

뉴스 생산자가 누구인지도 중요한 확인 절차이다. 신뢰할 만한 매체가 작성한 것인지, 아니면 신뢰성이 검증되지 않은 생산자인지 알아봐야 한다. 신뢰성이 검증되지 않은 생산자의 작품이라면, 실존 인물인지, 어떤 이력을 가졌는지, 웹 주소는 정확한지 등을 파악한 뒤 신뢰도를 판별할 필요가 있다. 또 생산자가 신뢰할 만하다 해도 무조건 믿는 것은 올바른 태도가 아니다.

출처와 근거는 꼼꼼히 살펴야 한다. 취재원의 신빙성도 확인이 필요하다. 취재원에게 편향적이라면 뉴스가 오염될 수밖에 없다. 보도에서 출처나 근거 내용 가운데 생략되거나 은폐된 것은 없는지도 살펴야 한다. 뉴스에서 생략, 은폐된 내용을 확인해 메시지와 비교할 필요가 있다. 비판이나 문제 제기형 뉴스라면 반론을 충분히 제공하고 있는지 따져 봐야 한다.

뉴스의 검증은 사실 확인에서 그치면 안 된다. 사실을 다뤘다고 해도 보도 전체의 맥락이 사실과 다른 경우가 적지 않기 때문이다. 뉴스는 종종 여러 사실들 가운데 일부만 선택한다. 예컨대, 코로나 방역 잘했다 58%, 잘 못했다 42%란 내용의 설문 조사 결과를 놓고, 한 매체는 "국민 58%, 코로나 방역 잘했다고 생각"이라고 보도하고, 다른 매체는 "국민 42%, 코로나 방역 잘 못했다고 생각"이라고 보도할 수 있다. 둘 다 사실이지만 맥락과 뉘앙스는 차이가 크다. 시시비비는 일도양단으로 가려지지 않기 때문에 단선적 사고로 접근해서는 안 된다.

정치나 유명인에 관한 뉴스는 더욱 신중한 접근이 필요하다. 똑같은 내용의 기사도 제목부터 상반되는 경우가 허다하다. 근거와 출처, 사용된 그래프나 통계 등을 자세히 살펴보고 판단할 필요가 있다. 어떤 뉴스든 '왜?'라는 물음표로 시작하는 것이 요구된다.

〈표 7-4〉 뉴스 읽기의 체크리스트

① 사실과 의견 구분
② 주장이나 정보원의 출처 확인
③ 진술의 정확성 평가
④ 주장이나 진술의 편견 탐색
⑤ 논리적 비일관성 평가

출처: 이승화(2021). 미디어 읽고 쓰기. 111쪽 재구성.

(2) 문의하라

뉴스 내용이 납득이 되지 않으면 물어보는 게 좋다. 백과사전을 찾거나 온라인 커뮤니티를 활용할 수 있다. 보다 전문적인 방법으로는 정보공개청구가 꼽힌다. 모르거나 의심스러운데도 그대로 뉴스를 수용하는 태도는 바람직하지 않다. 추천알고리즘에 조종당하지 않으려면, 내 안의 확증편향을 극복하려면, 궁금증이 풀릴 때까지 묻는 자세가 필요하다. 질문 대상을 제한할 필요가 없다. 지인·전문가는 물론, 필요하다면 시민 단체, 중앙 및 지방 정부, 공공기관도 마다할 이유가 없다. 국제 뉴스에 의문이 생긴다면 한국 주재 해당 국가 대사관이나 문화원을 활용할 수 있다. 해외 시민 단체, 국제단체, 유엔 산하기관들도 훌륭한 문의처가 된다.

(3) 비교하라

다른 매체는 해당 뉴스를 어떻게 다루고 있는지 비교할 필요가 있다. 뉴스가 공평하고 적절한지 따져보기 위한 가장 일반적인 방법이다. 이는 효율적인 가짜뉴스 판별법이기도 하다. 특정 매체의 뉴스가 내용 혹은 맥락과 메시지가 여타 매체와 다르다면 출처와 근거를 확인해야 한다.

보도 태도의 일관성도 중요하다. 같은 매체가 해당 소재를 과거에는 어떻게 보도했는지 찾아보면 된다. 실제로 똑같은 매체가 보도 시점에 따라 전혀 다른 시각으로 접근한 사례는 부지기수이다. 이와 관련, 집값 상승에 대해 최근 "집값 석 달 만에 다시 상승, 대선 이후 커진 집값 상승 기대감"이라는 제목으로 보도한 한 일간신문 사례가 있다. 이는 이 신문이 8개월여 전에 집값 상승에 대해 "IMF 직후 부동산 폭등기 이래 최고(상승)", "정책 실패로 너무 뛴 것이 최대 악재" 등의 제목으로 보도한 것과 비교된다. 보도 시점에 따라 집값 상승에 대한 인식이 '폭등', '악재'에서 '기대감'으로 바뀐 것이 눈에 띈다.

심지어는 같은 날 작성한 두 개의 기사가 정반대인 경우도 있다. 통신사인 뉴스 1은

2021년 2월 7일 불과 2시간 사이에 경북 포항의 죽도 시장 모습을 두 차례 보도하면서, 첫 번째 기사에서는 인파가 가득한 시장 사진을 게재하면서 "북적인 설 대목장"이란 제목을 달았고, 두 번째 기사에서는 한산한 생선 가게 사진을 내보내며 "'살다 살다 이런 명절 대목장은 처음' … 죽도 시장 상인들 울상"이란 제목을 붙인 것이다. 뉴스 생산자가 같은 사안에 같은 잣대를 적용했는지는 해당 뉴스의 신뢰도뿐 아니라 매체 자체의 신뢰도를 평가하는 중요한 기준이 된다.

(4) 토론하라

올바른 뉴스 읽기와 활용에 집단지성의 힘만 한 것도 드물다. 토론은 생각의 유연성을 키워 주고 비판적·논리적 사고력과 문제 해결력을 높여 준다. 다양한 의견을 주고받으면서 여러 주제에 대한 각자의 견해와 가치관을 정립할 기회를 갖게 되기 때문이다. 또한 토론은 다양한 견해들을 접할 수 있으므로 자기 객관화의 기회로 삼을 수 있다. 또한 진영 논리와 확증편향의 영향을 떨칠 수 있는 기회도 된다. 이는 뉴스 리터러시의 목표에 부합한다.

토론에 참여하는 것은 어렵지 않다. 방법도 다양하다. 논란이 될 만한 뉴스와 그에 대한 의견을 블로그·카페·메신저·토론게시판 등 각종 온라인커뮤니티 등에 올리는 것만으로도 토론이 가능하다. 다른 사람들이 그 글을 읽고 답글을 올리면 토론이 시작된다. '사형제도 찬반'이나 '간통죄 폐지', '일제고사 찬반' 등 논란성 뉴스들은 거개가 온라인 토론을 거쳤으며, 이는 정부의 정책 결정에도 활용됐다. 토론 결과 일정한 방향의 결론이 나는 경우는 드물지만, 반론과 옹호가 오가면서 해당 사안의 본질과 맥락이 드러나게 된다.

(5) '생각의 근육'을 키워라

지각 있는 뉴스 소비를 하기 위해서는 뉴스를 제대로 이해하고, 분석하고, 활용하는 소양을 갖춰야 한다. 상식과 기본 지식, 문해력을 쌓는 것은 기본이다. 뉴미디어 장비와 기술, 소프트웨어 등 새로운 뉴스 환경에 대한 다양한 지식과 조작 역량도 마찬가지이다. 여기에 합리적 해결 능력과 타협·관용의 정신을 갖춘다면 더할 나위 없다. 모든 분야에 대해 상당한 지식과 경험을 가진 사람을 뜻하는 '제너럴리스트'가 되면 좋겠지만, 그러지 못해도 제너럴리스트를 지향하는 자세는 필요하다.

내 안의 편견을 다스릴 줄 아는 것도 생각의 근육의 구성 요소이다. 그래야 확증편향과 인지부조화의 미망에서 빠져나올 수 있다. 필터버블·추천알고리즘에 속지 않는 길이기도 하다. 인지부조화는 자신의 신념과 현실이 불일치해 불편해하는 심리적 현상을 말한다.

평소 내 생각과 다른 뉴스를 찾아봐야 한다. 그렇게 하지 않으면 세상의 한쪽 방향만 바라보는 편향된 시각을 갖게 될 수 있다. 다양한 사이트, 다양한 주제, 다양한 관점의 뉴스들을 접하고 종합판단하는 경험을 쌓을 필요가 있다. 나와 관점과 생각이 다른 뉴스와 '가짜뉴스'를 구별할 수 있어야 한다.

2) 뉴스 분석의 실제

뉴미디어 시대를 맞아 하루에도 수백만 건의 뉴스가 쏟아진다. 신문과 TV를 안 보는 시대라고 말하지만, 뉴스를 안 보는 시민은 없다. 시민 삶 속에 깊이 파고든 모든 뉴미디어가 뉴스를 다루고 있기 때문이다. 뉴스를 제대로 소비하려면 먼저 뉴스를 분석할 줄 알아야 한다. 특히 짧은 동영상 플랫폼인 틱톡이나 유튜브의 뉴스 시장 점유율이 급속히 늘어나면서 가짜뉴스 논란이 커지고 있다. 이들 플랫폼은 급속 성장하고 있으나 문제 있는 콘텐츠에 대한 자율규제 장치는 미흡하다.

언론중재위원회는 잘못된 보도의 유형을 다음의 10가지로 분류하고 있다. 즉 △인명이나 지명, 통계수치 등을 잘못 기록한 보도 △거짓을 사실인 것처럼 꾸민 허위 보도 △기사 내용과 관련 없는 사진을 보도하여 피해를 준 경우 △필자의 허락을 받지 않고 글을 고쳐 필자의 의도와 다르게 표현된 보도 △사실을 그릇되게 과장한 보도 △전체 사실 중 일부분만을 부각하여 나쁜 인상을 심어 준 왜곡·과장 보도 △한쪽의 주장만을 전달한 편파보도 △범죄혐의자나 범인으로 보도되었으나 수사 결과 혐의가 없는 것으로 밝혀진 경우 △승낙 또는 정당한 이유 없이 개인의 초상·음성·사생활·성명을 보도한 경우 △개인의 사회적 평가를 저하시키는 명예훼손 보도 등이다. 언론중재위원회가 분류한 유형 외에도 또 다른 형태의 잘못된 보도가 존재한다.

〈표 7-5〉 잘못된 보도로 인한 피해의 종류

구분	내용
1. 명예훼손	사회적 평가를 저하시키는 구체적인 사실을 적시한 경우
2. 음성권 침해	동의 없이 음성을 비밀로 녹음해 보도한 경우
3. 초상권 침해	얼굴이나 신체적 특징을 동의 없이 촬영, 보도한 경우
4. 성명권 침해	익명 처리해야 하는 개인의 성명을 동의 없이 실명으로 보도한 경우
5. 사생활 침해	사적 영역의 생활을 본인의 의사에 반해 무단 공개한 경우
6. 재산권 침해	보도로 인해 개인이나 회사 등의 재산상 손해가 발생한 경우

출처: 언론중재위원회. https://www.pac.or.kr/kor/pages/?p=8

(1) '아사다 마오 사망설' 뉴스

① 보도 내용

2022년 7월 17일 유튜브 채널인 K뉴스에 일본 피겨 스케이팅 스타 아사다 마오가 한국에서 사망했다는 뉴스가 떴다. "[속보] 서울 강남 아파트에서 발견된 아사다 마오…눈물 터진 김연아 선수, 결국…서울대 병원 응급실"이란 제목의 영상 뉴스가 올라온 것이다. "아사다 마오가 서울 강남 자택에서 극단적 선택을 했으며 서울대 병원 응급실로 실려 갔으나 결국 사망했다"는 내용이었다.

② 분석

스포츠 스타 등 유명 인사는 대체로 개인 소셜미디어에서 활동하는 경우가 많으므로 그곳에 문의하면 사망과 같은 중대 사안은 금방 알 수 있다. 실제로 아사다는 사망 뉴스가 뜬 2022년 7월 17일 일본에 있었고 사망하지 않았다는 사실이 확인됐다. 아사다 본인이 당일 자신의 인스타그램에 글을 올려 2022년 9월에 열릴 아이스쇼 준비를 하고 있다며 예고 영상을 올려 유튜브 뉴스가 가짜임을 확인시켜 주었다. 예체능 스타들은 대체로 팬클럽이 결성돼 있어 이들이 운영하는 소셜미디어를 통해서도 가짜뉴스 여부가 확인 가능하다.

유튜브 뉴스의 진위를 가리는 방법 중 하나는 다른 매체에서 해당 뉴스를 찾아보는 것이다. 이 과정에서 1차적으로 진위의 윤곽이 드러나는 경우가 많다. 여타 매체가 해당 뉴스를 다루고 있지 않다면 의심해야 한다. 이 뉴스로 누가 이득을 보는지 생각해 보는 것도 방법이다.

유튜브와 틱톡은 여타 매체보다 가짜뉴스가 많다는 지적을 받고 있다. 한국은 유튜브로 뉴스를 가장 많이 이용하는 나라여서 특히 유의할 필요가 있다. 영국 로이터저널리즘연구소의 '디지털 뉴스리포트 2021'에 따르면 국내 소셜미디어 이용자 중 유튜브를 통해 뉴스를 이용하는 비율이 44%였다. 이는 전체 조사 대상 46개국의 평균 29% 보다 크게 높은 수치이다.

③ 배경

유튜버 등이 간단한 사실 확인을 통해서도 꼬리가 잡히는 가짜뉴스를 생산, 유포하는 이유는 돈 때문이다. 사실 관계를 가리기도 전에 인터넷과 SNS를 통해 무분별하게 공유가 되는 바람에 검증 자체가 무의미해진다. 해당 유튜버는 이미 엄청난 조회수라는 이득을 얻은 뒤이기 때문이다. 문제는 이처럼 미디어 시장을 혼탁하게 만드는 탈법적 행위를 제재할 방안이 마땅치 않다는 데 있다. 설령 유튜브 본사 측에서 광고 제재를 해도 그 효과는 제한적이다. 채널 폐쇄 조치를 해도 다른 이름으로 채널을 재개설하면 그만이다.

아사다 사망설을 퍼뜨린 K뉴스는 이 뉴스 말고도 "아사다 마오는 한국인이었다", "아사다 마오 한국 귀화" 등의 가짜뉴스를 잇따라 내보내 네티즌들이 해당 영상을 신고하기도 했다. 이 채널은 2000만이 넘는 누적 조회를 기록하고 있고, 한 달 예상 수입이 최대 4000만 원이나 된다. 가짜뉴스가 근절되기 어려운 이유를 알 수 있다.

(2) '쿠팡 노조 술판' 뉴스

① 보도 내용

〈한국경제신문〉은 2022년 6월 30일 온라인판에 "[단독] 쿠팡 노조, 본사 점거하고 대낮부터 술판 벌였다"는 제목의 기사를 게재했다. '유통업계에 따르면' 쿠팡 본사를 점거하고 노숙 농성 중인 전국민주노동조합총연맹 공공운수노조 쿠팡물류센터 조합원들이 대낮부터 술잔을 기울였다는 것이다. 또 '쿠팡 직원'을 인용, 노조원들이 맥주를 시켜 먹었다며 농성장 사진을 게재했다. 농성장 사진에는 캔 몇 개가 등장한다.

〈조선닷컴〉 등 5개 매체가 같은 뉴스를 2022년 7월 6일까지 게재했다. 이에 따라 쿠팡물류센터지회는 부도덕한 집단으로 매도당했다. 그러나 쿠팡 노조는 이 캔들은 농성 노조 간부의 지인이 사다 준 캔커피라고 반박하면서 뉴스를 게재한 언론사들을 언론중재위원회에 제소했다.

② 분석

이 뉴스는 해당 매체들이 쿠팡 노조에 확인만 하면 굳이 가짜뉴스를 쓸 일이 없었다. 뉴스 소비자 역시 쿠팡 노조에 확인하면 쉽게 사실 여부를 가릴 수 있을 터이다. 그에 앞서 뉴스를 면밀히 살펴보면 몇 가지 석연치 않은 구석을 발견할 수 있다.

첫째, 기사가 쿠팡 노조와 반목하는 편의 제보로 이루어졌다는 점이다. 특히 첫 번째 제보자로 나오는 '유통업계'는 쿠팡 노조가 맞서 싸우는 상대이다. 둘째, 반론이 없다는 것이다. 매체들이 만약 반론을 게재하기 위해 노조를 취재했다면 그 과정에서 '술판 노조'가 허위 정보임을 파악했을 가능성이 크다. 셋째, 본문 속 제보자로 등장하는 '유통업계'나 '쿠팡 직원'이 모두 익명 처리돼 있다는 점이다. 익명이 등장하는 기사는 일단 의심해 볼 필요가 있다. 제보자를 보호한다는 차원일 수 있지만, 그렇지 않은 경우도 많다. 때에 따라 세상에 존재하지 않는, 뉴스 생산자가 만든 가공의 인물일 수도 있다. 실제로 언론 현장에서는 마감 시간에 쫓겨 가공의 인물을 내세워 기자 자신의 생각을 뉴스에 담는 일이 종종 벌어진다.

(3) '바이든 치매설' 외신 인용 보도

① 보도 내용

확인 없이 외신을 인용 보도했다가 뒤늦게 허위임이 드러나 망신을 사는 한국 언론의 고질적 병폐가 또다시 발생했다. 〈머니투데이〉는 2022년 4월 15일 "허공에 악수 건네고 … 바이든 '치매설' 부추긴 이 장면(영상)"이란 제목의 뉴스를 게재했다. 〈New York Post〉 보도를 인용해 "연설이 끝난 뒤 바이든 대통령이 오른쪽으로 몸을 돌려 악수를 취하는 듯한 모습을 보였지만 그곳엔 아무도 없었다"면서 원본에 없던 치매설을 덧붙인 것이다. 이후 4월 18일까지 국내 언론들에 의해 총 33건의 치매설 보도가 이어졌다. 언론들은 조 바이든 대통령이 연설 후 몸을 돌려 곁에 아무도 없는 상황에서 악수하려는 듯한 모습을 담은 사진을 게재했다.

그러나 미국 내 팩트체크 기관이 전체 연설 영상을 분석한 결과, 바이든 대통령의 동작은 오른쪽과 뒤쪽에서 응원하던 청중들에게 손짓한 것으로 확인됐다.

② 분석

외신은 오보나 가짜뉴스의 단골 메뉴이다. 사실 확인이 어렵기 때문에 오보나 가짜뉴스가 금방 확인되지 않기 때문이다. 북한 지도자의 건강 이상설이 자주 보도되는 이유가 여기에 있다. 바이든 대통령의 경우 당시 79세의 고령이니 상식적이지 않은 언행을 하게 되면 건강 이상을 떠올리게 되는 것이 정상인지도 모른다.

그런데 '바이든 치매설' 뉴스는 사실 확인이 가능한 '증거'가 있었다. 원본 영상이 있었기 때문이다. 이 영상을 보면, 바이든 대통령의 동작이 허공에 악수를 청하는 것이 아니라 청중들에게 손짓을 하는 것임을 확인할 수 있다. 그것이 악수하는 형태와 유사하지만 맥락상 악수 동작이 아니라는 것은 파악 가능하다. 국내 언론이 동영상을 면밀하게 확인했더라면 치매설을 제기하지는 않았을 터이다. 1차자료와 원본 문서의 중요성을 외면한 셈이다.

외신 인용 보도는 1차 보도 후 모든 언론이 추종 보도하는 경우가 많아 단순히 다른 언론의 같은 뉴스를 비교하는 것으로는 진위 확인이 어렵다. 다소 부담스럽더라도 해당국의 한국 주재 대사관에 문의하는 것이 비교적 확실한 방법이다. 사안에 따라 관련 국내 시민 단체나 국제단체 등도 문의 가능하다. 해당 분야 전문가들도 유용하다.

(4) '인하대 성폭력 · 사망 사건' 뉴스

① 보도 내용

2022년 7월 발생한 '인하대 성폭력·사망 사건' 보도는 한국 언론의 성범죄 보도의 문제를 다시 한번 드러냈다. 불필요한 피해자, 현장 묘사로 성적 호기심을 자극하는 등 선정적 보도가 만연했기 때문이다(미디어오늘, 2022). 이는 사건 발생 초기 언론매체의 제목만 봐도 확인된다. "옷 벗고 피 흘린 채…"(kbc 광주방송 2022년 7월 15일), "옷 벗겨진 채 발견된 20대 여…"(서울경제 2022년 7월 15일), "나체로 피 흘리며…"(뉴스1) 등을 꼽을 수 있다. "학교 명예 어떡해"나 "예쁜지 궁금"과 같은 2차 가해성 커뮤니티 발언이 제목에 걸리기도 했다(뉴스1). 피해자를 "술에 취한 여학생"으로 표현한 경우도 있다. 피해자가 술에 취했다는 사실은 사건의 본질과 관련성이 약하다. 그럼에도 굳이 이를 보도함으로써 자칫 사건의 책임이 피해자에게도 있지 않느냐는 오해를 부를 수 있다.

언론의 선정적 보도는 취재·보도 윤리 규범에 어긋나는 것이다. 한국기자협회 성폭력 범죄 보도 세부 권고 기준은 '실천 요강'에서 "불필요한 성적인 상상을 유발하는 표현은 사용하지 않는다"고 돼 있다. 한국신문윤리위원회의 '신문윤리실천요강'도

"선정적이거나 자극적인 표현을 사용해서는 안 된다"고 명시하고 있다. 선정적 표현은 시민에게 사실을 알리고 여론을 형성하려는 언론보도의 목적과도 거리가 멀다.

② 분석

성범죄 보도는 주로 남성인 가해자 중심의 서술 및 여성 피해자의 타자화, 가부장적 시선, 여성의 신체적 취약성과 수동성 강조, 피해 여성 행실 비난 등 내면화된 성차별적 인식이 재생산되는 무대였다는 지적을 받아 왔다. 언론의 과도한 상업주의와, 폭력으로 여성의 성을 소유할 수 있다고 여기는 폭력적 사회문화가 그 배경에 자리하고 있었다. 시민사회와 용기 있는 여성들의 각별한 노력으로 많은 구태들이 개선됐으나 선정성만큼은 온존한다.

범죄는 대중의 관심사이기 때문에 언론이 선호하는 소재 중 하나이다. 특히 성범죄는 대중이 선호하는 범죄라는 소재에, 성이라는 강력한 '흥행 요소'가 더해진 것이어서 언론으로서는 유혹을 받게 된다. 실제로 언론계 일각에서는 "성범죄 사건은 돈이 된다"는 말이 나돈다. 이런 그릇된 인식 속에서 성범죄 뉴스는 여타 뉴스보다 어뷰징과 뉴스 파편화가 더 많이 이뤄진다. 뉴스 리터러시에는 이처럼 성범죄 뉴스에 스며들어 있는 반여성적·반인권적 인식과 차별의 분별력도 포함된다.

성범죄는 사람을 성적 수단으로 여기는 반인륜적 범죄 중 하나이다. 피해자는 평생을 정신적·신체적 트라우마로 고통받게 된다. 이런 점을 고려하면 성범죄는 가해자에 대한 책임 추궁보다 피해자의 보호와 치유가 더 중요하며 우선돼야 한다. 이런 점들을 고려하는 것도 뉴스 리터러시의 목표이다. 무엇보다 미디어가 직간접적으로 유포하는 왜곡된 성문화와 성차별주의에 물들지 않도록 유의해야 한다. 언론이 상업주의에 매몰돼 흥미거리로 전락시키거나, 성차별적 인식을 강화하는 것 모두 비판적으로 바라볼 필요가 있다. 매체의 보도 태도는 일정 부분 수용자의 태도에 달려 있다. 시민 모두가 미디어가 더 이상 선정적인 성범죄 뉴스를 쏟아 내지 못하도록 만들 책무를 띠고 있는 셈이다.

(5) '동남아 혐오' 뉴스

① 보도 내용

"안녕하십니까. 대한민국을 위한 뉴스 7시의 김유나 앵커입니다." 자신을 앵커라 소개한 여성이 "인천국제공항에서 베트남인들이 무더기로 추방됐다. 외교부가 모든 베트남인을 영구 추방하기로 결정했다"는 소식을 전한다. 한 남성이 경찰에 의해 질 질 끌려 나가는 장면에 '뉴스 7시 단독' 자막이 붙고, 관련 소식을 기자가 전한다는 소 개도 이어진다. 그렇게 등장한 '최국희 기자'는 난데없이 한국이 아닌 베트남 현지의 시위 사진을 보여 준다. 베트남어로 적힌 자막 역시 공항과 관련 없는 '경제 특구 설립 반대'이다. 베트남인들이 미개하고 한국 문화를 파괴한다는 주장도 이어진다. 8분 길 이의 영상에는 삼성전자의 베트남 철수, 베트남인 불법체류자 수는 20만 명 등의 내 용도 담겨 있다. 모두 가짜뉴스이다(미디어오늘, 2022. 9.).

② 분석

이 뉴스의 사실 여부는 여타 매체가 같은 뉴스를 다뤘는지 비교하면 확인될 듯하다. "외교부가 모든 베트남인들을 영구 추방하기로 결정했다"는 내용은 상당히 중대한 정책 변화이므로 여타 매체도 기사화할 가능성이 매우 크다.

그 이전에 상식적으로 봐도 이 뉴스는 믿기 어렵다. 한국이 베트남과 외교관계를 끊 지 않는 이상 '뉴스 7시'가 보도한 조치들을 할 리 없기 때문이다. 그래도 사실 확인을 하려면 외교부에 문의할 수 있다. 국내에서 활동하는 베트남 노동자 관련 단체의 도움 을 받을 수도 있다. 법무부 출입국관리국을 통해서는 베트남인 불법체류자 규모를 알 아볼 수 있을 것이다.

유튜브 채널인 '뉴스 7시'는 대표적인 동남아 혐오 뉴스 매체이다. 이 채널의 다른 뉴스 제목은 이렇다. "베트남이 반도체를? 너희 수준에 아니 무슨 반도체냐. 농사나 지어라." 허무맹랑한 데다, 사실이 아니라 감정을 전달하고 있다는 것을 알 수 있다.

이 채널 외에도 4~5개 유튜브가 동남아 혐오 뉴스에 열을 올린다. "베트남이 파산 선언을 하고 IMF(국제통화기금)에 긴급 지원을 요청했다"거나 "베트남 총리 탄핵 절차가 시작됐다", "삼성전자 특단의 조치 베트남 현지 직원 50만 명 일괄 해고한다", "삼성 철수에 분노한 베트남 근로자들, 결국 대규모 폭동 터졌다", "삼성과 더불어 베트남에 많은 투자를 하고 있는 현대차와 LG그룹이 철수한다" 등이다. 모두 사실이 아니다. 현대자동차가 베트남 노동자들을 해고하고 보스턴 다이내믹스의 '스팟' 로봇을 투입했다는 뉴스도 있는데, '스팟'은 생산 제조 로봇이 아닌 인공지능 '개 로봇'이다. 현대자동차 판매 매장에 브랜드 이미지 제고와 홍보용으로 배치한 것을 그럴듯하게 날조한 것이다. 철수할 것이라고 보도한 삼성전기는 2021년 12월 베트남에 1조 3000억 원 투자하기로 결정했다.

이 유튜버들은 뉴스 내용과 전혀 무관한 베트남 현지 언론의 보도를 근거자료로 활용하는데, 베트남어를 모르는 한국인들은 속을 수밖에 없다. 베트남 국가대표 축구팀 감독으로 활약 중인 박항서 감독조차 2020년 베트남 혐오 조장 가짜뉴스 유튜브에 대해 삭제 요청을 했을 정도이다. 혐오와 차별로 돈벌이하는 이런 채널들을 막기 위해 시민 각자가 할 수 있는 것은 보지 않고 클릭하지 않는 일이다. 참고로 뉴스 7시 채널은 구독자 수가 8만 명에 최고 조회수가 108만에 달한다.

(6) "군 훈련소 입소 후 코로나 확진돼 귀가하면 복무기간 안 빼 준다"

① 보도 내용

충남 논산의 육군훈련소에서 입영장정 중 확진자를 귀가 조치했다는 사실이 알려진 뒤 인터넷상에서 "귀가 조치 후 재입대하면 기존 복무기간은 안 빼 준다", "귀가 조치당하면 입소대에 있었던 기간은 그냥 날리는 것" 등의 글이 확산하고 있다.

② 분석

이 정보는 군 훈련소와 관련된 사안이므로 병역 관련 법령을 확인하는 것이 우선이다. 병역법 시행령 27조는 "입영 부대에서 귀가한 사람이 현역병으로 다시 입영하는 경우 귀가 전 입영 부대에서 복무한 기간을 현역병의 복무기간에 산입한다"고 명시하고 있다. 이것만으로도 인터넷상의 글이 가짜뉴스임을 알 수 있다. 육군훈련소 홈페이지 '신병 교육 일정'에서도 같은 내용을 확인할 수 있다. 이외에도 병무청이나 군 훈련소, 팩트체크 기관에 문의하는 것도 좋은 방법이다. 이 뉴스는 서울대학교 언론정보연구소가 운영하는 SNU 팩트체크를 통해 연합뉴스가 검증해 '전혀 사실 아님' 판정을 내린 뉴스이다.

(7) 보험료는 내국인이 내고, 혜택은 외국인이 받는다

① 보도 내용

외국인의 건강보험 무임승차론은 오랫동안 온라인 커뮤니티를 달궈 온 주제이다. 온라인뿐 아니라 올드미디어에서도 종종 다뤄 온 뉴스였다. 지난 제20대 대통령선거에서 유력 후보가 "국민 밥상에 숟가락 얹는 외국인 건강보험 문제 해결할 것"이라고 말해 정치쟁점화되기도 했다. 2022년 6월 29일 건강보험 부과체계 2단계 개편안이 발표되고 이 논란이 재차 불거지기도 했다.

② 분석

이 정보의 진위를 파악하려면, 외국인 건강보험료 재정수지를 분석해 보면 된다. 담당 기관인 국민건강보험공단에 문의하거나 자료를 찾아보는 방법이 있다. 관련 자료는 보건복지부를 통해서도 검색 가능하다. 입법과 국가정책 사항을 조사하고 연구하는 국회 입법조사처에서도 관련 자료를 검색할 수 있다. 팩트체크 기관 검색도 빼놓지 말아야 한다. 팩트체크 기관이 다룬 것이라면 진위와 검증 과정을 동시에 파악할 수 있다.

실제로 이 문제는 〈세계일보〉가 팩트체크해 그 결과를 2022년 7월 7일 "보험료는 내국인이 내고, 혜택은 외국인이 받는다?"란 제목으로 보도했다. 〈세계일보〉에 따르면, 이 주장은 사실과 다르다. 취재해보니 외국인 건보 재정수지는 한 번도 흑자이지 않은 적이 없었다는 것이다. 최근 5년간 외국인 건보 재정수지는 매년 개선돼 흑자 폭이 갈수록 더 커지고 있는 것으로 나타났다는 게 〈세계일보〉의 팩트체크 결과이다.

3) 뉴스의 활용

(1) 뉴스 공유와 댓글

바야흐로 뉴스 공유, 댓글의 시대이다. '뉴스 소비'의 최종 단계로서 유용한 뉴스를 다른 사람들과 나누자는 취지로 이뤄지던 공유가, 이제는 새로운 뉴스 유통수단이자 비중 있는 뉴스 생산 행위로 자리매김했다.

공유는 오프라인 또는 온라인 대인 채널을 통한 2차 전달자 역할을 하고 있다. 공유를 하려면 대상 뉴스를 선별하고, 공유하려는 온라인 채널을 선정하는 과정을 밟게 되는데, 이 과정 자체가 사실상 뉴스의 재구성이라는 점에서 모든 공유자는 뉴스 생산자로서의 정체성을 갖게 된다. 뉴스 공유 후 해당 온라인 채널에서 의견을 제시하고 토론하는 것 역시 타인의 생각에 영향을 미친다는 점을 고려하면 광의의 뉴스 생산 행위라고 규정할 수 있다.

통상, 뉴스 공유 이용자들은 단순히 온라인커뮤니티에 뉴스 정보만 유입하는 것이 아니라 그 정보에 대한 자신의 의견까지 공유한다. 또한 이슈 게시판에 관련 뉴스를 인용하는 것은 자신의 의견을 드러내기 위해서인 경우가 다수이다. 소셜미디어 등 온라인 채널에서 뉴스를 공유하고, 서로의 생각을 교환하는 과정을 통해 의견이 조성되고 이것이 하나의 흐름을 만들면 여론이 된다.

또한, 시민은 뉴스에 자신의 의견을 담은 댓글을 달고, 이 댓글은 타인의 인식에 영향을 준다. 많은 사람들이 댓글을 읽고 여론의 추세를 읽기도 한다. 뉴스 공유와 댓글의 무대는 새로운 공론장이라고 하지 않을 수 없다. 뉴스의 기능이 정보전달과 여론형성이라면 뉴스 공유와 댓글은 새로운 형태의 뉴스라고 규정할 수 있다. 이런 점에서 뉴스 공유와 댓글은 민주주의의 중요한 수단이기도 하다.

뉴스 공유와 댓글이 혼탁한 뉴스 시장을 정화할 유용한 수단으로 활용할 수 있는 기반은 이미 조성돼 있다. 무엇보다 모바일과 소셜미디어가 발달하면서 뉴스 공유가 간편해져 누구나 접근 가능해졌다. 뉴스 공유가 이뤄지는 공간 중 하나인 온라인커뮤니티는 무시할 수 없는 뉴스 전파 통로로 성장한 점도 주목할 만한 대목이다. 예컨대, 국내 상위 커뮤니티들은 월간 누적 방문자 수가 실제로 수천만에 달할 정도로 이용량이 많고, 온라인커뮤니티를 통해 뉴스를 소비한다는 이용자가 60%에 육박한다(송보영·김은미, 2021). 뉴스 공유는 뉴스 소비 변화의 핵심이자 뉴스 소비의 목적이 돼 가고 있다. 훌륭한 뉴스 활용 수단으로서 위상을 갖춘 것이다.

여론을 움직이는 뉴스 공유, 댓글의 위력은 2016년 최순실 게이트 국정조사 청문회에서 온라인커뮤니티 이용자들의 실시간 제보로 김기춘 전 대통령 비서실장의 진술이 거짓임이 밝혀지고, 이들에 대한 부정 여론이 치솟은 '사건'에서 입증된다. 뉴스 공유는 이처럼 국가적 차원의 여론마저 움직일 수 있는 힘을 보유하고 있다. 이 같은 힘을 바탕으로 뉴스 공유와 댓글 달기를 통해 미디어 시장을 선도해야 한다. 이제 사람들은 그 뉴스를 누가 공유했는가를 뉴스 신뢰도의 척도로 생각하고 있다.

〈표 7-6〉 한국기자협회 규범

- 윤리강령
- 성폭력 범죄 보도 세부 기준
- 자살 보도 윤리강령
- 재난 보도 준칙
- 자살 보도 권고 기준 3.0
- 감염병 보도 준칙
- 인권 보도 준칙
- 선거 여론 조사 보도 준칙
- 언론윤리헌장
- 혐오 표현 반대 미디어 실천 선언

출처: 한국기자협회. http://www.journalist.or.kr/news/section4.html?p_num=18

(2) 뉴스 공유와 댓글 달기의 책무성

뉴스 공유와 댓글 달기는 힘 있는 뉴스 소비자이자 생산자, 유통자로 위상이 커진 만큼 책무도 막중하다. 바람직한 공유자, 댓글러가 되기 위해서는 먼저 뉴미디어 뉴스 생산 과정을 이해하고 뉴스 텍스트를 비판적으로 읽는 능력을 길러야 한다. 아울러 뉴스 선별 능력과 뉴스 재구성 능력도 함양해야 한다.

공유는 신중히 해야 한다. 뉴스 공유와 댓글이 뉴스 소비일 뿐 아니라 생산활동이라는 점을 고려할 때 전문 언론인 못지않은 책무성을 감수해야 한다. 댓글 역시 순간의 감정을 담아 올리는 일이 없도록 유의해야 한다.

잘못된 정보 확산을 막는 제1원칙은 새로운 정보를 접했을 때 "우선 멈추고 생각하는 것"이다. 즉 공유에 앞서 해당 뉴스의 소스를 확인하고 믿을 만한 매체가 생산한 것인가, 다른 매체도 보도한 것인가, 나와 반대의 생각을 가진 사람이 봤을 때도 문제가 없을 것인가 등 입체적으로 생각해 볼 필요가 있다. 좋은 의도로 뉴스를 공유했지만, 결과는 의도와 매우 다른 방향으로 작용할 수도 있다는 점을 명심해야 한다. 정보가 확실하지 않으면 공유하지 않는 게 좋다. 자칫 잘못된 정보, 가짜뉴스를 퍼뜨리는 사람으로 낙인찍힐 수 있다. 자신의 신뢰도와 공유하고자 하는 사람과의 관계를 악화시키는 요인이 될 뿐 아니라 공동체에 해악이 될 수 있다. 또한 잘못된 댓글로 인해 유명 인사들이 활동을 중단하거나, 심지어는 극단적인 선택을 하는 경우가 많다는 점을 유의해야 한다. 공유와 댓글 모두 사회를 이롭게 하는 공기(公器)이지만, 잘못 사용하면 사회적 흉기로 돌변할 수 있다는 점을 명심해야 한다.

4. 윤리와 책임

뉴스 시장의 혼란과 난맥이 갈수록 심화되면서 뉴스의 생산과 소비에 관여하는 '뉴스 구성원'은 한층 높은 윤리의식과 책무성을 요구받고 있다. 뉴스 구성원은 자신이 생산한 정보는 물론 자신이 해석한 정보에 대해서도 책임지는 자세가 필요하다. 사회가 뉴스 구성원에 대해 표현의 자유 등 특별한 권리를 인정하는 것은 그만큼 높은 책무를 지키는 것을 전제로 한다. 뉴스는 민간 영역의 생산품이지만, 모든 사람들이 공동으로 이용할 수 있다는 점에서 공공재이다. 자연히 뉴스의 생산 – 가공 – 소비 – 유통 – 폐기의 전 과정에 걸쳐 지켜야 할 윤리와 책무가 있다.

먼저 생산 단계 구성원의 제1의 책무는 진실 추구이다. 이를 위해 지켜야 할 덕목은 공정성과 객관성, 정확성일 터이다. 확인된 사실을 은폐, 왜곡하지 않고, 이해당사자 어느 일방에 편향되지 않아야 하며, 자신의 의견 반영을 최소화해야 한다. 가공 단계의 구성원은 출처를 명시할 책무가 있다. 유통 단계에서는 뉴스의 본래 취지를 훼손하지 않도록 신경을 써야 한다. 소비 단계에서도 공정성이 요구된다. 뉴스를 제대로 수용하고 해석해야 한다. 뉴스 폐기 단계의 구성원은 문제가 된 뉴스의 확실한 폐기를 보장하기 위한 정직성이 요구된다. '잊혀질 권리'를 확실하게 담보해 줘야 한다. 미디어 시장에서 제대로 정착돼 있지 않은 '나쁜 뉴스'의 폐기 절차를 활성화시킬 의무도 있다.

현재 한국기자협회 등 언론 유관 단체는 여러 분야에 걸쳐 기자들이 지켜야 할 윤리강령과 보도 준칙, 권고와 더불어 구체적인 행동 양식을 담은 실천 요강을 마련해 놓고 있다. 비록 선언적 성격이 강하고 강제성은 약하지만, 그래도 직업적 규범으로서 최소한의 규범력을 갖고 있다. 그러나 한국기자협회 소속이 아닌 뉴스 생산자들은 이런 윤리강령에 얽매일 필요가 없어 뉴스의 오염 여부가 개인의 양심에 맡겨진 상태이다. 그렇다고 자체 윤리규정이 별도로 있는 것도 아니다. 전체 뉴스 생산자를 포괄하는 규범을 만들고, 강제력도 부여할 필요가 있다. 최소한의 자정 장치도 미비한 상황에서 뉴스의 기본 원칙을 어기는 것이 마치 누구도 간섭할 수 없는 특권처럼 간주되는 현실을 타파해야 한다.

뉴스는 사실이 아니라 사실의 재구성이라고 하지만, 그렇다고 해서 사안의 본질을 구성하는 사실과 진실까지 생략하고 외면한다면 뉴스는 존재 가치를 잃을 수밖에 없다. 고의로 일부 사실을 은폐한다면 더 말할 가치도 없다. 정파성과 상업성에 매몰된 가짜뉴스와 허위조작정보가 판을 치는 현실에서 그로 인한 피해는 고스란히 시민 모두가 입게 된다. 언론 전체가 신뢰를 잃게 될 것은 명약관화하다. 물론 현실을 재구성하는 뉴스의 성격상 완전한 공정성·객관성을 견지하는 것은 불가능에 가까운 일이다. 그러나 선언적으로라도 원칙을 지키려는 자세와 노력은 필요하며 소중하다.

8장

방송 콘텐츠 리터러시 1: 사회적 소수자 재현

강진숙

이 장의 목적은 방송 콘텐츠에 나타난 사회적 소수자 재현 방식을 살펴봄으로써 문제점을 진단하고 개선 방안을 모색하는 데 있다. 이를 위해 이론적 측면에서 들뢰즈(Deleuze)와 과타리(Guattari)의 소수자 사유를 바탕으로 사회적 소수자의 개념 및 특징에서 다수자와 소수자의 차이, 다수자와 소수자의 정의 및 특징을 논의하였다.

이를 바탕으로 미디어의 소수자 재현 사례를 분석하였다. 우선, 방송 콘텐츠 속 사회적 소수자 재현 사례 및 특징을 정리한 후 어린이 및 청소년의 재현 사례 및 특징을 분석하였다. 두 번째로, 장애인의 재현 사례 및 특징을 검토한 후 노인(여성)의 재현 사례 및 특징 등을 사례 분석하였다. 나아가 사회적 소수자 재현 방식의 개선을 위한 방안으로서, 소수자 미디어 리터러시 역량 개발 및 교육, 미디어 리터러시의 개념 및 구성 요소, 그리고 소수자 미디어 리터러시 교육 방향 등을 살펴보았다.

이 글의 초점은 방송 콘텐츠의 소수자 재현 방식을 검토하여 긍정적인 사례들은 그 함의를 공유하고, 부정적인 사례들은 개선 방안을 모색하는 데 있다. 개선 방안으로 제시한 것은 두 가지 측면이다. 소수자의 직접적이고 능동적인 미디어 참여 활동을 활성화하는 것이 하나라면, 다른 하나는 미디어 리터러시 교육과정에 미디어의 소수자 재현 방식에 대한 학습 기회를 포함시켜 소수자에 대한 사회적 인식의 전환과 미디어 리터러시 역량을 개발하는 데 있다.

1. 사회적 소수자의 개념 및 특징

사회적 소수자(social minority)는 현재 신문과 방송, 인터넷 등에서 자주 등장하는 용어이다. 일반적으로 사회적 약자나 취약계층을 떠올릴 수 있지만, 더 엄밀히 말하자면 약자이자 차이의 잠재력을 지닌 계층을 의미한다. 이렇게 접근할 경우 소수자가 약자로서의 보호대상만이 아니라 자생력을 지닌 사회적 주체의 역할을 수행할 수 있다는 점을 고려할 수 있다. 방송 콘텐츠가 어떻게 사회적 소수자를 재현하고 있는지 이해하기 위해 선행되어야 할 것은 소수자가 다수자와 어떻게 다른지, 어떻게 '소수자되기' 실천이 가능한지 파악하는 것이다.

1) 다수자와 소수자의 차이

다수자와 소수자는 어떠한 차이가 있는가? 이러한 물음은 프랑스의 후기구조주의 철학자인 질 들뢰즈(Gilles Deleuze)와 정신과 의사이자 사상가인 펠릭스 과타리(Félix Guattari) 소수자 사유와 연관된다. 들뢰즈와 과타리에 의하면, 다수자와 소수자는 많고 적음의 양적 차이가 아니라 상태나 표준 척도의 질적 기준에 따른 차이를 말한다 (Deleuze & Guattari, 1980·2001: 550). 즉 성별·연령·인종·신체 및 성적 정체성 등의 상태나 표준 척도 여부에 따라 한 사회와 집단의 다수자와 소수자를 구분할 수 있는 것이다. 요컨대, 다수자가 지배권력의 지위를 지닌 상태나 사회적 통념의 표준이라면, 소수자는 표준 척도에서 벗어나 주변인이거나 배제된 역할을 하게 될 경우를 의미한다.

여기서 방송 콘텐츠의 사회적 소수자 재현을 검토하는 이유는 다음 두 가지이다. 한편으로 다수자의 입장에서 소수자들을 재현하고 있는지에 대한 미디어 리터러시적 차원이라면, 또 다른 한편 '소수자 되기'와 같은 다양성의 가치 실현이 어떻게 이루어져야 하는지 살펴보기 위함이다. 이는 방송 콘텐츠의 시청자인 교사와 학생들이 어떻게 소수자의 사회적 불평등이 드라마 속에서 나타나는지를 이해하는 데서 나아가, 대안적 소수자 재현의 가능성을 공유하는 데 목적이 있다.

2) 다수자의 정의 및 특징

다수자는 다수성(majority)에 기반한 사회적 조건과 표준적 위치, 역할의 우위성을 지닌 계층을 가리킨다. 즉 다수자는 사회적 상수나 표준 척도, 동일성에 기초한다.

이러한 다수성의 통념에 의하면, 다수자의 권리나 권력은 이미 주어진 것처럼 자연스럽게 인식된다(Deleuze & Guattari, 1980/2001: 551). 이것은 성별·연령·인종·신체·이주·언어·지역 및 성적 정체성 등을 기준으로 소수성과 구별된다(강진숙, 2012). 예컨대, 다수성은 남성 – 어른/젊은이 – 백인 – 비장애인 – 선주민 – 이성애자 – 표준어 사용자 – 도시 거주자 – 인간 등 한 사회의 지배적 표준 척도이자 사회적 통념의 기준으로 작용하는 것이다. 이처럼 다수자는 일정한 지배체계의 틀 속에서 권력관계나 지배의 주도권을 지니는 사회적 위치에 있다. 그 이유는 다수자는 차이가 아니라 표준과 동일성에 기초한다는 점에서 사회적 통념이나 고정된 지배체계의 문턱을 넘어서기 어렵기 때문이다(강진숙, 2019: 219). 즉 동일성의 논리에 입각해 다양한 개체들의 차이와 특이성, 사회적 사건들의 다양한 특질들을 간과할 수 있는 것이다. 예컨대, TV 뉴스나 드라마 속에서 노인 여성의 이미지는 독립된 개인이 아니라 가족제도나 사회적 요구에 부합하는 표준 척도에 의해 재현된다(강진숙, 2012). 즉 여성성이 탈각된 순종과 희생의 노인이나 고집 센 어른, 혹은 '불쌍한' 독거노인 등으로 전형화된다.

이러한 현상이 두드러지게 나타나는 것은 기본적으로 노인에 대한 다수자 시각을 벗어나는 미디어 콘텐츠 제작이 활발히 이루어지지 않고 있기 때문이다. 특히 미디어 분야에서 노인을 위한 콘텐츠는 부족한 수준이고, 노인에 대한 미디어 연구도 미미한 상황에 있기 때문이다(장유정·강진숙, 2015: 285). 물론 근원적인 원인은 노인 등의 사회적 소수자에 대한 인식이 아직까지도 하나의 상수이자 표준 척도를 뒷받침하는 전형적인 동일자 이미지를 벗어나지 못하고 있는 까닭이다. 그 결과 노인 여성은 미디어를 통해 무기력한 '사회적 약자'나 '소외계층' 등 보호대상으로서 재현(김영주·정재민, 2006)될 뿐 아니라 다시 사회적 통념에 영향을 미치게 되는 악순환이 발생하게 된다.

3) 소수자의 정의 및 특징

그러면, 소수자는 다수자와 어떻게 다른가? 소수자는 소수성(minority)에 기반해 한 사회나 집단의 표준 척도에서 배제되었거나 주변인으로 위치하는 계층을 의미한다. 앞의 다수자와 비교할 때, 소수자는 여성 – 어린이/청소년/노인 – 유색인 – 장애인 – 이주민 – 동성애자 – 사투리 사용자 – 지역 거주자 – 동식물 등 사회적 약자이자 취약 계층으로 분류되는 사회적 조건 및 상태를 가리킨다. 하지만, 소수자에 대한 정의는 집합적 차별의 대상이라는 인식에서 더 나아가 한 사회의 다양체로서 바라볼 필요가 있다. 즉 성별·연령·신체 및 지역별 요인들에 다른 집합적 차별의 대상이 되는 한편, 동시에 사회 변화를 위한 차이 생성의 잠재력을 지닌 다양체로 간주할 수 있는 것이다. 이러한 시각은 소수자를 단지 보호대상이나 시혜주의를 베푸는 약자가 아니라 사회적 표준 외의 다양체들을 상호 인정하는 열린 사고와 행동 속에서 나타난다.

4) 소수자 되기

그러면, 소수자는 원래 소수자로 태어나는가? 들뢰즈와 과타리가 "여성도 여성 되기가 필요하다"(Deleuze & Guattari, 1980·2001: 552)고 지적했듯이, 소수자인 여성이 언제나 소수성을 지니는 것은 아니다. 소수자는 다수자의 표준 척도에서 벗어날 때 다양한 정체성의 경험과 각성의 계기들을 실험하며 소수성을 체득할 수 있는 것이다. 또한 청소년이 어른의 욕망 경제에서 벗어나 청소년 되기가 필요하듯이, 소수자인 청소년도 독립된 주체로서 사회적 통념을 벗어나기 위한 각성과 실천들이 소수성을 형성한다.

이러한 실천들은 '소수자 되기'를 통해 가능하다. 들뢰즈와 과타리(Deleuze & Guattari, 1980·2001: 453)에 의하면, 되기는 혈연이나 계통에 의한 진화가 아니라 관계에 의한 진화이다. 즉 '되기'에는 모방의 주체와 대상의 구별이 없다. 왜냐하면, 되기는 주체가 어떠한 스타의 스타일을 모방하는 것이 아니라 차이를 생성하여 복수의 가능성과 행동들을 생성하는 실천이기 때문이다. 즉 동일자가 아닌 차이의 잠재력을 지닌 다양체로서 지속적인 '분자 되기' 실험을 행하는 것이다(Deleuze & Guattari, 1980·2001: 516). 예컨대, 여성 되기, 아이 되기, 동물 되기, 식물 되기 등이 소수자 되기의 유형들이다. 여기서 중요한 것은 모방하는 대상을 찾아가는 게 아니라 차이 그 자체를 포착하여 새로운 관계를 형성하고 보다 능동적으로 창의적인 실천의 주체가 되는 것이다. 이를 고려할 때, 소수자 되기는 소수자뿐 아니라 다수자 역시 가능하다(강진숙, 2019). 왜냐하면, 차이의 생성인 소수자 되기는 다수자의 고정된 통념과 위계적 관계를 새롭게 배치하여 다수성을 소수성으로 변용시키는 실천이기 때문이다. 예컨대, 남성도 여성 되기가 가능하고, 어른도 어린이와 청소년 되기가 가능하다. 남성의 여성 되기는 여성의 외모를 모방하는 것이 아니라 표준 척도로 포섭할 수 없는 다양한 사유와 행동, 관계를 실천하는 과정이다. 또한 어른도 돈과 권위로 자식을 지배하는 욕망 경제에서 벗어나 '어린이 되기'와 '청소년 되기'를 통해 새로운 가족관계를 형성할 수 있다. 요컨대, 소수자 되기에서 주목할 것은 '소수자 블록'뿐 아니라 '다수자-소수자 연대'를 어떻게 실현할 것인가 하는 점이다. 이것은 다수자와 소수자의 '소수자 되기'가 서로 간의 적대나 구별짓기가 아니라 '차이 그 자체'를 존중하며 지속적으로 사회적 다양성의 가치를 실현하기 위해 협력할 때 가능하다.

마지막으로, 소수자 되기의 중요성은 개인의 행위와 사회적 관계의 주도성을 지닐수 있는 '정동(affect)'의 힘에서 비롯된다. 정동은 17세기 네덜란드의 합리주의 철학자인 바뤼흐 드 스피노자(Baruch de Spinoza)의 사유에 기초한다. 스피노자는 그의 라틴어 저서인 『에티카』(1675·1990)에서 이성중심주의와 동일성의 논리를 비판하며 정서의 변이, 즉 정동의 역량을 강조하고 있다. 정동이란 기쁨과 슬픔의 정서가 각기 다른 상태로 변이하는 운동을 의미한다. 스피노자가 강조하듯이, "더 작은 완전성에서 더 큰 완전성으로 이행하는 것"(E3p11s)이 기쁨이라면, 슬픔은 "더 큰 완전성에서 더 작은 완전성으로 이행하는 것"이다(E3p11s). 다시 말해서 기쁨이 힘을 더 증대시키는 한편, 슬픔은 힘을 더 감소시키는 정동인 것이다(강진숙, 2014: 201~202). 예컨대, 친구들 간의 관계에서 슬픔의 정동을 경험할 때, 나는 무력해지거나 주도성을 갖기 힘들다. 반면, 기쁨의 정동을 능동적으로 키워 갈 때, 고통이나 우울감이 아닌 쾌감과 유쾌함을 통해 긍정적인 관계와 상황을 만들어 갈 수 있는 것이다. 소수자 되기는 약자나 취약계층의 위치에 있지만, 이를 무력하게 수용하기보다 사회구조와 관계 속에서 그 원인과 대안을 찾는 능동적 정서의 변이를 실천하는 것이다. 예컨대, 〈우리들의 블루스〉(tvN)에 출연한 다운증후군 장애인 '영희'는 비장애인 동생 영옥과 끊임없이 소통하기 위해 그림을 그리고 선물한다. 자매 사이의 갈등과 고통은 슬픔에서 기쁨으로, 더 큰 완전성의 정동을 키우며 긍정적인 관계로 변화한다. 비장애인과 장애인의 소수자되기 과정에서 장애인 영희의 주도적 노력은 주변 동네 사람들에게도 장애인에 대한 편견과 선입견을 개선하는 데 기여한다. 요컨대, 소수자 되기 과정에서 정동은 기존의 견고한 위계적 관계나 사회적 통념들을 유연하게 만들고 지속적으로 분자화하는 연료인 것이다.

2. 방송 콘텐츠 속 사회적 소수자 재현 사례 및 특징

방송 콘텐츠 속에는 앞에서 살펴본 다양한 사회적 소수자들이 등장한다. 특히 드라마 속의 등장인물들인 어린이·청소년·여성·노인·이주민·장애인·성소수자 등은 여러 가지 복잡다단한 가족·친구, 직장 상사와 동료, 애인 관계 등을 형성하며 희로애락의 이야기들을 만들어 낸다. 이 절에서는 이러한 드라마 속 소수자에 초점을 두고 방송 콘텐츠의 소수자 재현 사례 및 특징을 살펴보고자 한다. 드라마 속 소수자에 초점을 둔 이유는 방송의 그 어떤 장르보다 많은 소수자들이 등장하는 반면, 다수자의 시각이 투영되는 소수자 재현 사례를 다각도로 찾아볼 수 있기 때문이다.

1) 어린이 및 청소년의 재현 사례 및 특징

어린이 및 청소년의 재현 사례는 어떠한가? 여기서는 재현 사례를 크게 네 가지로 구분하여 제시하고자 한다. 우선, 어린이 아동학대 및 성추행의 재현, 둘째 청소년의 학교폭력 재현, 셋째 청소년의 진로 및 학업 스트레스의 재현, 마지막으로 청소년의 연애 및 성(sexuality)의 재현 등이다.

(1) 어린이 아동학대 및 성추행의 재현

우선, 어린이 아동학대 및 성추행을 재현한 방송은 표 8-1과 같이 두 가지 사례를 통해 살펴볼 수 있다.

〈표 8-1〉 어린이 아동학대 및 성추행의 재현 사례

제목	방영일	방송사	내용
황금가면	2022. 5. 23.	KBS2	그릇된 욕망과 탐욕이 빚어낸 비극으로, 세 여자의 광기 어린 싸움 속에서 삶의 해답을 찾아가는 이야기
그린 마더스 클럽	2022. 4. 6. ~ 5. 26.	JTBC	초등 커뮤니티의 민낯과 동네 학부모들의 위험한 관계망을 그리는 드라마

〈황금가면〉(KBS2)의 사례를 보면, 7세 아이를 옷장에 감금하고 밥을 굶기는 등 아동 학대 장면이 방송되었는데, 문제는 극중 '홍서준' 배역을 맡은 정민준 배우의 나이가 만 6세라는 점에서 불거졌다. 해당 방송 직후 〈황금가면〉 시청자 소감 게시판에는 시청자들의 항의와 아동학대 장면을 중지해 달라는 요구가 다수 게시되었다. 방송통신심의위원회의 〈방송심의에 관한 규정〉 제45조(어린이·청소년 출연자 인권 보호)에 의하면, "방송은 어린이와 청소년을 그 품성과 정서를 해치는 배역에 출연시켜서는 안 되고 내용 전개상 불가피한 경우에도 그 표현에 신중을 기해야 한다"(개정 2014. 1. 9.). 이 규정을 고려할 경우, 방송 콘텐츠의 내용 중 아동학대의 피해자와 같은 '정서를 해치는 배역'에 어린이와 청소년 출연자를 출연시키는 상황은 숙고되어야 한다. 또한 불가피하게 배역에 저연령의 어린이가 출연했다고 어린이와 청소년이 방송 프로그램 참여나 출연으로 인해 정신적 고통이나 불안을 겪지 않도록 출연자의 연령을 고려해 보호해야 한다(윤유경, 2022. 8. 30.).

두 번째로, JTBC 드라마 〈그린 마더스 클럽〉의 경우, 방송통신심의위원회 방송심의소위원회에 의해 법정 제재 '주의'를 받았다. 그 이유는 만 10세 아역배우를 성추행 자작극 장면에 출연시켰기 때문이다. 그 내용을 보면, 문제가 된 8화 「새빨간 너의 거짓말」(2022년 4월 28일 방송)에서 초등학교 1학년 여학생인 김유빈은 동급생 정동석에게 학원 1등을 빼앗겼다는 열등감에 성추행 자작극을 벌이고 엄마에게 이 사실을 들킨다(윤유경, 2022. 9. 6.). 예컨대, 다른 동급생 이수인을 끌어들여 "정동석이 학원 빈 교실에서 자신과 이수인에게 본인의 속옷을 보여 주며 성추행을 했다"는 거짓말을 퍼트렸고, 김유빈은 이 소식에 놀란 엄마에게 안겨 "성추행당한 게 무서워 그동안 말 못했다"며 오열했지만, 결국 엄마에게 자작극이 탄로난다. '작전이 좋았다', '이제 내가 다시 1등이다'라고 인형과 대화하다 들킨 것이다.

이 사례들을 통해 알 수 있는 것은 방송 콘텐츠의 어린이와 청소년의 재현 방식은 다른 연령층보다 더 숙고해야 한다는 것이다. 특히 어린이의 경우 아동학대의 역할은 시나리오 제작 단계부터 더 신중해야 한다. '어른의 욕망 경제'에 맞추어 단지 보호대상이자 약자로 대상화하는 내용은 다수자의 시각에서 비롯된 것일 수 있기 때문이다. 어린이는 '유해매체'로부터 보호되어야 할 '부모의 아이'지만, 또 다른 한편 미디어를 통해 고유의 또래문화를 자율적으로 만들어 내는 능동적 주체인 것이다(설진아·강진숙, 2021: 166). 즉 어른 세계를 모방하는 한편, 그 세계와 구분되는 어린이 고유의 문화가 방송을 통해 영향을 받을 수 있다는 점을 고려한 제작 환경이 요구된다.

(2) 청소년 학교폭력의 재현

다음으로 청소년 학교폭력의 재현 사례이다. 이 사례를 이해하기 위해서는 청소년의 미디어 문화에 대한 시각을 통해 청소년의 사회적 위상과 역할에 대한 인식을 살펴볼 필요가 있다. 청소년과 미디어 문화에 관한 시각은 양가적 측면에서 정리할 수 있다(설진아·강진숙, 20221: 194~196). 즉 한편으로 청소년을 배제와 치료 대상의 관점에서 보는 부정적 시각이다. 이는 청소년을 '감정적 세대', '문제아', '질풍노도의 시기' 등 가족의 지도와 병리적 치유의 대상으로 간주하는 입장이다. 또 다른 한편, 청소년을 참여 주체의 관점에서 보는 긍정적 시각이다. 청소년의 정서와 감정이 이성적 판단을 가로막는 부정적 요인이 아니라 디지털 공간의 하위문화 형성에 중요한 역할을 한다는 것이다. 하지만, 이 두 가지 시각을 통합적으로 고려할 때, 청소년의 현실 사회적 조건을 이해할 수 있다. 왜냐하면, 청소년은 긍정과 부정의 이원적 시각으로 구분하기 어려운 부모 세대나 기성세대와 불가분의 관계를 맺고 영향을 주고받기 때문이다. 예컨대, 부모의 사회적 지위와 소득 및 학력 수준, 지역, 성(gender)의 요인에 따라 청소년의 세대적 특성이 분화될 수 있기 때문이다.

그러면, 방송 콘텐츠의 청소년 학교폭력의 재현 사례는 이러한 청소년의 역동적이고 가변적인 세대적 특수성을 반영하고 있는가? 방송의 청소년 학교폭력의 재현 사례를 일부 정리하면 다음 표 8-2와 같다.

⟨표 8-2⟩ 청소년 학교폭력의 재현 사례

제목	방영일	방송사	내용
소년심판	2022. 2. 25.	OTT (넷플릭스)	소년범을 혐오하는 판사 심은석이 지방법원 소년부에 부임하면서 마주하게 되는 소년범죄와 그들을 둘러싼 이들의 이야기를 그린 드라마
지금 우리 학교는	2022. 1. 28.	OTT (넷플릭스)	좀비 바이러스가 시작된 학교에 고립되어 구조를 기다리던 학생들이 살아남기 위해 함께 손잡고 사투를 벌이는 이야기를 담은 드라마
목표가 생겼다	2021. 5. 19.~ 2021. 5. 27.	MBC	자신의 삶을 불행하게 만든 사람들에게 복수하기 위해 '행복망치기 프로젝트'를 계획한 19세 소녀 소현(김환희 분)의 발칙하고 은밀한 작전을 담은 드라마.
하트가 빛나는 순간	2021. 9. 28.~ 2021. 12. 21.	EBS	10대를 위한 미디어 리터러시 교육 드라마, 디지털 세상에 둘러싸여 살아가는 이 시대의 10대를 응원하는 청춘 성장 드라마
펜트하우스 1	2020. 10. 26.~ 2021. 1. 5.	SBS	채워질 수 없는 일그러진 욕망으로 집값 1번지, 교육 1번지에서 벌이는 서스펜스 복수극으로 자식을 지키기 위해 악녀가 될 수밖에 없었던 여자들의 연대와 복수를 그린 이야기
펜트하우스 2	2021. 2. 19.~ 2021. 4. 2.		
펜트하우스 3	2021. 6. 4.~ 2021. 9. 10.		

넷플릭스 드라마 ⟨소년심판⟩은 청소년의 학교폭력 사건에 대해 집중적으로 다루며 청소년들의 행위 동기를 검토한다. 언론에서는 이 드라마가 청소년 폭력을 본격적으로 응시하면서 촉법소년에 대한 사회적 분노를 면밀히 검토하는 명작이라고 평가되기도 한다(김유태, 2022. 5. 6.). 실제로 김혜수가 역할한 심판사는 일련의 사건들 속에서 촉법소년들의 행동과 분노를 냉정하게 검토한다. 예컨대, 여중생 집단 성폭행 사건, 아파트 벽돌 투척 사건, 시험지 유출 사건 등 심각한 청소년 사건 등이 그것이다.

이 사건들 속에서 심판사의 가족력에서 온 촉법소년에 대한 군건한 선입견과 통념을 유연하게 변화시키며 어른의 책임에 대해 문제 제기하고 있다. 이 점은 다수자인 어른이 청소년의 범죄행위에 대해 통념과 선입견을 벗어나 공적 영역에서 어떻게 다루어야 하는지 보여 준다는 점에서 의미가 있다.

이와 유사한 맥락에서 취약계층에 포함되는 학교 밖 청소년에 대한 선입견을 벗어나는 사례나 폭력 묘사가 없는 방송 사례도 발견된다. 전자의 경우, MBC 드라마 〈목표가 생겼다〉로서, 학교 밖 청소년들인 주인공 소현(김환희)과 윤호(김도훈)를 통해 범죄의 길로 들어서는 '문제아'와 모범 소년의 양극 캐릭터를 보여 준다. 학교 밖 청소년들에 대한 사회적 편견과 낙인을 고려할 때, 모범 소년의 캐릭터 설정은 의미 있는 것으로 평가된다(김선영, 2021. 6. 17.). 청소년 드라마의 일반적인 경향을 볼 때, 학교 밖 청소년은 문제아의 전형적 캐릭터 속에 갇혀 있었기 때문이다.

폭력 묘사가 없다는 후자의 경우, EBS 드라마 〈하트가 빛나는 순간〉을 들 수 있다. 이 드라마는 디지털 네이티브 세대인 10대를 지지하고 응원하는 청춘 성장 드라마이다. 청소년의 입장에서 SNS의 '좋아요' 하트와 자신의 가치를 연결하는 모습들을 보여 준다. 10대 학원물의 전형적인 문제들, 즉 왕따, 부모와의 갈등, 학업 스트레스, 극단적 선택이나 폭력 등의 장면이 부각되지 않는다. 이러한 사례는 청소년을 부모나 보호자의 갈등 관계 속에서 약자나 미성숙한 자로 규정하던 재현 방식과 다르다. 즉 청소년들의 SNS 이용 행위나 또래문화의 특성들의 차이 그 자체를 초점에 두고 있다는 점에서 주목된다.

한편, 다른 드라마들은 사회적 관심과 가족의 지도가 필요한 배제와 치료 대상의 관점에서 청소년을 재현하고 있다. 예컨대, 넷플릭스 드라마 〈지금 우리 학교는〉은 학교폭력과 성폭력 등을 자극적이고 선정적으로 반복해서 보여 준다. 폭력은 소재가 되고 약자들의 고통을 볼거리로 만들 뿐 아니라 청소년 임신 문제, 임대아파트나 기초생활수급권자 학생을 둘러싼 차별 문제, 학교폭력 문제 제기를 묵살하려는 학교 문제 등을 다루고 있으나 피상적인 수준에서 그친다(오경민, 2022. 2. 28). 프랑스의 사상가인 폴 비릴리오(Paul Virilio)가 지적(Virilio, 1977·2004)했듯이, 빠른 속도의 스펙터클한 시각 기계가 시청자의 감각을 마비시키고 현실의 참혹함을 망각하게 만든다. 특히 불법 촬영 등 성폭력 피해자는 1화의 성폭력 장면의 출연 이후 퇴장한다는 점에서 여성 청소년의 문제도 가볍게 다루어지고 있음을 알 수 있다.

이처럼 청소년들의 폭력 장면과 부정적인 캐릭터 설정 방식은 SBS 드라마 〈펜트하우스〉 사례에서도 발견된다. 〈펜트하우스〉는 2020년 시즌 1 방영 당시 청소년들의 과도한 폭행 장면을 방송하며 방송통신심의위원회의 법정 제재를 받았다. 그 근거는 2020년 10월 27일 방송에서 학생들이 신분을 속인 과외 교사를 수영장에 빠뜨리고 뺨을 때리거나, 폐차에 가두고 샴페인을 뿌리자 괴롭히는 모습을 휴대전화로 촬영하는 모습 등이다. 이 사례뿐 아니라 청소년의 학교폭력 재현 방식은 사회문제에 대한 경각심과 비판의식을 고양한다는 제작 취지를 무색하게 한다(양진영, 2021. 2. 23). 왜냐하면, 성인들의 폭력물에 등장하는 자극적이고 폭력적인 약육강식의 장면들이 학원물에도 그대로 반영되는 경향이 빈번하기 때문이다.

(3) 청소년의 진로 및 학업 스트레스의 재현

청소년의 진로 및 학업 스트레스의 재현도 방송 콘텐츠에서 자주 등장한다. 표 8-3에서 볼 수 있듯이, 이 재현 사례는 〈학교 2021〉(KBS2) 및 〈라켓소년단〉(SBS)의 긍정적 재현과 〈스카이캐슬〉(JTBC)의 부정적 재현 방식을 대비하여 살펴볼 수 있다.

〈표 8-3〉 청소년의 진로 및 학업 스트레스의 재현

제목	방영일	방송사	내용
학교 2021	2021. 11. 24.~1. 13.	KBS2	입시 경쟁이 아닌 다른 길을 선택한 아이들. 모호한 경계에 놓인 열여덟 청춘들의 꿈과 우정, 설렘의 성장기
라켓소년단	2021. 5. 31.~8. 9.	SBS	청소년 국가대표 탈락의 시련 앞에서도 꾸준히 운동을 이어나가는 청소년들의 도전기

스카이캐슬	2018. 11. 23.~ 2019. 2. 1.	JTBC	대한민국 상위 0.1%가 모여 사는 SKY 캐슬 안에서 남편은 왕으로, 제 자식은 천하제일 왕자와 공주로 키우고 싶은 명문가 출신 사모님들의 처절한 욕망을 샅샅이 들여다보는 리얼 코믹 풍자 드라마

긍정적인 재현 방식의 이 두 사례는 스포츠 선수들이 실패를 극복하고 도전하는 모습을 보여 준다. 예컨대, 〈학교 2021〉이 태권도 선수의 꿈 앞에서 좌절한 주인공의 도전을 보여 준다면, 라켓소년단의 소년체전 도전기를 다룬 〈라켓소년단〉에서도 청소년 국가대표 탈락의 시련 앞에서도 꾸준히 운동을 이어나가는 청소년들의 능동적이고 자율적인 태도를 재현하고 있다. 이에 대한 평가는 긍정적이다. 즉, 결과만을 중시하는 결과지상주의에서 벗어났고, '갈등 끝 해피엔딩'이라는 기존 청소년 드라마들의 한계에서 벗어났다는 것이다(장수정, 2021. 11. 27.).

이에 비해, 〈스카이캐슬〉의 경우 부모 세대의 사회적 조건과 지위에 일방적으로 영향을 받는 청소년들의 모습이 재현된다. 이 드라마에 등장하는 높은 사회적 지위와 고소득층의 부모들은 수억 원대의 입시 코디네이터를 고용하고 의대 진학을 목표로 자녀들을 강제하고 집착한다. 청소년들의 학업 스트레스는 가출, 도둑질, 학적 속이기 등을 유발한다. 이는 곧 부모 세대의 사회적 조건과 지위에서 영향을 받는 청소년에 대한 사회적 통념을 보여 준다. 물론 실제 입시 현실이 반영돼 있다는 평가도 있지만(이재은, 2019. 1. 27.), 부모 세대의 계급적 속성이 대물림되는 현상에 대한 비판적 시각이 부재하다는 점에서 제한적인 재현의 사례이다.

2) 장애인의 재현 사례 및 특징

(1) 미디어 속 장애인의 재현 방식

그러면, 미디어 속 장애인의 재현 방식은 어떠한 특징을 지니는가? 이와 관련하여 두드러진 두 가지 대비점을 중심으로 구분할 수 있다(설진아·강진숙, 2021: 273~274). 하나는 시혜와 연민의 대상으로 보는 시각이다. 즉 미디어 속 장애인들은 재정적·신체적으로 동정의 대상이거나 비장애인들로 하여금 정서적 차원을 자극하는 연민의 대상으로 재현하는 방식이다.

또 다른 하나는 영웅주의적 시각으로서 장애인들이 병마와 싸워 영웅적 승리를 거두었다는 서사이다. 문제는 이러한 시나리오가 같은 장애인들이 아니라 주로 비장애인들에게 교훈과 반성의 계기를 제공하려는 의도나, 지나치게 과장된 장애 극복의 장면들을 통해 나타난다는 점이다(양정혜·노수진, 2012). 이 두 재현의 방식에서 알 수 있는 것은, 장애인 재현의 중심 주체가 장애인이 아닌 다수자들이며, 장애 요인이 시청자들이나 이용자들로 하여금 이야기에 몰입(강진숙·김동명, 2019)하는 장치로 사용되고 있다는 것이다.

이와 관련하여 반스(C. Barnes, 1992)는 미디어 속 장애인의 전형적 이미지 10가지를 다음 표 8-4와 같이 구분하고 있다. 그것은 불쌍한 사람, 호기심 많은 사람, 악한 사람, 폭력적인 사람, 우스꽝스러운 사람, 슈퍼 장애인 등을 포함한다.

〈표 8-4〉 미디어 속 장애인의 전형적 이미지

차례	유형	차례	유형
1	불쌍한 사람	6	슈퍼 장애인
2	호기심이 많은 사람	7	주인공의 최악의 적
3	악한 사람	8	부담스러운 사람
4	폭력적인 사람	9	성욕이 결여된 사람
5	우스꽝스러운 사람	10	일상생활을 할 수 없는 사람

출처: Barnes, C.(1992). Media Guidelines. In: Pointon, A. and Davies, C. (eds.) (1997) Interrogating Disability in the Media. London: British Film industry. pp.228~233을 재구성.

(2) '슈퍼 장애인'과 '폭력적인 사람'의 재현 사례

'슈퍼 장애인'의 재현 사례로 넷플릭스(Netflix)의 드라마 〈데어데블(Daredevil)〉(2016)에 등장하는 변호사를 들 수 있다. 이 주인공은 아침에는 변호사였다가 밤이 되면 뉴욕을 지키는 자경단 일을 하는 시각 장애인이다(강진숙·김동명, 2019). 이러한 영웅 장애인은 문제의 해결을 초능력으로 극복한다는 점에서 현실 장애인의 재현 방식과 간극이 발생하는 사례이다.

또한 장애인을 '폭력적인 사람'으로 재현한 사례도 있다. 정신장애인을 차별, 왜곡했다는 비판이 제기되었던 SBS 월화드라마 〈여우각시별〉(연출 신우철)의 사례는 조현병 당사자를 폭력적이거나 미숙한 존재로 재현해서 문제가 되었다. 예컨대, 조현병 당사자가 잠시 약을 먹지 못했다고 공항 직원을 폭행하거나 조현병 당사자를 미숙한 존재로 표현한 장면 등이 실제 조현병 당사자와 다르다(장슬기, 2018. 10. 12.)는 지적이다.

그 단서로서 공항 직원이 조현병 당사자를 찾아 라운지를 뛰어다닐 때 나온 '무겁고 음산한 배경 음악', 31살의 성인을 어린아이로 묘사하는 장면, 노란색 옷을 입혀 '미성숙한' 존재로 재현했다는 점 등이 제시되었다. 그 밖에도 미디어 속 장애인의 이미지를 부정적인 측면에서 재현한 사례들이 있다. 예컨대, JTBC 드라마 〈라이프〉는 지체장애인을 재현하며 "자신의 장애는 벌 받은 것"이라고 표현하며 장애를 부정적이고 죄스럽게 묘사하고 있다.

(3) 소수성과 '보통 사람'의 재현 사례

장애인을 동정과 연민의 대상이나 영웅적 서사의 대상이 아니라 장애인의 소수성을 재현하는 사례도 있다. 소수성은 표준 척도에서 벗어나 차이 그 자체의 다양한 가치들을 실천하고 긍정적인 관계들을 형성하는 힘이다.

이와 관련된 사례로 ENA 드라마 〈이상한 변호사 우영우〉(이하 〈우영우〉)를 들 수 있다. 자폐 스펙트럼 장애를 가지고 있는 주인공 우영우(박은빈)는 의사소통 능력은 약하나 암기력이 뛰어난 천재 변호사로 대형 로펌에 취직하면서 겪는 사건들을 보여 준다. 기존의 작품들에서 보여 준 등식인 '자폐 스펙트럼 장애=서번트 증후군=천재'는 이 드라마에서도 반영된다(이혜인, 2022. 7. 13.)는 점에서 전형성의 한계를 지닌다. 영화 〈그것만이 내 세상〉의 천재 피아니스트, 드라마 〈굿닥터〉의 천재 소아외과 전문의 등이 이에 해당한다. 여기서 주목할 것은 천재성이 장애인의 소수성을 드러내는 특이성이 아니라 극적 장치로서 비장애인들의 몰입에 소구하는 속성이라는 점이다. 앞의 '슈퍼 장애인'의 전형적 이미지처럼 장애를 천재성으로 치환할 때 장애는 현실과 달리 초능력과 두뇌에 의해 극복 가능한 것으로 오인할 수 있기 때문이다.

그럼에도 불구하고, 〈우영우〉에는 장애인의 전형적 재현을 넘어서는 요소들이 많다. 장애인인 주인공의 활동공간을 사무 공간이자 일상 공간으로 옮겨왔고(이혜인, 2022. 7. 13.), 일상의 차별과 문제에 대한 장애인의 능동적인 대응뿐 아니라 비장애인들과의 협력관계를 유지하는 모습을 보여 주고 있기 때문이다. 예컨대, 같은 자폐 스펙트럼 장애인과의 공감과 대응이나 회전문을 통과하지 못하는 상황의 극복 등은 장애인·비장애인들과의 의사소통과 연대를 보여 준다는 점에서 의미가 있다.

또한 비장애인이라는 다수자의 시각에서 낯선 존재임을 숨기지 않으면서도 동시에 장애인의 예술적 재능과 목소리를 재현하는 방식이다. tvN 드라마 〈우리들의 블루스〉에는 실제 장애인 배우가 등장해 다운증후군을 연기하였고, 그 이미지는 슈퍼 장애인이 아닌 성깔 있고 화내는 '보통 사람'으로 재현되었다. 다운증후군인 영희는 '불쌍한 사람'이나 '우스꽝스러운 사람'이 아니다. 하지만, 이 드라마 속 비장애인 남성은 만나자마자 얼어붙은 채 이렇게 말한다. "내가 영희 누나 보고 놀랐어. 그런데 나는 그럴 수 있죠. 다운증후군을 처음 봤어요. 그게 잘못됐다면 미안해요. 그런 장애가 있는 사람을 볼 때 어떻게 해야 하는지 학교·집 어디에서도 배운 적 없어요. 그래서 그랬어요. 다시는 그런 일 없어요."(tvN 드라마 〈우리들의 블루스〉 정준의 대사)

이러한 비장애인의 대사는 현실감을 준다. 실제로 난민이나 이주민에 대한 선주민들의 부정적 반응의 이유가 '낯선 존재'라서 이질감을 느낀다는 의견들이 제기된 바도 있다. 영희도 드라마 속뿐 아니라 현실에서도 대중교통을 이용할 때마다 '낯선 존재'로 취급받는 차별적 경험을 했을 것이다. 하지만, 영희는 술도 좋아하고 영옥에게 "나쁜 년"이라고 욕도 하는 '보통 사람'이다(신지민, 2022. 6. 3.). 이 드라마의 장점은 영희를 착하거나 폭력적인 낯선 존재의 전형성이 아니라 '보통 사람'으로 재현하고 장애인 가족의 현실을 드러내고 있다는 점에서 발견된다.

이상에서 살펴본 방송 콘텐츠 속 장애인의 재현 사례 및 관련 방송들을 정리하면 다음 표 8-5와 같다.

〈표 8-5〉 방송 콘텐츠 속 장애인의 재현 사례

제목	방영 일시	방송사	내용
이상한 변호사 우영우	2022. 6. 29. ~ 8. 18.	ENA	천재적인 두뇌와 자폐 스펙트럼을 동시에 가진 신입 변호사 우영우(박은빈 분)의 대형 로펌 생존기
우리들의 블루스	2022. 4. 9. ~ 6. 12.	tvN	삶의 끝자락, 절정 혹은 시작에 서 있는 모든 사람들의 달고도 쓴 인생을 응원하는 드라마
스토브리그	2019. 12. 13. ~ 2020. 2. 14.	SBS	팬들의 눈물마저 마른 꼴찌 팀에 새로 부임한 단장이 남다른 시즌을 준비하는 뜨거운 겨울 이야기
초면에 사랑합니다	2019. 5. 6. ~ 6. 25.	KBS2	얼굴도 모르는 남자와 얼굴을 속이는 여자의 아슬아슬 이중생활 로맨스
오늘도 안녕	2019. 4. 18. ~ 4. 18.	KBS2	(단막극) 발달장애를 가진 인우를 중심으로 그 가족과 주변인의 시각에서 일어나는 에피소드를 다룬 드라마
여우각시별	2018. 10. 1. ~ 11. 26.	SBS	비밀을 가진 의문의 신입과 애틋한 사연을 가진 사고뭉치 1년 차가 인천공항 내 사람들과 부딪치면서 서로의 결핍과 상처를 보듬는 휴먼 멜로
라이프	2018. 7. 23. ~ 9. 11.	JTBC	지키려는 자와 바꾸려는 자의 신념이 병원 안 여러 군상 속에서 충돌하는 의학 드라마
키스 먼저 할까요	2018. 2. 20. ~ 4. 24.	SBS	성숙한 사람들의 서툰 멜로
라디오 로맨스	2018. 1. 29. ~ 3. 20.	KBS2	휴먼 로맨스 드라마

3) 노인(여성)의 재현 사례 및 특징

(1) 미디어 속 노인의 재현 방식

미디어 속 노인의 재현 사례는 어떠한 특징을 지니는가? 노인은 연령별 기준으로 표준 척도이자 다수자인 젊은이에 비해 소수자의 위상을 지닌다. 누구나 소수자가 될 수밖에 없는 것은 나이 듦의 상황이 누구에게나 동일하게 찾아오기 때문이다. 미디어 속 노인의 이미지 재현 방식은 이러한 유한자로서의 나이 듦을 바라보는 세계관과 관점에 따라 상이하게 나타난다.

미디어 속 노인의 재현 방식을 정리하면 크게 세 가지로 압축된다(설진아·강진숙, 2021: 229~230). 우선, 노인의 이미지를 '사회적 약자'나 '소외계층'으로 재현하는 방식이다. 미디어 속 노인은 가족을 위한 희생의 대상이나 약자로 한정하며, 노인 삶의 다양성을 동일화하는 것이다. 이것은 스마트폰이나 인터넷을 이용하지 못하는 기술적 소외계층으로서 희화화되는 장면에서도 나타난다.

두 번째로, 노인 여성을 탈성화된 존재로 재현하는 방식이다. 즉, 미디어 속 노인 여성은 남편과의 갈등 관계나 고부간의 문제에 천착하거나 천진한 아이 모습의 이미지가 강조되면서 '무(無)성적' 존재로 묘사되는 것이다. 이것은 나이 듦을 다양한 현상 중 하나로서 존중하기보다 신체적 노화로 간주하는 다수자의 사회적 통념이 작동한 까닭이다.

마지막으로, 노인을 완고한 권위주의자나 일탈적인 존재로 재현하는 방식이다. 즉 미디어 속에서 노인 남성과 노인 여성은 재력이나 권세를 지닌 완고한 권위주의상으로 묘사되거나 가부장제의 가족관계와 위계를 표출하는 인물로 재현되는 모습으로 나타난다.

이상의 세 가지 재현 방식은 현실의 다양한 노인 모습을 전형적인 재현의 방식으로 고착하는 문제를 야기한다. 즉 복잡 다양한 노인의 정체성을 하나의 방향으로 고정한 채 다른 계층과의 갈등이나 사건 전개를 위한 장치로 배치되는 경우가 빈번히 나타나는 것이다.

이상의 내용을 도식화하면 다음 표 8-6과 같다.

<표 8-6〉 미디어 속 노인(여성)의 재현 방식

재현 방식	특징
'사회적 약자'나 '소외계층'	• 가족을 위한 희생·헌신 • 기술적 소외계층
탈성화된 존재	• 남편 및 고부간의 갈등 관계 부각 • 신체적 노화 강조 • 무(無)성적인 천진한 아이 이미지
완고한 권위주의자나 일탈적인 존재	• 재력이나 권세를 지닌 완고한 이미지 • 가부장제의 가족 위계 강조

(2) 방송 콘텐츠 속 노인(여성)의 재현 사례 및 특징

그러면, 방송 콘텐츠 속 노인(여성)의 재현 사례는 어떠한 특징이 있는가? 방송 콘텐츠들 중에서도 노인 재현의 두드러진 사례를 정리하면 다음 표 8-7과 같다.

〈표 8-7〉 방송 콘텐츠 속 노인(여성)의 재현 사례

제목	방영 일시	방송사	내용
세상에서 제일 예쁜 내 딸	2019. 3. 23. ~9. 22.	KBS2	전쟁 같은 하루 속에 애증의 관계가 돼 버린 네 모녀의 이야기를 통해 이 시대를 힘겹게 살아 내고 있는 모든 엄마와 딸들에게 위로를 전하는 드라마
하나뿐인 내 편	2018. 9. 15. ~2019. 3. 17.	KBS2	28년 만에 나타난 친부로 인해 인생이 꼬여 버린 한 여자 와 정체를 숨겨야만 했던 그녀의 아버지가 '세상 단 하나뿐인 내 편'을 만나며 삶의 희망을 되찾아 가는 드라마

쇼핑왕 루이	2016. 9. 21. ~11. 10.	MBC	팔십의 나이에도 킬힐을 신고 자신만의 철학이 투철한 기업 경영자 출연
눈이 부시게	2019. 2. 11. ~3. 19.	JTBC	주어진 시간을 다 써 보지도 못하고 잃어버린 여자와 누구보다 찬란한 순간을 스스로 내던지고 무기력한 삶을 사는 남자, 같은 시간 속에 있지만 서로 다른 시간을 살아가는 두 남녀의 시간 이탈 로맨스
디어 마이 프렌즈	2016. 5. 13. ~7. 2.	tvN	나문희·윤여정·고두심·박원숙·신구·주현·김영옥 등 쟁쟁한 중견 배우들이 중심이 된 노년의 인물들을 조명

① 부정적인 노인 재현의 사례

우선, 방송 콘텐츠 속 부정적인 노인 재현의 사례를 보면, 〈세상에서 제일 예쁜 내 딸〉(KBS2), 〈하나뿐인 내 편〉(KBS2), 〈쇼핑왕 루이〉(MBC, 2016) 등을 들 수 있다.

차례대로 살펴보면, KBS2의 〈세상에서 제일 예쁜 내 딸〉은 전쟁 같은 하루 속에 애증의 관계가 돼 버린 네 모녀의 이야기를 통해 이 시대를 힘겹게 살아 내고 있는 모든 엄마와 딸들에게 위로를 전하는 드라마이다. 이 드라마의 주인공 박선자(김해숙 분)는 극을 주도하는 위치에서 기존의 주변적 역할에서 벗어난다. 기존의 방송 콘텐츠 속 노인은 갈등 관계를 형성하거나 주변적 위치에서 관조적 역할을 하던 관행과 차이점은 존재한다. 그럼에도 불구하고, 기존의 가족드라마가 답습하던 남편과 자식에게 헌신적인 '어머니의 모습'만 형상화할 뿐이었다(김상경, 2020. 2. 9.). 즉, 노인 여성의 전형적인 이미지인 가족관계 속의 희생과 헌신의 이미지는 이 드라마에서도 그대로 답습하는 경향을 보이고 있는 것이다.

KBS2의 드라마 〈하나뿐인 내 편〉은 40%의 시청률을 기록하며 종영하였다. 대기업 창업주이자 치매 노인인 박금병(정재순)이 등장한다. 드라마의 주 내용은 28년 만에 나타난 친부로 인해 인생이 꼬여 버린 한 여자와 정체를 숨겨야만 했던 그녀의 아버지가 '세상 단 하나뿐인 내 편'을 만나며 삶의 희망을 되찾아 가는 것이다. 이 드라마의 주인공이 기존의 노인 이미지와 다른 점은 주인공이 대기업 창업주로서 신체적·경제적 돌봄과 부양의 대상에서 벗어나 있다는 점이다(양선희, 2020). 하지만, 사회적 지위와 조건에도 불구하고 치매 질병을 부각하며 며느리에 대한 욕설("첩년")과 머리를 쥐어뜯는 폭력적인 행동을 하는 한편, 참다못한 가족들은 박금병을 요양병원으로 보냈다.

이러한 일련의 재현 사례는 치매 노인의 현실 모습을 반영했을 수 있지만, 사건의 해결 과정에서 노인 여성의 주체적 대응이나 행동은 찾아보기 어렵다. 드라마 속 치매 노인의 모습이 가해자 혹은 피해자 극단을 오가면서 '선택적 치매'란 비난이 쏟아진 것도 이와 유사한 맥락이다(이유진, 2019. 3. 18.). 이는 앞에서 살펴본 미디어 속 노인의 재현 방식 중에서도 노인을 완고한 권위주의자나 일탈적인 존재로 재현하는 방식에 속한다. 가족 중에서도 가장 약자인 며느리에 대한 위압적이고 안하무인격 태도는 치매의 변수가 없어도 전형적인 미디어 속 노인 여성의 재현 방식으로 평가할 수 있다.

그 밖에도 MBC의 〈쇼핑왕 루이〉는 팔십의 노인 여성이 킬힐을 신고 자신만의 철학이 투철한 기업 경영자의 역할을 보여 준다. 하지만, 손주나 가족 관계에서는 전형적인 할머니상을 보이고 있다는 점에서 재현의 격차를 나타낸다.

② 긍정적인 노인 재현의 사례

다음으로 긍정적인 노인 재현의 사례를 살펴보면 다음과 같다. JTBC 드라마 〈눈이 부시게〉는 주어진 시간을 다 써 보지도 못하고 잃어버린 여자와 누구보다 찬란한 순간을 스스로 내던지고 무기력한 삶을 사는 남자, 같은 시간 속에 있지만 서로 다른 생애주기에 살고 있는 두 남녀의 시간 이탈 로맨스로 소개된다. 이 사례는 노인의 모습을 주체적으로 재현한 희소가치가 있는 드라마로 평가된다. 타임리프물이라는 최신의 트렌드를 유지하면서도 노인의 삶을 진지하고도 입체적으로 다루었다는 점에서 그렇다(김상경, 2020. 2. 9.). 여기에는 노인의 재현 방식으로는 낯선 판타지 요소와 전형적인 노인 질병의 요소가 현실 공간에서 접속한다. 예컨대, 판타지 요소는 '시간을 되돌릴 수 있는 시계'를 가지고 과거와 현재를 넘나드는 인물로 설정된 것이다. 이에 비해 전형적인 노인 질병의 요소는 알츠하이머로 인해 시간과 공간 상황 따위를 올바르게 판단하는 능력이 저하된 혜자(김혜자 역)의 현실이 앞의 판타지 요소와 연결된 독특한 상황에서 발견된다.

그 밖에도 2016년에 방영된 노희경 작가의 tvN 드라마 〈디어 마이 프렌즈〉를 들 수 있다. 유력한 중견 배우들인 나문희·윤여정·고두심·박원숙·신구·주현·김영옥 등이 복수의 주인공으로 등장하며 노인들의 역동적인 삶을 재현하고 있다. 이 점은 앞에서 살펴본 노인의 전형적 재현 방식과 차이를 보인다. 인생의 황혼기에 접어든 것처럼 보이지만, 여전히 웃음과 개성을 잃지 않는 노년의 인물들을 긍정적으로 비추고 있기 때문이다. 다만, 지적되는 것은 현실과 드라마 속 노인상의 불일치에 관한 것이다. 65세 이상 노인 자살률, 노인 빈곤율 1위 국가 대한민국에서 경제적으로 안정된 주인공들의 노년은 동화에 가깝다는 것이다(이유진, 2019. 3. 18.). 이러한 지적은 앞에서 본 〈눈이 부시게〉 속 노인 여성의 재현 방식에도 적용된다.

요컨대, 이 두 드라마의 함의는 기존의 미디어 속 노인들의 전형적인 이미지들을 탈피하여 다양한 노인 재현의 방식을 시도하고 있다는 점이다. 지금까지 일반적으로 미디어 속 노인 재현의 방식이 약자이자 소외계층, 헌신과 희생의 탈성화된 노인 여성, 그리고 가부장제의 권위적이고 가족 위계적인 모습 등으로 획일화되어 온 게 사실이다. 비록 드라마의 판타지 요소와 노인 질병의 요소들이 불안정하게 결합되어 재현된다고 해도, 이러한 시도는 견고한 노인에 대한 사회적 편견과 선입견을 약화시킬 수 있는 단초가 될 수 있다. 소수자 되기의 실천은 시나리오 작가와 제작진의 노인 재현의 다양성을 추구하는 과정에서 빛을 발할 수 있기 때문이다.

3. 소수자 미디어 리터러시 역량 개발 및 교육

그러면, 미디어의 소수자 재현에 대한 대안적 방안은 무엇인가? 여기서는 미디어의 소수자 재현에 대한 대안적 방안을 모색하기 위해 소수자 미디어 리터러시 역량 개발 및 교육 방향을 살펴보고자 한다.

1) 미디어 리터러시의 개념 및 구성 요소

어린이와 청소년의 미디어 리터러시 역량은 이용 능력의 측면에서 다른 세대 계층에 비해 앞선 수준을 나타낸다. 디지털 네이티브로서 유아기부터 청소년기까지 디지털 미디어를 이용하는 습관이 체득된 상태이기 때문이다. 하지만, 기능적 미디어 이용 능력 외에 비판적 이해나 성찰의 측면에서는 한계를 지닌다. 미디어의 기능적 숙련성이 미디어 콘텐츠의 선별과 비판적 활용 능력을 보장하지는 않기 때문이다.

이러한 점에서 어린이 및 청소년의 미디어 리터러시 교육은 다양한 미디어를 활용해 자신의 고유한 미디어 리터러시 역량을 개발하고, 능동적이고 창의적인 주체로 살아가도록 하기 위한 전인교육의 한 과정이다(설진아·강진숙, 2021: 180). 〈유엔아동권리협약〉 제17조에 의하면, 어린이들은 미디어 교육을 받을 권리를 가지고 있다. 스마트폰에 대한 과의존증이 점차 저연령화되고 있다는 점을 고려할 때, 어린이 미디어 교육은 점차 중요해지고 있음을 알 수 있다. 또한 청소년의 경우 디지털 미디어는 학업과 수면 시간을 제외하고 가장 많은 시간을 할애하고 있다. 즉 미디어는 생활의 필수적인 생활양식이자 문화 형성의 핵심이 되고 있는 것이다(설진아·강진숙, 2021: 192). 따라서 어린이와 청소년들의 미디어 선용을 위해서는 미디어 리터러시 역량을 개발할 수 있는 미디어 리터러시 교육이 체계적으로 제공되어야 한다.

그러면, 미디어 리터러시 역량과 구성 요소는 어떻게 정의되는가? 우선, 미디어 리터러시의 정의는 다양한 이론가 및 기구를 통해 제기되어 왔다. 이를 정리하면 다음 표 8-8과 같다.

<표 8-8> 미디어 리터러시의 개념 유형과 정의

개념 유형	정의	이론가/기구
미디어 리터러시 (media literacy)/ 미디어 능력 (media competency)	시민들이 미디어에 접근하고, 미디어를 비판적으로 이해하며, 상호작용할 수 있는 기술적·인지적·사회적·시민적·창의적 능력	유럽위원회 전문가 그룹(The European Commission Expert Group, 2016)
	다양한 맥락에서 미디어와 소통을 이해하고 창조하는 능력	영국 통신규제기구 Ofcom
	미디어를 비판적으로 이해하고, 능동적으로 이용하며, 혁신적·창의적으로 구성/제작할 수 있는 능력	Baacke, 1996 Schorb, 1997
디지털 리터러시 (digital literacy)	컴퓨터를 통해 제공된 다양한 형태의 정보를 이해하고 이용하는 능력	Gilster, 1997
정보 리터러시 (information literacy)	컴퓨터 능력을 향상시키는 능력	Horton, 1983, p.16
	디지털 정보를 효과적이고 비판적으로 접근하고 평가하는 능력	UNESCO, 2013, p.29
사이버 리터러시 (cyber literacy)	인터넷에서의 소통과 참여 능력	Gurak, 2001

출처: 강진숙·배현순·김지연·박유신(2019). 미디어 리터러시 교육과정 운영을 통한 시민 역량 제고 방안 연구. 2019년 교육부 정책연구보고서, 8쪽 재구성.

표 8-8에서 알 수 있듯이, 미디어 리터러시는 이론가 및 기구별로 다양한 개념 유형 및 정의를 제시하고 있다. 개념 유형은 미디어 리터러시 외에도 디지털 리터러시, 정보 리터러시, 그리고 사이버 리터러시 등이 사용되고 있다. 이 중에서 미디어 리터러시의 정의를 보면, "시민들이 미디어에 접근하고, 미디어를 비판적으로 이해하며, 상호작용할 수 있는 기술적·인지적·사회적·시민적·창의적 능력"(유럽 위원회 전문가 그룹(The European Commission Expert Group, 2016)이나 "다양한 맥락에서 미디어와 소통을 이해하고 창조하는 능력"(영국 통신규제기구 Ofcom), 그리고 "미디어를 비판적으로 이해하고, 능동적으로 이용하며, 혁신적·창의적으로 구성, 제작할 수 있는 능력"(Baacke, 1996; Schorb, 1997) 등으로 언급된다.

이와 함께 미디어 리터러시의 구성 요소를 살펴볼 수 있다. 이 구성 요소는 미디어 리터러시 역량을 세분화하여 미디어 리터러시 교육과정에서 어떠한 핵심 역량을 개발할 것인지, 나아가 학교 교육과정에서 과목별 성취 기준을 어떻게 도출할 것인지 단초를 제공한다. 이 때문에 교육목표에 따라 미디어 리터러시 역량 속에서 서로 다른 구성 요소들을 세분화하는 것은 교육 성취를 위해 중요하다. 일반적으로 제기된 미디어 리터러시의 구성 요소들 중 일부를 제시하면 다음과 같다(강진숙·배현순·김지연·박유신, 2019: 9~10).

우선, '유네스코의 교사들을 위한 MIL(Media and Information Literacy) 커리큘럼'은 5개 미디어 리터러시의 구성 요소를 제시하고 있다(UNESCO, 2011). 여기에는 미디어의 역할 및 기능, 미디어 기능의 조건, 미디어 콘텐츠의 비판적 분석 및 평가, 민주적 참여, 문화 간 대화와 학습을 위한 미디어 이용, 그리고 이용자 생성 콘텐츠(User Generated Contents) 제작 능력 등이 포함된다.

또한 '유럽 시청자권익위원회(European Association for Viewers Interests, EAVI)의 피라미드'는 미디어 리터러시의 구성 요소를 환경 요인과 개인 역량으로 이원화하여 구분고 있다(EAVI, 2009). 즉 환경요인은 정보 가용성, 미디어 정책, 교육 및 미디어 커뮤니티 내의 이해관계자의 역할과 책임 등으로 구성된다면, 개인 역량에는 인지 처리 과정, 분석, 의사소통 기술들이 포함된다. 이를 정리하면 다음 표 8-9와 같다.

〈표 8-9〉 유네스코와 유럽 시청자권익위원회의 미디어 리터러시 구성 요소

사례	구성요소	출처
유네스코의 교사들을 위한 MIL(Media and Information Literacy) 커리큘럼	• 미디어의 역할 및 기능 이해 • 미디어 기능의 조건 이해 • 미디어 콘텐츠의 비판적 분석 및 평가 • 민주적 참여, 문화 간 대화와 학습을 위한 미디어 이용 • 이용자 생성 콘텐츠(user-generated content) 제작	UNESCO, Background Paper, 2011: 29

유럽 시청자권익위원회 (European Association for Viewers Interests, EAVI)의 피라미드	• 환경 요인(피라미드 하부): 정보 가용성, 미디어 정책, 교육 및 미디어 커뮤니티 내의 이해관계자의 역할과 책임 • 개인 역량(상부): 인지 처리과정, 분석, 의사소통 기술들	EAVI, 2009

또한 강진숙·배현순·김지연·박유신(2019)은 미디어 리터러시 역량을 6가지 구성요소로 세분화하여 각각의 목표를 설정하고 있다. 이를 도식화하면 다음 표 8-10과 같다.

〈표 8-10〉 6가지 미디어 리터러시 역량의 정의 및 목표

구성 요소	정의	목표
지식	미디어를 통한 지각과 경험으로 체득되는 인지적·정서적 능력	미디어의 구조·기능·기술의 발전 과정과 체계 등의 이해·지식 습득
비평	미디어에 대한 비판적·미학적 성찰을 통한 글쓰기 능력	미디어의 기술적·사회적·문화적 쟁점 및 내용에 대한 사실 검증과 가치판단을 통한 글쓰기 능력 개발
의사소통	미디어를 통해 지식과 정보를 교류하고 의견을 표현할 수 있는 소통 능력	능동적인 사회적 의사소통 참여 위한 표현 방법 및 대화 능력 개발
접근·활용	개인과 집단의 미디어 접근과 활용 능력	미디어의 기술적 사용법, 전문 지식, 콘텐츠의 수용과 질에 대한 접근 및 활용 능력 개발
구성·제작	미디어를 통한 창의적·상호작용적 생산 행위 능력	대안 미디어의 구성과 창의적·미학적 기술의 적용과 제작
참여	미디어를 통한 윤리적인 공동체 참여와 민주시민의 시민성 실천 능력	책임 있는 온라인 공동체 참여, 디지털 시민성을 통한 실천 능력 개발

표 8-10에서 알 수 있듯이, 미디어 리터러시 역량의 구성 요소는 지식·비평·의사소통·접근/활용·구성/제작·참여 등 6가지 핵심 구성 요소로 구분된다. 이러한 구성 요소의 장점은 미디어에 대한 이해와 제작의 기본 능력뿐 아니라 의사소통 및 참여 능력을 포함시켜 디지털 미디어의 양방향 소통과 커뮤니티 참여의 활성화를 꾀하고 디지털 시민성과 같은 실천 역량을 강화하는 데 있다.

2) 소수자 미디어 리터러시 교육 방향

그러면, 소수자 미디어 리터러시 교육의 방향은 어떠한가? 앞에서 살펴보았듯이, 미디어의 소수자 재현은 긍정적 사례도 있지만, 여전히 다수자의 시각 속에서 전형적인 이미지로 묘사되고 있다.

이를 개선하기 위해서는 두 가지 방향을 고려할 수 있다. 하나가 소수자의 미디어 참여를 활성화하는 것이라면, 다른 하나는 다수자와 소수자의 미디어 리터러시 역량 개발과 교육 참여 기회를 확대하는 것이다. 전자가 소수자의 자율적 미디어 실천 활동을 통해 스스로 소수자의 목소리와 사회적 참여 활동을 전개하는 것이라면, 후자는 학교 교육과정과 시민사회 영역 속에서 소수자와 다수자가 참여하는 미디어 리터러시 교육활동을 통해 가능하다. 이러한 맥락에서 소수자 미디어 리터러시 활동 및 교육의 방향 및 목표를 도식화하면 다음 그림 8-1과 같다.

<그림 8-1> 소수자 미디어 리터러시 활동 및 교육의 방향 및 목표

　이러한 두 가지 방향의 미디어 리터러시 교육이 중요한 이유는 미디어의 소수자 재현 방식은 현실의 소수자 인식에도 영향을 미치기 때문이다. 즉 소수자에 대한 미디어 재현 사례에서 알 수 있듯이, 일반적으로 소수자들의 이미지는 표준 척도나 상수인 전형적 이미지를 기준으로 주로 약자나 초능력자, 권위적이거나 폭력적인 인물상처럼 부정적인 방식으로 재현되고 있다.

　이를 개선하기 위해서는 소수자 스스로 미디어를 활용해 사회적 참여와 연대활동을 활성화하고, 미디어 제작 과정에 참여할 방법을 추구하는 것이 중요하다. 소수자 되기의 실천은 미디어 속 어린이와 청소년, 장애인·노인 등의 소수자들을 약자나 소외계층, 보호 대상이나 부정적 이미지로 재현하는 방식을 비판하는 데서 나아가 소수자의 목소리를 낼 때 효력을 발휘할 수 있기 때문이다. 따라서 소수자의 미디어 활동과 미디어 리터러시 교육의 활성화를 통해 미디어의 소수자 재현이나 사회적 소수자에 대한 부정적 인식을 개선하고, 지속적으로 미디어 리터러시 역량을 개발하기 위한 목표들을 실현하는 것은 중요하다.

9장

방송 콘텐츠 리터러시 2: 젠더 재현

나미수

본 장은 방송 콘텐츠에서 젠더가 어떻게 재현되고 있는지 살펴보고 있으며, 특히 방송의 주요 장르인 드라마와 예능 프로그램에 나타난 젠더 문제에 초점을 맞추고 있다. 이를 위해 먼저 젠더 개념에 대한 고찰을 통해, 여성성과 남성성이 단지 생물학적 결과물이 아니라 사회문화적으로 규정된 것이며, 시간적·공간적 맥락에 따라 변화하는 역사적인 개념임을 설명하고 있다. 다음으로 방송 콘텐츠에서 재현되는 젠더 가치와 성별화된 내용들을 알아보기 위해 등장인물의 특성, 여성성 및 남성성의 재현, 성역할 고정관념, 낭만적 사랑에 대한 재현, 모성에 대한 재현을 중심으로 살펴보았다. 방송 콘텐츠의 재현은 대부분 기존의 정형화된 성별 고정관념과 가부장제적 가치를 재생산하고 있는 경우가 많은 것으로 나타났다. 또한 사회 변화 및 여성의 지위 향상과 더불어 새롭고 대안적인 재현이 나타나기도 하였으나, 이러한 변화가 사회의 새로운 흐름이나 소비자의 취향에 부응하는 미디어의 상업적 전략일 수 있으며, 기존의 젠더 관계의 변화를 의미하는 것으로 보기는 어렵다는 점을 고려할 필요가 있다.

1. 방송 콘텐츠에서 젠더 리터러시의 중요성

미디어 리터러시에서 미디어에 대한 비판적인 이해와 해독은 중요한 부분이라 할 수 있다. 본 장에서는 미디어의 비판적 이해와 관련하여 특히 방송 콘텐츠에서의 젠더 재현에 대해 다루고자 한다.

최근 우리 사회에서 성차별·성폭력 등 다양한 젠더 이슈들이 중대한 사회문제로 부각되고 있고, 이와 관련 젠더감수성 혹은 성인지감수성이 핵심적인 화두로 등장하기 시작했다. 미디어 리터러시에서도 젠더 리터러시는 중요한 요소라 할 수 있다. 대중이 사회적 현실을 인지하고 경험하는 데 미디어의 역할과 책임이 막대하다는 점에서, 미디어가 젠더와 관련된 현실을 어떻게 재현하느냐 하는 것은 수용자들의 젠더에 대한 이해와 인식에 큰 영향을 미친다. 즉 미디어의 젠더 재현은 우리 사회의 젠더 구조와 가치를 드러냄과 동시에 이를 재생산하고 공고히 함으로써 수용자의 젠더 사회화에 중요한 역할을 담당한다. 따라서 미디어에서 이루어지는 성차별적인 재현은 수용자에게 성차별적인 고정관념을 학습하고 내면화하는 기제로 작동할 수 있으며, 이를 통해 기존의 남성 중심의 사회질서를 유지, 강화하는 데 기여할 수 있다.

이에 따라 본 장에서는 미디어에서 젠더가 어떻게 재현되는지 살펴보고자 하며, 드라마와 예능프로그램을 중심으로 방송 콘텐츠에 나타나는 젠더의 문제에 초점을 맞추고자 한다. 방송 콘텐츠의 다양한 장르 중에서도 드라마와 예능프로그램은 오락매체로서의 성격이 강한 방송매체의 대표적인 장르라 할 수 있다. 기업으로서의 방송 조직의 입장에서 드라마와 예능은 시청률을 높임으로써 광고수익을 올려주는 데 주요한 역할을 하는 콘텐츠라고 할 수 있으며, 수용자의 입장에서는 휴식과 여가 활동으로서의 시청 목적을 가장 잘 만족시켜 주는 콘텐츠이다. 그만큼 생산자와 수용자 모두의 관심이 집중되는 콘텐츠로서 대중에게 미치는 영향도 크다고 하겠다.

이러한 문제의식을 가지고 본 장에서는 방송 콘텐츠에서 젠더와 관련된 지배적인 의미와 가치가 어떻게 나타나고 있는지, 이러한 젠더에 대한 표상이 갖는 문제는 무엇인지를 알아보고자 한다. 보다 구체적으로는 드라마 및 예능 콘텐츠에서 성별화된 고정관념이나 성역할, 그리고 여성성과 남성성의 이미지 및 이에 대한 정형화된 재현이 어떻게 나타나고 있는지 밝혀 보는 작업이 될 것이다. 이를 통해 젠더와 관련하여 수용자들이 방송 콘텐츠를 보다 비판적인 시각으로 읽고 소비할 수 있도록 하고자 한다. 아울러 방송 콘텐츠에서 젠더 리터리시를 함양하는 것은 우리 사회에서 젠더에 대한 가치, 젠 더 정체성 및 젠더 이데올로기를 정의, 재생산하는 데서 미디어의 역할을 이해하는 데도 도움이 될 수 있을 것으로 생각된다.

2. 젠더 개념에 대한 이해

방송 콘텐츠에서의 젠더 재현의 문제를 다루기 전에 먼저 젠더 개념에 대해 간단히 살펴보고자 한다.

일반적으로 성(性)은 생물학적인 특성에 의해 남녀를 구분하는 용어이다. 그런데 성정체성이 생물학적 특성 외에 사회적 환경이나 문화적인 기준에 의해서도 구성되고 있다는 점에서 젠더는 일반적으로 사회적·문화적 성을 지칭하는 용어로 사용되고 있다. 즉 원래 문법적인 성 구분을 의미하는 단어였던 젠더가 여성주의적 문제의식을 가진 용어로 등장하게 된 것인데, 이러한 젠더 논의의 시작점이 된 것은 프랑스 실존주의 작가인 시몬 드 보부아르(Simone de Beauvoir)가 저술한 『제2의 성』이라는 출간물과 관련된다. 이 책의 제목인 '제2의 성'은 '제1의 성'인 남성에 대해 여성은 부차적인 성이라는 의미로 지어졌다. 이 책에서 저자는 "여성은 태어나는 것이 아니라 만들어진다"고 주장하였는데, 이는 여성성이 여성의 본질이라기보다는 주체인 남성에 대해 여성을 타자화하는 방식으로서 사회적으로 규정되고 강요된 것이라고 본 것이다(배은경, 2012). 이와 같이 젠더의 개념은 남녀의 차이가 생물학적 결과물이 아니라 사회적인 관행에서 비롯된 것으로서, 여성다움과 남성다움이란 생리적인 것이라기보다 사회문화적인 학습과 경험으로 구축되는 것임을 강조하고자 하였다.

이러한 젠더 개념은 시대에 따라, 그리고 여성운동에서 갖는 문제의식의 변화에 따라 그 자체 발전 과정을 밟아 왔다. 이러한 과정을 거치면서 현대 페미니스트 이론에서는 성과 젠더의 구분 자체를 의문시하여 생물학적 성이나 젠더 모두 사회적으로 구성된 것으로 본다. 즉, 성은 자연적인 것이며 젠더는 문화적인 것이라는 전제를 벗어나 생물학적 성과 젠더 모두 문화적인 것으로서(Rakow, 1986), 생물학적 성과 사회적 성은 서로 영향을 미치며 결합되어 있는 것으로 설명한다. 예컨대, 여성의 출산이라는 생물학적 특성은 여성의 사회적 역할 내지는 성역할에 영향을 미치는데, 즉 양육이나 타인을 보살피는 기질과 같은 특성을 여성의 성역할로 규정하게 되는 것이 그 예이다. 출산과 같은 여성의 생물학적 특성과 양육이나 돌봄과 같은 여성의 성역할이 서로 밀접하게 결합되는 것이다. 이러한 성역할은 더 나아가 사회에서 특정 직업을 여성적·남성적 직업으로 구분하거나 혹은 직장 내 여성의 역할, 남성의 역할을 자연스럽게 구분하는 것과도 관련된다.

사회적으로 구성되는 성정체성이라는 개념에서 출발한 젠더 개념은 인간의 성이 자연적 특성만이 아니라 문화적 기준으로도 범주화되며, 인간의 신체적 특성과 사회적 특성은 상호 관련되어 있다고 본다. 또한 여성과 남성 혹은 여성성과 남성성은 우리 사회의 많은 것을 분류, 묘사, 규정하고 이해하는 데 작동하는 기본적인 분류체계로서, 인간의 행동을 조직하고 지배하는 중요한 원칙이며 사회적 관습이나 제도·직업 등 사회 조직과 형성에도 영향을 미친다(박정순, 1987). 따라서 젠더는 이데올로기적이며, 이러한 여성성·남성성에 대한 규정은 고정불변의 것이 아니라 시대와 문화권에 따라 변화되는 역동적인 개념이라고 할 수 있다.

이와 같이 젠더 개념은 시간과 공간, 문화권에 따라 변화하고 다양하게 구축되는 역사적인 특성을 갖는다는 점에서(Cockburn, 1992), 젠더 개념은 역동적이며 권력관계의 성격을 지닌다. 이러한 맥락에서 여성성과 남성성은 고정되거나 보편적이지 않으며, 다양성과 변화 가능성을 갖는다고 하겠다. 그리고 이러한 다양한 여성성과 남성성의 특성은 서로 경쟁하며 시대나 문화에 따라 특정한 속성이 지배적인 여성성 혹은 남성성의 특성이 되기도 하고 종속적인 특성이 되기도 한다.

우리 사회에는 실제로 다양한 여성성과 남성성의 특성이 존재하지만, 지배적인 특성만이 우월하고 이상적인(ideal) 것으로 규정된다. 그리고 현실 사회에서 지배적인 여성성/남성성의 특성을 가지고 있지 않은 여성과 남성은 사회적으로 고립되거나 주변적인 위치에 놓이게 된다. 예를 들어 지배적인 남성적 특성으로 볼 수 없는 여성적인 취향을 가진 남성은 또래 남성 집단에서 조롱을 받거나 놀림거리가 되기도 한다. 그러나 이러한 이상적인 여성성/남성성이 특정한 맥락에 따라 일관되게 적용되지 않는 경우도 종종 있다. 즉 실제 현실에서 이상적인 여성적·남성적 특성을 갖추지 않더라도 그녀의/그의 여성성 또는 남성성이 손상되지 않을 수 있다는 것이다. 예를 들어, 기술적 능력이 지배적인 남성적 특성인 현대사회에서 이러한 능력을 갖추지 않은 남성이라도 이러한 기술을 대신해 줄 사람을 고용할 지위나 경제적 능력이 있다면 남성성은 손상되지 않을 수 있다. 이는 우리 사회에서 경제적 능력이나 사회적 지위 또한 지배적인 남성성의 특성이라는 점과 관련된다. 즉 어떤 사회 또는 특정한 상황에서 무엇이 헤게모니적인 여성성/남성성이 되느냐 하는 것은 항상 종속적인 여성성과 남성성의 관계 속에서 형성되며(Connell, 1987), 이런 점에서 다양한 여성성과 남성성의 특성은 상호 권력관계에 의해 의미의 투쟁을 통해 규정된다.

이와 같이 젠더는 시간적·공간적 맥락에 따라 끊임없이 변화하는 역사적인 개념이라 할 수 있으며, 이런 점에서 여성과 남성, 여성성과 남성성이라는 범주는 고정불변의 것이 아니라 특정한 역사적 상황 속에서 정치적으로 구성된다(Scott, 2018). 즉 젠더는 단순히 성에 따른 특성이나 역할의 집합체 그 이상으로, 특정한 시간적·공간적 상황에서 의미의 경쟁과 협상을 통해 변화해 나가는 사회적·문화적 과정 그 자체라고 할 수 있다.

3. 방송 콘텐츠의 젠더 재현

1) 방송 콘텐츠의 특성

본 절에서는 드라마와 예능프로그램과 같은 주요 방송 콘텐츠에서 젠더에 대한 재현이 어떻게 이루어지고 있는지 살펴보고자 한다.

먼저 드라마는 중요한 텔레비전 장르로서 시청 선호도가 높다는 점에서 주요 시청시간대에 편성되는 경향이 있다. 또한 드라마는 허구적인 구성물이지만, 우리 주변에서 일어나는 일상적인 소재를 다루고 개연성을 높이는 다양한 서사적 장치를 도입하여 시청자를 이야기 속으로 몰입시킨다. 때로는 현실에서 경험하기 어려운 일들을 시청자들이 간접 경험하게 함으로써 판타지와 대리만족을 제공하기도 한다.

드라마의 이러한 특성은 시청자의 관심과 적극적인 반응을 일으킴으로써 때로는 시청자가 드라마에 깊이 개입하는 현상이 나타나기도 한다. 이는 드라마가 단순히 시청자들에게 즐거움을 제공하는 데 그치는 것이 아니라 공통적인 정서나 이슈를 형성하기도 하고, 우리 사회의 규범이나 가치관의 정립에도 영향을 미치기도 한다는 것을 보여 준다. 즉 드라마는 하나의 강력한 사회화 도구가 될 수 있으며, 그만큼 사회적 영향력이 크다는 점을 알 수 있다. 이러한 드라마의 역할에서 주목해야 할 점은 드라마가 하나의 문화상품으로서 상업성의 논리, 즉 가능한 많은 시청자를 확보하여 최대의 이윤을 얻기 위해 보편적인 이야기 구성과 사회의 지배적인 가치를 담는 경향이 있다는 것이다. 이는 드라마가 결과적으로 기존 질서와 체제에 순응하고 이를 재생산하는 이데올로기적 작용을 할 수 있음을 의미한다.

또한 드라마는 이른바 '여성 장르'라고 불릴 만큼 여성들이 선호하는 대표적인 장르라고 할 수 있다. 그것은 여성이 드라마의 주 시청자이기 때문이기도 하지만, 드라마는 여성들이 가장 자주 표상되는 장르이자 여성 수용자의 경험과 상당한 유사성을 갖기 때문이다. 여성의 삶을 주 소재로 하여 다양한 여성상이 제공되는 드라마를 시청하는 여성들은 자신의 일상생활이나 경험을 동원해 이를 수용하면서 즐거움과 의미를 찾는 것으로 보인다. 즉, 드라마에서 구현하는 여성의 이미지나 여성의 현실은 여성 수용자들이 정체성을 형성하고 여성으로서 살아가는 데 지표로 작용할 수 있을 뿐만 아니라, 우리 사회의 여성에 대한 특정한 가치나 고정관념을 형성하는 데도 영향을 미친다고 할 수 있다. 따라서 드라마에서의 젠더 재현의 문제를 살펴보는 것은 매우 의미 있는 작업이 될 것이다.

한편, 방송의 또 다른 주요 장르는 예능 또는 오락프로그램이라고 할 수 있는데, 드라마도 예능에 포함되는 프로그램이라 할 수 있지만, 국내에서는 전통적으로 이 두 프로그램을 구분해 왔다. 예능프로그램은 텔레비전이 대중화되면서 '텔레비전 무용론'의 주요 대상이 되었던 장르로서 방송의 공익성을 저해하는 프로그램이라는 부정적인 이미지를 가지고 있다. 또한 쾌락적이고 비현실적인 내용을 통해 수용자를 탈정치화시키는 기능을 수행한다는 관점에서의 비판도 있어 왔다. 그러나 예능이나 오락을 단지 자본이나 권력에 의해 주입되는 것으로만 볼 것이 아니라, 사회 내 실재하는 다양한 취향과 정서, 욕망을 표출하는 콘텐츠로서 시청자들에게 즐거움을 제공하는 중요한 자원으로 보는 것이 최근의 경향이다(강태영·윤태진, 2002).

예능프로그램은 일반적으로 버라이어티쇼·가요프로그램·토크쇼·퀴즈쇼·코미디 등을 포함하는데, 최근에는 리얼리티 프로그램이 중요한 예능의 트렌드로 자리매김하고 있다. 예를 들어, 리얼 버라이어티 프로그램은 코미디·음악·토크·게임 등이 복합적으로 포함된 버라이어티쇼에 리얼리티를 더하여 변형한 프로그램으로, 연애·결혼·육아·여행·서바이벌 등의 실제 상황에서 임무를 수행하는 과정을 보여 준다(이희승, 2011). 최근의 텔레비전 예능에서 리얼리티 프로그램은 일상적인 소재를 다루고 있는데, 연예인 또는 일반인의 가장 사적인 영역을 보여 줌으로써, 시청자가 출연자와 밀접한 관계가 있는 것처럼 느끼며 스스로 출연자의 삶을 사는 것과 같은 느낌을 받게 된다(임의택·최은경, 2016).

이러한 리얼리티 프로그램은 허구적 재연 양식과 사실적 프로그램이 혼합된 장르(김예란·박주연, 2006)로서, 허구적 내용과 사실의 경계가 모호하다는 특징이 있다. 또한 일상적인 소재를 다룬다는 점에서 수용자들이 자신의 현실 세계를 동원하여 공감과 동일시를 함으로써, 프로그램의 이데올로기적 메시지가 쉽게 전달될 가능성이 있다. 따라서 이러한 예능프로그램에서 재현되는 젠더 가치와 성차별적 내용이 수용자에게 미치는 영향은 크다고 하겠다.

2) 방송 콘텐츠의 젠더 재현

(1) 등장인물의 특성

텔레비전 드라마에서 남녀 등장인물의 특성에 대해 살펴본 연구들은 성별에 따라 등장인물의 나이·학력·직업 등에 차이가 있음을 지적하고 있다. 이러한 차이는 정형화되어 나타나고 있으며, 시대에 따라 조금씩 변화되어 왔다.

1990년대까지 국내 드라마에서 여성 인물은 남성 인물에 비해 젊고, 직업적으로는 전업주부가 가장 많으며, 그 외 대부분 무직이나 비전문 직업인으로 등장함으로써, 교육 수준이나 사회적 지위가 남성보다 낮은 것으로 묘사되었다(송유재, 1990; 이경자, 1986). 1990년대 후에는 드라마에서 여성 인물의 특성이 다양해지고 전문직 여성들이 등장하기 시작했다. 이 시기의 국내 드라마에서 절반 정도의 여성 등장인물이 대학 졸업의 학력을 가지고 있으며, 직업군도 다양해지면서 디자이너·변호사·교수·의사 등 전문직 종사자도 등장하였다(김명혜·김훈순, 1996). 이러한 변화는 드라마가 사회 변화를 반영한다는 점과 관련이 있다고 볼 수 있는데, 2000년대에 들어서면서 우리 사회에서 여성의 사회적·경제적 지위 향상과 함께 드라마 여성 인물의 특성에도 많은 변화가 있는 것으로 나타났다. 즉 여성의 경제활동 참여가 증가하고 교육 수준도 높아지면서, 보다 주체적이고 전문직 여성으로서 일에 대한 열정을 보여 주거나 사회적인 성취를 추구하는 여성 직장인이 주인공으로 등장하기도 하였다.

그러나 이러한 변화에도 불구하고 여성 인물이 주부나 디자이너와 같은 '여성적' 직업에 종사하거나 남성보다 낮은 사회적 지위를 가지는 것으로 묘사되는 경우가 여전히 많은 것으로 나타났다. 2000년대의 드라마에 나타난 남녀 주인공의 직업을 살펴본 연구들에 따르면, 여자 주인공의 직업은 회사원·디자이너·주부가 높게 나타났고, 다음으로 전문직이 많았으나, 다른 직업들은 거의 등장하지 않은 반면, 남자 주인공은 전문직이 높게 나타났고, 재벌·경영진·임원급이 많이 등장하였으며, 중간관리자나 서비스·아르바이트·학생 등 다양한 직업군으로 표현되었다(박은하, 2014; 최연경·강진숙, 2020). 이러한 결과는 여자 주인공이 직업이 있다 하더라도 여성적인 직업에 종사하거나 직급이나 지위가 매우 낮으며 직업의 다양성도 남성에 비해 높지 않은 반면, 남자 주인공은 상당히 전문적이고 직업적인 지위가 높음을 보여 주고 있다.

또한 여성의 사회적 진출의 증가와 함께 드라마에서 여성 인물의 직업적 활동에 대한 묘사가 늘어나고 직업상의 상승도 나타났지만, 가문의 대를 이어 지위를 얻게 되는 여성 CEO 등과 같이 자신의 능력에 의한 성취가 아닌 경우로 묘사되거나, 부도덕하고 권력을 휘두르는 여성 기업인과 같은 부정적인 캐릭터로 등장하는 경우가 많이 있었다(한국여성민우회, 2010). 이는 드라마에서 직업을 가진 여성 인물이 늘어나고 전문직 여성도 증가했다 하더라도, 인물의 배경이나 화려한 겉모습을 보여 주는 장치로 사용되는 데 그치고 있다는 한계를 보여 주는 것이라 할 수 있다. 즉 사회 변화와 함께 드라마의 여성 인물의 특성이 달라지고 있지만 이러한 인물의 변화는 매우 제한적이며, 등장인물의 특성이 성별에 따라 여전히 정형화되어 나타나고 있다고 하겠다.

한편, 토크쇼나 관찰 예능과 같은 예능프로그램의 경우 등장인물은 진행자나 출연자 또는 초대 손님 등을 통해 살펴볼 수 있다. 이들 출연자의 성별에 따른 등장 비율이나 역할을 살펴본 연구(한국양성평등교육진흥원, 2020)에 따르면, 먼저 예능프로그램에서 전체 출연자의 성비는 남성이 여성보다 1.7배 이상 많은 것으로 나타났다. 이는 〈놀면 뭐하니?〉(MBC), 〈런닝맨〉(SBS), 〈나 혼자 산다〉(MBC), 〈1박 2일〉(KBS) 등 국내 대표적인 지상파 예능프로그램부터 종편과 케이블 예능프로그램(JTBC 〈팬텀싱어〉, 채널A 〈하트 시그널〉, tvN 〈대탈출〉 등)을 포함한 18개의 다양한 유형의 프로그램을 분석한 결과로 여성 출연자의 비율이 40%를 넘지 못하는 특징을 보여 주고 있었다.

예능프로그램에서 등장 비율뿐만 아니라 어떤 역할을 수행했느냐에 있어서도 성별에 따른 차이가 나타났는데, 주 진행자나 고정 출연자의 경우 남성의 비율이 각각 87.5%, 83.2%로 압도적으로 높았고, 보조 진행자나 보조 출연자 혹은 초대 손님의 경우는 남성이 각각 60%, 59.6%로 성별에 따른 차이가 크지는 않았지만, 여전히 남성 비율이 높았다(한국양성평등교육진흥원, 2020). 프로그램의 핵심적인 인물이라 할 수 있는 주 진행자나 고정 출연자의 역할에서는 남성의 비중이 훨씬 높은 반면, 보조 진행자나 보조 출연자의 경우에는 성별 차이가 줄어드는 이러한 결과는 예능프로그램이 남성중심적이며, 여성은 주변적·보조적 역할에 머물러 있음을 보여 주는 것이라 하겠다. 이러한 성별화된 특성은 출연자의 직업군을 통해서도 드러나는데, 방송인이나 전문 진행자의 경우에는 남성이 여성보다 2배 이상 많은 반면, 일반 시청자는 여성이 남성보다 3배 정도 많은 것으로 나타났다. 앞서 살펴본 등장인물의 역할에서와 마찬가지로, 출연자의 직업군에서도 남성은 대부분 예능프로그램을 주도하는 인물로 등장하고 있음을 알 수 있다. 이에 비해 여성은 프로그램을 소비하는 인물로서의 비중이 높다는 점에서 등장인물의 성별 불균형은 양적으로 뿐만 아니라 질적으로도 나타나고 있음을 알 수 있다.

(2) 여성성 재현

텔레비전 드라마에 나타나는 여성성·남성성에 대한 연구들은 드라마가 성별 이미지를 정형화시키고 있다는 점을 밝히고 있다. 앞서 등장인물의 특성에서도 언급했듯이, 드라마 속 여성성은 시대의 흐름에 따라 변화되어 왔는데, 드라마에서 여성의 삶이 소재가 되기 시작한 1970년대의 여성 이미지는 한국 전통의 여인상을 주인공으로 하여 운명에 순응하는 순종적이고 순애보적인 이미지나 자기희생을 미덕으로 삼는 여성이 주로 등장하였다(예를들어, TBS 〈아씨〉, KBS 〈여로〉 등). 1980년대에는 가부장제가 약화되어 가는 시대상 속에서 전통에 순응하지도, 완벽하게 독립적이지도 못하는 이중적인 여성의 이미지가 나타나기도 하였고(예를 들어, MBC 〈사랑과 야망〉), 1990년대에는 여성의 사회활동 참여 욕구가 반영되면서 당차고 씩씩한 여성상이 등장하기도 하였다(예를 들어, SBS 〈모래시계〉, MBC 〈아들과 딸〉 등)(윤진석, 2015). 그러나 1990년대 이전의 국내 드라마에 나타나는 여성의 이미지는 전통적인 여성상이 지배적이며, 수동적이고 의존적이거나 희생적인 존재로서 묘사되고 있는 경우가 대부분이었다(남명자, 1984; 이경자, 1986; 최상진, 1995). 즉 이 당시 드라마 속 여성들은 가정을 지키는 전통적인 성역할이나 현모양처상이 강조되어 다양한 여성상을 보여 주지 못하고 가부장적인 고정관념을 드러내고 있는 것으로 보인다.

그러나 2000년대에 들어서면서 사회 변화와 함께 여성의 교육 수준이 높아지고 사회 진출과 경제활동이 증가하기 시작하였으며, 이는 드라마의 여성성에도 많은 변화를 가져오게 되었다. 예컨대, 여성이 주인공으로 등장하는 드라마들에서 독립적이고 주체적인 여성상이나 사회적인 성취나 일에 대한 열정을 보여 주는 여성 주인공이 나타났다(예를 들어, KBS 〈직장의 신〉). 또한 여성이 중심이 되는 사극들도 많이 등장하였다(예를 들어, MBC 〈대장금〉, 〈선덕여왕〉, 〈동이〉).

특히 이 시기에는 드라마 속 여성 주인공들이 가부장적인 질서에 저항하는 모습을 보여 주거나, 때로는 여성 자신의 성적인 욕망을 표출하기도 하였으며, 전통적인 가족 형태가 해체되고 남성의 개입 없이 여성들이 주체적으로 행동하는 대안 가족의 여성 등이 묘사되었다(예를 들어, MBC 〈결혼하고 싶은 여자〉, 〈내 이름은 김삼순〉, 〈여우야 뭐하니〉 등)(김훈순·김미선, 2008). 이러한 드라마에서는 기존의 성·사랑·결혼의 전통적인 가치에 도전하거나 순결 이데올로기를 폐기하는 등 새로운 시도가 나타났다. 또한 성별 고정관념에서 벗어나 성 차별에 문제를 제기하는 여성이나(MBC, 〈신입사관 구해령〉), 여성들 간의 연대를 드러내기도 하고(KBS2, 〈착하지 않은 여자들〉), 드라마에서 흔히 나타나는 '여적여(여자의 적은 여자)'의 전형적인 구도를 벗어나 여성들이 서로의 다름을 이해하고 긍정적인 관계를 보여 주는 여성상(JTBC, 〈멜로가 체질〉)이 등장하면서, 다른 여성들과 공동의 목적을 이루려고 노력하는 모습을 보여 주기도 하였다(한국양성평등교육진흥원, 2020).

이러한 변화는 우리 사회에서 여성의 경제활동 증가와 사회적 지위가 향상되었다는 점뿐만 아니라 가족 형태의 다양화 및 이혼율의 증가와 같은 새로운 흐름에 따라 드라마의 여성 등장인물의 유형도 달라지고 있음을 보여 주는 것이라 하겠다. 이러한 여성 인물들은 기존의 전통적인 여성상에서 벗어나 진취적이고 적극적인 사회활동을 통해 자신의 일을 삶의 주요한 부분으로 인식하는 것으로 나타났다. 또한 기존의 성 고정관념을 탈피하여 다양하고 대안적인 여성 인물들의 등장은 남성중심적 사회질서에 도전하는 새로운 여성상을 제시한다는 의미가 있다.

그러나 이러한 변화와 함께 여성성의 묘사가 다양화되었다는 평가와 동시에 여전히 드라마가 정형화된 성별 이미지와 가부장적인 가치를 재생산하고 있다는 비판도 제기되었다. 예컨대, 변화된 여성상으로서 주체적이고 적극적인 여성 주인공이 등장하였지만, 이러한 여성 인물의 특성은 종종 갈등을 일으키거나 가족의 화합을 해치는 요인으로 묘사되고 있다. 즉 자신의 성취와 욕망을 중시하고 가족을 위해 희생하지 않는 여성은 비난을 받거나 부정적인 시선으로 재현된다. 이때 갈등이나 문제의 해결은 가부장적인 가치의 변화나 가족구조의 개선을 통해서가 아니라 여성 인물의 욕망을 부정하거나 진취적이고 도전적인 개성을 억누름으로써 이루어지는 것으로 묘사된다(나미수, 2019). 따라서 2000년대 이후의 드라마들은 이혼녀, 미혼모, 연상 연하 커플, 전문직 여성 등 다양한 인물의 등장과 함께 가부장적인 고정관념에 저항하는 적극적이고 독립적인 여성성이 나타나고 있지만, 기존의 정형화된 여성성도 여전히 재현되면서 복합적인 양상을 보이고 있다고 할 수 있다.

이와 같이 드라마의 여성성이 시대에 따라 변화되면서 기존의 전통적인 여성성을 벗어나 다양하고 대안적인 여성 이미지가 등장함과 동시에 가부장적인 성역할 역시 공존하고 있음을 알 수 있다. 이와 관련, 최근의 드라마에서 나타나는 변화된 여성의 모습이 본질적인 젠더 의식의 변화인지 혹은 사회의 새로운 흐름에 부응하는 미디어의 상업적 의도인지에 대해서 생각해 볼 필요가 있다고 하겠다.

드라마에서 재현된 전형적인 여성성은 예능프로그램에서도 나타나는데, 가상 결혼을 소재로 한 리얼리티 프로그램 〈우리 결혼했어요〉(MBC)에 대한 한 연구(임성은, 2015)에서 여성 출연자는 가부장적 시선을 통해 여성에게 요구되는 아름다움을 강조하고, 성격 역시 순종적이고 긍정적이며 배려심 있는 전통적인 여성성을 보여 주고 있는 것으로 나타났다. 이는 남성 출연자의 경우 신중하고 자상하며 관대한 면모를 강조하는 것과는 대조적인데, 이러한 남성성 역시 전통적인 이미지를 드러내고 있다는 점에서는 여성성의 묘사와 마찬가지라 할 수 있다.

또한 예능프로그램에 나타난 성차별 문제를 분석한 보고서에 따르면, 예능에서 웃음을 제공하는 소재로서 외모를 비하하거나 조롱하는 경향이 높게 나타났다(한국양성평등교육진흥원, 2020). 즉 여성 출연자의 외모나 신체적 특성 또는 옷차림을 웃음거리로 삼는 경우가 많았는데, 여성의 가치를 외모만으로 축소하여 평가하고 판단하는 것은 유머가 아닌 차별이라고 볼 수 있다. 또한 가요프로그램이나 토크쇼 등에서 여성 가수를 '섹시퀸', '군통령', '트로트 여신' 등으로 호명하기도 하는데, 이는 가수라는 직업적 역할수행과는 상관없이 그들의 여성성에만 초점을 맞추어 이를 부각시키는 것으로 분석되었다. 특히 아이돌 여성 가수의 경우 여성성의 정점으로서 애교를 강요하는 경우를 종종 볼 수 있는데, 이는 SBS 〈런닝맨〉 등과 같은 지상파 주요 예능프로그램에서 자주 나타나고 있다. 위의 보고서는 이러한 프로그램에서 연상의 남성 MC들과 어린 여성 출연자라는 명백한 권력 구도 속에서, 성인 여성에게 유아적인 연약함을 부각시키는 애교를 여성적인 매력으로 표현하는 것은 여성성에 대한 고정관념을 드러내는 것이라는 점을 지적하였다. 이와 같이 예능프로그램에서 출연자를 각자의 개성이나 직업적 능력(예컨대, 가창력이나 연기력)이 아닌 성별화된 이미지를 통해 보여 줄 때 잘못된 성별 고정관념을 강화시킬 우려가 있다는 점을 인식해야 할 것이다.

(3) 남성성 재현

드라마에 나타나는 여성성에 대한 논의와 함께 남성성에 대한 연구도 이루어져 왔다. 미디어의 성별 이미지 재현에 대한 연구는 여성운동과 더불어 관심을 받으면서 주로 여성성에 초점이 맞춰져 옴에 따라, 남성성은 훨씬 뒤늦게 주목을 받았다. 국내에서 남성성에 대한 학문적 관심은 1997년의 경제 위기에 따라 가장이자 경제 부양자로서 남성의 정체성이 흔들리게 되면서 시작되었다(김수아·최서영, 2007). 따라서 국내에서는 2000년대 이후에 미디어의 남성성 재현에 대한 연구가 본격적으로 이루어졌다.

우리 사회에서 전통적인 남성성의 특성은 유교적인 가부장 문화의 영향으로 체면이나 책임감·엄격함 등이 주류를 이루고 있으며, 근대화 과정을 거치면서 가계 부양자로서의 정체성이 남성성의 중요한 특성이 되었다(조한혜정, 1993). 2000년대 이전의 드라마 속 인물의 특성을 보면 이러한 정형화된 남성성이 잘 나타나고 있다. 예를 들어, 여성이 '용모가 단정하다'거나 '날씬하고 매력적이다', '감정적이고 낭만적이다'와 같이 장식적이거나 감성적인 특성이 강조되는 반면, 남성은 '직업적 열망과 야심이 있다', '능동적이고 권위적이다', '속이 넓고 소탈하다', '현실적이고 합리적이다' 등과 같이 직업적 성취나 기능적인 측면이 강조되어 나타났다(여성부, 2002). 이는 여성과 남성에 관한 일반적인 고정관념이 드라마에서 그대로 재생산되고 있는 것이라 하겠다.

또 다른 성별 고정관념으로서, 남성성의 우월함을 부각시키는 고정관념도 있다. 이는 오랫동안 드라마나 영화에서 종종 중요한 소재로 사용되었던 남성의 영웅화를 통해 나타난다고 할 수 있는데, 이는 남성성을 비현실적으로 이상화시킴으로써 남자 주인공은 '악'으로부터 공동체를 구하고 질서를 회복시키는 영웅으로 등장해 왔다(한국양성평등교육진흥원, 2005). 남성 영웅은 시대에 따라, 장르에 따라 다양한 형태로 나타나는데, 미국 할리우드의 초기 서부극에서부터 전쟁영화·범죄수사물·판타지드라마 등의 장르에서 당시의 사회적 갈등이나 문제를 해결하는 이상적인 남성성을 제시하면서 남성성을 신화화해 왔다고 할 수 있다.

국내의 드라마에서도 남성의 영웅 신화를 종종 찾아볼 수 있는데, 특히 남성을 주인공으로 하는 많은 역사드라마에서 남성 주인공은 불굴의 의지를 가지고 한계에 도전하며 위기를 극복하는 것으로 나타났다. 남성 중심 사극의 특징은 실제 역사 속의 인물을 주인공으로 설정하여 이들을 영웅화하는 특징이 있다(예를 들어, 대표적으로 KBS의 〈용의 눈물〉, 〈대조영〉, 〈태조 왕건〉, 〈징비록〉, 〈해신〉, MBC의 〈상도〉, 〈이산〉, 〈구암 허준〉, SBS의 〈야인시대〉, 〈육룡이 나르샤〉 등). 이들 드라마의 남성 주인공은 자신이 처한 어려운 상황을 극복하고 위기를 기회로 만드는 능력을 통해 시대의 영웅이 된다. 이러한 영웅담에서는 냉철함과 인내심, 도덕의식과 강한 신념, 용맹함과 대담함 등으로 이상적인 남성성을 표현하면서 남성성의 우월성을 드러낸다(한국양성평등교육진흥원, 2005). 이는 비현실적으로 이상화된 남성성으로서 현실의 남성들과는 괴리가 존재할뿐더러, 남성성의 고정관념을 재생산한다는 점에서도 문제가 있다고 하겠다.

또한 이들 드라마를 여성이 주인공인 사극과 비교해 보면, 성별에 따른 차이를 엿볼 수 있다. 여성이 주인공으로 등장하는 사극에서 여성 주인공은 권력이나 욕망을 탐하는 악녀로 등장하는 경우가 많다(KBS 〈장희빈〉, MBC 〈여인천하〉, 〈선덕여왕〉, SBS 〈장희빈〉 등). 이러한 여성 중심 사극에서 여성 주인공은 전통적인 여성성(예컨대, 온순하고 수동적이며 희생적인 특성)에서 벗어난 인물로 묘사되며, 이상적인 여성성의 규범을 따르지 않은 이들은 결국 불행한 결말을 맺는다. 드물게 여성이 긍정적으로 묘사되는 여성 중심의 사극의 경우(MBC 〈대장금〉, KBS 〈연모〉)에도 여성 주인공은 불굴의 의지와 인내심을 갖춘 영웅이지만, 스스로 자신의 목표를 달성하는 남성 영웅과는 달리, 역경이 닥칠 때마다 조력자, 특히 남성 조력자의 도움을 통해 극복하게 된다. 이는 남성이 독립적·주체적으로 영웅이 되는 남성 영웅 사극과는 차별화되는 점이라 할 수 있다.

그러나 우리 사회가 탈산업사회로 들어서면서 가족구조의 변화, 여성의 사회 진출 확대, 그리고 앞서 언급한 1997년의 경제위기로 남성의 영역이 공적 영역에서 사적 영역으로 유입되기 시작하면서 남성성에도 새로운 변화가 나타나기 시작하였다. 2000년대 이후 드라마 속 남성성에 대한 연구에 의하면, 변화된 남성성의 특성으로서 미혼 남성이 증가하고 남자 주인공의 연령이 30대 이상이며, 남녀의 역할 구분을 두지 않거나 남녀를 동등하게 보고, 자신의 몸을 치장하는 데 관심이 있다는 점을 밝히고 있다(이화정, 2013). 이는 특히 멜로드라마에 나타난 남성 주인공의 특성이라 볼 수 있는데, 2000년부터 2012년까지 방송된 멜로드라마의 남녀 주인공의 이미지를 살펴본 연구 결과에서는 남자 주인공의 특성으로 '능력형'이 가장 많이 나타났고, 그다음으로는 '유아독존형', '사랑 맹목적형', 그리고 '바보온달형'과 '희생형'의 순이었다(박은하, 2014). 여기서 남성성의 주요 특성으로 여전히 능력이 중요한 것으로 나타났으며, 다음으로 '유아독존형'의 남성성이 비중 있게 나온 이유는 멜로드라마에서 남성상의 변화와 관련이 있다고 할 수 있다. 즉 국내 드라마에서 가족 부양자로서의 전통적인 남성성은 달라지지 않았으나, 이상적인 남성상이 기존의 자수성가형에서 재벌 후계자로 바뀌어 왔음을 밝히고 있다(이해년, 2006). 재벌 후계자 혹은 유사한 정도의 능력을 갖춘 남성 주인공은 안하무인의 인물로 나오지만, 자신의 능력으로 여성 주인공을 도와주고 결과적으로 순수한 사랑을 보여 주는 인물로 묘사된다(예를 들어, KBS 〈꽃보다 남자〉, SBS 〈시크릿가든〉, 〈상속자들〉, 〈더킹: 영원의 군주〉 등).

최근에는 새로운 남성성의 출현을 상업주의 성장과 관련하여 대중문화 특히 드라마의 주요 소비층인 여성 수용자의 욕구를 표상하는 남성 이미지의 구축으로 설명한다. 예를 들어, 연상 연하 커플의 사랑을 다루는 드라마에서 연하남의 등장은 결혼 연령이 늦어진 현실을 반영하는 것일 수도 있으나, 젊음·동안에 대한 선호, 나이 어린 남성을 사귀는 것이 능력으로 치부되는 현상 등이 연하남에 대한 여성 수용자의 판타지를 충족시켜 준다는 것이다(정지은, 2014). 또한 연하남이 기존의 강하고 권위적인 남성성에서 벗어나 감성적이고 수동적이며 의존적인 특성을 보여 주지만, 이들의 직업과 경제적 수준, 성의식에는 큰 변화가 없는 것으로 나타났다. 또한 로맨스 서사도 기존의 방식을 여전히 고수하고 있다는 점에서 새로운 남성성의 출현이 젠더 관계의 변화를 의미하는 것으로 보기는 어렵다.

한편, 예능프로그램에서는 앞서 여성성의 특성에서 나타난 것과 마찬가지로 남성성에서도 외모에 대한 고정관념이 많이 드러나고 있다(한국양성평등교육진흥원, 2020). 키 크고 잘생긴 얼굴과 근육질의 외모를 이상적인 남성으로 규정함으로써, 이에 벗어난 외모에 대한 비하가 많은 예능프로그램에서 웃음의 소재로 사용되고 있었다. 예를 들어 출연자들의 외모를 비교하여 잘 생긴 외모의 출연자를 계속 칭찬하는 발언이나 자막이 표현되거나, 키가 작거나 뚱뚱한 남성 출연자를 조롱하여 개그의 요소로 활용하기도 한다. 이는 코미디 프로그램뿐 아니라 토크쇼나 버라이어티쇼 등 다양한 예능프로그램에서 자주 볼 수 있는 남성성 고정관념으로서, 여성과 남성 모두 외모에 대한 평가가 웃음의 소재로 이용되고 있음을 알 수 있다. 이와 같이 체형이나 선천적인 요소를 희화화하여 유머로 소비하는 것은 외모지상주의와 같은 잘못된 편견을 가져올 수 있다는 점에서 예능프로그램에서 경계해야 할 문제라고 하겠다.

아울러 앞서 살펴본 드라마에서 새로운 남성성이 나타나고 있듯이, 예능프로그램에도 전통적인 남성성에서 벗어나는 남성성을 살펴볼 수 있었다. 예를 들어 대표적인 리얼리티 버라이어티였던 MBC 〈무한도전〉에 대한 연구에서, 등장인물들은 다양한 흠과 결함이 있는 남성성을 기본 캐릭터로 하여 헤게모니적인 남성성을 일부러 위반하여 이에 미치지 못하는 것을 웃음 코드로 삼고 있음을 밝히고 있다(김수아·김세은·손병우·윤태일, 2014). 즉 〈무한도전〉은 전통적인 남성성이라 할 수 있는 의리와 신의, 남성적 신체와 힘, 지적 능력 등의 특성과 일치하지 않는 인물들을 통해 현대사회에서 이상적인 남성성이 변화하고 협상되는 과정에 있음을 보여 주고 있다는 것이다.

그러나 드라마나 예능에 나타난 이러한 남성성의 변화가 기존의 가부장적인 성역할을 바꾼 것이라기보다는 소비자의 취향에 따른 상업적인 전략이 내재되어 있다는 점도 염두에 두어야 할 것이며, 이러한 이미지의 변화가 실제적인 사회적 권력관계의 변화와는 다르다는 점을 간과해서는 안 될 것이다.

(4) 성역할 고정관념

방송 콘텐츠에서 종종 성에 따라 역할을 구분하는 경향이 나타나는데, 이는 우리 사회의 성역할 고정관념을 반영하는 경우가 많다. 성역할 고정관념은 남녀의 역할 구분에 대하여 사람들이 일반적으로 받아들이는 신념(이은숙·강희순, 2014)으로서, 남녀에 따라 적절하다고 규정된 기대와 규범이라 할 수 있다. 성역할 고정관념은 남성은 공적 영역, 여성은 사적 영역의 활동을 자연스럽고 당연한 것으로 여기는, 이른바 성별 공사 영역 구분과 밀접한 관련이 있다.

드라마에서도 남성을 공적 영역에, 여성을 사적 영역에 배치시키는 경향이 높았는데, 앞서 등장인물의 특성에서 보았듯이 드라마에서 남성은 직업을 가지고 있는 반면, 여성은 전업주부로 묘사되는 경우가 많았다. 1990년대 이후의 드라마에서 여성 인물의 직업이 다양화되는 양상이 보였지만, 여전히 여성은 독립적인 주체이기보다는 가정이나 사적 관계에 더 몰입하는 가부장적인 성역할이 부각되는 경향이 있는 것으로 나타났다.

2000년대 이후의 국내의 사회 변화와 함께 드라마에서 경제활동을 하는 여성 인물들은 확대되었고, 이들을 통해 기존의 정형화된 성역할에서 벗어나 여성의 역할이 사적 영역에 묶이지 않고 공적 영역으로 확장되었다. 그러나 드라마에서 일하는 여성의 모습이 자주 등장함과 동시에 이들의 가정에서의 역할 역시 강조되기도 하였는데, 이러한 묘사는 여성에게 이중적인 억압으로 작용할 우려가 있다. 즉 일과 함께 가정에서의 역할도 충실히 수행해야 한다는 '슈퍼우먼 콤플렉스'를 조장할 수 있는 것이다. 이는 실현 불가능한 여성 역할에 대한 환상이라 할 수 있는데, 취업 주부들은 어머니의 역할과 직업인으로서의 역할을 모두 성공적으로 수행하기 위해 노력하지만, 사회적 시스템은 이를 제대로 지원해 주지 못하고 두 가지 역할 사이에서 겪게 되는 부담과 고통은 온전히 여성 개인의 몫이 된다. 드라마에서는 슈퍼우먼을 이상적인 여성으로 강조하면서, 여성 주인공이 일과 가사를 모두 완벽히 수행함으로써 시댁이나 남성의 사랑과 인정을 받는 것으로 묘사한다. 이는 취업 주부의 현실적인 상황은 고려하지 않고 모든 여성이 지향해야 할 역할 모델로 재현한다는 점에서 문제가 있다고 하겠다.

한편, 드라마의 남성 인물 역시 성별 분업에 따른 남성의 생계 부양이란 성역할이 중요한 특성으로 나타났다. 드라마에서 직업을 가진 인물, 그리고 직업 관련 활동에 대한 묘사가 남성 인물의 경우에 여성보다 훨씬 많이 나타남으로써, 남성은 일, 여성은 가정이라는 성별 공사 영역 구분의 전형적인 공식이 적용되고 있다.

이처럼 생계에 대한 책임이 남성의 중요한 성역할로 간주되는 만큼, 드라마에서 실직 혹은 미취업 남성 인물은 부정적으로 혹은 희화화하여 묘사되기도 하였다. 특히 1990년대 후반 경제위기 이후 남성의 실직이 중요한 사회적 문제로 나타난 상황에서 남성의 실직을 경제의 구조적 문제이기보다는 개인의 무능함으로 그리거나(예를 들어 MBC〈신입사원〉), 남성 전업주부의 이야기를 통해 남녀 성역할의 전도를 보여 주지만, 이를 희화화함으로써 주부는 남성의 일이 아님을 간접적으로 보여 주기도 하였다(SBS 〈불량주부〉)(한국양성 평등교육진흥원, 2005). 이러한 묘사는 취업과 생계 부양을 남성의 절대적인 책임으로 간주하면서 미취업이나 실직 남성들에 대한 사회적인 압력으로 작용할 수 있다는 점에서 부정적인 효과를 낳을 수 있다. 경제적 능력이 부족한 남성에 대한 희화화와는 경제 부양자로서의 남성의 성역할을 강조하는 것으로, 미디어가 가부장적인 고정관념을 재생산하고 있는 것이라 하겠다.

또한 90년대 후반의 사회 변화는 남성의 역할을 공적 영역뿐 아니라 사적 영역으로 확대함으로써, 2000년대 이후 드라마에서는 기존의 생계 부양을 강조하던 남성의 역할에서 나아가 부성애를 강조하는 경향이 증가하였다. 즉, 가부장으로서의 책임과 지배적인 특성을 지닌 성역할에서 탈피하여 탈권위적이고 동반자적인 부부관계, 그리고 자녀와 감정적인 유대 관계를 갖는 아버지를 이상적으로 묘사하는 새로운 성역할이 구축되었다(예를 들어, KBS〈내 딸 서영이〉,〈황금빛 인생〉,〈아버지가 이상해〉, MBC〈배드파파〉등). 그러나 이러한 성역할의 변화에 대해 이를 가부장적인 질서가 해체되는 징후로 보는 것은 위험성이 있으며(최현주, 2008), 남성들의 육아와 가사는 일종의 놀이로 재현됨으로써 이로 인한 여성들의 억압된 일상과 고통은 배제되는 한계가 있음(김미라, 2014)을 지적하는 시각도 있다.

한편, 성별에 따른 역할의 정형화는 예능프로그램에서도 종종 발견되는데, 예능프로그램은 세부 장르와 포맷이 다양하다는 점에서 성역할 고정관념 역시 다양한 방식으로 나타나고 있다. 예를 들어, 가상 결혼을 소재로 한 〈우리 결혼했어요〉(MBC)와 같은 예능프로그램에서 여성은 공적인 성취보다 남성을 정서적으로 지켜 주는 역할을 하는 데 비해, 남성은 사적인 감정보다 공적인 성취를 중요시하는 존재로 나타나 공사 영역의 성별 이분화가 드러났다(홍지아, 2009). 또한 음악 예능인 〈복면가왕〉(MBC)에서는 남녀 출연진 구성을 통해 성역할 고정관념이 나타났는데, 남성 출연자는 주로 노래에 대한 전문적인 평가를 하는 음악인이나 연륜 있는 전문가들로, 여성 출연자는 단순한 감상이나 재미 요소를 담당하는 역할로 출연진을 구성하였다(한국양성평등교육진흥원, 2017). 이러한 구성은 남성에 비해 여성은 비전문적이고 감정적이라는 성역할 고정관념을 조장할 수 있다는 점에서 문제적이다.

2000년대 이후의 예능프로그램에서는 드라마와 마찬가지로 부성을 강조하는 프로그램들이 등장하였는데, 〈아빠! 어디가?〉(MBC)와 〈슈퍼맨이 돌아왔다〉(KBS) 등의 육아 예능프로그램이 대표적인 사례이다. 이들 프로그램에 대한 연구에서는 〈아빠! 어디가?〉와 〈슈퍼맨이 돌아왔다〉 모두 기존의 권위적이고 엄격한 아버지가 아닌, 탈권위적이고 감정 표현에 익숙한 아버지를 이상적으로 묘사함으로써 새로운 부성을 보여 주고 있다고 밝혔다(한희정, 2013). 즉 시대적·사회적 변화에 따라 기존에 가부장제가 지지하는 지배적인 모습에 반하는 변화된 부성이 나타났음을 알 수 있다. 〈아빠! 어디가?〉에 대한 연구는 이 프로그램이 기존의 가부장적인 아버지의 모습이 아닌, 다정하고 친구 같은 아버지의 모습을 보여 주고 있으나, 경제적 여력이 없는 아버지들에게는 비현실적인 모습이라고 지적하였다. 또한 이러한 부성의 등장이 가부장 구조의 해체를 의미하는지는 미지수이며, 낭만적 사랑의 결정체로서 가족의 모습을 묘사함으로써 지배 이데올로기를 강화시키고 있다고 보았다.

또한 최근까지도 예능프로그램의 중요한 트렌드로 자리 잡고 있는 '쿡방'으로 불리는 많은 프로그램들에서 요리하는 주체로 남성들이 많이 등장함에 따라 전통적인 성역할에 대한 변화를 보여 주고 있다. 일례로, 삼시세끼라는 실제적인 가사 노동을 소재로 하는 〈삼시세끼: 어촌편〉(tvN)의 경우 남성 인물들이 요리와 가사일을 능숙하게 전담하는 모습을 통해 그동안 가사 노동을 주로 여성의 영역으로 인식해 왔던 고정관념을 많이 무너뜨리고 있다. 그러나 이에 대한 연구는 〈삼시세끼: 어촌편〉의 주요 캐릭터들이 아빠·엄마·아들이라는 가족 구성원으로 설정되어 있음을 밝히고 있다(김미선·이가영, 2016). 즉, 아빠 내지는 가장의 역할을 하는 인물은 경제활동의 주체이자 공적 영역에서 사회활동을 하는 존재로, 엄마 내지는 주부 역할을 하는 인물은 전적으로 사적 영역인 가사 노동을 책임지는 존재로 묘사됨으로써 전통적인 가부장적 성역할을 명확히 구분하고 있다는 것이다. 따라서 남성 출연진들이 여성의 전유물로 한정된 가사 영역에 적극 참여함으로써 새로운 성역할의 가능성을 보여 주지만, 캐릭터 재현에 남녀 성역할의 정형성이 그대로 드러나는 한계가 있음을 알 수 있다. 그러나 이 프로그램의 성역할의 표현에 있어 탈권위적인 아버지상과 진취적인 어머니상을 보여 주기도 함으로써 새로운 변화에 대한 모색도 이루어지고 있는 것으로 나타났다(김미선·이가영, 2016).

이와 같이 드라마뿐 아니라 다양한 예능프로그램에서 사회적 변화에 따라 다소 달라진 성역할을 보여 주고는 있지만, 여전히 지배적인 성역할을 재현하는 데 충실하다는 점을 알 수 있다. 그러나 기존의 젠더 이데올로기에 도전하는 모습도 나타남으로써 새로운 변화에 대한 가능성을 엿볼 수 있다고 하겠다.

(5) 낭만적 사랑에 대한 재현

드라마에서 남녀 간의 사랑은 오랫동안 중심적인 소재로 자리 잡아 왔다. 낭만적인 사랑과 결혼의 개념은 근대의 산업화 이후 남녀의 성별분업의 강화와 더불어 사랑과 결혼이 사적인 것으로서 여성의 의무처럼 인식(이박혜경, 1998)되면서 시작되었다고 볼 수 있다. 사랑을 소재로 하는 많은 드라마들에서 사랑은 행복을 위해 필수적인 것으로서 결혼은 사랑의 완성으로 묘사된다. 특히 여성의 궁극적인 행복은 사랑받는 것에 있으며, 결혼하지 않는 여성은 무엇인가 부족한 여성으로 그려지는 경우가 많다. 또한 드라마의 주연뿐 아니라 조연들의 연애나 결혼도 이야기의 소재가 되는 경우가 많은데, 이는 결국 대부분의 인간관계를 남녀 간의 사랑으로 바라보는 것이라 할 수 있다.

드라마 속 낭만적 사랑의 서사에 자주 등장하는 판타지로서 신데렐라 콤플렉스가 있다. 신데렐라 콤플렉스는 자신의 인생을 바꿔줄 남성에게 보호받고 의존하고 싶어

하는 심리를 말하는 개념으로, 자신의 능력으로 운명을 변화시키기 위한 어떤 노력도 하지 않은 채 마치 동화 속 신데렐라처럼 자신의 일생을 책임져 줄 왕자를 고대하는 의존 심리이다. 낭만적 사랑을 다루는 많은 드라마에서 나타나는 신데렐라 판타지는, 여성을 수동적이고 남성에게 의지하는 나약하고 보호받아야 하는 존재로 재현한다. 이러한 신데렐라 판타지는 주체적이고 능동적으로 자신의 삶을 개척하는 여성의 노력을 폄하하는 효과를 가져올 수 있다는 점에서 문제가 있다.

이처럼 드라마에서 다루는 낭만적 사랑에는 몇 가지 전형적인 법칙이 있다(한국양성평등교육진흥원, 2005). 첫 번째 법칙은 남성은 능력, 여성은 외모가 중요하다는 것이다. 드라마는 능력 있는 남성과 아름다운 여성의 결합이라는 정형화된 공식을 반복적으로 보여 주며, 아름다운 여성만이 남성에게 선택받고 사랑받을 수 있으며, 남성은 경제적 능력이 있어야 자신이 원하는 여성을 얻을 수 있음을 강조한다. 이는 드라마뿐 아니라 예능프로그램에서도 종종 나타나는데, 데이트 리얼리티 프로그램 〈짝〉(SBS)을 분석한 한 연구에서, 남성은 경제력, 여성은 외모와 순종적 성격이라는 성적 매력을 가져야 낭만적 사랑을 이룰 수 있다는 메시지가 전달되고 있음을 밝히고 있다(홍지아, 2012).

두 번째 법칙은 착한 여성이 사랑받는다는 것이다. 드라마에서 남성의 사랑을 받는 여성 인물은 남성 혹은 가정을 위한 희생·인내·순종 등의 가부장적인 미덕을 갖춘 인물이다. 이는 2000년대 이후 드라마에 나타난 당차고 씩씩한 여성 인물에게서도 나타나는데, 이른바 '캔디렐라'로 불리는 진취적인 삶의 태도를 가지고 있는 여성 인물도 결정적인 순간에는 남성의 입장을 먼저 배려하고 양보하는 착한 모습을 보여 줌으로써 사랑을 얻게 된다(SBS 〈파리의 연인〉, 〈시크릿가든〉, MBC 〈내 이름은 김삼순〉 등). 즉 낭만적 사랑 서사의 또 다른 판타지로서 착한 여자 콤플렉스가 있다. 착한 여자 콤플렉스는 타인으로부터 인정받기 위해 내면의 욕구를 억압하는 심리로서, 드라마의 여성 인물은 착하지 않으면 사랑받지 못하고 버림받을 것이라는 믿음으로 타인, 특히 상대 남성의 요구에 순응하는 모습으로 그려진다.

세 번째 법칙은 드라마에서 일하는 여성은 종종 뭔가 결핍된 냉정한 인물로 묘사된다. 즉 일에 몰두하고 자기주장이 강한 여성은 성적 매력이 부족하거나 갈등 제공자로 등장한다. 이러한 여성 인물은 종종 주인공 여성의 사랑을 방해하는 역할로 등장하는데, 상대 남성의 선택을 받지 못하는 것으로 귀결된다. 이처럼 과거에는 일하는 여성들이 악녀로 설정되거나, 억세고 모진 모습으로 묘사되는 경우가 많았다. 이는 사회적으로 능력 있고 일에 몰입하는 남성 인물은 긍정적으로 그려지는 것과는 대조적이라 할 수 있다. 사회가 변화하면서 드라마에서 전문직에 종사하거나 자신의 일에 열정을 보여 주는 여성 인물이 증가하면서 전통적인 여성의 이미지와는 다른 면모를 보여주기도 한다. 이들은 적극적인 삶의 자세를 견지하며 일과 사랑을 함께 추구한다. 그러나 이러한 여성들도 결국 부유하고 능력 있는 남성을 만나 사랑받음으로써 행복해진다는 결말을 맞이한다는 점에서 신데렐라 판타지를 드러낸다는 한계가 있다.

네 번째 범칙은 드라마의 낭만적 사랑의 핵심적인 특성으로서 여자의 궁극적인 행복은 사랑받는 것에 있다는 것이다. 드라마에서 남성에게 선택받지 못하는 여성, 즉 연애하지 않거나 결혼하지 못하는 여성은 불행하다는 신화를 재생산한다. 여성의 행복은 결혼을 통해 이루어진다는 이러한 신화는 자아실현이나 사회적 성취보다 남성의 사랑을 받는 것에 여성의 궁극적인 행복이 있음을 강조함으로써, 결혼 여부에 따른 사회적 차별을 가져오는 데 일조할 수 있다.

이와 같이 드라마의 낭만적 사랑에 대한 정형화된 특성은 사회가 변화하고 드라마 속 여성 인물이 다양화되었음에도 여전히 중요한 서사적 장치로 작용하고 있다. 즉 드라마의 여성 인물이 직업을 가지고 열심히 일을 하거나 씩씩하고 진취적인 캐릭터로 등장하더라도 능력 있는 남성을 만나 사랑에 빠지고 모든 어려움을 극복하면서 결혼에 성공한다는 낭만적 사랑 서사는 시청자에게 신데렐라 판타지를 제공한다. 이런 서사에서는 여성 인물이 사회적인 성취를 이루더라도, 이를 여성의 온전한 능력에 의한 것이 아닌 능력 있는 남성과의 사랑에 따른 행운이거나 남성의 도움을 통해 얻어진 것으로 묘사함으로써 성공의 의미를 희석시킬 수 있다.

이러한 낭만적 사랑의 특성은 예능프로그램에서도 찾아볼 수 있는데, 특히 사랑이나 결혼을 소재로 하는 리얼리티 프로그램에서 재현되고 있었다. 앞서 언급한 〈짝〉(SBS)

이나 〈우리 결혼했어요〉(MBC)와 같은 리얼리티 프로그램에서는 남녀의 만남과 사랑, 그리고 결혼을 묘사하는 데 현실적인 어려움이나 갈등을 분리시키고 첫눈에 반하는 사랑, 사소한 싸움 뒤의 달콤한 화해, 영원한 행복 등 낭만적인 사랑을 지나치게 강조하고 있다(홍지아, 2009). 이러한 프로그램은 낭만적 사랑을 미화시키고 결혼을 이상화함으로써 시청자들에게 비현실적인 환상을 재현하고 있다. 또한 남성은 사랑에 주체적인 반면 여성은 사랑받기를 갈구하는 수동적인 존재로 묘사함으로써, 낭만적 사랑의 대상이 되기 위해서는 전통적인 여성성과 남성성을 갖추어야 한다는 가부장적인 시선의 메시지를 전달하고 있다(임성은, 2015).

(6) 모성에 대한 재현

우리 사회에서 모성은 본능적이며 자연스러운 것으로 인식되어 왔다. 그러나 모성은 사회적 구성물로서 시대와 사회문화적인 맥락에 따라 변화되어 왔다고 볼 수 있다. 오늘날과 같은 모성의 개념은 근대화 과정에서 여성이 육아의 전담자로 규정되면서 헌신과 사랑이라는 이름으로 여성의 욕구를 억누르는 이데올로기적 장치로 작동해 왔다(Chodrow, 1978/2008). 우리 사회에서도 모성 담론이 근대화 과정을 거쳐 성립되었는데, 모성은 성별에 따른 역할 분담을 정당화하는 근거로 작용되면서 여성에게 자신보다 자녀의 행복을 우선하며 애정과 희생으로 자녀를 돌보는 것을 여성의 본성이자 미덕으로 규정하고 있다.

드라마에서도 모성 신화는 강력한 서사 장치로 작용하고 있는데, 이와 관련 몇 가지 공식을 찾아볼 수 있다(한국양성평등교육진흥원, 2005). 첫 번째 공식은 어머니는 인내하고 봉사해야 한다는 것이다. 한국의 전통적 어머니상은 남편과 자식을 위해 한평생을 헌신하는 어머니이다. 드라마 속 좋은 어머니는 이러한 전통적인 어머니상을 갖춘 인물로서, 자신을 위한 선택을 하지 않고 자녀를 위해 헌신하고 희생하는 인물로 그려진다. 드라마에서 자식을 위해 무조건 참고 살거나 이혼은 절대 할 수 없다는 여성 인물은 점점 줄어들고 있지만, 어머니는 자식을 위해 어떤 불이익을 감수하더라도 무한히 희생해야 한다는 것은 여전히 중요한 모성의 덕목이 되고 있다. 드라마에서 지나치게 헌신적이며 초인적으로 재현되는 어머니의 모습은, 이러한 역할을 제대로 수행하지 못하는 현실의 어머니들에게 죄의식을 안겨 주고 좌절하게 만들 수 있다.

두 번째 공식은 어머니만이 여성으로 떳떳하게 세상에 존재할 수 있다는 것이다. 드라마에서 여성의 불임은 남성의 불임에 비해 상대적으로 더 큰 결격사유로 부각되며, 출산을 못 하거나 혹은 하지 않는 여성은 불완전한 여성으로 묘사된다. 이는 여성을 아이를 낳는 존재, 즉 생물학적 모성을 강조하는 것으로, 여성이 어머니가 되는 것은 당연한 선택으로 그려진다. 또한 모성을 여성의 본능이자 고유의 능력으로 미화시킴으로써, 모성에 충실하지 않고 이를 위배하거나 방기하는 행위를 하는 여성은 결함이 있는 여성, 위험한 여성으로 치부된다. 따라서 여성은 어머니가 되어야만 비로소 온전하고 떳떳한 존재가 될 수 있다는 메시지를 전달한다.

세 번째 공식은 욕망을 드러내는 어머니는 위험하다는 것이다. 드라마에서 좋은 어머니로 살기보다 자신의 욕망에 충실한 여성 인물들은 많지 않지만, 이러한 인물들은 대부분 이기적이며 주변에 해를 끼치는 부정적인 존재로 묘사되어 왔다. 예를 들어, 드라마에서 자신의 기업을 경영하는 사업가로 등장하는 여성들은 종종 자식마저도 자신의 사업을 위한 희생양으로 삼아 비정하고 부도덕한 인물로 나타나는 경우가 많다. 주로 악역으로 등장하는 이런 인물들과 달리, 자신을 어머니보다는 여성으로 인식하고 주체적인 삶을 추구하지만 긍정적으로 묘사되는 인물들도 드라마에서 드물게 찾아볼 수 있다. 그러나 이러한 인물들 역시 자식보다 자신의 욕망을 추구한다는 점에서 주변의 비난을 받거나 자신의 선택을 인정받지 못하는 경우가 많다. 드라마에서 욕망을 지닌 여성을 긍정적인 시선으로 보는 경우는 매우 드물며, 이들의 욕망은 존중받지 못하고 결국 불행한 결말을 맞이하는 것으로 재현된다.

욕망을 가진 어머니의 또 다른 예로서, 돈이나 사회적 지위에 대한 욕망으로 신분이 낮은 며느리(또는 아들의 애인)를 괴롭히는 시어머니의 역할이 드라마에 자주 등장한다. 이들은 가부장제가 이상적으로 그리는, 순종적이고 희생적인 어머니는 아니라는 점에서 "욕망을 가진 어머니는 위험하다"는 공식에 부합하지만, 이런 인물의 행위에는 아들 중심의 가부장적인 질서가 작동하고 있다는 점에서 모순적이라고 할 수 있다. 즉 이들은 가부장제의 대리인 역할을 충실히 수행하고 있으면서도, 가부장제가 요구하는 어머니상에는 위배되고 있는 것이다. 이와 같이 드라마에서 묘사되는 모성의 모습이 종종 모순적이거나 왜곡되어 나타나고 있음을 알 수 있다.

이상에서 살펴본 드라마의 모성에 대한 재현 방식은 모성을 자연스럽고 본질적이며 자발적인 것으로 믿게 하고, 여성의 인내와 희생을 사랑이라는 이름으로 미화하여 억압하는 기제로 작용한다. 미디어를 통해 전통적 가부장제가 요구하는 모성 신화는 매우 공고한 것으로 보이며, 이는 현실의 여성들에게 자신들이 추구해야 할 가치로서, 그리고 자신 혹은 타인의 행동을 평가하는 잣대로 작용하면서 스스로를 억압하는 장치가 될 수 있다.

10장

광고
리터러시

한은경

최근 인터넷과 스마트폰 보급률 증가에 따라 우리는 원하는 콘텐츠를 시공간의 제약 없이 소비할 수 있다. 콘텐츠의 소비는 과거 TV·라디오·신문·잡지와 같은 전통매체의 형태에서 인터넷과 스마트폰을 이용한 플랫폼과 콘텐츠의 생산으로 다양화되었다. 이와 함께 광고의 형태도 다양화·세분화되고 있다.

특히 온라인 광고는 알고리즘과 빅데이터 분석을 통해 이용자의 의사 개입 없이 능동적으로 정보를 제공하며 매년 급격한 성장세를 보이고 있다. AI에 기반한 온라인광고는 개인의 의사와 상관없이 다양한 플랫폼과 미디어를 통해 노출되고 있다. 광고는 광고주가 소비자를 대상으로 상품과 서비스를 알리고 판매하기 위하여 만든 콘텐츠이다. 따라서 광고에는 소비자를 설득하기 위한 다양한 방법이 활용되며, 과장과 허위의 요소 등이 포함될 가능성이 있다. 최근에는 온라인광고의 활성화, 발전과 함께 광고 형태와 기법이 다양해지고 불편광고의 유형으로 정의되는 광고(키워드 검색광고, 정보 제공형 광고, 기사 형식 광고, 콘텐츠를 가리는 광고, 종료 버튼 확장 광고, 종료 버튼 없는 광고, 팝업광고 등)가 등장하며, 이용자에게 불편을 주는 사례가 지속적으로 심화되고 있다. 불편광고는 소구 대상인 소비자의 의사와 상관없이 소비자를 광고에 노출시켜 기만하거나 콘텐츠 이용에 현저한 불편을 초래한다. 이와 같은 상황에서 최근 광고 리터러시(advertising literacy)의 중요성이 점점 강조되고 있다.

미디어 리터러시는 다양한 상황에서 미디어 메시지를 접근·평가·분석·구성할 수 있는 능력으로 정의되며(Christ & Potter, 1988; Hobbs & Frost, 2003), 광고 리터러시는 같은 차원에서 광고 메시지에 대한 이해와 활용도를 의미한다(안순태, 2012). 광고 리터러시의 주요 요소는 프로그램으로부터 광고를 구분하고 광고의 설득 의도를 파악하는 것이다(Valkenburg, 2000; Young, 2003). 광고 리터러시 능력을 제고시키기 위해서는 광고의 현황과 흐름을 이해하고 광고가 소비자에게 어떠한 영향을 미치는지 파악할 필요가 있다. 따라서 본 장에서는 국내외 광고시장의 현황을 통해 광고와 경제의 관계를 살펴보고, 온라인광고의 성장과 함께 이용자의 콘텐츠 이용을 방해하는 불편광고의 정의와 유형별 특징을 살펴본다. 또한 광고가 우리의 소비생활에 어떠한 영향을 미치는지, 광고의 긍정적 기능과 부정적 기능에 대해서도 논하고자 한다.

1. 경제와 광고의 관계를 생각하다 *

국내외를 막론하고 광고시장의 변동은 그 나라의 경제성장과 밀접한 관계를 갖고 있다. 물론 한국도 예외는 아니다. 아래 그림 10-1은 한국의 GDP와 총광고비의 변동과 추세의 상관관계를 잘 보여 준다. 2011년부터 2022년까지 GDP의 성장에 따라 총광고비가 추세적으로 증가하고 있음을 보여 주고 있다.

지난 2020년, 코로나바이러스가 전 세계를 강타했다. 그동안 꾸준한 성장세를 보였던 한국의 광고시장도 예외없이 코로나19의 영향을 받았다. 2020년 한국 광고시장의 전년 대비 총광고비 성장률은 −2.1%를 기록했으나, 2021년 16.7%의 성장률을 보이며 큰 폭으로 반등할 것으로 보인다. 그렇다면 앞으로 한국의 광고시장은 어떠한 방향으로 흘러갈 것인지, 국내외적인 경제전망을 통해 살펴보자. 2021년 11월에 발표된 한국은행의 '경제전망보고서'에 따르면, 한국의 경제성장률은 2021년에 4.0%, 2022년에 3.0% 수준의 성장률을 나타낼 전망이다. 국내 경기는 수출과 투자가 양호한 흐름을 지속하는 가운데 백신접종 확대 및 방역정책 전환에 힘입어 민간 소비의 회복세

* 이 장에 제시된 통계 자료는 2021년을 기준으로 함.

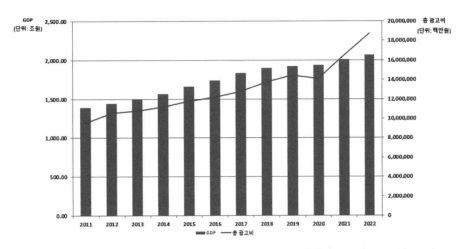

〈그림 10-1〉 GDP와 총광고비 비교 (2021년, 2022년 광고비는 추정치)2021년, 2022년 GDP는
한국은행에서 발표한 경제성장률 기준으로 추정

출처: KOBACO(2021). 2021 방송통신광고비 조사보고서

가 강화되면서 견실한 성장 흐름을 이어갈 것으로 예상된다. 또한 2021년 10월에 발표된 국제통화기금(IMF)의 세계경제 전망 발표에서는, 한국의 성장 전망을 2021년에 4.3%, 2022년에는 3.3%로 예상했다. IMF의 한국의 성장 전망은 G7 국가의 성장 전망을 모두 상회하는 수치로 우리 정부 및 주요 기관 전망치 중 가장 높은 수준을 보이고 있다. 이는 최근의 수출 호조를 비롯한 경기 회복이 반영된 결과로 분석된다.

〈표 10-1〉 2011~2022년 총광고비 성장률과 GDP 내 광고비 점유율

연도	총광고비 (단위: 백만 원)	전년 대비 총광고비 성장률	GDP (단위: 조 원)	GDP 내 광고비 점유율(%)	경제성장률
2011년	9,560,620	10.9%	1,388.9	0.69	3.7%
2012년	10,526,081	10.1%	1,440.1	0.73	2.4%
2013년	10,795,890	2.6%	1,500.8	0.72	3.2%
2014년	11,167,748	3.4%	1,562.9	0.71	3.2%
2015년	11,790,634	5.6%	1,658.0	0.71	2.8%
2016년	12,162,657	3.2%	1,740.8	0.70	2.9%
2017년	12,753,463	4.9%	1,835.7	0.70	3.2%

2018년	13,755,886	7.9%	1,898.2	0.72	2.9%
2019년	14,426,928	4.9%	1,924.5	0.75	2.0%
2020년	14,120,289	−2.1%	1,933.2	0.73	−0.9%
2021년 (추정치)	16,481,468	16.7%	2,010.5	0.82	4.0%
2022년 (추정치)	18,739,108	13.7%	2,070.8	0.90	3.0%

* 2021년, 2022년 GDP는 한국은행에서 발표한 경제성장률 기준으로 추정
출처: KOBACO(2021). 2021 방송통신광고비 조사보고서

광고비 성장률의 변화는 경제성장률의 변화와 방향성을 함께한다. 표 10-1을 보면, 총광고비 성장률과 GDP 내 광고비 점유율, 경제성장률 간의 상관관계 및 변동 추세를 확인할 수 있다. 2~3% 내외로 꾸준히 유지되던 한국의 경제성장률은 지난 2020년, 코로나19로 인해 10년 만에 처음 마이너스 경제성장률을 기록했다. 마찬가지로 10여 년간 꾸준히 성장하던 광고비 성장률은 2018년에 7.9%, 2019년 4.9%로 전년 대비 크게 성장했으나, 2020년에 들어서는 −2.1%로 감소했다. 그러나 2021년부터는 4.0%로 회복세를 보이는 경제성장률과 더불어 광고비 성장률도 2021년 16.7% 증가해 큰 폭으로 반등할 전망이다. 2022년에도 3.0%의 경제성장률과 함께 13.7%의 광고비 성장률을 보이며 지난 2020년 보였던 코로나19로 인한 감소세에서 완전히 벗어날 것으로 기대된다.

2. 국내 광고시장을 만나다

1) 국내 광고시장의 규모

국내 광고시장 규모는 2010년 이후로 2020년 코로나19 이전까지 역성장을 보인

일 없이 꾸준히 상승해 왔다. 2016년 12조 1,626억 원을 기록했던 한국의 총광고비는 2019년에 14조 4,269억 원으로 4.9% 상승하며 지속적으로 증가 추세를 보였지만, 코로나19의 여파로 2020년에는 전년 대비 2.1% 감소한 14조 1,202억 원으로, 마이너스 성장률을 보였다. 그러나 2021년 국내 광고비시장은 경제회복과 함께 16조 4,814억 원으로 전년 대비 16.7% 성장할 것으로 예상된다. 매체별 광고비를 자세히 살펴보면, 2021년 방송 분야 광고 매출액은 전년 대비 16.55% 큰 폭으로 성장할 전망이며, 그 다음해에도 7.83% 증가할 것으로 예상된다. 인쇄 분야 광고 매출액도 전년 대비 0.6%로 증가할 전망이며, 그 다음해에도 4.6% 증가할 것으로 예상된다. 또한 온라인 분야 광고 매출액은 전년 대비 23.3% 증가할 전망이며, 다음해에도 19.7% 상승할 것으로 예상된다. 2020년 -33.5%로 가장 큰 타격을 입은 옥외광고 분야 광고 매출액은 전년 대비 0.4% 증가하며 약간의 회복세를 보일 전망이며, 다음해에도 0.4% 증가하며 답보할 것으로 예상된다. 옥외광고와 함께 2020년 전년 대비 -30.2%로 큰 타격을 입었던 기타 광고계도 옥외광고와 유사한 증감률을 보일 것으로 예상된다. 기타 광고계의 광고 매출액은 2021년 3.9% 증가할 전망이며, 2022년에도 4.3%로 근소하게 증가할 것으로 예상된다.

〈표 10-2〉 2016~2022년 세부 광고 유형별 매출 증감률(단위: 백만 원, %)

대분류	중분류	소분류	세부 유형	매출액(전년 대비 증감률)						
				2016	2017	2018	2019	2020	2021*	2022*
방송	지상파 TV	지상파 TV	지상파 TV 계	1,745,314	1,551,679	1,421,935	1,244,653	1,106,607	1,363,567	1,488,699
				-9.7%	-11.1%	-8.4%	-12.5%	-11.1%	23.2%	9.2%
			프로그램 광고	1,098,665	949,429	918,951	756,500	612,894	637,056	700,383
				-17.5%	-13.6%	-3.2%	-17.7	-19.00%	3.90%	9.90%
			토막광고 (SB)	213,132	185,934	121,525	110,358	130,982	159,684	161,340
				-11.6%	-12.8%	-34.6%	-9.2%	18.7%	21.9%	1.0%
			중간광고	–	–	–	–	–	165,549	201,600
				–	–	–	–	–	–	21.8%
			자막광고	17,169	14,321	5,169	3,978	4,395	3,775	4,023
				-24.7%	-16.6%	-63.9%	-23.0%	10.5%	-14.1%	6.6%

대분류	중분류	소분류	세분류							
방송	지상파 TV	지상파 TV	시보광고	19,838	17,280	14,983	14,222	10,641	13,312	14,338
				−16.7%	−12.9%	−13.3%	−5.1%	−25.2%	25.1%	7.7%
			가상광고	12,831	8,900	21,049	13,740	17,139	22,281	22,184
				147.9%	−30.6%	136.5%	−34.7%	24.7%	30.0%	−0.4%
			간접광고	30,236	29,740	35,459	31,239	31,905	39,770	39,678
				−24.5%	−1.6%	19.2%	−11.9%	2.1%	24.7%	−0.2%
			Addressable 광고	–	–	–	–	0	400	3,600
				–	–	–	–	–	–	800.0%
			방송협찬	353,442	346,075	304,799	314,617	298,651	321,740	341,553
				31.7%	−2.1%	−11.9%	3.2%	−5.1%	7.7%	6.2%
	지상파 DMB	지상파 DMB	지상파 DMB 계	7,247	5,287	4,404	2,340	2,580	2,252	1,893
				−29.5%	−27.0%	−16.7%	−46.9%	10.3%	−12.7%	−15.9%
			프로그램 광고	5,958	4,209	3,394	2,280	1,604	1,266	907
				−38.4%	−29.4%	−19.4%	−32.8%	−29.60%	−21.10%	−28.40%
			방송협찬	1,289	1,078	1,010	60	976	986	986
				114.8%	−16.3%	−6.3%	−94.1%	1526.7%	1.0%	0.0%
	케이블	PP	PP 계	1,895,123	1,853,673	1,990,163	2,002,092	1,891,678	2,213,263	2,394,159
				−5.5%	−2.2%	7.4%	0.6%	−5.5%	17.0%	8.2%
		SO	SO 계	134,585	139,124	140,775	139,140	114,539	110,145	111,573
				−7.3%	3.4%	1.2%	−1.2%	−17.7%	−3.8%	1.3%
		위성 방송	위성방송 계	28,300	47,972	51,130	50,039	33,210	28,228	28,228
				17.8%	69.5%	6.6%	−2.1%	−33.6%	−15.0%	0.0%
	IPTV	IPTV	IPTV 계	84,586	99,307	116,113	124,301	102,544	104,721	118,201
				−6.3%	17.4%	16.9%	7.1%	−17.5%	2.1%	12.9%
			VOD 광고	70,575	76,462	83,519	77,503	60,500	54,721	76,000
				−12.1%	8.3%	9.2%	−7.2%	−21.9%	−9.6%	38.9%
			큐톤광고	13,878	22,227	32,094	46,798	42,044	50,000	42,201
				46.5%	60.2%	44.4%	45.8%	−10.2%	18.9%	−15.6%
			기타	133	618	500	0	0	0	0
				−71.3%	364.7%	−19.1%	−100.0%	0	0	0
	라디오	라디오	라디오 계	239,915	253,015	207,309	208,481	232,980	238,674	236,032
				−6.6%	5.5%	−18.1%	0.6%	11.8%	2.4%	−1.1%
	방송 계			4,135,069	3,950,057	3,931,829	3,771,046	3,484,137	4,060,849	4,378,785
				−7.37%	−4.47%	−0.46%	−4.09%	−7.61%	16.55%	7.83%
인쇄	신문	신문	신문	1,866,979	1,858,534	1,903,149	1,939,672	1,593,369	1,633,447	1,715,179
				0.6%	−0.5%	2.4%	1.9%	−17.9%	2.5%	5.0%
	잡지	잡지	잡지	452,362	451,730	444,808	433,321	326,685	298,090	304,762
				−4.6%	−0.1%	−1.5%	−2.6%	−24.6%	−8.8%	2.2%

인쇄 계				2,319,341	2,310,264	2,347,956	2,372,993	1,920,054	1,931,536	2,019,940
				-0.4%	-0.4%	1.6%	1.1%	-19.1%	0.6%	4.6%
온라인	인터넷	인터넷	디스플레이광고	1,022,403	904,407	965,785	919,198	936,334	923,398	962,444
				31.9%	-11.5%	6.8%	-4.8%	1.9%	-1.4%	4.2%
			검색광고	1,150,684	1,004,785	1,089,664	952,445	903,029	1,062,067	1,154,310
				-10.0%	-12.7%	8.4%	-12.6%	-5.2%	17.6%	8.7%
			인터넷 계	2,173,087	1,909,192	2,055,449	1,871,643	1,839,362	1,985,465	2,116,754
				5.8%	-12.1%	7.7%	-8.9%	-1.7%	7.9%	6.6%
	모바일	모바일	모바일 계	1,981,637	2,865,945	3,661,755	4,650,286	5,689,016	7,299,120	8,999,800
				44.2%	44.6%	27.8%	27.0%	22.3%	28.3%	23.3%
온라인 계				4,154,724	4,775,137	5,717,205	6,521,929	7,528,378	9,284,586	11,116,554
				21.2%	14.9%	19.7%	14.1%	15.4%	23.3%	19.7%
옥외광고	빌보드	빌보드	빌보드	218,514	365,062	375,634	370,482	292,140	281,755	287,540
				4.1%	67.1%	2.9%	-1.4%	-21.1%	-3.6%	2.1%
	교통	교통	교통	523,279	528,803	542,669	511,367	375,710	386,120	366,926
				0.1%	1.1%	2.6%	-5.8%	-26.5%	2.8%	-5.0%
	엔터테인먼트	엔터테인먼트	엔터테인먼트	266,890	360,305	337,136	301,240	107,359	107,233	130,042
				5.7%	35.0%	-6.4%	-10.6%	-64.4%	-0.1%	21.3%
	기타	기타	기타	79,849	51,777	74,460	73,677	60,550	63,583	57,949
				4.9%	-35.2%	43.8%	-1.1%	-17.8%	5.0%	-8.9%
옥외 계				1,088,532	1,305,948	1,329,898	1,256,765	835,759	838,691	842,458
				2.6%	20.0%	1.8%	-5.5%	-33.5%	0.4%	0.4%
기타광고	생활정보신문	생활정보신문	생활정보신문	157,881	170,168	171,288	214,763	143,732	139,496	147,702
				-12.0%	7.8%	0.7%	25.4%	-33.1%	-2.9%	5.9%
	취업정보	취업정보	취업정보	34,424	28,489	56,953	95,962	93,484	107,485	109,825
				-23.5%	-17.2%	99.9%	68.5%	-2.6%	15.0%	2.2%
	DM	DM	DM	86,674	73,947	91,849	119,055	71,783	69,933	72,619
				-22.7%	-14.7%	24.2%	29.6%	-39.7%	-2.6%	3.8%
	방송제작사	방송제작사	방송제작사	186,011	139,452	108,908	74,416	42,960	48,892	51,225
				8.6%	-25.0%	-21.9%	-31.7%	-42.3%	13.8%	4.8%
기타 광고 계				464,991	412,056	428,999	504,196	351,960	365,806	381,371
				-8.4%	-11.4%	4.1%	17.5%	-30.2%	3.9%	4.3%

*2021~2022년 광고비는 추정치
출처: KOBACO(2021). 2021 방송통신광고비 조사보고서

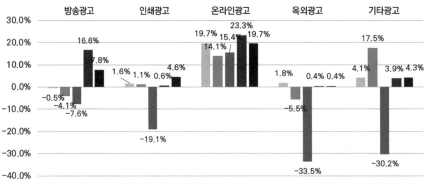

	방송광고	인쇄광고	온라인광고	옥외광고	기타광고
2018년	-0.5%	1.6%	19.7%	1.8%	4.1%
2019년	-4.1%	1.1%	14.1%	-5.5%	17.5%
2020년	-7.6%	-19.1%	15.4%	-33.5%	-30.2%
2021년*	16.6%	0.6%	23.3%	0.4%	3.9%
2022년*	7.8%	4.6%	19.7%	0.4%	4.3%

〈그림 10-2〉 2018∼2022년 매체별 광고비 증감률
*2021∼2022년 광고비는 추정치
출처: KOBACO(2021). 2021 방송통신광고비 조사보고서

2021년 기준 국내 광고시장 매출액 중 온라인 광고가 전체의 56.3%로 가장 높은 비중을 차지하고 있으며, 방송광고가 24.6%로 두 번째로 높은 비중을 차지했다. 그 뒤를 이어 인쇄(11.7%), 옥외광고(5.1%), 기타 광고(2.2%)가 그 뒤를 이었다. 모바일광고의 매출 비중은 2019년 4조 6,502억 원(32.2%)을 기록하며 3조 7,710억 원(26.14%)을 기록한 방송광고를 추월했고, 다가오는 2022년에는 9조 원에 육박하며 전체 광고시장 매출액의 48%를 차지할 것으로 예상되며, 방송광고 매출액의 2배에 다다를 것으로 예측된다.

2) 국내 광고시장의 환경 변화와 이슈

지난해에 이어 2022년은 코로나19 팬데믹으로 인한 사회경제적인 시스템의 점검이 필요한 상황이다. 온라인 광고시장이 방송 광고시장을 추월한 2016년부터 시작된 광고시장의 지각변동은 이제 뉴노멀이 되어 우리 사회에 새로운 미래를 꿈꾸며 새로운 기준을 만들고 있다. 모든 광고는 디지털, 특히 모바일로 통한다. 특히 거리두기가 일상이 된 2021년은 더욱 그러하다. 앞에서 살펴본 매체별 광고시장의 변동 추세를 바탕으로 2021년 매체별 광고시장의 핫이슈를 살펴보면 다음과 같다.

첫째, 코로나 팬데믹으로 인한 모바일 광고시장의 토착화. 코로나19의 토종화가 우리 사회의 뉴노멀로 자리 잡음에 따라 광고시장은 전체적으로 지난해에 비해 상승 국면으로 나타났다. 모바일 광고시장은 전체 광고시장에서 44.3%의 비중을 차지하였다. 이를 구체적으로 살펴보면, 디스플레이광고와 검색광고 모두 전년 대비 26.6%, 30.2%로 상승하였다. 이는 재택근무와 사회적 거리두기로 인해 정보검색이나 쇼핑이 모바일과 온라인을 통해 이루어지기 때문으로 보인다.

둘째, 수년간의 마이너스 행진에서 플러스로 극적인 반전을 보인 지상파 TV 광고. 지상파 TV 광고 가운데 향후 가장 성장 가능성이 높은 광고는 중간광고이다. 2021년을 중간광고 원년으로 본다면, 내년에도 기대해 볼 만한 성장주라고 할 수 있다. 또한 맞춤형 광고가 가능한 어드레서블(Addressable) TV 광고도 향후 성장 가능성이 매우 높은 광고라고 할 수 있다. 반면 가상광고와 간접광고는 지난해에 비해 크게 성장했지만, 2022년에는 마이너스 성장이 예상되고 있다.

셋째, TV에 인터넷 접속 기능을 내장해 인터넷 기반 서비스를 가능하게 해 주는 커넥티드 TV. 커넥티드 TV는 IPTV와 유사해 보이지만, 통신사업자가 직접 콘텐츠를 보내는 IPTV와 다른 개념이다. 기존 IPTV의 기능은 물론, 웹검색, 스마트폰 애플리케이션 스토어 등을 지원한다. 커넥티드 TV 광고는 기존 TV광고에 비해 1~3개의 광고만을 노출시키기 때문에 광고 시청 완료율이 높다는 것이다. 또한 시청자의 콘텐츠 데이터에 맞는 맞춤형 광고가 가능한 장점이 있다. 지금 미국뿐만 아니라 우리나라에서도 향후 이 시장은 점점 더 커질 전망이다.

넷째, 미디어와 광고계도 ESG 경영 장착. 요즘 핫이슈는 ESG 경영이다. 즉, 환경(Environment), 사회(Social), 지배구조(Governance)를 의미한다. ESG 경영은 일시적인 경향성으로 나타난 것이 아니라 지속 가능한 발전을 위한 진일보한 개념이다. 이 공시는 2025년부터 의무화된다. 이에 따라 소비자들도 미닝아웃(Meaning Out) 문화가 확산되면서 가치 있는 소비에 관심이 많다. 시장을 주도하는 X세대뿐만 아니라 MZ세대도 환경에 관심이 많고, 가치소비자로 자신의 소비에 의미를 부여하는 소비자가 많다. 최근 광고를 살펴보면 ESG를 겨냥한 광고가 증가하고 있다.

다섯째, 집에서 세상을 즐길 수 있도록 도와주는 가상과 현실이 결합된 실재감 테크인 메타버스(Metaverse)의 본격화. 코로나19 팬데믹 이후 물리적인 교류가 어려워지자 5G를 비롯한 통신기술의 발달에 힘입어 2021년 메타버스는 전 세계적으로 뜨거운 화두로 떠올랐다. 이에 따라 세계 자본과 시장도 메타버스에 주목하고 있다. 2010년대 초부터 미국 나스닥의 상승세를 주도해 온 'FAANG(페이스북·애플·아마존·넷플릭스·구글)'은 앞다퉈 메타버스 관련 미래성장전략을 발표하고 있으며, 2025년 전 세계 메타버스 시장 규모는 2800억 달러(약 322조 원)에 이를 것으로 예측된다(Strategy Analytics, 2020). 이와 함께 기존 온라인과 모바일 중심의 광고시장도 추후 메타버스를 중심으로 커다란 지각변동이 일어날 것으로 예상된다. 현재 메타버스 플랫폼의 주 수익원은 기업의 광고와 마케팅, 유료 아이템이다. 일례로, 메타버스 산업을 대표하는 선두 주자로 꼽히는 네이버의 '제페토(Zepeto)'는 구찌·디올·MLB 등의 브랜드와 함께 콜라보하여 아바타 아이템을 선보이고 수익을 창출하고 있다. 또한 미국의 유명 래퍼 트래비스 스캇(Travis Scott)은 포트나이트에서 아바타를 통해 가상 공연을 열고 하루 2000만 달러의 수익을 벌어들였다. 향후 2D모니터를 통해 보던 광고는 3D공간에서 가상인플루언서와 함께 실감나게 구현될 것이다. 특히 새로운 소비 권력으로 떠오르는 MZ세대는 다양한 정체성을 가지고 상황에 맞춰 다른 자아를 표출하는 멀티페르소나 성향을 가지고 있으며, 그들은 부캐인 아바타를 통해 메타버스에서 거리낌없이 활발한 소비활동을 이어갈 것이다.

3. 글로벌 광고시장을 만나다

2017년부터 2024년까지 글로벌 광고비는 지속적으로 증가 추세를 보이는 것으로 나타났다. 글로벌 광고비는 2020년 6,103억 달러에서 증가하여 2021년 7,050억 달러에 달하고, 2024년에는 8,730억 달러로 증가할 것으로 추정된다(Zenith Optimedia, 2021).

글로벌 광고시장의 트렌드를 살펴보면, 인쇄광고인 신문과 잡지의 규모는 날이 갈수록 감소하고, 라디오·영화·옥외 광고는 코로나19로 인해 2019년과 2020년에 잠시 주춤하였다가 2021년 이후 증가 추세를 보여 주고 있다. 인터넷 광고는 꾸준하게 높은 증가율을 보이면서도 전체 중 가장 많은 비중을 차지하고 있다(〈표 3〉 참조).

코로나19가 지속됨에 따라 2020년 광고시장이 주춤하였고 그로 인해 2021년 광고비 전망이 신문과 잡지와 같은 인쇄광고를 제외한 모든 매체에서 증가할 것으로 나타났다(Zenith Optimedia, 2021). 특히 온라인 광고시장의 성장이 두드러지게 나타났다. 미국 시장 조사기관 eMarketer에 따르면 2021년 총 디지털 광고 지출액 중 55.2%는 디스플레이 광고, 40.2%는 검색광고에 해당될 것으로 보인다. 불과 3년 전만 해도 디스플레이 광고와 검색광고의 격차는 10%포인트에 불과했지만, 지금은 검색보다 디스플레이를 위한 지출이 681억 2,000만 달러 더 많다. 이는 소셜미디어와 디지털 영상으로의 소비자 이동이 디스플레이의 성장을 가속화하고 있기 때문이다(eMarketer, 2021).

〈표 10-3〉 2017~2024년 매체별 글로벌 광고비 및 전년 대비 증감율(단위: US$million, %)

	2017년	2018년	2019년	2020년	2021년	2022년	2023년	2024년
신문	51,139 -9.0%	46,577 -8.9%	42,815 -8.1%	32,016 -25.2%	29,509 -7.8%	28,041 -5.0%	26,792 -4.5%	25,804 -3.7%

잡지	28,748 −5.2%	26,472 −7.9%	23,863 −9.9%	18,348 −23.1%	17,487 −4.7%	16,435 −6.0%	15,621 −5.0%	14,998 −4.0%
TV	177,785 −0.6%	179,103 0.7%	176,560 −1.4%	162,308 −8.1%	171,211 5.5%	174,291 1.8%	172,926 −0.8%	178,733 3.4%
라디오	33,509 1.4%	33,988 1.4%	34,072 0.2%	26,247 −23.0%	27,899 6.3%	28,846 3.4%	28,960 0.4%	29,755 2.7%
영화	3,589 13.5%	4,030 12.3%	4,675 16.0%	1,318 −71.8%	2,331 76.9%	3,466 48.7%	4,250 22.6%	4,985 17.3%
옥외	38,404 6.6%	39,984 4.1%	41,325 3.4%	30,006 −27.4%	34,249 14.1%	37,902 10.7%	40,203 6.1%	42,384 5.4%
인터넷	217,515 19.7%	258,006 18.6%	296,226 14.8%	325,492 9.9%	406,164 24.8%	461,948 13.7%	503,929 9.1%	553,534 9.8%

* 2021년~2024년 광고비는 추정치
출처: Zenith Optimedia (2021). Advertising Expenditure Forecasts
KOBACO(2021). 2021 방송통신광고비 조사보고서

2021년에서 2024년까지 각 미디어별 글로벌 광고비 평균을 살펴본 결과, 인터넷 디스플레이 광고와 인터넷 검색광고가 상위 1위와 2위를 차지하고 있는 것으로 밝혀졌다. 인터넷 광고 중 소셜미디어가 2021년에서 2024년 사이에 가장 빠르게 성장하는 채널이 될 것으로 예측되며, 연평균 성장률은 14.8%로 예측되고, 온라인 비디오는 14.0%로 그 뒤를 이을 것으로 추정된다. 인터넷 검색광고는 연간 9.8%씩 성장할 것으로 나타났으며, 옥외광고 또한 연간 7.4% 성장할 것으로 예측된다. 라디오와 텔레비전은 각각 2.2%와 1.4%씩 소폭 성장하는 반면, 인쇄물은 4.7% 감소할 것으로 추정된다(Zenith Optimedia, 2021).

시장조사기관 eMarketer에 따르면, 소셜미디어를 통한 미디어 사용량이 증가함에 따라, 소셜미디어를 통한 광고 경쟁이 치열해졌고 그에 따른 광고 지출 또한 증가하였음이 나타났다. 소셜미디어를 통한 광고 지출은 2022년에 1,770억 달러에 도달하여 텔레비전의 1,740억 달러를 추월할 것으로 예상되며, 2024년까지 2,250억 달러로 증가하여 전체 광고의 26.5%를 차지할 것이라고 추정된다(eMarketer, 2021).

〈표 10-4〉 2017~2024년 매체별 글로벌 광고비 및 전년 대비 증가율(단위: US$million, %)

	2017년	2018년	2019년	2020년	2021년	2022년	2023년	2024년
북미	221,991 7.7%	239,712 8.0%	253,343 5.7%	249,948 −1.3%	296,375 18.6%	331,620 11.9%	346,951 4.6%	378,438 9.1%
서유럽	103,775 5.1%	109,409 5.4%	113,412 3.7%	106,410 −6.2%	123,506 16.1%	131,114 6.2%	137,437 4.8%	144,233 4.9%
아시아 태평양	177,247 4.5%	189,219 6.8%	198,818 5.1%	187,667 −5.6%	208,688 11.2%	221,923 6.3%	234,875 5.8%	248,042 5.6%
중유럽	14,553 10.9%	15,988 9.9%	17,033 6.5%	16,704 −1.9%	20,405 22.2%	23,283 14.1%	26,329 13.1%	28,827 9.5%
라틴아메리카	22,933 9.0%	23,732 3.5%	24,099 1.5%	23,345 −3.1%	26,983 15.6%	29,375 8.9%	32,385 10.2%	34,333 6.0%
중동 및 북아프리카	6,318 −7.1%	6,130 −3.0%	8,733 42.5%	8,016 −8.2%	9,224 15.1%	9,901 7.3%	10,809 9.2%	12,267 13.5%

* 2021~2024년 광고비는 추정치
출처: ZenithOptimedia(2021). Advertising Expenditure Forecasts
KOBACO(2021). 2021 방송통신광고비 조사보고서

국가별 글로벌 광고시장을 살펴본 결과, 2011부터 2024년에 이르기까지 세계 최대의 광고시장으로는 미국인 것으로 밝혀졌다. 그 뒤로는 중국과 일본 순으로 변화가 없는 것으로 드러났다. 반면 우리나라의 경우 2011년 7위에서 2021년 9위를 했다가 2024년 10위로 하락할 것으로 전망된다(표 10-5 참조).

〈표 10-5〉 2011~2021년·2024년 국가별 글로벌 광고시장 순위(단위: US$million)

순위	2011년		2021년		2024년	
	국가	광고비	국가	광고비	국가	광고비
1	미국	156,154	미국	285,211	미국	364,941
2	중국	43,155	중국	90,938	중국	106,737
3	일본	37,334	일본	51,745	일본	57,042

4	독일	21,093	영국	35,621	영국	41,628
5	영국	16,078	독일	25,748	독일	28,997
6	프랑스	12,310	프랑스	15,124	프랑스	18,885
7	한국	9,611	브라질	13,089	브라질	17,002
8	이탈리아	9,542	인도네시아	12,494	인도네시아	16,489
9	호주	8,546	한국	12,046	인도	14,167
10	캐나다	8,007	호주	11,638	한국	13,702

* 2021~2024년 광고비는 추정치
출처: Zenith Optimedia (2021). Advertising Expenditure Forecasts
KOBACO(2021). 2021 방송통신광고비 조사보고서

4. 소비자를 불편하게 하는 광고

광고시장의 매체별 현황에서 살펴본 바와 같이, 디지털과 모바일을 기반으로 한 온라인광고가 급성장하고 있다. 모바일과 소셜미디어로 이용자의 미디어 이용 행태가 변화하고 있기 때문이다. 그러나 이용자들의 클릭을 목적으로 하는 온라인광고의 기법이 다양해지면서 광고산업은 물론 미디어 이용자에게도 부정적인 영향을 미치고 있다. 그 대표적인 사례가 불편광고이다.

2021년 한국방송광고진흥공사(kobaco)는 "지속가능한 발전을 위한 광고 이용자 권익향상 방안"을 통해, 불편광고 인식, 불편광고 피해 대응 여부, 불편광고 피해 대응 유형, 불편광고 무대응 이유, 불편광고 해결책 등에 대한 소비자 설문조사를 실시했다. 조사 결과 소비자는 불편광고 유형 중 "삭제 표시를 눌러도 사라지지 않는 광고"가 가장 불편하다고 답했으며, 불편도는 6점 만점에 5.39점으로 나타났다. 다음으로 "삭제 표시가 있으나 삭제가 어려운 광고"(5.38점), "음란성 광고"(각5.38점), "삭제 표시가 없어서 삭제가 불가능한 광고"(5.36점) 순으로 나타났다.

이처럼 온라인 광고의 지면 배치, 동작 방식 등을 통해 이용자들의 정상적인 인터넷 이용을 방해하는 불편광고는 "광고 메시지를 전달하는 과정에서 이용자 불편을 유발하는 광고"와 "이용자 콘텐츠 이용을 고의적으로 방해함으로써 이용자 불편을 유발하는 광고"로 유형을 분류할 수 있다. 광고 메시지를 전달하는 과정에서 이용자 불편을 유발하는 불편광고로는 '키워드 검색광고', '정보 제공형 광고', '기사 형식 광고' 등이 있으며, 이용자 콘텐츠 이용을 고의적으로 방해함으로써 이용자의 불편을 유발하는 불편광고로는 '콘텐츠를 가리는 광고', '종료 버튼 확장 광고', '종료 버튼 없는 광고', '팝업광고' 등이 있다(온라인광고협회, 2013).

1) 키워드 검색광고

키워드 검색광고는 기업이나 제품 정보를 능동적으로 찾는 이용자를 위해 검색엔진에 홈페이지 등록 내용을 추가하여 이용자가 검색엔진을 통해서 요청한 검색 결과에 따라 결과 페이지에 배너광고나 각종 링크 형태의 광고를 자동 노출하는 형태의 광고이다.

〈그림 10-3〉 네이버 키워드 검색광고
출처: 네이버. https://saedu.naver.com/adbiz/searchad/intro.naver

검색사이트에 특정 키워드를 검색한 이용자들에게 검색 키워드와 관련된 광고를 보여 주거나 해당 사이트를 보여 준다. 특정 키워드를 검색한 사용자들에게 광고를 노출한다는 점에서 적극적이고 전환율이 높은 것이 특징이다.

특정 제품이나 관심을 가진 제품을 바로 노출시키기 때문에 타깃형 광고를 진행한다는 장점이 있으나, 광고인지 콘텐츠인지 구분하는 표시가 확실하지 않으므로 이용자를 기만할 수 있다.

2) 정보 제공형 광고

정보 제공형 광고는 인터넷 이용자들에게 일상생활에서 필요한 관심 있는 정보를 제공하여 사용자의 클릭을 유도하는 인터넷 광고의 유형이다. 예를 들어, 포털사이트 다음(Daum)의 '가장 많이 본 정보', 인터넷 뉴스사이트의 '베스트 정보'와 같은 페이지를 통해서 노출되고 있다.

3) 기사 형식 광고

기사 형식 광고는 기사의 형식을 빌린 광고를 말한다. 기사와 광고는 주체·목적·효과가 각각 다르기 때문에 정확히 구분하여 편집해야 한다. 인터넷의 기사 형식 광고는 일반 기사 형식과 동일하게 헤드라인만 노출되거나, 헤드라인·부제·소제목·본문을 모두 갖추고 있다. 예를 들어, "배달의 민족에 카카오톡 더했다"처럼 이용자들의 관심을 끄는 주제로 일반 기사 형식으로 노출되며, 광고인지 콘텐츠인지 구분이 매우 모호하다는 특징을 가지고 있다. 이러한 형태의 광고는 포털이나 언론의 신뢰성·객관성·평판에 편승하여 신뢰성을 높이고자 하는 광고로 기만적 성격을 가지고 있지만, 꾸준히 증가하는 추세이다. 기사 형식 광고는 언론사의 공신력을 낮추는 동시에 법적·윤리적 문제를 야기한다. 이에 대응하기 위해 정부는 기사형 광고로 인한 피해 사례 등의 실태조사를 토대로 기사형 광고의 편집 가이드라인을 개정하고, 이를 준수할 수 있도록 권고하고 있다.

4) 콘텐츠를 가리는 광고

화면 위를 떠다니며 내가 보고 싶은 콘텐츠를 가려 버리는 광고를 '플로팅(Floating) 광고'라고 한다. 콘텐츠를 가리는 광고는 콘텐츠의 일부분을 가려서 콘텐츠의 이용을 방해하는 형태의 광고로, 이용자들의 인터넷 웹사이트 정상적 이용에 매우 불편함을 주는 광고이다. 방송통신위원회는 인터넷 광고시장과 인터넷 광고의 창의성이 위축되지 않도록 플로팅 광고를 금지하지는 않았지만, 플로팅 광고를 삭제하지 못하게 하여 정보를 볼 수 없게 하는 행위를 금지했다.

〈그림 10-4〉 콘텐츠를 가리는 광고 예시
출처: 플로팅 광고 관련 전기통신사업법 금지행위 안내서(방송통신위원회, 2020)

5) 종료 버튼 확장 광고와 종료 버튼 없는 광고

종료 버튼 확장 광고는 광고를 종료하기 위해 마우스를 종료 버튼에 가져다 대면 광고 화면이 커지는 광고로서, 인터넷 콘텐츠 이용에 매우 큰 불편을 주는 광고이다. 이러한 광고는 이용자의 의사와 상관없이 광고에 노출되며 이용자의 콘텐츠 이용을 방해한다. 또한 종료 버튼 확장 광고는 이용자가 광고에 대한 통제권을 행사할 수 없으며 광고의 침입성이 매우 크다.

종료 버튼 없는 광고는 닫기 기능이 없어서 피할 수 없게 만든 광고의 형태이다. 사용자의 의지와 상관없이 일정 시간 동안 강제로 인터넷 광고에 노출되도록 하는 광고이며, 이런 형태의 광고는 닫기 버튼 확장 광고와 마찬가지로 이용자가 광고에 대한 통제권을 행사할 수 없다.

6) 팝업광고

팝업광고는 사이트 접속 시 새로운 웹브라우저가 열리면서 광고가 나타나는 형태를 말한다. 팝업광고는 배너광고의 형태에서 벗어나 소비자가 광고에 강제적인 노출이 될 수밖에 없게 하는 광고로, 매우 큰 침입성이 있는 광고이다.

5. 광고는 어떤 기능을 하는가

국내외 전반적인 광고시장을 살펴보며 광고가 경제에서 주요한 역할을 하고 있음을 확인할 수 있었다. 이러한 광고는 우리의 소비생활에 어떠한 영향을 미치고 있을까? 광고의 긍정적인 기능과 부정적인 기능을 함께 살펴보자.

1) 광고의 긍정적인 기능

(1) 소비자에게 정보를 제공한다

광고는 브랜드, 가격, 제품 속성, 구매 장소 등 제품과 관련된 다양한 정보를 제공함으로써 소비자가 제품 관련 정보를 탐색하는 과정에서 드는 비용을 줄여 준다. 광고를 통해 경쟁사의 제품과 자사 제품을 쉽게 비교할 수 있다. 이로 인해 현명한 소비생활이 가능해지고, 광고에 나타난 비슷한 품질의 경쟁 제품을 비교함으로써 제품 선택 시 도움을 받을 수 있다.

광고는 제품 선택 과정에 도움을 주기도 하지만, 그 밖에 유용한 정보를 제공하기도 한다. 정보전달 유형 광고를 설명할 수 있는 대표적인 사례로 공익광고·정책광고 등이 있다. 공익광고는 공공의 이익을 증진하기 위해 제작된 광고를 말한다(윤영태·김병희·박원기, 2020). 그렇기 때문에 공익광고는 휴머니즘·공익성·범국민성·비영리성·비정치성의 메시지를 지향한다. 우리나라에서 집행되는 공익광고의 주제는 자연환경, 사회공동체 의식 및 문제, 공공 매너, 청소년 문제, 경제활동, 에너지 절약 등이다(김나미·유승엽, 2015). 이러한 공익광고는 직간접적으로 광고주의 이익을 강조하는 상업광고와는 다르게, 그 시대의 사회문제를 해결하기 위해 노력한다. 또한 정책광고는 정보전달을 위해 펼쳐지는 광고 행위로, 정책의 홍보나 공고, 공익성 광고 등의 형태로 수용자들에게 배포된다.

광고의 정보전달 사례로 고용노동부와 한국고용정보원이 운영하는 워크넷 광고를 살펴볼 수 있다. 워크넷 광고는 취업 과정에서 여러 어려움을 겪는 주인공이 도움을 받아 취업에 성공한다는 이야기로 구성된다. 워크넷을 여자 친구로 의인화하여 취업의 과정에서 다양한 도움을 줄 수 있음을 이야기를 통해 간접적으로 전달하고, 영상 후반부에 워크넷의 취업 관련 서비스를 모두 나열하면서 워크넷 서비스에 대한 정보를 제공한다. 이처럼 광고는 단순히 제품 판매뿐만 아니라 정부의 정책, 공익가치 실현 등을 위한 유익한 정보를 제공함을 알 수 있다.

(2) 소비자의 생활수준을 향상시킨다.

광고로 인해 창출되는 대규모의 수요는 기업이 대량생산을 가능하도록 하고, 대량생산은 제품 단위 비용을 낮춰 준다. 이러한 과정을 거쳐 결과적으로 기업은 높은 품질의 제품을 소비자에게 더 저렴한 가격으로 공급할 수 있다.

또한 광고는 많은 소비자에게 신제품을 즉각적으로 소개함으로써 신제품의 성공 가능성을 높이고, 결과적으로 소비자의 생활수준 향상에 기여한다. 즉 소비자의 생활수준을 높이는 것은 광고를 통해서 가능하다.

이렇게 소비자의 생활수준을 높여 주는 광고는 어떤 것이 있을까? 나비엔 콘덴싱 ON AI 광고는 새로운 온수 가전 변화를 예고하며, 쾌적한 온수 생활환경을 제공할 것임을 보여 주는 사례이다.

광고는 기존의 난방설비에서 더 나아가 더 편리하게 변화된 보일러를 사용할 수 있음을 보여 준다. 광고 속에 등장하는 인물의 대화를 통해 기존 온수 사용의 불편함을 설명하는 동시에, 보일러의 변화를 약속함으로써 새로운 온수 생활환경을 제공할 것임을 전달한다. 이러한 광고는 제품에 대해 소비자가 기대하는 바를 제시하고 생활수준을 올리는 데 도움을 줄 수 있다.

(3) 광고는 소비자의 선택 범위를 확대한다.

시장에 다양한 브랜드가 있지만, 소비자가 그 존재를 모른다면 브랜드 간 경쟁이 이루어질 수 있을까? 광고는 바로 구매할 수 있는 대체품의 존재를 알리는 역할을 함으로써 소비자의 상품 혹은 생활에 관한 선택 범위를 넓혀 줄 수 있다. 광고는 소비자에게 정보를 제공하는 역할을 하므로 품질이 좋지 않거나 불만족할 만한 제품을 구매하지 않도록 도와준다. 광고가 어떻게 선택 범위를 넓혀 주는지 제로 탄산음료 사례를 통해 살펴보고자 한다.

제로 콜라를 시작으로 열풍이 불고 있는 식음료업계는 다양한 제로 제품을 출시하고 있다. 특히 다양한 제로 탄산음료가 출시되며 다양한 광고가 나타나고 있는데, 스프라이트 제로는 설탕 대체재인 제로 슈거를 사용하여 칼로리가 제로라는 특성을 강조하며, 칠성사이다 플러스는 식이섬유를 포함했다는 점을 강조한다. 광고는 설탕 대체재가 들어간 탄산음료를 찾는 이들에게 다양한 선택권을 제시한다. 이처럼 광고는 소비자에게 선택의 범위를 확대시켜 주는 역할을 한다.

2) 광고의 부정적인 기능

(1) 광고는 과소비를 부추긴다

소비자의 과소비에 영향을 미치는 대표적인 광고 사례로 명품광고가 있다. 최근의 소비자 욕구 변화의 가장 큰 특징은 경제 수준 향상에 따른 고급화이다. 그리고 고급화 소비 현상에서 가장 두드러진 특징이 명품 브랜드 구매에 대한 선호이다. 명품 브랜드 구매는 과거에는 단지 극히 일부 소비자만의 전유물이었다. 그러나 최근 경제 수준 향상에 따라 소비자의 명품 구매에 대한 접근성은 매우 용이하게 되었다(박혜욱·나준희·이용학, 2010). 이제는 명품 구매의 보편성이 사회 전체에 광범위하게 퍼지고 있다. 한편, 명품광고가 과소비를 부추기는 예시는 다음과 같다.

명품광고로 인해 소비자들의 과소비, 상대적 박탈감 등의 악영향이 유발된다. 다양한 명품은 오랜 역사와 전통을 내세우며 전략적으로 제품이 가진 그 이상의 이미지를 생산하여 광고를 하고 있다. 현실 세계에서 누릴 수 없는 상상의 세계, 동경의 세계에 대한 환상을 소비자들에게 심어 주며 소비 욕구를 증대시키는 것이다.

2021년 환경운동가들은 '과소비=멸종'이라는 단어가 적힌 현수막을 들고 루이비통 패션쇼에 등장했다. 명품 브랜드 루이비통에서 연 패션쇼 런웨이에 과잉 소비를 비판하는 운동가가 난입했다. 해당 단체의 대변인 알마 뒤푸르는 "루이비통은 세계적인 사치품 선도기업"이라고 비난했다. 또한 "광고로 공공 공간을 더럽히고, 소비자들의 과잉 소비 욕구를 자극한다"하고 덧붙였다. 지나친 명품광고가 소비자들에게 얼마나 피해를 입히는지 알 수 있다.

(2) 부당·표시광고는 정확한 정보를 제공하지 않는다

TV·라디오·신문잡지 등 전통매체들뿐만 아니라, 온라인 매체에서도 1인 미디어 개인 방송, 온라인 블로그, 인플루언서 SNS를 통한 부당·표시광고가 사회적 이슈로 제기되고 있다. 공정거래위원회는 부당·표시광고를 거짓·과장의 표시광고, 기만적인 표시·광고, 부당하게 비교하는 표시·광고, 비방적인 표시·광고 등의 4개 유형으로 구분하고 있다.

부당·표시광고의 대표적인 사례로 "테슬라, 자율주행 광고"를 살펴볼 수 있다. 테슬라의 오토파일럿과 풀 셀프 드라이빙(FSD)이 운전자의 주행을 돕는 보조장치에 불과함에도 불구하고, 테슬라는 이 장치가 자율주행 제어 기능을 제공하는 것처럼 부당·표시광고했다. 이처럼 테슬라가 오토파일럿과 FSD를 통해 자동 조향과 가속, 차량 제동, 교통신호 준수, 차선 변경 등이 가능한 것처럼 소비자에게 마케팅커뮤니케이션했다. 이러한 부당·표시광고는 소비자에게 정확한 정보를 제공하지 않는 대표적인 사례로 말할 수 있다.

11장

영화
리터러시

오원환

영화를 읽거나 쓸 때 예리한 분석과 비평, 치밀한 기획과 의미 구성 등을 위해서 여러 가지 이론과 개념을 동원한다. 이 글에서는 영화 리터러시의 읽기와 쓰기에 동원되는 이론과 개념을 크게 네 가지 차원으로 분류하여 살펴본다. 먼저 영화를 직접 대상으로 하는 형식주의와 사실주의 등 영화 이론적 접근과 영화 비평, 분석에 활용되는 정신분석학과 페미니즘적 접근, 영화 제작 프로세스 단계를 중심으로 살펴보는 비판이론 진영에서의 이론적 접근, 그리고 의미를 구성하는 영상미학적 차원에서의 접근이다. 위의 네 가지 접근 방법이 영화 리터러시의 유일한 구성 요소도 아니고, 언급된 이론들이 각각의 접근 방법에서 중요한 부분이지만, 전체는 아니다. 각각의 접근 방법은 고유한 특징이 있으나 완전히 차별적이라기보다 때때로 중첩적이다. 다만 다각적인 접근 방법에 대한 소개를 통해서 영화 수용 및 제작에서 종합적이고 비판적이며, 창의적인 사유에 도움이 될 것으로 생각한다. 영화 리터러시 관련 연구들이 주로 앞의 세 가지 접근 방법에 집중하고 있기에 이 글에서는 영상미학적 접근을 보다 자세히 다루고, 그것을 중심으로 원작 소설 「밀레니엄」을 영화화한 스웨덴 버전과 미국 버전의 영화를 비교 분석한다.

1. 영화 리터러시

젊은 세대가 경험하고 활용하는 언어의 형태는 변해 왔다. 하루의 경험과 느낌을 일기장에 적는 대신 인스타그램에 사진일기를 올리거나, 혹은 유튜브에 영상일기를 쓰기도 한다. 개인의 일기는 누군가에게 보이거나 읽히는 공개적인 영역으로 옮겨지기도 한다. 이렇듯 영상과 정보통신, 디지털 기술의 발전에 따른 미디어 환경과 소통 수단의 변화는 삶의 방식에서의 변화를 가져왔고, 동시에 글을 읽고 쓰는 능력인 리터러시는 미디어 리터러시, 비주얼 리터러시, 디지털 리터러시 등으로 진화해 왔다. 영화 리터러시는 미디어 리터러시의 한 영역으로 간주되기도 하지만, 뤼미에르 형제(Auguste et Louis Lumiere)의 첫 유료 영화 상영을 기준으로 할 때 125년의 세월을 거치는 동안 영화만의 차별화된 영상 언어와 문법, 체계가 구축돼 왔다. 그리고 현대의 다양한 미디어가 콘텐츠를 시각화 혹은 청각화할 때 영화가 구축해 온 것들을 여전히 활용한다는 점에서 영화 리터러시는 독자적인 지위를 갖는다.

1895년 12월 28일 토요일 오후 뤼미에르 형제는 입장료를 낸 관객 앞에서 〈기차의 도착〉을 비롯한 10편의 짧은 영화를 상영했다. 플랫폼에 도착하는 기차가 연기를 뿜으며 등장할 때 관객은 자신을 향해 오는 줄 알고 깜짝 놀라 자리에서 움찔했다는 일화는 유명하다. 당시 영화라는 뉴미디어를 처음 경험한 관객에게 매체 그 자체가 충격적인 자극이었고, 마셜 맥클루언(Marshall McLuhan, 1964)의 지적처럼 인간의 지각 방식에 변화를 불러올 메시지 그 자체였다. 이후 무성영화에서 유성영화로, 흑백영화에서 컬러영화로의 기술적 변화, 극장의 스크린에서 개인의 스마트폰 화면으로의 수용환경의 변화 등은 관객 혹은 수용자의 영화에 대한 지각 방식에 다양한 변화를 불러왔다. 영화적 상상은 그럴듯한 영화적 현실을 만들고, 기술의 발전은 그러한 현실을 더욱 실감 나게 재현했다. 영화는 인간 사회의 다양한 삶의 방식을 탐구해왔고, 현실을 탐구하는 이른바 철학하기의 실천 대상이 되어 왔다. 영화는 현실 재현을 통해서, 관객에게 어떤 의미를 전달하고, 관객은 영화적 상황에 몰입하면서 등장인물과 동일시하거나 비판적 거리두기를 통해서 정도의 차이는 있겠으나 자연스럽게 영화 속 의미들을 해석하는 습관을 키워 왔다. 이것을 리터러시 차원에서 보다 체계화·개념화하려는 시도가 영화 리터러시라고 할 수 있다.

> 길버트 셀데스(GilbertSeldes)가 "영화에는 '문맹(illiteracy)'이 없다"고 말했을 때, 그는 영화가 관객의 '문해적(literary)' 경험을 엄청나게 증가시켰다는, 매우 정당한 주장을 했다. 하지만 우리처럼 영화의 문맹(illiteracy)이 어느 정도인지 알 수 없는 나라에서는 뉴미디어에서의 문해력(literacy) 수준이 높다 한들 여전히 척박한 상황임을 그도 동의할 것이다.
>
> — Forsdale, J. R., & Forsdale, L.(1966: 9)

1960년대 영화 리터러시에 대한 포스데일(Forsdale)의 성찰은 반세기 전에 이미 영화 리터러시에 대한 진지한 고민이 시작됐음을 보여 준다. 그 이후에도 영화 리터러시는 영상과 사운드 기술의 발전, 영상언어와 영상문법, 영상미학 등 영상이론의 확장, 사회와 문화, 인간에 대한 다양한 철학적 성찰이 서로 접합되어 발전해 왔다. 또 영화는 절충적이고 혼합적인 특징 때문에 모든 종류의 미디어 컨텍스트에서 영화 언어의 사용을 통한 재매개(remediation)가 활성화되는 매력을 가지고 있다. 예컨대, 방송 드라마나 뮤직비디오, 광고 등은 영화 언어가 활용되는 대표적인 형태이고, 유튜브 생태계에서는 다양한 영화 클립(clip)들이 수많은 콘텐츠로 재생산되면서 다양한 형태로 노출된다. 또 영화는 모든 연령대의 다양한 미디어 사용자·소비자·제작자 및 생비자(prosumer) 사이에서 다차원적이고 다문화적인 미디어 리터러시를 위한 가장 중요한 도구로 자리해 왔다(Baptista, 2012).

커뮤니케이션학에서는 1960년대 이후 영화나 TV의 폭력성과 선정성의 문제로부터 수용자를 보호하려는 차원에서 비판적 영상 읽기 교육이 미디어 리터러시 교육의 중심에서 논의돼 왔다(안정임·서윤경·김성미, 2017). 이후 수동적이고 맹목적인 수용자가 아닌 미디어를 통한 소통의 주체적·능동적·적극적 수용자이면서 동시에 생산자라는 인식에서 창의적 영상 제작 교육의 필요성이 뒤따랐다.

한국에서는 군부독재 정권기에 미디어 교육이 민주화의 맥락 혹은 시민사회의 시청자 운동 차원에서 강조됐고, 민주화 시기를 거치면서 점차 미디어 리터러시는 제도권 교육으로 편입됐다. 또 방송법에 명시된 시청자 주권 차원에서 미디어 교육은 사회적 약자가 자기의 목소리를 낼 수 있는 소통의 수단으로도 강조돼 왔다. 이러한 변화를 촉발시킨 기술적 계기는 영상 장비의 민주화, 즉 디지털 기술의 발전에 따른 저렴한 디지털 영상 장비의 보급이라고 할 수 있다. 현재 스마트폰은 영화 촬영을 위한 매체로도 기능 하고 있다.

이 글에서는 영화 리터러시의 개념을 포함하여, 영화 읽기와 쓰기에서 고려해야 할 구성 요소를 살펴본다. 그중 영상미학적 차원에서 영상 언어의 미학적 선택과 의미의 구성을 중심으로 스웨덴 원작 소설인 「밀레니엄」을 영화로 제작한 스웨덴 버전과 헐리우드 버전의 영화를 비교, 분석하고자 한다. 특히 원작소설이 영화화되면서 나타나는 영화적 현상, 즉 소설과 무관하게 영상미학적 선택에 의해서 새로운 정서와 의미가 만들어지는 것을 중심으로 살펴볼 것이다.

2. 영화 리터러시의 개념

〈옥스퍼드(Oxford)사전〉에 따르면, 리터러시의 사전적 의미는 글을 읽고 쓰는 능력 외에 특정 주제나 매체를 읽는 능력 혹은 특정 분야의 능력이나 지식을 포함한다. 그렇다면 리터러시 개념을 전유하여 영화 리터러시를 간략히 정의하면, 영화를 읽고 쓰는 능력 외에 영화의 주제나 매체로서의 영화를 읽는 능력, 영화에 관한 지식 등을 포함하는 것이라고 할 수 있다.

영화 리터러시의 영자 표기는 'film literacy', 'cinema literacy', 혹은 'cineliteracy' 등이 있다. 세 가지 표기가 변별적 의미를 담고 있기보다는 그저 혼용되는 상황이다(이아람찬, 2019). 'cineliteracy'는 1960년대 등장한 "영화에 대한 비판적 감상 또는 지식을 갖춘"이라는 뜻의 형용사 'cineliterate'에서 파생되어, 1970년대에 영화 감상에 대한 대안으로 쓰이다가 1990년대에 미디어 리터러시의 맥락에서 널리 통용됐다(Kuhn, A. & W estwell, G., 2012). 하지만 사전적 의미의 시네리터리시는 영화에 대한 비판적 사고와 분석, 이해 혹은 영화와 관련된 지식의 수준에서 정의되고 있다. 반면에 2010년대 이후 빈번히 활용돼 온 영화 리터러시(film literacy)는 능동적 수용뿐만 아니라 영화 제작을 통한 적극적 소통을 강조하는 의미로 활용되기 시작했다(이아람찬, 2019). 이 글에서도 능동적 수용과 적극적 소통을 강조하기 위해서 영화 리터러시의 영자 표기를 'film literacy'로 쓴다.

유럽의 온라인 교육 플랫폼(school education gateway)에서는 영화 리터러시를 다음과 같이 네 가지 범주, 즉 '영화의 이해 수준', '영화를 선택할 때 의식적이고 호기심을 가질 수 있는 능력', '영화를 비판적으로 보고 그 내용, 촬영 및 기술적 측면을 분석할 수 있는 역량', '창의적 동영상 제작에서 언어와 기술 자원을 조작하는 능력' 등으로 구분하여 정의한다. 이러한 정의는 영화가 유럽의 정체성 형성에 중요한 역할을 하고 있다는 생각과 함께 영화 리터러시가 유럽 영화에 대한 지속 가능한 관객을 창출해야 한다는 도구적 인식에서 유래했다.

미디어 리터러시 교육의 모범 사례 중 하나인 호주 교육과정평가원(Australian Curriculum Assessmentand Reporting Authority)의 예술교육 과정인 '미디어 아트'는 미디어 리터러시를 국어교육이나 미술교육의 핵심 역량이나 내용 요소와 같이 부속된 일부가 아닌 독립된 교과 영역으로 설정한다(박유신, 2017). '미디어 아트' 교육과정의 구조를 살펴보면, 학생들에게 교육을 통해서 미디어 생산·분배·접근에 관한 기술들, 미디어 제작 진흥 및 규제 기관, 미디어 아트 콘텐츠 소비자 혹은 수용자, 공유된 사회적 가치와 신념의 재현 등에 대한 지식과 이해를 배양시키고자 한다. 또 미디어 아트의 기술적 요소(구조·공간·시간·움직임·소리 및 조명)와 상징적 요소, 이야기의 원리(구조·의도·캐릭터·설정·시점·장르관습), 의미와 해석에 따른 견해, 미디어 아트의 형식과 스타일, 미디어 콘텐츠 제작 프로세스, 미디어 아트의 매체적 특성 등에 대한 지식과 이해를 증대시키고자 한다. 미디어 아트는 미디어 리터러시의 개념과 요소들에 대한 지식과 이해를 확장하는 교육과정으로, 영화 리터러시의 구성 요소를 구체화할 때도 참고할 만하다.

3. 영화 리터러시를 위한 네 가지 접근 방법

영화 리터러시의 네 가지 접근 방법은 읽기와 쓰기에 동원되는 이론과 개념을 크게 네 가지 차원으로 분류한 것이다. 먼저 영화를 직접 대상으로 하는 영화이론적 접근과 영화 비평과 분석에 활용되는 정신분석학과 페미니즘적 접근, 영상 제작 과정에 따라 적용 가능한 이론적 접근, 그리고 영상미학적 차원에서의 접근이다. 위 네 가지 접근 방법이 영화 리터러시의 유일한 구성 요소도 아니고, 언급된 이론들이 각각의 접근 방법에서 중요한 부분이지만, 전체는 아니다. 각각의 접근 방법은 고유한 특징이 있지만, 완전히 차별적이라기보다 때때로 중첩적이다. 다만 다각적인 접근 방법을 소개한다는 정도로만 이해하면 좋겠고, 영화 리터러시 관련 연구들이 주로 앞의 세 가지 접근 방법에 집중하고 있기에, 이 글에서는 영상미학적 접근을 보다 자세히 다루고, 그것을 중심으로 소설「밀레니엄」의 영화 버전들을 분석한다. 영화를 둘러싼 네 가지 접근 방법을 간략히 도식화하면 그림 11-1과 같다.

Context(정치, 경제, 문화, 사회, 교육, 예술적 맥락…)

- 형식주의, 사실주의, 작가주의, 영화기호학, 장르 연구, 스타 연구, 관객 연구, 장치 이론…
- 생산/제작 → 영화(Film/Text) → 소비/수용/영향
- 정치경제학, 구조주의, 서사학, 기호학, 정신분석학, 페미니즘, 심리학, 문화 연구…
- 영상미학, 응용 매체 미학, 매체 철학

〈그림 11-1〉 영화 리터러시의 네 가지 접근 방법

1) 영화이론적 접근

영화이론적 접근은 형식주의, 사실주의, 작가주의, 영화기호학, 장르 연구, 스타 연구, 관객 연구, 장치 이론 등 영화와 극장·관객·팬덤·영화산업 등 영화 혹은 영화와 직접적인 관련이 있는 대상에 대한 지식과 이해를 위한 접근 방법이다.

대표적으로 세르게이 에이젠시테인(SergeiEisenstein)은 변증법적 몽타주(montage) 개념을 통해서 두 개의 영상이 교차할 때 생성되는 극적 긴장감, 편집을 통한 개념의 충돌을 영화에서 가장 중요시했으며, 러시아 형식주의와 관련이 깊다. 그에 반해 러시아 영화의 형식주의를 배척하고 사실주의와 작가주의를 촉발시킨 앙드레 바쟁(Andre Bazin)은 현실의 광화학적 기록인 영화는 현실 세계를 있는 그대로 반영하기 위해서 편집을 절제하고 미장센(mise-en-scène)을 통한 다층적 메시지 전달을 중요시했다. 그에 영향을 받은 작가주의 이론가들은 영화를 감독이 만든 예술 작품으로 간주하지만, 영화가 감독 1인만의 작품이 아니라는 점에서 논쟁을 촉발하기도 한다. 1960년대에 크리스티앙 메츠(Christian Metz)는 어떻게 영화(텍스트)가 기호를 매개로 의미를 전

달하는지를 논의하면서, 영화를 문법으로 특징지을 수 있는 '집단 통사적 관계(group syntactic relationship)'라고 묘사했다(Gürses, 2020). 그는 영화 속 기호의 고유한 의미 작용을 연구하면서 영화기호학의 길을 개척했다.

2) 정신분석학과 페미니즘적 접근

지그문트 프로이트(Sigmund Frued)와 자크 라캉(Jacques Lacan)의 정신분석학은 인간의 욕망과 무의식을 다루며 정신분석 비평의 토대가 되었다. 프로이트는 오이디푸스 콤플렉스, 리비도, 자아의 불안과 방어기제 등 다양한 개념들을 제시했고, 무의식 영역의 본능적 욕망인 이드(id)와 이상과 가치, 신념과 양심이 작동하는 초자아(superego), 그리고 이드와 초자아의 현실적인 절충과 타협 속에서 효율적 방식으로 이드의 충동을 만족시키려는 자아(ego)로 구성된 정신계의 구조를 개념화했다. 1960년대 중반 이후 라캉은 구조언어학과 철학적 사유의 접합을 통해서 거울단계·동일시·소외·주체·대타자 등의 개념과 주체가 대상과 맺는 관계인 상상계·상징계·실재계 등의 개념을 제안하면서 영화 비평과 분석에 큰 영향을 미쳤다. 특히 라캉의 거울단계 이론에서는 주체가 스스로를 발견하고 제일 먼저 자신을 느끼는 곳이 거울 속 이미지이고, 그 이미지와 자신을 동일시하면서 자아가 형성되기에 결국 자아는 오인의 산물이며, 의식 주체 혹은 자아 정체성은 허구이고, 자아는 재현된 대상에 대한 지식을 통해서 구성되며, 언어로 매개되는 대타자의 상징적 질서 속에서 주체로 거듭난다고 지적한다.

로라 멀비(Laura Mulvey)는 정신분석학을 이용해 영화가 여성을 성적 대상으로 응시하는 남성 주체의 시선을 담고 있다고 지적한다. 여기서 응시(gaze)는 바라보는 것 그 자체가 아니라 특정한 사회적 맥락에서의 관계를 바라보는 것으로, 여성은 보이는 대상으로 전시됨으로써 남성의 환상과 욕망을 위한 기표로서만 여성이 재현되며, 아울러 남성의 성적 응시 속에서 여성이 처벌받거나 구원받는 수동적 존재로 재현된다고 주장한다. 페미니즘 영화 비평을 개척한 로라 멀비는 영화에서 남성은 내러티브를 이끄는 주체적인 존재라면 여성은 남성의 의지와 행동의 영향을 받는 객체라고 지적한다. 카메라는 남성의 시점을 중심으로 영상을 구성하는 데 반해, 여자는 남자 주인공을 매개하는 카메라의 관찰 대상이며, 특히 여성의 다리·가슴 등 클로즈업(close-up)이 자주 재현되면서 전인적 인격체가 아닌 시각적인 전경(spectacle)으로 취급된다고 비판한다. 페미니즘 비평은 영화 속 스테레오타입화된 왜곡된 여성상이 재생산되는 일상화된 성차별주의를 지적하는 동시에 여성을 상품화하는 시각적 재현의 문제를 비판해 왔다.

3) 영화 제작 프로세스에 따른 접근

영화의 제작/생산은 사전제작(pre-production), 제작(production), 후반제작(post-production)의 과정을 거치고, 이후 극장을 비롯한 다양한 채널로 영화는 소비/수용된다. 사전제작 단계에서는 영화의 아이디어 발굴, 시놉시스, 트리트먼트, 시나리오 작성, 예산 확보, 감독 캐스팅, 배우 캐스팅, 스텝 구성, 장소 헌팅, 스토리보드 제작 등의 과정을 거친다. 제작단계에서는 연출·연기·촬영·조명·녹음 등의 작업을 통해서 영화편집을 위한 영상 소스를 만든다. 후반작업에서는 영화편집, 음악 작곡 및 선곡, 음향, 폴리사운드 및 후시녹음, 사운드믹싱, 컴퓨터그래픽 작업 및 색보정 등의 과정을 거친다. 영화가 완성되면, 배급과 상영, 홍보 마케팅과 OSMU(One Source Multi-Use) 전략이 실행된다. 스토리텔링과 같은 서사적 차원과 영상과 사운드의 미학적 선택이 기술적 요소들과 결합돼 영화가 만들어진다.

영화 제작과 수용의 프로세스를 생산/제작, 영화텍스트, 소비/수용의 과정으로 단순화하면 다양한 권력관계가 어디서 어떻게 작동하여 영화 텍스트에 어떤 영향을 미쳤고, 영화는 소비/수용 과정에서 어떻게 사회문화적 영향을 끼치는지를 분석하기 용이하다. 특히 대중문화에 관한 비판이론, 즉 정치경제학·구조주의·프랑크푸르트학파·문화연구 등의 이론들은 마르크시즘(Marxism)에 영향을 받았지만, 영화 프로세스에 방점을 두는 부분이 다르고, 분석의 잣대도 서로 다르다.

(1) 생산/제작에 초점

정치경제학적 비평, 윤리적 비평, 작가성에 대한 논의는 주로 영화의 생산/제작에 초점을 맞추고 있다. 제작 환경과 조건에 대한 논의는 기술적 요소 외에 어떤 정치적 환경(권위주의·자유주의·사회책임주의·공산주의)에서 제작되고, 어떤 제도와 조직의 관여 속에서 만들어지는지, 또 영화 제작비를 누가 얼마나 투자했고, 투자자와 프로듀서·감독·작가 등의 권력관계 속에서 어떤 플레이어가 영화 제작에 더 작가적 역할을 강하게 수행했는지 등이 생산/제작에 초점을 맞춘 이론들의 관심사다. 예컨대, 헐리우드 영화는 이윤 추구가 가장 큰 목적일 것이고, 공산주의 국가에서는 선전 도구로서의 기능이 가장 우선시될 것이다. 헐리우드의 프로듀서 시스템 속에서는 제작자는 감독이 편집에 관여하지 못하게 할 수 있고, 해리포터를 쓴 조앤 롤링(Joan Rowling)과 같은 유명 작가는 영화각본 작업에 참여할 수도 있다.

한편, 미디어 정치경제학은 미디어의 소유, 통제, 경영관리, 자본과 편집, 정치권력과 언론 관계, 유통 및 소비 등 정치경제학적 맥락에 초점을 두고, 다양한 미디어와 이슈에 관심을 기울인다. 예컨대, CJ 계열사가 투자·제작·배급·상영 등 수직적 통합을 통해서 자사가 투자 및 제작한 영화를 상영하기 위해서 스크린을 독점한다든지, 혹은 한국 영화 시장에서 흥행이 예상되는 〈어벤저스: 엔드게임〉 상영 예정 스크린 수가 한국의 전체 스크린 중 90% 이상으로 집계되면서 불거진 스크린 독점 논란 등에 대한 비판적 인식 역시 정치경제학적 접근을 통해서 설명될 수 있다.

(2) 영화 텍스트에 초점

형식 비평, 서사학적 비평, 신화 비평, 기호학적 비평, 미학적 분석, 이데올로기/담론 분석, 작가주의 비평, 장르 비평, 정신분석 비평, 페미니즘 비평, 내용 분석 등에서의 논의는 영화 텍스트에 초점을 맞추고 있다. 영화의 내용과 형식에 대하여, 형식적(구성주의·몽타주)인지 사실적(리얼리즘·네오리얼리즘)인지, 전형적/관습적인지 실험적/아방가르드적인지, 장르적 특성(전통·유사·융합·실험)이 어떠한지, 인물/사건/배경과 플롯 등 서사 구조는 어떤지, 영화 속 기호들은 어떻게 의미작용을 하는지, 영화 속 담론이나 이데올로기, 신화 등은 어떻게 구성되고 작동하는지 등이 영화 텍스트에 초점을 맞춘 이론들의 주요 관심사다. 앞에서 언급한 영화이론적 접근, 소쉬르의 기호학적 유산과 롤랑 바르트(Roland Narthes) 신화 분석, 라캉의 정신분석학 등 구조주의적 접근, 권력관계의 성과물로서 텍스트를 담론 구성체로 보는 미셸 푸코(Michel Foucault)식 접근, 미디어의 재현을 통해서 의미화가 이뤄지는 과정과 그 맥락들에 관심을 가지는 문화연구적 접근 역시도 영화 텍스트에 관심을 기울인다. 뒤에서 자세히 설명할 영상미학적 접근은 영화 시나리오의 시각화 과정에서의 미학적 선택이 만들어 내는 영화적 현상과 그 의미들에 관심을 기울인다.

(3) 수용/소비에 초점

수용자 연구, 탈식민주의 비평, 관객성 연구, 매체철학과 매체미학 비평 등이 수용/소비에 초점을 맞추고 있다. 수용자에 대한 인식, 수용 환경과 수용 매체의 특성, 수용자의 인지·태도·행동에 미치는 효과, 의미의 재생산, 대중의 욕구와 문화적 트렌드, 감성 구조, 기능주의적 접근(이용과 충족 이론), 수용 분석 등이 수용/소비에 초점을 맞추고 논의돼 왔다.

문화연구(cultural studies) 이론은 수용의 맥락에 관심이 많다. 미디어 수용자가 미디어가 생산하는 의미들을 일방적으로 수용하는 것이 아니라, 저항과 수정을 통해서 능동적으로 수용할 수 있다는 상대적 자율성을 강조한다. 아울러 문화적 실천들이 거대한 문화산업에 의해 상품화되는 현상을 비판한다. 이는 프랑크푸르트학파의 문화산업론의 지적과도 결을 같이한다. 프랑크푸르트학파의 테오도르 아도르노(Theodor

Adorno)는 영화를 포함한 문화산업이 대중에게 유희와 오락을 제공하는 것 같지만, 사실은 대중의 의식을 조작하여 대중이 참담한 현실에서 일시적인 도피가 아닌 부정 혹은 저항적 사고로부터 도피하도록 만들어서 노동계급의 정치성을 희석시킨다고 지적한다. 한편, 페미니즘 비평은 영화 텍스트 내부뿐만 아니라 제작과 소비에 관한 제반 역학들을 페미니즘적 시각으로 분석하기도 한다. 예컨대, 극장의 어두운 환경 속 남성은 밝은 스크린에 비치는 성적 응시의 대상인 여성을 보면서 관음증적인 시각적 쾌락을 추구한다고 지적한다.

4. 영상미학적 접근

시나리오에 기반해 이야기를 영상으로 형상화하는 작업을 시각화라고 말한다. 시각화의 과정에서 감독의 미학적 선택에 따른 스타일이 구성되고, 이러한 시각화에서 가장 중요한 것은 시각적 의미를 명료화하고 강조하는 것이다. 장면의 의미와 영화의 주제, 감독의 의도를 명료화하고 강조하기 위한 시각화의 방법은 감독이 어떻게 영상 언어와 영상미학적 요소들을 선택하느냐에 따라 달라진다. 사운드로 청각화하는 작업 역시도 마찬가지다.

보드웰(Bordwell, 2002/2002: 20)은 "영화매체의 테크닉에 대한 체계적이고 의미 있는 사용"을 영화의 스타일이라고 정의하면서, "미장센, 프레이밍, 초점, 색상 조절과 영화 촬영술의 다른 국면들, 그리고 편집과 사운드" 등이 스타일과 관련돼 있으며, 스타일은 결국 "영화의 이미지들과 사운드들의 조직이고, 특정한 역사적 상황 속에서 영화감독들에 의해 이루어진 선택의 결과"라고 개념화한다.

허버트 제틀(Herbert Zettl, 2016: 4)은 응용매체미학(applied media aesthetics)이라는 개념을 제안한다. 그는 응용매체미학을 조명(lighting)과 소리와 같은 수많은 미디어 요소들, 그것들이 상호작용하는 방식, 그것들에 대한 우리의 지각 반응을 살펴보는 과정이고, "비디오나 영화, 웹이미지는 단순한 메시지 배포의 중립적인 수단이 아니라 미학적 커뮤니케이션 체계의 필수 요소"이며, "전통적인 미학이 기본적으로 기존의 예술 작품에 대한 분석에 국한되어 있는 반면, 응용 매체 미학은 다양한 형태의 미디어 제작에 대한 분석뿐만 아니라 그것들의 창조에도 기여"한다고 언급한다. 허버트 제틀(2016)의 응용 매체 미학의 주요 요소들을 활용하여 간략히 정리하고 사례를 들어서 설명하면 다음과 같다.

1) 빛과 그림자

영화는 빛의 예술이다. 조명은 감독의 미학적 선택에 따라서 빛과 그림자를 제어하는 것이다. 방송 조명에 비해서 영화 조명은 극장의 어두운 공간에서 미세한 조명의 차이로 관객의 지각에 영향을 미치기도 한다. 조명을 통해서 외적 환경(시간과 공간)과 내적 환경(감정)을 표현한다. 예컨대, 낮 동안은 해의 위치에 따라서 그림자의 길이가 달라진다. 그림자의 길이는 해가 중천에 있으면 짧고, 지평선 가까이에 있으면 길다. 즉, 그림자의 길이는 시간에 대한 관객의 인식에 영향을 미친다. 또 화면 속 그림자는 종종 영화 속 공간이 어디인지를 추측하게 한다. 초록 잔디 위에 십자가 그림자가 드리워져 있다면, 묘지를 생각하기 쉽다. 또 빛의 밝기는 시간뿐만 아니라 영화 속 상황을 희망과 환희, 안전과 안심 혹은 좌절과 절망, 걱정과 불안 등 다양한 정서를 꾸민다. 일상에서 경험해 온 빛의 방향은 위에서 아래로 향하고, 빛에 의해서 만들어지는 그림자도 피사체 아래로 만들어진다. 만약 이와 반대로 조명이 아래에서 위로 향한다면 얼굴에 맺히는 그림자의 방향도 피사체 위에 생기고, 우리의 일상적 경험에 비추어 부자연스럽고 불편하며 두려운 느낌도 들 수 있다.

피사체에 의해서 드리워지는 그림자는 피사체와의 연결 여부에 따라서 표면 그림자, 연결 그림자, 분리 그림자, 독립 그림자 등으로 구분할 수 있다. 표면 그림자는 피사체 표면에 드리워지는 그림자이고, 연결 그림자는 피사체에 투영되어 생긴 그림자가 피사체와 연결된 그림자이며, 분리 그림자는 피사체와 그림자의 연결이 화면 속에서 드러나지 않는 그림자이고, 독립 그림자는 화면에 피사체가 보이지 않고 그림자만 있는 것이다. 연결 그림자는 피사체 모양대로 만들어지기도 하지만, 인물 내면의 모습이나 꿈과 기대, 욕망 등이 그림자로 표현되기도 한다. 독립 그림자는 피사체가 화면에 보이지 않기 때문에 그림자만으로 피사체를 상상하게 만들면서 관객의 참여를 유도하고, 때로는 다음 장면을 암시하면서 극적 효과를 조성한다.

그림자의 명암 속도(falloff), 즉 그림자의 윤곽선이 또렷한 경우 명암 속도가 빠르고, 명암의 변하는 정도가 흐릿한 경우는 명암 속도가 느리다고 한다. 오후의 맑은 하늘에서 내리쬐는 햇빛에 의해서 만들어지는 피사체의 그림자는 그 윤곽선이 뚜렷하다면, 구름 낀 날 오후에 피사체의 그림자는 윤곽선이 흐릿하고 명암의 구분이 불명확해진다. 명암 속도가 빠르면 강렬하고 극적인 느낌을 주고, 명암 속도가 느리면 부드러운 느낌을 준다. 범죄 소재를 주로 다루는 느와르(noir) 영화는 명암 속도가 빠른데, 갱스터나 형사가 범죄 사건으로 엮이는 서사의 재현을 위해서는 강렬하고 극적인 조명이 유리하다. 반면, 멜로드라마나 로맨틱 코미디 영화는 상대적으로 부드러운 느낌의 조명이 더 적합하다. 만약 할머니의 주름진 손등을 영상에 담을 때, 할머니의 지난 삶이 매우 고달팠음을 보여 주고자 한다면 명암 속도가 빠른 조명을 사용해 손등의 주름이 더욱 선명히 보이게 한다.

촬영에 필요한 적정 광량 등 기본적 광학 조건 외에도 감독은 자신이 의도하는 장면의 의미를 연출하기 위해서 조명을 활용해 다양한 미학적 선택을 한다. 조명의 대표적인 기능은 관객에게 화면의 특정 부분을 보도록 강조하거나, 영상 이미지의 촉감과 질감을 표현하고, 시공간의 정보를 제공하며, 등장인물의 심리적 분위기나 사건을 암시하는 것이다. 입체적인 영상 표현을 위한 조명 세팅이나 뉴스나 홈쇼핑 등 스튜디오에서의 평면 조명, 그리고 카메오 조명과 실루엣 조명 등 특수 조명 기법 등은 감독이 전달하고 자 하는 장면의 의미에 따라서 다양하게 연출된다.

2) 색의 지각

색의 지각은 빛의 밝기에 따른 시신경의 색과 명암에 대한 지각, 관객의 색에 대한 문화적 인식에 따른 지각, 그리고 색의 종류와 선명도·밝기 등에 따라 다양한 정서를 느끼는 미학적 지각으로 구분된다. 색의 문화적 지각은 문화권마다 다르다. 예컨대 빨간색의 경우, 서유럽과 미국에서는 분노·용기·위험, 일본에서는 분노, 힌두권에서는 힘이나 에너지, 중국에서는 행운·행복·결혼 등으로 지각된다.

영상의 등장인물이나 물체의 색상을 지각하기 위해서는 최소한의 기본 광량이 필요하다. 광량이 부족하거나 과한 경우 색이 왜곡된다. 예컨대 어두운 밤 골목길 끝에 누군가가 서 있는 것 같다면, 명암 차이로 어렴풋이 그 윤곽을 구분해 낼 수는 있지만, 무슨 색의 옷을 입고 있는지는 알기 어려울 수 있다. 옷의 색이 사건의 중요 단서라면 관객의 색의 지각 여부는 감독이 내리는 미학적 선택에 따라서, 촬영 혹은 편집 과정에서 선명하거나 흐릿하게 조절될 수 있다.

인간은 사물이 반사하는 빛을 통해서 물체의 색과 밝기를 인식한다. 벨벳과 거울의 표면 반사율이 다른 것처럼, 영화 속 소품의 표면 반사율은 재질에 따라 다르고, 흑인과 백인도 피부의 표면 반사율이 다르다. 미장센을 고려할 때 빛의 표면 반사율 차이를 고려해 광량을 조절하고, 인물의 의상이나 소품의 반사율을 관리해야 한다. 또 관객이 주목하는 이미지를 전경이라고 하고, 그 이외의 것을 배경이라고 할 때, 배경 색의 색상과 명도를 다르게 하면 전경 색의 색상과 명도가 다르게 보일 수 있어서 주변 색에 대한 고려와 조명을 통한 해결책을 생각해야 한다.

흑백영화가 아니라 컬러영화라면 조명 세팅과 촬영 준비 과정에서 광량의 조절만큼 중요한 것은 색온도(colortemperature)를 점검하는 것이다. 색온도란, 표면의 빛 반사 없이 복사(radiation)만을 하는 이상적인 물체인 흑체에 열을 가할 때 복사되는 빛의 색이 온도에 따라 다르게 보이는 것에 착안해 색을 온도로 표시한 것이다. 조명의 색온도가 높을수록 영상에 파란색 기운이 돌고, 낮을수록 붉은색 기운이 도는데, 영화나 방송에서는 촬영하기에 앞서 빛의 색균형을 조절하기 위해서 화이트 밸런스(white balance)를 거친다. 흰색이 흰색으로 녹화되도록 조절하는 것을 화이트 밸런스라고 하지만, 감독의 의도에 따라서 색감이 다르게 설정되기도 한다. 인간의 색 지각은 색온도와 상반되는데, 붉은색은 뜨겁고, 파란색은 차갑게 느껴진다. 종종 격투나 액션, 에로 장면 등에서는 붉은 색감이 어울린다면, 뭔가를 냉철하게 고민하거나 우울해하는 장면, 살인사건이 발생한 장소에서는 파란 색감이 더 어울릴 수 있다. 관객이 느끼는 색감은 색의 에너지와 연관이 있다. 색의 에너지는 색상과 명도, 채도, 채색 면적, 전경색과 배경색의 상대적인 대조 등에 따르게 느껴진다. 관객이 주목하는 전경은 배경에 비해서 높은 에너지가 필요하기에, 빨강이나 노랑 등 밝고 따뜻한 색이나 고채도가 어울리고, 배경은 파랑·초록·회색 등 덜 밝고 차가운 색이나 저채도의 색이 어울린다. 영화 〈씬 시티〉(sin city, 2005)에서는 흑백 영상에 선택적 컬러의 활용이나 명암 밝기의 차이를 통해서 전경의 에너지를 조절한다. 예컨대, 정사 장면에서 주인공이 사랑을 나누는 침대를 붉게 보이게 하여 시각적 자극을 높이거나, 피 흘리는 장면에서 붉은색 대신 밝은 흰색으로 피를 대신하여 자극을 줄이기도 한다. 이렇듯 색에 대한 관객의 지각을 염두에 둔 감독의 미학적 의도가 조명의 색온도 조절과 카메라의 화이트 밸런스, 편집 과정에서의 탈채도 등을 통해서 실행된다.

3) 화면 구도

극장 상영을 염두에 둔 일반적인 영화는 주로 1.85:1 혹은 2.35:1의 종횡비로 제작된다. 화면의 종횡비는 장르, 사실주의 수준, 화면의 주요 프레임의 수평/수직 구도, 캐릭터 간의 수평적/수직적 관계, 그리고 실험적 스타일에 따라서 결정된다. 흔히 드라마나 코미디처럼 인물 중심이고, 사실주의적이며, 높은 빌딩과 같이 수직 구도의 프레임이 많고, 등장인물 간 관계가 수직적일 때 1.85:1의 종횡비로 제작된다. 반면, 어드벤처, 대서사, 극적 스펙터클이 강조되는 환상적인 영화나 사막과 바다 혹은 수평구조의 프레임이 많고, 등장인물의 관계가 수평적인 경우에는 2:35:1의 종횡비로 영화가 제작된다. 예컨대, 쥬라기 공원처럼 키가 큰 공룡이 등장하는 영화는 1.85:1이 유리하고, 스타워즈처럼 우주선이나 우주의 환상적인 스펙터클이 강조되는 경우는 2:35:1이 유리하다. 화면의 종횡비는 정보를 위한 매체 이상의 의미를 갖는 이야기 수단이다. 영화 〈그랜드 부다페스트 호텔〉(The grand Budapest hotel, 2014)은 영화 속 이야기의 시대적 배경에 따라서 당시 극장의 스크린 비율을 활용하여 화면 구도를 바꾼다. 화면의 종횡비가 영화적 현재와 1980년대는 1:85:1, 1968년의 이야기는 2.40:1, 1930년대는 1.37:1로 제시된다.

화면의 프레임은 수직·수평·대각선 구도 등 감독의 의도에 따라서 선택된다. 화면의 수평 구도는 평온·고요·휴식 등의 정서를 강조하고, 수직 구도는 심리적 부담, 역동성, 강함과 흥미 유발을 위해서 사용된다. 대각선 구도는 역동성과 변화를 강조할 때 활용된다. 한편, 마스킹(masking)을 활용하여 감독은 관객에게 특정 인물이나 사물을 주목하도록 프레이밍한다. 마스킹은 인공적이거나 자연적인 사물이나 사람 등을 전경 앞에 두어 화면의 테두리를 만들 듯이 프레이밍을 하고, 그 프레임 안에 있는 인물이나 사물 등 전경에 주목하도록 화면을 구성하는 것이다. 등장인물이 두 명이라면 둘만의 세계를 강조하는 듯한 느낌을 줄 수 있고, 한 명이라면 외부와 차단된 듯한 등장인물의 외로움과 소외감을 느끼게 할 수 있다.

화면의 구도는 균형 차원에서 안정 구도, 중립 구도, 불안정 구도로 구분한다. 안정 구도에서는 화면 속의 변화가 쉽게 일어나지 않는다. 중립 구도에서는 약간의 긴장감이 느껴진다. 불안정 구도에서는 쉽게 동요가 일어날 것 같다. 올리버 스톤(Oliver Stone) 감독의 영화 〈내추럴 본 킬러〉(Natural Born Killers, 1994)의 도입부인 식당 장면에서 카메라는 계속해서 좌우로 움직이면서 삐딱한 대각선 구도와 불안정한 구도를 보여 준다. 주인공인 미키와 말로리가 동네 건달들과 식당 종업원을 아무런 죄책감 없이 놀이하듯이 죽이고, 그러한 행동은 카메라의 움직임을 통해서 만들어진 불안정한 구도로 주인공의 불안정한 심리 상태를 대신한다. 또 영화 〈퀵 앤 데드〉(The Quick and the Dead, 1995)의 결투 장면에서는 초점거리의 변화와 카메라 움직임의 복합적 활용을 통해서 결투 순간의 긴장감을 증폭시킨다.

4) 벡터(Vectors)와 벡터장(Vector field)

벡터는 화면상의 일정한 방향과 크기를 가진 힘으로 화면 안에서 인물이나 사물이 지시하는 방향, 그래픽 질량, 지각된 속도 등에 의해서 결정된다. 벡터는 그래픽 벡터, 지시 벡터, 동작 벡터로 구성되고, 벡터의 방향성은 연속 벡터, 수렴 벡터, 발산 벡터로 나뉜다. 예컨대, 화면 속의 등장인물이 왼쪽을 바라보고 손으로도 왼쪽을 가리킨다면 지시 벡터가 연속되어 벡터의 힘이 강하다. 하지만 시선은 왼쪽을 가리키는데 손은 오른쪽을 지시한다면 방향성이 불일치하는 발산 벡터로 힘의 크기가 약하다. 두 사람이 마주 보는 수렴 벡터와, 두 사람이 등지고 서로 다른 곳을 바라보는 발산 벡터에서 두 사람이 내는 에너지는 수렴 벡터가 더 크다.

그래픽 벡터는 특정 지시 방향을 가리키지는 않으나 그래픽 질량에 의해서 크기가 결정된다. 화면 속 이미지의 그래픽 질량은 이미지의 크기가 클수록 형태가 단순하고, 기하학적으로 조밀할수록, 방향이 수직적일수록, 명도가 낮을수록 무겁게 느껴진다. 지시 벡터는 화면 속 인물이 바라보는 시선 쪽으로 여백을 두어 화면의 균형을 만드는 노우즈 룸(nose room)과 연관이 있다. 지시 벡터의 크기와 노우즈 룸의 여백이 적절하다면 안정적인 화면 구도라고 할 수 있으나, 여백이 너무 많거나 너무 없게 프레임이 구성되면 등장인물이 심리적으로 불안정한 상황임을 보여 준다. 동작 벡터는 특정 방향으로 인물이나 사물이 움직일 때 균형을 만드는 리드 룸(lead room)과 연관이 있으며, 노우즈 룸과 마찬가지로 향하는 방향에 어느 정도의 여백을 두느냐에 따라 의미가 달라지기도 한다. 또 연속된 화면에서 사람이나 사물의 움직임의 속도가 빠를수록 동작 벡터는 크다.

벡터장은 화면 구성 외에 색상·음악·스토리 구성 등 시공간 및 감성적 방향이 다양한 벡터들의 상호작용에 의해서 합성되는 것을 일컫는다. 물리적 벡터뿐만 아니라 심리적 벡터를 포함한다. 고달픈 삶을 사는 인물의 우울한 심정을 재현하는 장면에서 색과 음악이 등장인물의 심리 상태와 정서를 반영하고, 그러한 요소들이 모아질수록 벡터장의 크기가 커진다. 하지만 그러한 고달픈 삶을 사는 인물의 우울한 심경을 밝은 음악과 환한 색상으로 표현한다면 심리적 벡터의 크기가 작아지지만, 부조합에 따른 부조리가 강조될 수도 있다. 즉, 감독의 미학적 선택에 따라서 관객은 등장인물의 특정 정서에 동일시하거나, 혹은 영화적 현실에 일정한 거리를 두고 성찰할 수도 있을 것이다.

5) 화면의 깊이와 볼륨, 입체감

렌즈의 초점거리에 따라서 화면상의 깊이가 달라진다. 광각으로 촬영하면, 피사체 간의 거리가 확장되면서 면의 중첩이 감소하고, 피사체 간의 상대적인 크기 차이가 과장되고, 원근감이 증대한다. 종종 자동차의 질주 장면에서 빠른 느낌으로 차가 달리는 느낌을 주고자 한다면, 달리는 차와 배경을 광각으로 촬영하여, 화면 속 배경 피사체의 크기가 빠르게 작아지면서 자동차가 빠른 속도로 질주한다고 느끼게 할 수 있다.

화면의 볼륨은 양성 볼륨과 음성 볼륨으로 구분하는데, 양성 볼륨은 인물이나 나무·기둥·건물 등 실체적 크기를 갖는 것이 만들어 내는 것이고, 음성 볼륨은 양성 볼륨에 의해서 윤곽이 그려진 빈 공간을 말한다. 예컨대, 고딕성당 내부의 기둥이나 의자 등이 양성 볼륨이라면, 성당 내부의 빈 공간이 음성 볼륨이다. 미장센에서 양성 볼륨이 매우 강할 때는 답답한 느낌을 주고, 음성 볼륨이 매우 강할 때는 여유로움 넘어 왜소함을 느끼게도 만든다. 특히 고딕양식의 성당처럼 내부의 수직적 음성 볼륨이 강한 경우에는 왜소함이 경외심으로 느껴지게도 만든다. 감독은 볼륨 조절을 통해서 관객으로 하여금 영화가 전달하고자 하는 정서를 느끼게 만든다. 예컨대, 왕가위 감독의 〈화양연화〉(2000)는 1960년대 홍콩에서 살아가는 두 주인공이 삶의 비좁은 공간 속에 서로 마주하거나 스치면서 서로에게 빠져들지만, 영화 전반에 걸쳐 양성 볼륨을 강조함으로써 주인공의 관계가 현재 상황에서 벗어나기 힘든 매우 답답하고 여유롭지 못한 상황임을 관객이 느끼도록 한다.

6) 인물의 시각화

어떤 장면에서 등장인물을 시각화하는 방식은 크게 세 가지다. 하나는 중립적이고 객관적인 표현으로 카메라가 관찰하듯이 인물을 그대로 보여 주는 방식이다. 다른 하나는 등장인물의 행동이나 대화에서 어떤 사건을 암시하는 내용을 시청각적으로 표현함으로써 관객의 통찰력이 발휘되도록 하는 방식이다. 끝으로 특수 시각효과나 편집 기법을 활용하여 인물의 내면을 시각화하는 방법이다. 예컨대, 〈내추럴 본 킬러〉의 도입부 장면에서 컬러 영화에 순간적으로 흑백 장면을 삽입하면서, 성추행하는 건달과 점원의 성적 욕망, 또 킬러의 폭력과 살인 충동을 시각화한다.

숏의 크기는 인물의 얼마나 많은 부분을 보여 주는가에 따라서, 익스트림 롱숏(extremely long shot), 롱숏(long shot), 미디엄 숏(medium shot), 클로즈업(close-up), 익스트림 클로즈업(extremely close-up)등으로 구분할 수 있다. 물론 이외에도 더 다양한 숏들이 있다. 중요한 것은 숏의 크기가 미학적 에너지나 친근감에 영향을 준다는 것이다. 익스트림 클로즈업이 그러한 미학적 에너지가 가장 크고, 익스트림 롱숏이 가장 작다. 이는 근접학으로도 설명될 수 있다. 우리가 누군가와 대화를 나눌 때 낯선 사람과 가까이서 대화하는 것은 불편하고, 연인이 대화를 나눌 때는 속삭여도 들릴 정도로 매우 근접한 상태에서도 편하다. 이처럼 대화의 거리는 가족·연인·친구·동료 및 낯선 사람 등 관계에 따라 다르고, 화면의 숏 크기가 주는 친근감도 상황에 따라서 다르다. 동일한 숏 크기라고 해도 관객이 동일시하는 주인공이나 그의 연인을 보여 주는 숏과 악당이나 나쁜 놈을 보여 주는 숏에서 느끼는 친근감의 정도도 다르다. 그래서 대개의 경우, 동일시의 대상인 주인공 숏은 주인공이 관객에게 더 가깝게 보이도록 시각화될 때가 많다.

숏의 크기 변화는 물리적 변화뿐만 아니라 심리적 거리의 변화로 지각된다. 예컨대, 영화 〈라스베가스를 떠나며〉(Leaving Las Vegas, 1996)에서 남자 주인공 벤이 여자 주인공 세라에게 귀걸이를 선물할 때, 세라와 벤의 기분좋은 분위기가 갑자기 자신이 성매매 여성임을 상기시키는 세라의 말과 그것에 이어서 벤이 세라가 성매매 여성임을 더 부각시키는 말을 할 때, 클로즈업 숏의 벤은 미디어 숏으로 바뀌고, 벤의 말에 상처를 입을 수 있는 세라의 표정은 미디엄 숏에서 클로즈업으로 바뀐다. 미세하게 숏의 크기가 바뀌는 과정에서 심리적 변화를 관객이 공감할 수 있게 숏 크기를 변화시키는 미학적 선택이 이뤄졌다. 한편 숏의 크기는 일정하지만 배경이 변화는, 이른바 '버티고 효과(vertigo effect)'의 경우에도 카메라의 초점 거리의 변화는 물리적·심리적 거리의 변화로 지각된다. 알프레드 히치콕(Alfred Hitchcock) 감독의 〈현기증〉(Vertigo, 1959)에서 사용된 이 기법은 카메라를 전진하면서 초점거리를 줄이는 방식으로 촬영하여, 계단의 높이가 확장되면서 배경이 멀어지는 효과를 일으켰다. 뭔가 사건이 발생할 시점, 혹은 주인공의 심적 변화가 있을 때 주로 이 효과가 쓰인다.

아울러 카메라의 관점에서 영상을 보여 주는 방식과 카메라가 화면상의 특정 인물의 지시 벡터를 따라서 촬영함으로써 특정 인물의 시점을 전달하는 방식이 있다. 전자를 카메라 관점(camera viewpoint)이라고 하고, 대부분의 영상이 이 방식으로 촬영된다. 반면, 특정 인물의 시점(pointofview, POV)을 사용하는 경우는 매우 제한적이다. 예컨대, 영화 〈레퀴엠〉(Requiem, 2000)에서 엄마와 엄마의 TV를 빼앗아 가는 아들을 화면 분할 방식으로 보여 주는 장면에서 엄마는 열쇠 구멍으로 아들을 쳐다보는 장면이 시점(POV) 숏으로 보인다. 유사한 시점 숏으로는 동일 영화에서 여주인공 메리온이 마약을 살 돈을 마련하기 위해서 어쩔 수 없이 몸을 팔고 나오는 비참한 상황을 시각화하는 장면에서 활용된다. 여주인공의 몸에 부착된 카메라가 여주인공의 얼굴을 계속 보여 주고, 움직일 때마다 인물 장면은 그대로인데 배경 장면만 변하는 방식으로 여주인공의 심리적 상황을 지속적으로 보여 줌으로써 마치 그녀의 시점을 반영하는 듯한 느낌을 준다.

카메라의 앵글(angle)은 크게 수평 앵글, 부감(하이앵글), 앙각(로앵글) 등 세 가지로 구분할 수 있다. 두 명의 등장인물이 서로를 쳐다보는 장면에서 카메라의 앵글은 크게 두 가지로 사용된다. 하나는 단순히 신장 차이로 인해서 부감과 앙각이 사용되는 경우이고, 다른 하나는 수직적 권력관계를 암시하는 것으로 부감은 멸시·경멸, 혹은 약자를 바라보는 느낌을 주고, 앙각은 존경·숭배, 혹은 강자를 바라보는 느낌을 주기 위해서 활용된다. 영화 속에서 앵글이 변하는 장면은 권력관계의 변화를 보여 주는 미학적 선택이 될 수 있다.

7) 사운드 미학

음향은 소음과 달리 원하는 감정을 표현하기 위해서 창작자가 분명한 의도를 가지고 치밀하게 준비해서 만든 소리이다. 예컨대, 어떤 장면을 촬영할 때 의도치 않은 모차르트의 피아노 소나타가 녹음이 됐다면, 그것은 음향이 아니라 소음이다. 영화의 음향 기술은 돌비 시스템의 개발로 고화질 영화의 미학적 에너지와 균형적 발전을 이루게 됐고, 사운드의 침묵(silence)을 비롯한 디테일한 재현이 가능해졌다.

미셸 시옹(Michel Chion, 1994)은 화면 안의 서사 공간에서, 사람이든 사물이든 소리의 음원이 있는 음향을 다이제틱 사운드(digetic sound)라고 말한다. 음원이 화면에 보이든 보이지 않든 이 사운드는 영상에 현실적인 시간, 선형적이고 연속적인 시간을 요구한다. 서사 공간과 무관하게 녹음된 음악이나 내레이션 등의 음원은 넌다이제틱 사운드(non-digetic sound)라고 한다. 이 사운드는 서사 공간 밖에 있어서 영상의 연속성과 무관하게 활용된다. 예컨대, 화면 밖에서 전화기 소리가 들려온다면, 화면 속 인물은 전화기 쪽으로 이동할 것이다. 이때 전화의 울림은 다이제틱 사운드로 전화가 끊기거나 등장인물이 수화기를 들 때까지 연속해서 울릴 것이고, 이때 영상은 시간적 연속성을 지켜야 한다. 또 서사 공간 안에서 울리는 음원의 방향으로 등장인물이 움직이는 장면은 자연스럽고, 그것을 담기 위해서 카메라를 움직이거나 전화기를 보여 주는 숏으로 컷 전환하는 것 역시 자연스럽다. 한편, 음원을 보여 주지 않고 소리를 듣는 행위를 어쿠스마틱(acousmatic)이라고 하고, 서사 공간 밖에 있어서 처음에는 보이지 않다가 결국 사운드가 화면 내 서사 공간 안으로 들어오는 것을 디어쿠스마타이징(de-acousmatizing)이라고 한다. 시각 인식은 시각 정보와 음향이 연결된 사운드에 대한 청각 인식을 강화하지만, 그 밖의 사운드를 은폐시키기도 한다. 어쿠스마틱은 소리의 질감·속도·부피 등 면면을 진실로 드러내게 하고, 소리의 인과관계에 대한 관객의 호기심을 유발한다. 예컨대, 화면 밖에서 들리는 전화기 소리는 다른 소리보다 관객의 청각 인식에 영향을 주고, 전화기 소리가 원인이라면 그것의 결과는 전화를 듣지 말지의 행동일 것이다. 한편, 일정한 청각 현상과 시각 현상 사이에서, 그것이 이성적 논리와는 상관없이 동시에 맞아 떨어져 생겨나는 즉흥적이고 저항할 수 없는 접합을 싱크레즈(synchrése)라고 말한다. 폴리 사운드나 사운드 효과음이 영상 사운드로 자연스럽게 들리는 것은 싱크레즈의 결과라고 할 수 있다.

사운드는 정보 기능, 외면적 기능, 내면적 기능을 수행한다. 정보 기능은 대화나 내레이션 등으로 주제, 스토리, 인물의 성격 등을 전달하거나 정보의 빈 공간을 채우는 것이다. 외면적 기능은 특정 장소와 특정 시간대, 공간의 구조(반향음)와 특정 상황을 사운드로 전달하는 것이다. 화면 밖에서 뱃고동 소리가 들린다면 영상의 장소는 항구나 해안가라는 것을 짐작하게 한다. 또 수탉이 어디선가 울린다면 새벽이나 아침 시간이라고 인식하게 된다. 그리고 내면적 기능은 등장인물의 심리나 정서 상태, 분위기를 전달하는 것이다. 예컨대, 영화 〈대부〉(Godfather, 1973)의 식당 장면에서 마이클이 상대 마피아 두목을 죽이기 직전, 사운드의 외면적 기능을 수행하던 기차 소리가 갑자기 커진다. 이 순간에 기차 사운드는 마피아 두목을 죽이기 직전 마이클의 심리적 긴장감이 최고조로 올라가는 내면적 기능을 수행한다. 총격이 끝나자마자 기차 소리는 갑자기 사라지면서 사운드의 내면적 기능도 마감된다.

음향 역시 전경음과 배경음으로 구분된다. 예컨대, 한 공간에 여럿이 있어도 짝사랑하는 사람의 목소리가 유독 크게 들린다면 그 소리가 전경음이다. 외국의 식당에서 현지어만 들리다가 갑자기 한국어가 들린다면 한국어는 전경음이 되고, 외국어는 배경음이 된다. 또 음향의 크기는 사운드의 원근법과 연관을 맺는다. 음향의 연속성은 영상처럼 크기와 방향성을 갖는다. 멀리서 다가오는 자동차 사운드는 점차 커지고, 화면 밖으로 사라지면 자동차 사운드는 점차 잔향을 남기면서 작아지는 연속성을 이어간다. 한편, 사운드는 공간을 구조화한다. 멀리에서 들리는 소리는 큰 소리로 고주파로 들리지만, 가까이에서 들리는 속삭이는 소리는 저주파로 낮은 음량의 소리가 들린다. 멀리서 들리는 소리는 직접음과 반향음이 섞여서 들리지만, 가까이 들리는 소리는 직접음으로 들린다. 예컨대, 어디선가 농구공의 뛰는 소리가 반향음과 섞여 울리면서 들린다면 실내에서 공을 뛰기는 상황이고, 농구공이 직접음으로 울리면서 들린다면 실외에서 공을 뛰기는 것으로 인식된다.

한편, 누군가의 눈으로 보는 듯한 시각적 인식을 시점(POV) 숏이라고 한다면, 누군가의 귀로 듣는 듯한 청각적 인식을 청점(Point of Audition, POA) 숏이라고 한다. 등장인물이 이어폰을 귀에 꼽는 순간, 갑자기 음악이 들린다면 그것은 등장인물의 청점이다. 시점과 청점이 결합되거나 분리되는 순간은 관객으로 하여금 시청각적 지각 방식을 성찰하게도 만든다. 예컨대, 영화 〈컨버세이션〉(Conversation, 1974)의 도입부에서 광장을 비추는 카메라 영상과 화면에서 들리는 사운드는 누군가의 대화를 감청하는 것처럼 들린다. 카메라의 관점과 분리된 청점은 간혹 울림과 잡음 소리가 개입하면서 관객은 누군가의 귀로 듣는 것인지가 드러날 때까지 호기심을 갖게 된다. 음원만큼이나 청점의 주인에 대한 호기심을 유발한다.

5. 영화의 시각화를 통한 젠더 구성과 영상미학적 분석

1) 분석 대상

영상미학적 분석의 대상은 스웨덴 원작 소설 「밀레니엄」을 영화화한 두 편의 영화이다. 작가 스티그 라르손(Stieg Larsson)의 「밀레니엄」 3부작은 스웨덴 사회의 여성혐오를 비롯해 근친상간, 나치즘, 기업의 부패, 사회적 약자에 대한 폭력과 사회복지제도의 허점 등에 관한 문제의식을 담고 있다. 이 소설은 2008년 세계에서 두 번째로 많이 팔린 초대형 인기 도서였고, 소설의 3부작 중 1부가 스웨덴과 미국 헐리우드에서 동시에 영화화됐다. 스웨덴 버전의 영화는 2009년, 헐리우드 버전의 미국 영화는

2011년에 각각 전 세계 40여 개 국가에서 개봉됐다.

「밀레니엄」1부의 내용은 다음과 같다. "스웨덴 재계의 거물이었던 방예르 기업의 헨리크는 그의 조카 손녀 하리에트의 40년 전 실종 사건을 〈밀레니엄〉 잡지의 기자로 명성을 날리고 있는 미카엘에게 의뢰한다. 미카엘은 금융계와 기업계의 비리를 폭로하며 유명세를 떨치다가 금융인 베네르스트룀에 대한 폭로 기사로 소송에 휘말렸고, 법정에서 유죄 판결을 받은 상태였다. 헨리크는 미카엘에게 베네르스트룀을 잡을 수 있는 증거들을 주겠다고 약속하며, 미카엘에게 하리에트 사건을 맡긴다.

한편, 괴짜이고 천재 해커인 리스베트는 방예르 기업의 변호사로부터 미카엘이 하리에트 사건을 맡을 만한 인물인지 조사 의뢰를 받았다. 리스베트는 미카엘에 대한 조사 의뢰가 끝난 후에도 계속 미카엘에게 관심을 갖는다. 그리고 정신병력으로 국가의 보호를 받는 리스베트는 새로운 후견인으로부터 성폭행을 당하지만, 혼자서 처절하게 복수한다. 후견인의 관리로부터 자유로워진 리스베트는 미카엘의 협조 요청을 받아들여 하리에트 사건 조사에 참여한다.

조사가 진행되면서 40년간 미궁에 빠져 있던 하리에트 사건이 스웨덴 전역에 발생했던 잔인한 여성 살해 사건들과 관련돼 있고, 나아가서 하리에트의 아버지에 의해서 살인이 저질러졌으며, 하리에트의 오빠이자 현재 방예르 기업의 회장인 마르틴이 하리에트 사건의 유력한 용의자임이 밝혀진다. 다급해진 마르틴이 미카엘을 납치해 살해하려고 할 때, 리스베트가 미카엘을 구해 낸다. 그리고 도망가던 마르틴은 차량이 전복돼 사망한다. 이후 미카엘은 하리에트를 찾고, 그녀가 아버지와 오빠로부터 성폭행을 당해 왔으며, 그로부터 벗어나기 위해서 몰래 도망쳤다는 것을 듣게 된다. 마침내 40년간 헤어졌던 하리에트와 헨리크가 상봉하지만, 헨리크가 주기로 했던 베네스트룀에 관한 자료는 공소시효가 지난 쓸모없는 증거들이었다. 이때 리스베트가 해킹하여 미카엘에게 건넨 베네스트룀의 결정적 비리 증거들은 베네스트룀을 파멸로 이끈다. 그 와중에 리스베트는 베네스트룀이 불법으로 축적한 재산을 빼돌린다."(오원환·오종환, 2013: 82 83).

2) 젠더를 구성하는 영화적 시선

두 편의 영화가 소설의 여주인공인 리스베트를 시각화하는 방식은 여러 지점에서 차이를 보인다. 우선, 리스베트가 등장하는 장면에서 스웨덴 버전의 리스베트는 늘 정면으로 등장한다. 반면 미국 버전에서는 리스베트가 혼자 등장할 때는 거의 뒷모습이 먼저 보이거나, 정면이라고 해도 오토바이 헬멧으로 얼굴을 가리거나 어두운 거리의 롱숏(Long shot)으로 시각화된다. 다만 남주인공 미카엘과 함께 등장할 때나 성폭행범을 복수할 때만 정면숏으로 시각화된다. 맥클루언은 '사서 마리안'을 비유로 여성 이미지를 설명한다. 즉, 사서 마리안이 착용한 안경 이미지 자체가 외부로 향하는 시선을 강조하면서, 마리안의 이미지가 과도하게 채워진다고 말한다. 반면, 선글라스는 시선을 잘 드러내지 않기에 다가서기 힘들 것 같지만, 오히려 채워지지 않은 부분을 알고 싶은 욕망을 키운다는 것이다(McLuhan, 2003/2011: 77~78). 즉, 스웨덴 버전에서 리스베트는 정면숏을 통해서 자신의 존재 의미를 외부로 향하게 한다면, 헐리우드 버전에서는 리스베트의 빈 이미지를 채우려는 관객의 참여와 욕망을 부추긴다. 페미니스트 비평 관점에서 보면, 헐리우드 버전의 리스베트는 시선의 주체가 아닌 욕망의 대상으로 재현된다. 또 성폭행범을 복수할 때, 스웨덴 버전에서 리스베트는 평상시의 모습으로 악인을 단죄하는 단독적인 행위 주체라면, 헐리우드 버전에서는 얼굴에 위협적인 느낌을 주는 분장을 한 후에 복수를 실행하는 의존적 행위 주체로 재현된다.

리스베트의 용 문신은 상징적 기호로서 작동하며, 용 문신 이미지와 크기는 그래픽 벡터와 지시 벡터의 크기에도 차별적 의미를 부여한다. 또 두 편의 영화에서 등에 새겨진 용 문신이 가장 선명히 드러나는 순간과 숏 크기가 다르다. 스웨덴 버전에서는 리스베트와 남주인공과의 정사 장면에서 클로즈업 숏으로 용 문신이 가장 선명하게 제시된다. 자신의 욕망을 채우기 위해 섹스를 주도하는 리스베트의 등 전체를 용 문신이 뒤덮고 있고, 뾰족한 이빨을 드러낸 용의 시선은 정면을 향하면서 화면의 지배적 의미를 구성하고 있다. 반면 헐리우드 버전에서는 성폭행을 당한 리스베트가 상처를 씻어 내는 샤워 장면의 미디엄 숏에서 가장 선명히 보인다. 즉, 리스베트의 용이 등장하는 장면은 성폭행을 당한 후의 나약한 모습을 보일 때 드러난다. 그녀의 왼쪽 어깨 부분에만 새겨진 용 문신은 공포심을 주기에는 다소 그래픽 벡터가 작고, 용의 얼굴이 아닌 전체 윤곽이 새겨져 있으며, 그녀처럼 시선의 주체가 아닌 대상화되는 객체로 보인다. 왜냐하면, 용의 시선은 정면이 아닌 옆을 향하면서 화면의 지배적 의미가 아닌 대상화된 상징적 표상으로 시각화되기 때문이다.

헐리우드 버전의 영화는 데이비드 핀처(David Fincher) 감독의 감각적인 연출과 매끄러운 편집이 돋보였고, 영화 〈007〉의 주인공인 다니엘 크레이그(Daniel Craig)가 주연을 맡아 화제가 됐다. 헐리우드 버전은 원작 소설을 비교적 충실히 재현한 반면, 원작 소설의 일부를 각색한 스웨덴 버전은 음울하고 서늘한 영상 스타일로 제작되면서 주제 의식이나 핵심 사건의 무게감이 오히려 헐리우드 버전보다 더 밀도 높게 표현됐다는 평가를 받았다(이지혜·김혜주, 2012. 1.). 즉, 헐리우드 버전이 '원작의 내용'을 더 충실히 반영했지만, 스웨덴 버전이 '원작의 정신'을 더 충실히 재현한 역설적인 상황이 발생했다(오원환·오종환, 2013).

지금까지 살펴본 영상미학적 차원 외에 서사적 차원에서도 두 영화의 젠더 구성은 분명한 차이를 만든다. 사건을 해결하는 주체가 조력자의 역할이 스웨덴 소설과 영화에서는 대체로 일치한다면, 헐리우드 버전에서는 그 역할이 뒤바뀐다. 즉, 헐리우드 버전에서는 다니엘 크레이그라는 월드 스타를 먼저 캐스팅한 후에 여주인공을 캐스팅하면서 원작 소설의 정서는 남주인공 중심으로 시각적·서사적으로 미묘하게 재구성되고, 상업영화의 성공을 위해서 스웨덴 사회의 문제 의식을 시각화하는 방식에서 영화 전반의 색감에 대한 분위기 조성에서 차이를 드러냈다. 주인공 사이의 애정 관계에서도 스웨덴 버전의 남주인공은 여주인공에 대한 감정의 변화가 심하고, 그녀를 일방적으로 좋아하는 듯한 느낌을 준다. 하지만, 헐리우드 버전에서는 남주인공에 대한 리즈베트의 감정의 변화가 오히려 더 심하고, 두 주인공과 더불어 미카엘의 친구인 에리카의 역할로 인해서 멜로 드라마적 삼각관계가 만들어진다. 이러한 애정 관계의 하위 플롯은 어쩌면 신화적 서사 구조를 차용한 것이다. 즉, 에리카가 일상적 현실의 연인이라면 리즈베트는 특별한 모험에서의 연인으로 설정되고, 남주인공의 영웅적 모험의 면모를 고대 신화의 서사 구조를 따르면서 가부장적 이데올로기를 재현한다. 이와 달리 스웨덴 버전에서는 현실로 복귀한 남주인공과 달리 리스베트는 여전히 특별한 세계에서의 모험을 진행 중이라는 점을 후반부에 보여 주면서 원작 소설 3부작 전체를 아우르는 주인공의 영웅적 면모를 강조한다(오원환·오종환, 2013).

위와 같이 두 영화가 재현하는 서사 구조와 시각화 방식의 차이는 젠더 구성 외에도 다양한 문제의식 속에서 분석될 수 있을 것이다. 영화 리터러시 교육은 다양한 이론을 통해서 영화의 세계를 탐구하고, 의미들을 찾아내는 능력을 키우도록 해야 할 것이다. 이를 위해서 영화 리터러시 교육은 영화를 편식하지 않고 다양하고 광범위하게 접할 수 있게 하고, 다양한 이론들을 배워서 영화에 대한 비판적인 이해를 할 수 있으며, 영상미학에 기반한 영화 제작의 원리를 익혀서 영화 제작의 창조적인 활동을 즐길 수 있도록 기회들을 제공해야 할 것이다. 영화를 통해서 세상을 이해하고, 영화를 자기 표현의 매개체로 활용하기 위해서는 영화 리터리시에 대한 관심과 이해가 매우 중요할 것 같다.

12장

SNS
리터러시

신정아

SNS는 인터넷에서 사람들과 관계망(네트워크)을 구축하며, 정보를 공유하고 의사소통을 도와주는 미디어이자 플랫폼을 가리키는 용어이다. 초기에 등장한 SNS 서비스들은 주로 학연·지연 등을 바탕으로 한 오프라인에서의 커뮤니티가 영역을 확장해 온라인으로 유입된 형태였다. 이후 친구 만나기 사이트, 애인 만나기 사이트가 등장하면서 SNS는 본격화되었다. SNS 사용의 주요 목적으로 타인과의 소통과 교류를 들 수 있다. 온라인 공간에서 이용자들 간의 상호작용을 통해 새로운 의미를 생산하고, 소비하고, 공유하면서, 이러한 소통을 기반으로 새로운 사회적 관계를 맺고, 그 관계는 더욱 확장할 수 있다. 그러나 소셜미디어의 순기능과 함께 집단따돌림·자해·우울증 등 사회적 문제들도 대두되었다. 또한 SNS로 빠르게 유통되는 가짜 '뉴스'도 청소년들이 세계를 이해하고, 소통하는데에 심각한 악영향을 끼치고 있다. 따라서 청소년들의 필수 매체로 자리 잡은 SNS에 대한 올바른 리터러시 교육과 활용 방안을 교육하는 것은 매우 중요한 사안이 되었다. 여성가족부의 〈청소년 매체 이용 및 유해환경 실태조사〉(2020)에 따르면, 청소년의 80.7%는 '인터넷/모바일 메신저'를 거의 매일 사용하고 있으며, 90.4%가 1주일에 1회 이상('거의 매일' 80.7%, '주 1~2회' 9.7%) 사용하는 것으로 나타났다. 청소년들은 주로 스마트폰을 활용하여 매체를 접하고 있으며, 청소년들이 스마트폰을 가장 많이 활용하는 경우는 'SNS'(92.9%)를 이용할 때로 나타났다. 청소년의 소셜미디어 리터러시는 '소셜미디어 평가 능력', '소셜미디어 표현 능력', '소셜미디어 생산적 활용 능력', '스마트 디바이스 활용 능력'의 네 가지 요인의 유기적인 상호작용을 통해 이루어질 수 있으며, 개인적·사회적 관심과 책임으로 설명될 수 있다. 개인적·사회적 관심과 책임은 각 요인들을 연결하고 실천하는 데 기준이 될 수 있다. 본 장에서는 청소년들을 위한 SNS 리터러시의 중요성과 가짜 '뉴스' 구별법, 올바른 활용법을 위한 가이드라인을 제시한다.

1. SNS의 등장과 발전

1) SNS 시대의 개막

스마트폰의 보급 이후 시간과 공간의 제약 없이 인터넷에 접속할 수 있는 환경이 되면서 SNS(Social Network Service)의 이용이 확산되었다. SNS는 이용자 간 상호작용을 원활하게 하며, 나아가 관계의 확장을 가능하게 하는 것은 물론, SNS상에서 정보를 전달하는 것뿐만 아니라 정보를 가공하는 속성도 가지고 있어 정보의 파급 속도가 빠르며, 확산된 정보의 영향력 또한 크다고 할 수 있다. 이러한 기술적 장점을 바탕으로 SNS는 단순한 커뮤니티 형성과 커뮤니케이션 기능을 넘어 사람들의 다양한 의견을 집단화할 수 있도록 활용되고 있으며, 기업 또한 고객의 다양한 요구사항을 수렴하기 위해 SNS를 활용하고 있다(장은진·김정근, 2016).

SNS는 인터넷에서 사람들과 관계망(네트워크)을 구축하며, 정보를 공유하고 의사소통을 도와주는 사이트라고 할 수 있다. SNS는 인터넷의 역사에서 본다면, 어느 날 갑자기 등장한 새로운 기술적인 기제는 아니다. SNS가 본격화되기 이전에 이미 컴퓨터 매개통신(Computer Mediated Communication ; CMC)은 다양한 형태로 나타났다. 이미 하워드 라인골드(Howard Rheingold)는 저서 『가상의 커뮤니티(Virtual Community)』(1993)에서 CMC의 초기 형태인 웰(The Well)을 분석하면서, 사이버 공간은 오프라인과는 다른 감성적인 유대를 만들 것이라고 예견한 바 있다. 이러한 초기 CMC를 시초로 개인들의 상호작용을 강화할 수 있는 다양한 기술적 진화가 계속되었고, 1995년부터 사회적 연결망 형태의 초기 SNS가 등장하기 시작했다(Castells, 2001 ; Chadwick, 2006).

SNS의 초기 개념에 부합하는 형태는 1995년에 등장했다. 미국의 클래스매이트닷컴(Classmates.com)과 식스디그리닷컴(SixDegree.com)이 모태라고 할 수 있다. 이 사이트는 이용자들이 프로필을 공유하여 친구들과 연계할 수 있게 만든 초기 SNS이다. 비슷한 시기에 아시안애비뉴닷컴(AsianAvenue.com), 블랙플래닛닷컴(BlackPlanet.com) 등 인종적인 기반을 바탕으로 하는 서비스도 시작되었다. 초기에 등장한 이러한 서비스들의 공통점은, 주로 학연·지연 등을 바탕으로 한 오프라인에서의 커뮤니티가 영역을 확장해 온라인으로 유입된 것이라 할 수 있다(Boyd & Ellison, 2007). 이후 친구 만나기 사이트, 애인 만나기 사이트가 등장하면서 SNS는 본격화되었다. 다양한 관계지향성 서비스와 더불어 유튜브처럼 개인 미디어 성격이 강화된 SNS들이 등장하면서 온라인 네트워크 서비스는 관계 맺기 뿐 아니라 미디어적 기능을 함께 제공하기 시작하였다(최민재·양승찬, 2009 ; 송경재, 2010).

소셜미디어라는 용어를 업계에서 최초로 사용한 사람은 뉴미디어 관련 회사인 가이드와이어 그룹(Guidewire Group)의 창업자인 크리스 시플리(Chris Shipley)로 알려져 있다. 그녀는 2004년 미국 UC Berkeley의 경영대학원이 주최한 'Bolgon 2004 컨퍼런스'에서 블로그와 소셜네트웍스, RSS(Really Simple Syndication)라고 하는 표준 포맷, 그리고 강력한 새로운 탐색 방법(Search Mechanism) 등의 발전이 기업에 무궁무진한 기회를 가져다 주고 있다고 언급했다. 또한 이러한 기회를 효과적으로 이용하기 위해서는 앞서 언급한 소셜미디어가 비즈니스와 사회 문화에 어떠한 영향을 미치는지에 대한 이해가 선행되어야 한다고 주장한 바 있다(장승희, 2009).

2) SNS의 유형

한국청소년정책연구원(2022)에 따르면 청소년들의 소셜미디어 이용 비율은 여학생 (85.1%)이 남학생(69.9%)보다 높은 것으로 나타났다. 남학생들은 주로 페이스북, 인스타그램, 틱톡을 많이 이용했고, 여학생들은 인스타그램, 페이스북, 틱톡, 트위터 등을 주로 이용하고 있었다. 학생들이 주로 이용하는 소셜미디어의 종류와 특성은 다음과 같다.

(1) 페이스북(Facebook)

페이스북은 이용자들이 서로의 개인정보와 여러 게시물들을 통하여 상호 교류하는 온라인 인맥 서비스를 대표하는 커뮤니케이션 유형이다. 페이스북은 2003년 10월, 당시 하버드대학교 2학년 학생이었던 마크 주커버그(Mark Zukerberg)가 페이스메시(Facemash)라는 이름으로 처음 서비스를 시작하였다. 그 뒤 2004년 2월 더페이스북(The Facebook)이라는 이름으로 본격적인 서비스를 시작하였으며, 2005년 페이스북(Facebook)으로 자리 잡게 되었다. 페이스북은 가입 후 자신의 프로필을 구성하고 기타 이용자들을 친구로 추가하여 메시지를 교환할 뿐만 아니라 여러 가지 정보도 교류할 수 있다. 특히, 페이스북은 유사한 관심이나 공통점이 있는 사람들을 연결해 주어, 교류를 위한 공간으로 활용되고 있다(김유정, 2012).

페이스북은 이용이 쉽고 사람들과의 관계를 기반으로 하고 있기 때문에, 블로그와 달리 글 작성에 대한 부담 없이 콘텐츠를 생산하고 공유할 수 있을 뿐만 아니라 지인 중심의 네트워크를 통하여 실시간으로 업데이트되는 새로운 정보를 확인하여 대인관계를 원만하게 유지할 수 있게 도와준다. 또한 기본 페이지 우측에 페이스북 전용 메신저가 설치되어 있어 서비스 이용 중 메신저 사용도 간편하게 이루어지는 강점을 가지고 있다.

페이스북은 개인 간 소통 및 사회관계망의 대폭적인 확장뿐만 아니라 기업의 사업화와 정치적 활용을 위한 도구로서도 중요한 의미를 지닌다. 2008년 미국 대통령선거 정치 캠페인, 덴마크의 국회의원 선거 등에서 유권자들과의 정치적 소통 등을 통하여 정치적 영향력을 입증하였다. 또한 페이스북 이용자들은 사회적 이슈가 나타날 때마다 그 사건에 대하여 자유롭게 공론장을 만들어 자신의 의견을 표출함으로써 뉴스 보도와는 전혀 다른 이슈 프레임을 창출하기도 한다. 이러한 특성으로 인하여 기업들은 페이스북을 마케팅과 홍보 수단으로 많이 사용하고 있다(김지영·윤영민, 2010).

(2) 트위터(Twitter)

트위터는 한글 140자, 영어 280자 이내의 단문으로 개인의 의견이나 생각들을 공유하고 소통하는 소셜미디어로서, 마이크로블로그 서비스 중 하나이다. 트윗(tweet)의 사전적 의미는 작은 새가 지저귀는 소리를 나타내는 영어 낱말로 트위터는 작은 새가 재잘거리는 것처럼 이용자가 하고 싶은 말을 순간마다 짧막하게 메모하여 업로드할 수 있는 공간을 의미한다. 트위터는 실시간 정보 확산과 그 속도 측면에서 이전의 온라인 채널이었던 미니홈피나 블로그보다 빠르고 쉬운 인터페이스라는 점이 특징이다. 이러한 특성을 바탕으로 정치적 활용도가 높은 소셜미디어라고 할 수 있다. 트위터에 적극적 의견 게시를 이용한 선거 전략이 승리하는 데 견인차 역할을 하는 것으로 알려져 있다. 트위터를 적극 사용한 정치인의 사례로 미국의 버락 오바마(Barack Obama) 대통령과 도널드 트럼프(Donald Trump) 대통령을 들 수 있다.

트위터에 로그인하면 초기 페이지에 리스트 형식으로 이용자들이 공유한 정보들이 나오는데, 이를 타임라인이라 부른다. 이용자는 이 타임라인을 보면서 마음에 드는 트윗은 추천하고, 중요하거나 필요하다고 생각하는 게시물은 공유할 수도 있다. 해당 게시물 아래에 댓글을 남기는 형식으로 대화를 하며 소통할 수 있다. 트위터에서는 다른 이용자의 게시물을 더 많은 사람들과 공유하는 것을 리트윗(Retweet)이라고 부른다. 초기에는 마음에 드는 글을 복사하여 붙이는 방법으로 앞에 RT를 붙여 타임라인에 공유하였지만, 리트윗 기능이 추가되면서 이용자들은 리트윗 버튼을 누르는 것으로 마음에 드는 게시물을 공유한다.

트위터는 친구 맺기 기능에서도 보다 신속성을 갖추었다고 볼 수 있다. 페이스북에서 친구 추가할 때 동의를 얻는 것과는 달리, 트위터에서는 상대방의 동의가 없어도 주목하고 싶은 상대방을 팔로잉하는 것으로 관계를 형성할 수 있다. 트위터의 쉽고 빠른 연결성은, 한편으로는 디지털 피로감이나 프라이버시 보호 측면에서 페이스북보다 부정적이라는 비판을 받기도 한다. 트위터에서는 팔로워 수가 많을수록 트위터 내에서 큰 영향력을 지니고 있음을 알 수 있다. 대부분 인기가 많은 연예인이거나 정치인, 유명 인사 같은 경우 팔로워 수가 상당히 많다. 트위터 활동을 거의 하지 않더라도 많은 팔로워를 유지하고 있는 현상을 볼 수 있는데, 이 경우 트위터는 커뮤니케이션의 도구로서만이 아닌 1인 미디어로도 그 역할을 수행한다고 볼 수 있다(표국선, 2019: 21 ~23).

(3) 인스타그램(Instagram)

인스타그램은 "Capturing and sharing the world's monents(세상의 순간을 포착하고 공유하기)"라는 슬로건을 내세우며 탄생한 모바일 기반 소셜미디어이다. 사진 등의 콘텐츠를 중심으로 하는 이미지 기반의 소셜미디어로 시작된 후 동영상, 실시간 라이브 등의 기능을 추가하며 대표적인 3세대 SNS로 불린다. 3세대 SNS란 "텍스트로 이루어진 단편적인 정보에서 벗어나 이용자의 관심사나 취미 등을 사진이나 영상 등 이미지적인 요소를 통해 보다 감각적이고 시각적으로 공유하는 것"을 특징으로 한다. 인스타그램은 사진 찍고 꾸미기를 좋아하던 여자 친구를 도와줄 아이디어를 생각하면서 탄생된 소셜미디어로서 케빈 시스트롬(Kevin Systrom)과 마이크 크리거(Mike Krieger)가 2010년 10월에 론칭하였으며, 2012년 4월 페이스북에 10억 달러에 인수된 후 2014년 12월 이용자 3억 명, 2016년 6월 5억 명을 돌파하기에 이르렀다. 이후 2018년 6월 월간 이용자 수 10억 명을 돌파했고, 2021년 10월 20억 명을 돌파하면서 소셜미디어의 돌풍을 일으켜왔다.

인스타그램의 급격한 성장은 텍스트 위주의 소셜미디어에서 벗어나 '사진 공유'를 지원하는 다양한 기능과 서비스로 젊은 층의 트렌드를 공략했다는 평가를 받는다. 선명한 색감 보정 기능과 사진 컨셉에 맞는 다양한 컬러톤을 제공하는 필터 기능 등으로 일상의 사진을 이용자들이 마치 사진 전문가처럼 연출할 수 있는 경험을 제공한다. 그리고 언제 어디서든 스마트폰을 통해 사진을 찍고 필터로 보정해서 그 자리에서 올릴 수 있는 편의성과 채널 내 동영상과 사진 등을 다른 플랫폼에서도 편하게 사용할 수 있는 '퍼가기' 기능이 소셜미디어 이용자들에게 큰 호응을 얻었다. 〈타임〉지와 같은 유명 매체들에서도 인스타그램의 이 기능을 통하여 콘텐츠를 다른 기사에서도 유용하게 활용하고 있다. 지역적으로 국한되지 않으며 글로벌하게 세계 어디에 누구라도 유사한 취미를 지니고 있는 이용자들을 찾아 서로가 쉽게 정보를 교환하고 인맥을 이어갈 수 있는 쉬운 접근성 또한 인스타그램의 큰 장점이라 할 것이다.

2. SNS의 사회기술적 위치

1) SNS의 특성

SNS 사용의 주요 목적으로 타인과의 소통과 교류를 들 수 있다(고은혜·배상률, 2016). 온라인 공간에서 이용자들 간의 상호작용을 통해 새로운 의미를 생산하고, 소비하고, 공유하면서, 이러한 소통을 기반으로 새로운 사회적 관계를 맺고, 그 관계는 더욱 확장할 수 있다. SNS는 인적 네트워크 확장을 기반으로 다양한 경험을 공유하는 기능을 담당하고, 나아가 사회적 이슈를 생성 및 전파하는 기능, 집단의 힘으로 성과의 양적·질적 성장을 가능케 하는 기능에서 여타 매체와 견주어 우위를 점하고 있다 (김대호, 2014).

SNS는 그 '소셜'한 특성으로 인해 퍼스널 미디어와는 여러 가지 면에서 구별된다.

소셜 플랫폼은 기존의 커뮤니티와는 다르게 개인이 중심이자 분기점(node)이 된다는 점에서 보다 개인화된 틀이다. SNS가 가져온 변화를 요약하면 다음과 같다(이호영 외, 2012, 34~35).

① 집단에서 개인으로

SNS는 인터넷과 스마트 혁명에 기반한 웹의 진화를 반영한다. 블로그가 개인의 수월성을 강조했다면, SNS는 사회적 확장성(social scalability)이 더욱 중요하다. 블로그가 개인의 정체성과 선호를 드러냄으로써 자기정체화의 문화를 형성했다면, 페이스북은 타인의 정체성에 대한 관심과 공감, 나아가 호불호를 기반으로 네트워크를 형성하고 있다. 이렇게 본다면 온라인 커뮤니티도 넓은 의미에서 SNS의 일부겠지만, 커뮤니티가 집단중심적이라면 SNS는 개인중심적 서비스라고 할 수 있다.

② 지식에서 인맥으로

정보 접근에서 장벽을 제거하려는 노력은 무엇보다도 검색 엔진의 성능을 개선하는 것과 밀접한 관계를 맺고 있었다. 검색 엔진이 반드시 SNS와 대립하는 기술은 아니지만, 검색이 기본적으로 정보와 정보의 연결을 목표로 하는 것이었던 반면, SNS는 사람과 사람, 자신과 타인의 선호를 연결하는 것을 목표로 한다는 점에서 대비된다. 피터 라이저(Peter H. Reiser)는 소셜 플랫폼이 관계 구축이라는 맥락에서 마지막 장벽을 허물고 있으며, 그 장벽이 바로 사회적 맥락이라고 주장한다. 따라서 우리는 지식(know how)에서 인맥(know who) 모델로 이동하고 있다. 예전에 쓰이던 웹상 거래 또는 1:1 마케팅을 수행하던 것이 소셜 플랫폼에 의해 그 장벽까지도 허물어지고 있다는 것이다. 그 이유로 "신뢰할 수 있는 누군가가 무엇인가를 추천한다면 우리는 그것을 따를 가능성이 높으며, 이 역시 사람들이 내리는 의사결정 과정에 반영되는 80%의 비공식인 정보와 공식적인 정보 간 선택에 관한 것"이기 때문이라고 말했다.

③ 익명에서 실명으로

웹 기반의 SNS는 정치적·경제적·지리적 경계를 가로질러 관심과 활동을 공유하고자 하는 이들을 기술적으로 연결한다. 페이스북·트위터·커뮤니티 등 SNS 활동은 몇 년간 온라인의 정체성·사회관계, 사회자본·문화·정치 등 이슈를 제기해 왔고, 오프라인에도 영향을 미쳤다. 이 중 중요한 이슈는 실명 쓰기다. 네이버·다음·디씨인사이드에서, 나는 서로 다른 사람이기 어렵다. 물론 하나의 정체성을 유지하기 위해 동일한 ID를 여러 사이트에서 동시에 사용한다면 추적이 가능하지만, 이론적으로 ID 사이에는 장벽이 놓여 있다. 그러나 페이스북에 적용하고 있는 소셜 플러그인은 사이트 간 장벽을 허물고 있다. 프로파일에 기반한 SNS에서는 다중 아이디로 활동하고 오프라인의 자신과 분리되던 이전의 인터넷 시대보다 훨씬 투명하게 자신의 모습을 드러낼 수 있다. 트위터나 페이스북에서 익명으로 활동하면, 친구나 팔로워를 얻을 확률은 극히 제한적이다. 이러한 변화는 인생의 궤적이 SNS로 축적되는 세상을 예고하는 듯하다(소셜미디어연구포럼, 2010; 이호영 외, 2012).

④ 소통의 확장에서 프라이버시 침해 우려로

스마트폰과 SNS를 매개로 한 스마트 사회로의 진입은 참여와 소통, 표현의 기회를 확장시키는 장점이 있는 반면, 개인정보 유출이나 타인으로부터의 피해를 쉽게 받을 수도 있다는 단점도 있다. 이미 SNS에서 개인정보 유출로 인한 프라이버시 침해 문제는 개인과 개인 간의 문제가 아니라 사회적인 문제이며, 논란거리가 된 지 오래다. 미국에서는 기업 인사 담당자가 SNS를 활용한 인적 사항 확인이 문제가 되기도 했다. 자신도 모르게 개인정보와 일상이 타인에게 공개되고, 그것이 인사에 반영된 사건도 발생했다(Fraser& Dutta, 2009).

미국 내에서의 10대 SNS 사용 실태를 분석한 연구가 프라이버시 침해와 개인정보 유출, 감시, 디지털 피로감의 문제를 제기하는 것은 우연이 아니다(Lenhart, etal 2011). 이에 앤드루 채드윅(Andrew Chadwick)도 네트워크로서 SNS의 장점을 인정하지만, 이로 인해 생길 수 있는 정보 인권 문제에 대한 대안도 같이 고민해야 한다고 지적한다. 즉, 개인정보 유출과 프라이버시 침해 등의 정보 인권 문제로 네트워크사회에서 다른 형태의 시민 기본권 위축을 우려하기도 했다(Chadwick, 2006: 257∼258).

⑤ 긍정적 역동성에서 정신의 조정자로

가상현실(virtualreality)을 처음으로 고안하고 상용화한 인물인 컴퓨터 과학자 재론 래니어(Jaron Lanier)는 자신의 책『지금 당장 당신의 SNS 계정을 삭제해야 할 10가지 이유』에서 우리가 최첨단의 SNS를 대함에 있어서 개처럼 순종적으로 쉽게 길들여지지 말고 고양이 같은 존재가 되거나, 고양이의 입장에서 SNS를 이용하라고 권유한다. 그러지 못한다면, 소셜미디어 알고리즘의 종속에서 벗어나 자유의지를 회복하기 위해서는 'SNS 계정 삭제'라는 특단의 조치가 필요하다는 것이다(Lanier, 2018·2019). 그가 각 논점으로 제시한 각 장의 제목만 봐도 얼마나 SNS가 인간에게 사악한 존재인지 파악할 수 있다.

- 논점 1. 당신은 자유의지를 잃어가고 있다.
- 논점 2. 소셜미디어 사용 중단은 이 시대의 광증을 물리친다.
- 논점 3. 소셜미디어는 당신을 골통으로 만들고 있다.
- 논점 4. 소셜미디어는 진실을 훼손한다.
- 논점 5. 소셜미디어는 당신이 하는 말을 의미 없게 만든다.
- 논점 6. 소셜미디어는 공감 능력을 없앤다.
- 논점 7. 소셜미디어는 당신을 불행하게 만든다.
- 논점 8. 소셜미디어는 당신의 경제적 존엄을 바라지 않는다.
- 논점 9. 소셜미디어는 정치를 무력화시킨다.
- 논점 10. 소셜미디어는 당신의 영혼을 싫어한다.

이렇듯 SNS에 대해 디스토피아적인 의견을 피력하는 래니어는 젊은이들에게 6개월 정도 소셜미디어와 멀어져서 스스로에 대해 알아볼 시간을 갖도록 권유한다. 완전히 사용을 중단할지 여부는 그 후에 본인의 자유의지에 의해 결정하면 된다는 것이다. 그는 소셜미디어의 장점을 그대로 누리면서 각자의 자유의지를 충분히 지킬 수 있는 방안을 강구하자고 역설한다.

2) SNS의 이용 효과

소셜미디어의 확대와 미디어 세대로 성장한 청소년의 삶에 대해 연계하여 생각해보면, 크게 세 가지 특성으로 정리해 볼 수 있다. 첫째, 소셜미디어를 통한 관계 맺기를 즐기는 청소년이다. 청소년들은 소셜미디어를 활용해 관계 맺기를 시도한다. 기성세대가 학교 동문이나 동아리 친구, 고향 선후배 등 학연과 지연에 의존하고 있다면, 청소년들은 소셜미디어를 통해 나이와 영역에 관계없이 관심 분야를 중심으로 친구 맺기를 시도한다. 시간과 공간 및 세대를 초월한 소통은 청소년들에게 새로운 즐거움을 선사하고 있다. 또한 소셜미디어를 통한 소통은 그 자체가 즐거움이 되기도 한다. 스마트폰을 가진 청소년이라면 여유 시간에 어김없이 카카오톡부터 확인한다. 심지어는 같은 공간에 있는 옆 친구에게도 카카오톡으로 이야기한다(김해봉, 2011). 큰 이유는 없다. 이것이 재미있다는 것이다. 이들에게 소셜미디어는 관계 맺기의 도구이자 즐거움의 공간이다. 청소년들에게 이러한 즐거움을 뺏는다는 것은 소통의 통로를 차단하는 것 이상으로 삶의 의미와 재미를 통째로 소멸시키는 것이 된다. 청소년들은 소셜미디어를 통한 소통의 즐거움을 통해 자신의 관심사를 풍요롭게 하고, 충분한 지지층을 확보하며, 새로운 도전의 동력을 찾는 즐거운 여행을 하게 된다.

둘째, 소셜미디어를 통해 자신의 존재를 표현하고 평가받는 청소년이다. 청소년들은 소셜미디어상에서 자신이 가치를 자랑하는 것을 주저하지 않는다. 자신의 현 상태, 새로운 도전에 대한 고민과 설렘, 실제 과정의 어려움, 그리고 심지어 성과에 관계없이 결과를 당당히 공개하기도 한다. 소셜미디어는 이들에게 자신의 존재를 확인하고 자랑하는 공간인 동시에 자신의 콘텐츠나 상황에 대한 다수의 평가를 기대하게 한다. 청소년들은 그 어떤 평가보다 소셜미디어에 나타난 자신에 대한 평가에 대해 민감하게 반응한다. 기존의 지지자들의 격려와 관심은 큰 힘이 되며, 익명의 누군가가 형식적으로 던지는 격려에도 감동을 한다. 하지만 가장 못 견디는 것은 사람들의 무반응이다. 자신의 이야기나 정보가 다른 사람들에게 의미 없게 받아들여지는 것을 가장 힘들어하며, 그러한 것을 되돌리기 위해 끊임없이 노력한다. 자신의 콘텐츠를 잘 관리하는 것과 동시에 다른 사람의 콘텐츠에 적극적으로 반응한다. 일종의 품앗이다. 상대방의 이야기에 내가 반응함으로써 이들이 다시 나의 이야기와 정보에 반응해 줄 것이라는 상호호혜성을 믿는 것이다. 소셜미디어는 청소년들의 존재를 표현하며 평가받는 중요한 수단이자 공간이 된다.

셋째, 스마트 디바이스(smartdevice)의 기능을 자유롭게 활용하는 청소년이다. 기성세대가 먼저 스마트폰을 손에 쥐었으나, 그 활용은 전혀 스마트하지 않았다. 여전히 전화, 문자, 인터넷 검색, 카카오톡, 교통정보 습득 정도가 대부분이다. 하지만 청소년들은 자신들에게 필요한 애플리케이션을 찾아내거나 공부를 위한 콘텐츠 등을 쉽게 다운받아 활용한다. 물론 스마트폰을 활용해 게임에 몰입하거나 음란물을 보게 되는 경우도 상대적으로 늘어나는 부정적인 면도 있으나, 이는 스마트폰이 청소년의 손에 들어갔기 때문이라고만 보기는 어렵다. 청소년들에게 스마트기기는 재미를 더 해주는 소통의 도구이자 사진·영상·메시지 등을 자유롭게 호환하며, 실시간으로 자신과 세상의 모습을 비추는 도구로 적극 활용하고 있는 것이다(조남억, 2012: 97~98).

3) 청소년과 SNS 폐해

(1) 교우관계 문제: 집단따돌림 및 자해

소셜미디어는 사회적 감정을 교묘하게 이용한다. 소셜네트워크에는 가장 활용하기 쉬운 보상과 처벌 체계가 있다. 예를 들어 두려움 같은 감정을 이용한다. 남들이 자신을 매력없고, 볼품없고, 보잘것없는 사람으로 생각할까 봐 두려워지면 마음이 불편해진다. 사람들은 누구든 사회적 불안을 겪는다. 아이들 사이에서는 사회적 불안을 괴롭힘의 수단으로 활용해서 또래를 괴롭히는 왕따도 많다. 아마도 괴롭히는 무리에 소속되면 괴롭힘의 표적이 될 확률이 현저히 줄어들기 때문일 것이다. 평소에 행실이 괜찮은 사람들이 남을 괴롭히는 집단적 움직임에 곧잘 합류하는 것도 그런 이유이다(Lanier, 2018·2019: 33).

소셜미디어에서 청소년의 친구 관계에 관한 이창호 외(2012)의 연구에서 소셜미디어 이용 시간과 또래집단 규범 간의 상관관계를 살펴본 결과, 소셜미디어를 자주 이용할수록, 그리고 소셜미디어 '친구 수'가 많을수록 또래 집단의 정치사회적 관심도·지식·참여도를 모두 더 높게 인식하는 경향을 보였다. 이는 결국 소셜미디어를 자주 이용하고 소셜미디어 안에서 형성된 네트워크가 클수록 '친구들'에 의해 게시된 정치사회적 정보에 자주 노출되어 그들의 정치사회적 관심·지식, 참여적 수준을 높게 인지하는 경향이 있다고 할 수 있다. 또한 소셜미디어를 통한 사이버 집단따돌림에 대해서는 피해 경험보다 가해 경험이 더 많은 것으로 나타났다. 고등학생의 경우 소셜미디어상에서 "개인정보가 유출된 적이 있다"는 응답이 45.7%, 소셜미디어상에서 "누군가로부터 자신에 대한 욕설을 들은 적이 있다"가 27.8%로 나타났다. 한국과 일본의 중학생을 대상으로 소셜네트워크서비스에서의 친구 관계 및 사이버 집단따돌림에 대한 이희복·김대환(2014)의 연구에서 한국의 청소년은 "누군가에게 험한 말이나 댓글을 쓴 적이 있다"가 가장 높았고, "나를 비방하는 글이 있었다"가 가장 낮았으며, 일본의 청소년은 '누군가에게 험한 말이나 댓글을 쓴 적이 있다'가 가장 높았고, "대화와 댓글, 게시글에서 무례하거나 황당한 경우가 있었다"가 가장 낮았다. 또한 한국의 청소년은 가해적 경험보다 피해적 경험이 더 높은 것으로 나타났고, 일본의 청소년은 가해적 경험이 피해적 경험보다 높은 것으로 나타났다(이희복 외, 2014: 371).

미국 필라델피아 아동병원 LiBI(Lifespan Brain Institute)와 펜실베니아대, 이스라엘 라이히만대 연구진이 청소년 뇌인지 발달 연구(Adolescent Brain Cognitive Developmentstudy; ABCD study)를 통해 청소년기 초기에 온라인 괴롭힘을 당한 피해자는 오프라인에서 괴롭힘을 당한 아이들보다 자살에 대해 더 많이 생각하거나 실제 시도할 가능성이 높다는 것을 발견했다. 연구팀은 "온라인·문자 또는 단체문자, 소셜미디어상에서 의도적으로 다른 사람을 해하거나 악의적으로 대하려는 것"을 사이버불링으로 정의했다.

연구진이 2018년 7월에서 2021년 1월 사이 10～13세 미국 청소년 1만여 명을 대상으로 수집한 데이터를 분석한 결과, 연구에 참여한 아이들 중 7.6%가 자살 생각이나 행동을 경험했다고 답했다. 그리고 8.9%가 사이버불링의 표적이 된 적이 있다고 답했으며, 0.9%는 다른 사람에게 사이버불링을 가한 적이 있다고 답했다. 이번 연구에서 놀라운 점 중 하나는 온라인에서의 괴롭힘은 현실에서 직접 경험하는 것과는 무관한 현상이라는 것이다. 이는 사이버폭력에 노출된 아이들이 현실에서 괴롭힘을 당한 아이들과는 다른 부분이 있음을 시사한다. 이에 대해 연구진은 우울증과 같이 기타 자살 위험 요인에 대해 검사하듯이 주기적으로 사이버불링에 대해 선별검사를 하는 것이 현명하다고 조언했다. 현대사회에서, 특히 코로나 팬데믹 이후에는 또래 간 상호작용의 상당 부분이 문자 메시지나 SNS 등을 통해 온라인에서 일어나고 있다. 이와 함께 사이버폭력도 증가하는 가운데, 이러한 현상이 미치는 영향에 대해 명확하게 이해하기 위해 더 많은 연구가 이루어져야 한다고 연구진은 덧붙였다(정희은, 2022. 6. 30.).

학교 및 진료 현장에서 정신과적 증상 없는 자해 청소년들이 몇 년 사이 증가한 것으로 나타났다. 재난정신건강위원회 채정호 위원장은 "오프라인에서 위로받지 못한 아이들이 SNS에 의지하면서 자해 빈도가 늘어났다"는 것이다. SNS에서 '자해' 관련 단어를 검색하면, "도움을 받을 수 있습니다. 당신이나 당신이 아는 누군가가 힘든 시간을 보내고 있다면, 당신은 혼자가 아닙니다. 손을 내미세요." 이 같은 글귀를 볼 수 있는데, 과거에는 자살 예방 문구로 쓰였지만, SNS가 보편화되면서 청소년들 사이에서 자해 관련 검색과 게시글이 늘어나 자해를 막기 위한 목적으로 추가된 글귀이다. SNS가 발달하면서 그만큼 많은 청소년들이 SNS에 자해 인증 글을 올리며 정서적으로 답답한 마음을 털어놓고 의지하게 된다. 그러다 보니, SNS에 자해 인증 글이 많아지고 극단적인 방법으로 자해를 하고 있으며, 이른바 '자해러' 등의 집단도 생겼다. 자해 인증 글이나 사진을 올리는 행위를 일명 '관종(관심병)'이라고 조롱하지만, 정신의

학과 의사들은 매우 다른 의미라고 지적한다. 즉, 관심이란 힘들지 않음에도 불구하고 사람들이 날 알아주길 바라는 것이다. 그러나 자해는 본인이 너무 힘들어 이 행위 외에는 나를 어떻게 표현할 길이 없는 것이다. 자해는 관심을 끌기 위한 행동과 다르다(박선혜, 2018. 11. 6.).

(2) SNS중독

SNS중독은 SNS의 부정적인 영향을 가장 잘 나타내 주는 현상 가운데 하나로(오윤경, 2012), SNS의 과다 사용에 따른 금단과 내성을 갖게 되면서 스트레스와 우울증, 의존증, 집중력 저하, 강박 등의 정신적 피로와 신체적 질환을 가져와, 개인의 적응 및 일상생활에 지장을 초래하는 것을 의미한다. 송혜진(2011)은 SNS중독의 원인을 크게 개인적 원인과 사회적 원인으로 구분하였는데, 개인적 원인으로 현대인들은 실제 오프라인상에서 사람들을 만나 상호작용하는 것보다 SNS를 통한 사람들과의 커뮤니케이션을 선호한다는 것이다. 즉, 인터넷이나 스마트폰에서 맺어지는 디지털 네트워킹이 큰 힘을 갖게 되면서 많은 수의 사용자를 보유하고 있는 SNS 사용자의 경우 그에 상응하여 SNS에 투자해야 하는 시간도 늘어나기 때문에 SNS가 인맥 관리의 주요 수단이 되어 중독에 영향을 미칠 수 있다는 것이다(이희복 외, 2014: 372).

이희복 외(2014: 386)에 따르면, 청소년들의 SNS 이용은 주말 특정 시간대를 구분하지 않고 거의 대부분 시간 동안 이용하는 것으로 분석되었고, 남학생보다 여학생의 이용 시간이 더 긴 것으로 확인되었다. 이용 기간의 경우 1~3년이 가장 많았으며, 여학생의 SNS 이용 기간이 더 길었으나 지역에 따른 차이는 없었다. 이용하는 SNS는 1개가 많았고, 남학생은 제한형, 여학생은 열성형이 많았다. 이용 동기의 요인 분석 결과는 자기표현, 정보 활용, 관계 및 소통, 시간 보내기로 나타났는데, 여학생은 정보 활용, 관계 및 소통, 시간 보내기에서 남학생보다 높았다. SNS에서 친구 관계 경험은 부정적 경험, 가해적 경험, 긍정적 경험으로 분석되었으며, 남학생의 경우 가해적 경험이 많았고, 여학생은 긍정적 경험이 많은 것으로 나타났다. SNS중독 경향성은 강박적 성향, 생활 장애적 성향, 집착적 성향으로 요인 분석되었다. SNS 이용에 재미를 느끼고 시간 보내기 동기로 SNS를 이용하는 청소년의 SNS중독 경향성이 높은 것으로 나타났다. 관계 및 소통 동기가 높으면 중독 경향성이 높으며, SNS 이용 시간을 통제하지 못하는 집착적 중독 경향성이 높아진다는 것을 알 수 있었다. 결국, SNS로 다른 사람에게 자신의 알리고 일상을 기록하며 인기를 확인하고자 하는 자기표현적 동기가 높을수록 강박적 증상이 높아지는 것으로 확인되었다.

3. SNS와 가짜 '뉴스'

1) SNS로 빠르게 유포되는 가짜 '뉴스'

가짜 '뉴스'는 신뢰할 수 있는 저널리즘을 모방해서 최대한 관심을 끌기 위해 조작되고 만들어진 정보이다. 특히 미디어 플랫폼의 다양화와 함께 정보를 손쉽고 빨리 활용할 수 있는 상황에서 언론 기사로 포장된 채 인터넷과 SNS를 통해 유통된다. 따라서 허구와 사실, 거짓과 진실의 구분이 더 어렵다. 즉 거짓 정보의 특성이기도 한 자극성과 의외성에 SNS의 빠른 전파성이 결합하면서 가짜 '뉴스'는 더 강력한 영향력을 발휘한다. 가짜 '뉴스'는 정치적 영향력을 행사할 목적으로 기획되는 등 정치적 측면을 내포하는 경우가 많다. 그러나 경제적 동기가 더 크다고 할 수 있다. 가짜 '뉴스'는 자주 자극적인 제목으로 인터넷 유저들의 클릭을 유도하여 조회수를 높이는 쓰레기 기사나 광고를 의미하는 클릭베이트(clickbait, 인터넷에서 자극적인 제목이나 이미지 등을 사용해 쓰레기 기사나 광고 등 가치가 떨어지는 콘텐츠의 클릭을 유도하는 행위) 역할을 하고 광고와 이용자들의 데이터를 판매함으로써 수익을 창출하게 된다. 따라서 가짜 '뉴스' 현상은 인터넷의 광범위한 정치경제적 현상과 연관해서 이해할 필요가 있다(황치성, 2018: 223~224).

가짜 '뉴스'에 대한 우려가 확산되면서 세계 각국의 미디어 리터러시 교육기관이나 학교에서는 가짜 '뉴스' 대처법 교육에 순발력 있게 대응했다. 영국의 공영방송사 BBC는 학생들을 대상으로 뉴스를 통해 가짜 '뉴스'를 가려내고 신고하는 방법을 알려주고, 미국 의회방송 C-SPAN은 홈페이지 학습란을 통해 가짜 '뉴스'에 대처하는 법을 수업 자료로 만들어 제공했다. 프랑스는 교육부와 미디어 리터러시 전문 기관인 클레미(CLEMI)가 공동으로 가짜 '뉴스' 구별과 관련된 자료집을 만들어 배포했다. 한편, 세계신문협회도 뉴스 리터러시 교육 차원에서 가짜 '뉴스'에 대응하기 위한 방안을 다각도로 모색해 오고 있다(황치성, 2018).

2) SNS에서 가짜 '뉴스' 구별하기

가짜 '뉴스'는 누군가가 정치적·경제적 목적으로 일방적인 진술이나 관점을 담아 그럴듯하게 조작한 뉴스이다. 동시에 이 정보를 믿는 사람이 있을 것이라는 전제가 깔려 있다. 이를 비판적 사고를 적용한 미디어 리터러시 원리에 비추어, 저자·포맷(format)·수용자(audience)·콘텐츠·목적 등에 기초한 질문으로 가짜 '뉴스'를 판별할 수 있다(황치성: 2018, 226~242).

① 누가 이 메시지나 콘텐츠를 만들었는가?

우선, 질문할 수 있는 것은 저자가 누구인지 분명하게 알 수 있는가이다. 저자가 밝혀지지 않은 뉴스나 정보는 기본적으로 가짜 '뉴스'일 가능성이 크다. 그러나 가짜 '뉴스'일지라도 가짜 저자를 내세우는 경우가 많다. 다음의 질문을 단계적으로 제기한다.

• 정보를 어디서 입수했는가? 정상적인 뉴스미디어는 검증 과정을 거치기 때문에 SNS를 통해 먼저 게시하지 않는다. 따라서 웹사이트가 아닌 SNS상에서 게시된

정보일 경우 의심한다.

- 정보가 수록된 URL은 정확한가? 먼저 URL을 보고 기사의 출처를 확인한다. 안전한 사이트는 'https'(마지막 's'는 보안용)으로 시작하고 주소창에 자물쇠 그림이 뜬다. 가짜 사이트는 조작된 것을 감추기 위해 자주 '.co'를 덧붙인다.
- 정보를 담고 있는 디자인이 자연스럽고 세련된 것인가? 디자인이 정보의 진실성 여부를 모두 보장해 주진 않지만, 가짜 '뉴스'를 담고 있는 웹사이트의 디자인은 상대적으로 조잡하고 조악하다.
- 정보에 등장하는 정보원이 정확한가? 또는 다양한 정보원을 인용하고 있는가? 해당 기사나 메시지에 인용되는 정보원은 정보의 진위를 판별하는 데 중요한 가늠자가 된다. 하나의 취재원에만 의존하는 기사는 제대로 된 기사가 아니다. 정보의 출처가 확인 가능해야 한다.

② 사람들의 관심을 끌기 위해 어떤 기법들이 사용되는가?

- 팝업광고나 배너광고가 지나치게 많지 않은가? 광고가 지나치게 많은 사이트는 조회수를 높이기 위한 클릭베이트(clickbait)라는 것을 방증한다.
- 기사가 지나치게 충격적이거나 특이한가? 심지어 잘 알려진 언론사들도 트래픽(traffic)을 유발하기 위해 헤드라인을 과장하거나 왜곡하기도 한다. 선정적인 헤드라인은 수용자를 끌어들이기 위한 전형적 수법이다.
- 사진 이미지는 원본인가, 변형된 것인가? 가짜 '뉴스'는 진짜로 보이기 위해 사진 이미지를 사용하는 경우가 많다. 리버스 이미지 검색을 통해 온라인상의 사진 데이터베이스에서 해당 이미지와 일치하는 이미지가 있는지 여부를 검색해 본다. 구글 이미지(https://imagesgoogle.com) 또는 틴아이(http://www.tineye.com)는 많은 사진을 수록한 데이터베이스이다.

③ 사람에 따라 이 메시지 또는 콘텐츠를 어떻게 다르게 이해하는가?

- 극단적인 감정을 자극하지 않는가? 가짜 '뉴스'는 뉴스를 접하는 사람들로 하여금 격한 감정을 불러일으키는 속성을 갖는다.
- 가짜 '뉴스'를 접했을 때 그것을 쉽게 믿는 사람이 있는가 하면 그것을 거들떠 보지도 않는 사람도 있다. 확증편향(confirmation bias)이라는 사회심리적 현상 때문이다. 확증편향이란 사고와 문제해결 과정에서 자신의 신념이나 선호하는 의견을 뒷받침해 주는 정보만을 선택적으로 활용하는 무의식적 인지 과정을 말한다. 자신의 신념과 일치는 정보를 받아들이는 심리적 편향성 때문에 가짜 '뉴스'가 자신이 믿고 있는 정보와 부합하면 믿어 버리는 경향이 있다.

④ 이 메시지 또는 콘텐츠는 어떤 가치, 라이프 스타일, 관점이 반영되어 있는가? 혹은 그러한 점들이 빠져 있는가?

- 특정 사건에 대해 신문사나 방송사의 정치적 성향에 따라 특정의 관점을 취할 수 있다. 그러나 어느 관점을 취하더라도 공신력 있는 미디어는 반대의 관점을 소개한다. 이런 측면에서 사회적으로 중요한 뉴스에 대해 여러 가지 미디어에서 어떻게 다뤄지고 있는지를 보여 주고 이해하는 훈련이 필요하다. 각각의 용어나 개념에 대해 지지적 관점, 중립적 관점, 반대적 관점 등 다양한 관점에서 바라보고 비판적으로 사고할 수 있도록 해주는 것은 미디어 리터러시의 주요 영역 중 비판적 사고를 기르는 데 도움을 줄 수 있다.

⑤ 이 메시지 또는 콘텐츠는 누가 만들었으며, 왜 유포되는가?

- 일방적으로 누군가에게 유리하거나 불리하게 되어 있는 정보는 숙고할 필요가 있다. 가짜 '뉴스'가 사실로 인식되어 확산될 경우 나타날 수 있는 잠재적 위험의 심각성에 대해서 생각하고 온라인에서 본 내용을 확인할 수 있는 역량을 길러야 한다. 가짜 '뉴스'는 소셜네트워크를 통해 공유할 때 가장 번성하기 쉽다. 가짜 '뉴

스'를 공유할 경우, 친구들은 그것을 믿고 또 다른 친구들과 공유하는 식으로 마치 전염병처럼 번져 나가게 한다. 따라서 SNS를 통해 공유하기 전에 반드시 그 기사의 진위를 확인할 필요가 있으며 의심스러운 정보는 공유하지 않아야 한다.

무엇보다 SNS에서 가짜 '뉴스', 가짜 정보를 가리기 위해서는 모든 진술이 사실과 의견으로 구분된다는 것을 인식한다. 사실적 기사는 경우에 따라 분석이 포함되거나 분석에 의해 보완된다. 공인된 전문가의 인용 등 확인 가능하고 신뢰할 만한 취재원을 제시한다면 사실일 가능성이 높다.

4. 청소년을 위한 SNS 리터러시

1) SNS 리터러시의 필요성

일반적으로 리터러시의 개념은 "글을 읽고 쓸 줄 아는 능력"이다. 인터넷 환경에서의 리터러시 문제에 처음으로 접근한 로라 구락(Laura J. Gurak)은 『거미줄에 걸린 웹(Cyberliteracy : Navigating the Internetwith Awareness)』(2001)에서 처음 인터넷 환경에서의 리터러시 개념을 도입했다. 사이버 리터러시(Cyber Literacy)는 무질서한 사이버 공간의 질서를 새롭게 바로잡자는 차원에서 제시된 개념이다. 구락은 인터넷의 특성을 초고속·익명성·도달성·양방향성으로 제시하고, 오프라인과 달리 사이버 공간에는 새로운 질서가 필요하며, 이를 위해서는 사이버 공간의 경향을 정확히 이해하고 지각해야 한다고 주장한다. 그래서 제시하고 있는 대안이 사이버 리터러시이다. 사이버 리터러시는 "허구와 진실을 가려내고, 정당한 논쟁과 극단주의를 간파하고, 인터넷 커뮤니케이션에서 문제를 취사선택할 수 있는 능력"을 의미한다. 다시 말해, 그녀가 강조한 것은 인터넷 이용자 각자가 책임감을 가지고 인터넷 커뮤니케이션의 특성을 긍정적인 방향으로 이끌어갈 때 바람직한 사이버 공간의 질서가 자리 잡을 수 있다는 것이다(한국지능정보사회진흥원, 2012: 9).

SNS 리터러시는 소셜네트워크서비스를 비판적이고 분석적으로 판별하고, 기술적 이해 및 활용은 물론 디바이스 환경 구축을 통해 타인과 생산적 협력 활동을 하며, 정보를 공유할 수 있는 능력이다(조남억, 2012). 정다교(2015)는 디지털 리터러시에서 제시하는 글을 읽고 쓸 줄 아는 능력에서 더 나아가 변화하는 사회에 적응 및 대처할 수 있는 능력을 SNS 리터러시로 간주하였다. 예를 들어, 페이스북·인스타그램·카카오톡 등의 소셜미디어 환경에서 사회적 관계 형성을 통해 생산적 인지 활동을 할 수 있는 능력, 그리고 건전한 자아 표현을 할 수 있는 능력을 말한다. 박경자 등(2013)은 SNS 리터러시에 대해 SNS를 통한 사회적 상호작용과 함께 SNS의 기술적 활용 능력이 중요하다고 하였다. SNS 리터러시는 SNS를 이용하는 데 기본적으로 필요한 기술적인 능력과 타인과 관계를 형성하면서 소통할 수 있는 능력, 정보의 이해 및 평가 능력, 그리고 정보를 가공하고 생산해 낼 수 있는 창조적인 능력 등 이용자가 SNS를 활발하게 사용하는 데 필요한 능력들을 포함하는 개념이라 할 수 있다.

소셜미디어 리터러시는 소셜미디어의 활용성을 높여 줄 뿐만 아니라 소셜미디어의 부작용을 감소시킬 수 있으며, 나아가 새로운 사회적 가치와 변화를 주도할 수 있는 역량을 공유할 수 있다는 점에서 중요하게 다루어져야 한다. 특히 청소년의 경우 소셜미디어 리터러시에 대해 더욱 강조할 필요가 있다(조남억, 2012: 94).

2) 청소년과 SNS 리터러시

여성가족부의 〈청소년 매체 이용 및 유해환경 실태조사〉(2020)에 따르면, 청소년의 80.7%는 '인터넷/모바일 메신저'를 거의 매일 사용하고 있으며, 90.4%가 1주일에 1회 이상('거의 매일' 80.7%, '주 1~2회' 9.7%) 사용하는 것으로 나타났다. 청소년들은 주로 스마트폰을 활용하여 매체를 접하는데, 청소년들이 스마트폰을 가장 많이 활용하는 경우는 'SNS'(92.9%)를 이용할 때로 나타났다. '인터넷 만화'(91.6%), '인터넷/모바일 메신저'(91.2%)도 스마트폰을 통해 가장 많이 이용하고 있었으며, 스마트폰을 통한 SNS 이용률은 특히 여학생(94.4%)과 중학생(94.9%)에게서 다소 높게 나타났다 (여성가족부, 2020: 67~70).

최근 1년 동안 매체 이용 교육을 받은 적이 있다고 응답한 청소년을 대상으로, 그 교육이 도움이 되었는지를 조사한 결과, 대다수의 청소년들이 교육 효과에 대해 긍정적으로 평가하였다. "성인용 콘텐츠로 인한 피해 예방 교육"이 도움이 된다는 응답은 71.7%(도움이 됨 52.0%+매우 도움이 됨 19.7%)로 나타나 '18년(67.7%)에 비해 4.0%p 상승했다. 학교급별 비교 결과, 학교급이 낮을수록 교육효과를 긍정적으로 평가하는 경향이 뚜렷하게 나타났다. 어린 시절에 받은 교육은 효과가 발휘되는 기간이 길고, 그 효과도 분명하게 나타난다는 점에서 매체 이용 교육이 낮은 학교급에서부터 체계적으로 이루어질 필요가 있음을 알 수 있다(여성가족부, 2020: 116).

조남억(2012: 102~106)에 따르면, 청소년의 소셜미디어 리터러시는 지식정보화사회와 밀접하게 연관이 있으며, 향후 청소년의 성장과 사회적 자립에 필요한 중요한 역량이다. 청소년의 소셜미디어 리터러시는 '소셜미디어 평가 능력', '소셜미디어 표현 능력', '소셜미디어 생산적 활용 능력', '스마트 디바이스 활용 능력'의 네 가지 요인의 유기적인 상호작용을 통해 이루어질 수 있으며, 개인적·사회적 관심과 책임으로 설명될 수 있다. 네 가지 역량을 구체적으로 살펴보면 다음과 같다.

첫째, '소셜미디어 평가 능력'은 소셜미디어의 엄청난 정보의 홍수 속에서 자신에게 유익하거나 의미 있는 정보와 관계를 선별해 내는 능력이다. 이제는 정보의 양에 대한 요구보다는 정보의 질에 대한 판단이 중요하기 때문에 소셜미디어의 평가 능력은 기본적인 자기 영역 구축과 협력자 선정의 기준이 된다는 점에서 의미 있게 다루어져야 한다. 하위 영역으로는 '내용의 비판적 해석', '정보의 선별적 수용'이다. 내용의 비판적 해석은 관련 내용의 진위 여부를 판별하는 것과 동시에 현재 자신에게 필요한 내용인지 전파할 가치가 있는지에 대해 결정하는 기준이 된다. 진정성이 없는 정보를 공유하거나 쓸모없는 정보를 제공하는 경우 결국 자신에 대한 신뢰도가 떨어질 수 있기 때문이다. 또한 정보의 선별적 수용은 아무리 진실되고 좋은 정보라도 자신에게 의미가 없다면 과감히 선별할 필요가 있다. 특히 자신의 소셜미디어에서 전문적인 영역에 정보를 다루게 될 경우, 관심 있는 사람들이 만족할 수 있는 의미있는 콘텐츠를 다루어야 하기 때문에 더욱 중요하게 고려되어야 한다.

둘째, '소셜미디어 표현 능력'은 네트워크를 기반으로 하는 소셜미디어 환경에서 자신의 존재를 알리고 가치를 공유하는 행위이다. 소셜미디어는 일종의 집단지성의 플랫폼이라 할 수 있다. 자신도 다른 사람의 공간의 풍성함에 기여해야 다른 사람도 나의 플랫폼에 관심을 가지고 참여하게 된다. 즉, 다수의 사람들이 함께 지식을 획득하고 서로의 지식을 비교, 인정하는 과정을 통해 공동의 목표를 이루어 가는 집단적 능력이라 볼 수 있다(김효숙, 2011). 소셜미디어 표현 능력은 '창조적 구성'과 '호혜적 협응'으로 구성된다. 창조적 구성은 흩어져 있는 다양한 정보를 선별하는 차원을 넘어 자신만의 철학과 가치를 담아 재조합하고 재구성하여 새롭게 공유하는 능력이라 할 수 있다. 주변 사람들이 궁금해하는 차원을 넘어 자신만의 생각의 틀 안에서 새로운 정보로 탄생시키는 것이다. 사람들은 기존의 정보의 반복적 습득보다는 새로운 형태의 정보에 관심을 가지고 협력하게 된다. 또한 호혜적 협응은 다양한 커뮤니티를 넘나들면서 타인의 가치를 존중하며, 대안적 규범을 이해하고 따르는 능력을 말한다. 호혜성은 마치 황금률과 같은 것으로 타인을 배려하면 나도 존중받을 수 있다는 믿음이며, 이를 통해 우리는 서로의 부분을 인정할 수 있는 신뢰 관계를 형성하게 된다. 호혜적 협응은 나의 정보와 커뮤니티가 존중받기 위해서는 타인을 먼저 존중하고 배려하는 것이며, 그러한 상호 과정을 통해 결국은 나의 공간이 풍성해짐을 기대하게 되는 것이라 할 수 있다.

셋째, '소셜미디어 생산적 활용 능력'은 중요한 정보를 선별할 줄 알고, 정보를 새롭게 구성하여 제공할 수 있다고 하여 원하는 사람들이 모두 나와 함께 하는 것은 아니다. 지속적인 관심과 관리가 필요하다. 소셜미디어를 통한 관계는 사회적 자본과 같이 복리적 증가 형태를 보이게 된다. 어느 정도 시간이 지나면 자신이 관여하지 않더라도 다양한 관계가 자생적으로 움직이는 생태적 구조를 경험하게 된다. 이러한 수준까지 성장하려면 소셜미디어는 자신의 삶의 일부가 되어야 하며, 자신의 플랫폼의 생명력을 유지하지 위한 생산적인 노력이 요구되는 것이다. 이와 같은 소셜미디어의 생산적 활용을 위해서는 '생산적 네트워크의 구축'이 우선되어야 한다. 자신이 중심이 되지 않더라도 자신의 플랫폼 안에서 움직이고 있는 다양한 생산적인 네트워크가 존재해야 하는 것이다. 공존 관계로 존재하다가 필요할 때 영향력을 발휘하여 활용할 수 있는 생산적인 네트워크가 필요한 것이다. 또 '개인별 진로 개발에 활용'할 수 있어야 한다. 소셜미디어는 사회적 자본의 형성에 도움이 된다(금희조, 2011; 조남억, 2011; 윤미선·이종혁, 2012). 사회적 자본은 주로 인재 선발이나 입직 등에 도움이 된다. 소셜미디어를 통해 다양한 관계 맺기와 신뢰 쌓기는 향후 자신의 진로에 적극적인 도움이 될 수 있다. 대중적인 정보제공과 더불어 청소년기로부터 소셜미디어를 통해 전략적으로 자신의 진로와 미래에 대한 고민을 함께 나누며 준비하는 것도 중요할 것이다. 이와 함께 '사회참여 확대'는 결국 청소년의 경우 사회적 참여 통로가 여전히 제한적인 경우가 많으나, 소셜미디어상에서는 충분한 자기표현의 자유가 보장되고, 자신의 철학과 가치에 따라 다양한 운동성 있는 모습을 표현할 수 있다. 충분한 동조자를 모아낼 수 있으며, 함께 고민하며 세상에 대해 목소리를 낼 수 있다는 점에서 소셜미디어는 청소년들에게 중요한 사회참여 통로가 될 수 있다는 것이다.

마지막으로 '스마트 디바이스 활용 능력'이 필요하다. 소셜미디어 리터러시가 중요하게 다루어지게 된 결정적인 이유로 스마트폰의 보편적 활용을 공통적으로 이야기하고 있다(예지은, 2011; 유승호, 2011; 김효숙, 2012). 스마트폰이나 태블릿 PC로 대표되는 스마트 디바이스는 각종 미디어의 콘텐츠를 통합하여 공유할 수 있을 뿐만 아니라, 새로운 형태의 정보를 다양한 방식으로 소통할 수 있다. 또한 휴대성을 기반으로 하여 실시간 쌍방향 소통을 가능하게 됨으로써 기성세대의 정보의 기득권이 과거에 비해 약화되면서 동시에 새로운 형태의 관계를 가능하게 한다. 따라서 소셜미디어 도구 활용 능력에는 스마트 디바이스 활용이 중요한 역량이 된다.

이와 같은 네 가지 영역의 청소년 소셜미디어 리터러시의 효율적인 실행을 위해서 '사회적 차원'과 '개인적 차원'으로 구분할 수 있다. 사회적 차원은 사회가 관심을 가지고 지원하거나 일정 부분 책임져야 하는 부분이라 할 수 있다. '사회적 관심'은 소셜미디어 평가능력과 소셜미디어 디바이스 활용능력의 관계에서 나타날 수 있다. 청소년의 올바른 스마트 디바이스의 활용과 넘쳐나는 정보를 선별하여 활용할 수 있는 기초적인 능력을 습득하게 하기 위해 우리 사회는 관심을 가지고 관련 교육과 같은 도움을 청소년들에게 제공해야 한다. '사회적 책임'은 소셜미디어 평가능력과 소셜미디어의 생산적 활용능력의 관계에서 나타난다. 소셜미디어의 평가를 통해 선별되거나 의미 있는 콘텐츠를 생산적으로 활용하기 위해서는 청소년들의 소셜미디어 활동이 사회적으로 인정되고 공유할 수 있어야 한다. 이는 청소년 개개인의 역할이라기보다는 사회가 함께 고민하고 책임질 수 있어야 한다. 개인적 차원은 청소년 스스로 선택하고 노력하는 부분으로 개인적으로 관심과 책임을 가지고 지속적인 활동이 이루어지게 된다. '개인적 관심'은 먼저 스마트 디바이스에 대한 충분한 활용이 가능하도록 관심을 가지고 기능과 활용 방안을 파악하고, 이를 토대로 새로운 콘텐츠를 개발하고 나누는 협응이 이루어지게 된다. 따라서 개인적 관심은 스마트 디바이스 활용능력과 소셜미디어 표현능력의 관계에서 나타난다. '개인적 책임'은 소셜미디어 표현능력과 소셜미디어 생산적 활용능력의 관계에서 나타나는데, 자신이 개발하고 제공하며 반응을 보인 콘텐츠에 대해서는 개인적 책임이 수반되며, 지속적으로 소셜미디어를 관리할 수 있을 때 생산적인 네트워크를 기반으로 하는 상시적 활용 가치가 나타나기 때문이다(조남억, 2012: 103~106).

3) 올바른 SNS 사용을 위한 가이드라인

SNS 이용자 가이드라인의 유용성은 먼저, 지침에서 제시하는 범주에서 벗어난 행위를 인식하게끔 해 준다는 점에서 규범적인 성격을 지닌다. 즉, 외부의 처벌이나 제재가 아닌 사회적 합의를 통한 상호감시가 가능하다는 점이다. 인터넷은 이제 사회라고 할 수 있을 만큼 대규모이다. 사회는 그 구성원이 살아가는 데 일정한 규율이 존재할 수 있는바, SNS 환경도 일종의 사회로서 강한 외적 강제보다는 가이드라인을 통해 기본적인 질서가 작동될 수 있을 것이다. 또한 낮은 수준의 디지털 시티즌십(digital citizenship)을 강화하기 위한 차원에서도 SNS 가이드라인은 유의미할 것이다. 그런 맥락에서 SNS의 올바른 사용은 가이드라인도 중요하지만 무엇보다 행위자(actor)인 사용자들을 변화시키는 것에 주안점을 두어야 할 것이다. 이는 단기적인 과제는 아니지만 결국 시민들을 계도하고 정보를 습득하고 선별할 수 있는 능력, 즉 'SNS 리터러시'를 향상하는 것이 근본적인 해법이라 할 수 있다(한국지능정보사회진흥원, 2012: 88~89).

〈표 12-1〉 SNS 사용 가이드라인 제언

No.	원칙	하위 가이드라인
1	프라이버시 보호의 원칙	• 자신의 개인정보는 스스로 통제할 수 있어야 한다. • 타인의 개인정보를 허락 없이 수집하거나 유포해서는 안 된다. • SNS 친구나 팔로워 추천 등을 선택할 때에는 10초만 다시 생각해 보라. • SNS는 타인에게 자신의 개인정보를 노출시킬 우려가 있다. 위치·신용카드·거주지·신상 등과 관련된 사용은 제한적으로 사용하라.
2	정보 인권 보호의 원칙	• SNS에서 타인의 인권을 침해할 수 있는 용어나 행위를 해서는 안 된다. • 자신의 명예가 소중하듯이 타인의 명예도 소중함을 명심하라. • 자신의 인권이 중요하듯이 타인의 인권도 소중함을 명심하라.
3	허위사실유포 금지의 원칙	• 지금 SNS에서 쓰는 글이 확인되지 않은 사실인지 숙고하라. • SNS에 글을 올릴 때에는 게시하기 전에 허위사실이 있는지, 다시 한번 정독하고 게시하라. • SNS에서 정보를 얻을 때, 사실과 허위를 파악하기 위한 노력을 하라.
4	불법정보 유포 금지의 원칙	• 지금 SNS에서 쓰는 글이 법률로서 제한하고 있는 행위가 아닌지 숙고하라. • SNS에 글을 올릴 때에는 게시하기 전에 불법정보를 포함하는지, 다시 한번 정독하고 게시하라. • SNS는 현행법이 제한하는 불법정보(명예훼손·사이버스토킹·해킹·도박 등 사행행위, 기타 범죄 관련 정보를 지칭)의 유통 공간으로 변질될 수 있다. 불법정보 발견 시에는 핫라인을 통한 관계 기관 신고를 생활화하여 불법정보 피해의 확산을 막아야 한다.
5	지적재산권 보호의 원칙	• SNS에서 원작자(또는 저작권자)의 승인 없이 타인의 창작물이나 저작물을 유포해서는 안 된다. • 음악·소설·시·미술작품 등의 타인 창작물이나 저작물은 출처를 밝히고, 게시하더라도 영리적인 목적이 있다면 지적재산권 침해의 가능성이 있음을 명심하라. • SNS에서 타인의 저작물을 사용할 때 CCL(Creative Commons License)인지 확인하라.

6	올바른 소셜 커머스 이용의 원칙	• 소셜 커머스를 이용할 때, 해당 업체가 믿을 만한 회사인지 확인하라. • 소셜 커머스를 이용할 때, 해당 업체에 대한 SNS 기반 평판 조사는 필수이다. • 소셜 커머스에서 과도한 할인 행사는 한 번쯤 의심하라.
7	금융사기 금지 및 스팸 메시지 차단 원칙	• SNS를 이용한 금융사기에 대해 항상 주의하라. • 자신이 알고 있는 지인의 이메일이라도 돈을 빌려 달라거나, 금융기관 송금을 요청할 때는 의심하고 직접 전화로 확인하라. • SNS를 이용한 스팸 및 광고성 글은 즉시 삭제하라. 그리고 반복적으로 메일이 온다면 핫라인을 통해 관계 기관에 신고하라.
8	해킹 등 보안 위협 금지의 원칙	• SNS 사용자들은 스마트폰 등을 사용할 경우, 해킹 등 보안에 취약함을 인지하라. • 스마트폰과 SNS의 개인 신상 공개에 과도한 개인정보를 저장하지 마라. • 보안 프로그램을 설치하여 해킹으로부터 대비하라.
9	SNS 피로감 해소 원칙	• 과도한 SNS 사용은 정신건강과 육체적 피로를 야기한다. • SNS를 사용할 때는 시간을 정하고 정보 공유, 친구 만나기, 비즈니스 등의 사용 목적을 명확하게 정하라. • 정기적으로 인터넷(스마트폰) 중독 상태를 파악하라(인터넷중독 예방 상담센터: 한국지능정보사회진흥원 ☎1599-0075) • 정해진 시간 동안 SNS를 사용하고 근무시간이나 학업시간에는 이용을 삼가라.
10	표현의 자유 보장의 원칙	• SNS는 참여 촉진적인 매체(헌법재판소 2002; 2011)이므로 표현의 자유가 있다. 단, 허위 불법 정보와 명예훼손 등은 표현의 자유를 제한할 수 있음을 명심하라. • SNS 사용자의 글이 상대방에게 피해를 주지 않을지를 생각하라.

출처: 한국지능정보사회진흥원, 2012: 82~83.

소셜미디어의 확산은 사회를 정보 친화적으로 변화시킴과 동시에 더불어 살아가는 삶의 중요성을 강조하게 된다. 소셜미디어는 대중매체의 일방향성에서 탈피하여 미디어 이용자에게 정보의 소비자이자 생산자의 역할을 요구한다. 하지만 이러한 소셜미디어의 보편화가 반드시 행복한 세상의 도래를 이야기하는 것은 아니다. 오히려 소셜미디어의 보편화에 앞서 이를 선용하기 위한 사회적 합의와 노력, 교육적 지원이 선행되어야 할 것이다. 소셜미디어를 통해 다양한 사회현상을 이해하고 가치의 변화를 습득하며 활용하는 청소년들이 늘어나고 있다. 이제는 기성세대가 정보를 독점하고자 청소년들의 눈과 귀를 막는 것은 불가능해졌다. 그렇기 때문에 청소년들이 스마트 디바이스와 소셜미디어를 의미 있고 건강하게 활용하기 위한 소셜미디어 리터러시의 확산을 위한 우리 사회의 구체적인 관심과 노력이 필요한 시점이다(조남억, 2012: 108)

13장

유튜브
리터러시

김연식

인터넷 초기, 문자 텍스트에서 시작된 정보 형태는 이후 사진과 영상으로 발전하여 이제는 각종 동영상 정보가 어느 정보보다 활발히 유통되고 있다. 이러한 네트워크 환경 변화와 수용자들의 이용 행태 변화에 따라 최근 콘텐츠 이용 플랫폼의 대세는 유튜브(Youtube)가 되었다. 바야흐로 모든 사람들이 미디어 콘텐츠 제작자가 되고, 모든 사람들이 미디어를 통해 수익을 창출할 수 있는 시대가 도래하였다.

유튜브는 채널 운영자들의 자발적 콘텐츠 업데이트로 운영된다. 무제한의 사이버 세계에서 끝없이 콘텐츠가 축적되는 특징이 있다. 전 세계에서 찰나의 순간에도 수백 분의 새로운 콘텐츠가 지속적으로 업데이트되어 검열이나 사전 규제 없이 수용자들에게 제공되고 있다. 이러한 유튜브 생태계는 편리하게 자기가 원하는 콘텐츠를 즐기도록 해 주지만, 일부 수용자들로 하여금 너무 많은 시간을 소비하게 하거나 지나치게 몰입하도록 만들어 또 다른 사회적 문제를 낳는다.

우리는 유튜브가 갖고 있는 부정적 측면을 적절히 통제하면서 이용할 수 있도록 여러 가지 사회적 장치를 마련할 수 있어야 하겠다. 유튜브 콘텐츠의 무분별한 오남용에 대한 경각심을 일깨우고 유튜브가 가져야 할 사회적 책임도 환기할 필요가 있다. 유해한 콘텐츠로부터 어린이와 청소년을 보호하기 위한 기술적·제도적 장치 마련에도 노력을 기울일 필요가 있다. 그래서 유튜브 이용의 역기능보다는 순기능이 좀 더 긍정적으로 자리 잡을 수 있도록 해야 한다. 건강한 유튜브 콘텐츠 환경은 미디어 리터러시 교육을 통해 보다 효율적으로 마련될 수 있다.

1. 유튜브 시대의 도래

인터넷이 본격적으로 우리 생활의 정보 원천이 된 이후 다양한 콘텐츠 플랫폼이 등장하였다. 각 기관과 기업들의 개별 홈페이지는 물론, 포털·SNS 등이 정보를 주고받는 주요 사이트가 되었다. 인터넷 초기, 이용자들이 주고받는 텍스트는 주로 문자였다. 이후 디지털 기술의 발전으로 사진과 영상으로 확대되었고, 이제는 동영상 정보가 주를 이루고 있다. 인터넷 환경 변화와 수용자들의 이용 행태 변화에 따라 최근 콘텐츠 이용 플랫폼의 대세는 유튜브(Youtube)가 되었다.

유튜브는 개인이 시작한 동영상 제공 사이트였지만, 구글(Google)에 인수된 후 폭발적인 성장세를 이루며 동영상은 물론 주요한 광고 유통 플랫폼으로도 자리 잡았다. 이는 구글이 갖고 있는 알고리즘 체계에 따라 수용자의 기호에 맞는 맞춤 동영상을 적절하게 공급할 수 있었기 때문이다. 또한 광고 수익을 배분함에서도 채널 운영자에 대해 다른 플랫폼과 달리 적극적으로 우대하여, 고수익 채널 운영자들을 배출하면서 많은 유튜버들이 너도나도 참여하기에 이르렀다. 그 결과 2022년 3월 기준 26억 명의 이용자를 가지게 되었고, 1일 평균 이용자 1억 2200만 명, 1일 평균 이용 시간은 10억 시간에 이르게 되었다. 이러한 증가 추세는 지금도 계속되고 있다(Omnicore, 2022). 사람들 간의 대면접촉이 급격히 줄어든 팬데믹 상황에서도 유튜브는 오히려 더 많은 수익 증가를 기록한 바 있다.

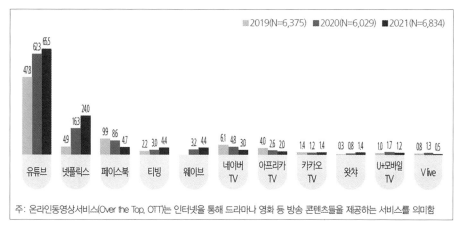

<그림 13-1> 온라인동영상서비스(OTT) 이용률(단위: %)
출처: 방송통신위원회(2022)

국내에서도 유튜브 채널 이용자 수는 카카오톡과 네이버에 버금가는 현황을 보여 주고 있어, 이미 유튜브는 국민 대다수가 이용하는 플랫폼이 되었다. 특히 온라인 동영상서비스(OTT) 이용률에서는 압도적인 1위를 기록하고 있다. 유튜브 이용률은 2021년 65.5%로 2년 전인 2019년 47.8% 대비 크게 증가하였다. 그리고 국내 OTT 서비스 이용자 중 90% 이상이 유튜브를 이용하고 있는 것으로 나타났다. 유튜브는 모든 연령대에서 가장 많이 이용하고 있고, 특히 30대 이하의 이용률이 더 높았다(방송통신위원회, 2022).

2021년 9월 한국 이용자들이 유튜브를 이용한 시간은 701억 분으로 2위를 기록한 카카오톡(279억 분)을 422억 분 앞섰다(박흥순, 2021. 10. 19.). 유튜브의 광고 수익은 이용자 수의 폭발적인 증가에 힘입어 2021년 상반기에만 3,692억 원의 광고 수익을 올렸다. 유튜브는 바야흐로 미디어 플랫폼 중에서 가장 영향력 있는 위치에 있으며, 전체적인 디지털 미디어 콘텐츠 시장을 움직이는 키플레이어로 자리매김하였다.

유튜브는 등록 채널을 이용자 수에 따라 차등화해서 나누는데, 구독자 100만 명 이

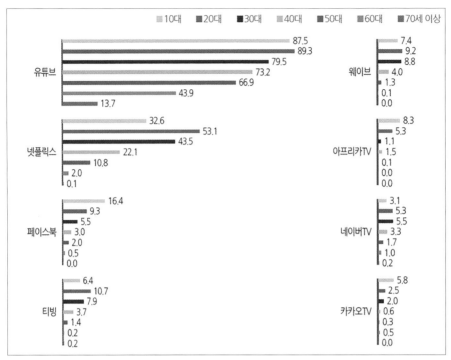

〈그림 13-2〉 연령별 주요 온라인동영상서비스(OTT) 이용률(단위: %)
출처: 방송통신위원회(2022)

상은 골드버튼, 구독자 10만 명 이상은 실버버튼을 수여한다. 국내에서는 2022년 9월 13일 기준 실버버튼(10만 구독자) 채널은 7,527개, 골드버튼(100만 구독자) 채널은 680개가 있는 것으로 나타났다(양아라, 2022). 유형별로 살펴보면, 음악·푸드/먹방·엔터테인먼트·Vlog/일상·게임채널들이 상위 비중을 차지하고 있다. 유튜브 장르 유형 중 구독자 수나 조회수 기준으로 모두 인기가 가장 많은 장르는 엔터테인먼트와 음악이었다.

　음악 장르의 경우, 표 13-1에서 보는 바와 같이 K-Pop 그룹과 기업 채널이 높은 순위를 차지하고 있다. 대표적으로 블랙핑크와 방탄소년단(BTS)의 구독자 수가 가장 많고, 그 뒤로 많은 K-Pop 가수와 스타들을 보유한 기업 채널이 높은 순위를 기록하고 있다. 블랙핑크 8200만, BTS 7100만, 하이브 6800만, SM타운 3100만, JYP 2500만 순이다.

그 외 엔터테인먼트 채널은 방송사 등의 기업 채널을 구독하는 비율이 높고, 개인의 엔터테인먼트 채널은 조회비율이 높은 것으로 나타났다(설진아, 2021). 엔터테인먼트 채널도 규모의 경제를 띠는 만큼, 기업 채널이 개인 채널을 압도할 것이라는 일반의 통념과는 달리, 개인 채널이 일방적으로 기업 채널에 밀리지 않고 나름의 경쟁력을 가지고 있음을 알 수 있다.

지금까지 살펴본 바와 같이, 유튜브는 단기간에 우리가 사용하는 가장 대중적인 미디어 플랫폼이 되었다.

〈표 13-1〉 K-Pop 유튜브 채널 구독자 순위(2022년 10월 12일 현재)

순위	유튜브 채널	전체 구독자
1	BLACKPINK	82,200,200
2	BANGTANTV	71,000,000
3	HYBE LABELS	68,300,000
4	SMTOWN	31,000,000
5	JYP Entertainment	25,800,000

출처: 플레이보드에서 재구성
https://playboard.co/youtube-ranking/most-subscribed-all-channels-in-south-korea-total

2. 유튜브 콘텐츠의 특성과 산업

1) 유튜브 콘텐츠의 특성

매스미디어가 불특정 다수를 상대로 하여 정보를 제공하는 반면에, 유튜브는 각 개인의 관심사나 정보 이용 목적에 맞게 콘텐츠를 제작하므로, 일정한 기간 이상의 충성도 높은 수용자를 특정 채널에 묶어 둘 수 있다. 또한 특정 분야의 전문가들이 유튜버로 활동하면서 많은 구독자 수를 확보할 수도 있다.

유튜브는 글로벌 동영상 콘텐츠 플랫폼으로서 다양한 주제의 동영상을 다루기 때문에, 일반 텍스트나 사진을 이용한 자료들보다 훨씬 주목도가 높으며 몰입도도 높다. 유튜브는 텍스트에 비하여 시각과 청각을 자극하므로 현실적인 느낌을 갖게 만든다. 다수의 전자장치가 융합된 스마트폰의 보급으로 다양한 형식의 콘텐츠를 즐길 수 있는 세상이 되었다. 유튜브는 언제 어디서나 네트워크에 접속하기만 하면 자신이 찾는 콘텐츠를 통해 정보와 오락을 함께 얻을 수 있는 서비스라고 하겠다.

한편, 유튜브는 강력한 검색엔진으로서 기능하고 있다. 나이가 어리면 어릴수록 유튜브 동영상을 정보 획득의 중요한 출처로 삼는다. 정보를 영상화함으로써 시청자들이 보다 쉽고 흥미롭게 정보를 획득할 수 있다. 필자도 이사 간 집의 보일러 작동법을 유튜브 검색을 통해서 알게 된 적이 있다. 인터넷에서 매뉴얼 정보를 읽는 것도 하나의 방법이긴 하나, 작동시키는 순서나 다양한 기능에 대한 구체적 내용은 실제 조작 장면을 보는 것이 파악하기 수월하다. 그러다 보니 최근에는 얻고자 하는 정보의 종류에 따라 매체를 차별적으로 이용하게 되고, 유튜브의 이용률은 점점 더 늘어나고 있다. 그러므로 유튜브의 검색도구화는 피할 수 없는 대세가 되고 있다고 해도 과언이 아니다.

디지털 네이티브라 불리는 젊은 세대의 유튜브 검색 기능 이용은 앞으로 더 늘어날 것으로 보인다. 그 이유는 이 세대는 다른 무엇보다 영상콘텐츠에 친화적이기 때문이다. 태어나면서부터 영상을 접하고 자라는 동안 태블릿PC나 스마트폰을 통해 지속적으로 영상을 접한다. 따라서 디지털 미디어에 대한 매체 수용성이 어느 세대보다도 높다. 일반적으로 유튜브의 이용 동기는 크게 3가지로 나눌 수 있다. 관계 추구 동기, 재미 추구 동기, 정보 추구 동기가 그것이다. 일반적으로는 재미 추구와 정보 추구가 미디어 이용의 전형적인 동기라고 할 수 있지만, 네트워크 상호작용성을 감안하여 관계 추구 동기를 추가할 수 있겠다. 오대영(2019)은 수용자들이 의식하지는 않지만, 무의식적으로 사회적 관계 형성을 위해서 유튜브의 다양한 동영상들을 이용하고 있음을 밝힌 바 있다. 이러한 맥락에서 본다면, 디지털 미디어 콘텐츠의 가장 강력한 플랫폼,

유튜브를 이용하는 추세는 앞으로 쉽게 변화되지 않을 것이다.

한편, 유튜브는 구글의 디지털 미디어 운용 정책에 따라 인공지능 기능을 통해 수용자의 기호와 호기심, 미디어 이용 태도 성향을 모두 파악한다. 이 데이터를 바탕으로 수용자들에게 맞춤형 콘텐츠를 지속적으로 노출시킨다. 하나의 정보를 찾기 위해 유튜브를 이용하러 들어갔다가도, 아주 쉽게 자기도 모르는 사이에 다른 유튜브 채널에 정신이 빠져 버린 스스로를 발견하는 것은 그리 어려운 일이 아니다. 평소 자신이 궁금해하고, 그리고 즐겨 보는 종류의 콘텐츠가 자신의 눈앞에서 보인다면 무의식적으로 그 채널에 머무르는 시간이 많아진다. 유튜브는 수용자가 남기고 간 흔적을 바탕으로 영상을 계속해서 추천하는데, 문제는 수용자가 원하지 않는 주제의 영상도 느닷없이 제공할 때가 많다. '싫어요'를 눌렀어도 그 데이터를 기반으로 추가적인 영상을 보내 준다. 광고도 마찬가지다. 보기 싫은 광고가 알고리즘의 틀 안에서 계속해서 나에게 노출된다. 이러한 부정적 기능도 유튜브가 갖고 있는 속성이라고 하겠다.

유튜브는 수용자가 원하는 콘텐츠를 제공해 준다는 점에서 OTT 서비스와 유사하지만, 확연히 다른 점도 여러 가지가 있다. 일반적으로 OTT 회사는 자신의 자본을 직접 투자해서 오리지널 콘텐츠를 제작하고 유통한다. 대신 유튜브는 채널 운영자들의 자발적 콘텐츠 업데이트로 운영된다. 무제한의 사이버 세계에서 끝없이 콘텐츠가 축적되는 특징이 있다. 몇 초 단위의 아주 짧은 시간에도 수백 개의 새로운 콘텐츠가 지속적으로 업데이트되어 검열이나 사전 규제 없이 수용자들에게 제공되고 있다. 이러한 부분들은 편리한 콘텐츠 소비생활을 만들기도 하지만, 수용자들이 너무 과도하게 많은 시간을 소비하게 만들거나 지나치게 몰입하도록 만들어 또 다른 문제를 낳는 이유가 되기도 한다.

바야흐로 모든 사람들이 미디어 콘텐츠 제작자가 되고, 모든 사람들이 미디어를 통해 수익을 창출할 수 있는 시대가 되었다. 그 중심에 유튜브가 있다. 유튜브의 구독자 수를 많이 확보할수록 수익은 증대된다. 유튜브에는 슈퍼챗을 통해 별도의 수익을 올릴 수 있는 제도가 있을 뿐 아니라, 광고나 협찬을 유치할 수도 있다. 최근 '뒷광고' 논란이 이에 대한 실태를 보여 준다. 유튜브 채널 운영자가 시청자들에게는 밝히지 않고 특정한 상품이나 서비스를 간접적으로 광고함으로써 광고주로부터 일정한 보상을 받았다. 이후 이 콘텐츠 내용이 광고임을 인지한 시청자들이 해당 유튜버에게 항의함으로써 사회적 이슈가 된 것이다. 현대 IT 기술의 총아로 등장한 유튜브이지만, 여느 기술이 그러하듯 유튜브 역시 빛과 그늘을 함께 가지고 있는 디지털 서비스라고 하겠다.

2) 유튜브와 엔터테인먼트 산업

유튜브는 한국인이 가장 많이 사용하는 애플리케이션이다. 2005년 서비스를 시작한 유튜브가 이렇게 단기간에 성장하리라고는, 또한 텍스트가 아닌 영상 콘텐츠에 대한 이용이 이렇게나 급격하게 늘어나리라고는 누구나 예상하기가 쉽지 않았다. 코로나19 팬데믹으로 인한 비대면 문화 확산에 따른 급격한 성장이라는 걸 감안하더라도, 이제 미디어 수용자들의 유튜브 이용은 거역할 수 없는 대세가 되었다.

유튜브는 사람들이 쉽게 찾고 즐거움을 얻는 연성 콘텐츠에 특화되어 있다. 휴식 시간에 즐거움을 얻고자 가볍게 즐기는 콘텐츠를 실어 나르는 데 최적화되어 있다. 앞에서 살펴보았듯이, 유튜브의 알고리즘 시스템은 특정 종류의 콘텐츠를 지속적으로 공급한다. 그러다 보니 수용자의 콘텐츠 추구 성향에 맞추어 뉴스나 정치, 지식 채널 이용은 물론 엔터테인먼트 분야 전반에 걸쳐 콘텐츠를 유통시킨다. 음악 장르인 가요·POP은 기본이고, 스포츠·여행·레저 등 여가 시간을 이용하는 모든 활동들에 대한 콘텐츠가 유튜브에 넘쳐나고 있다.

일반적으로 엔터테인먼트 산업은 음악과 공연, 영화와 드라마 등의 영역에서 수익을 얻고자 발전하여 왔다. 음악과 드라마는 20세기 라디오와 텔레비전의 발명에 따라 영향력을 크게 확대해 왔고, 영화와 공연 문화 역시 특정한 공간에서 대중들에게 가장 사랑받는 예술의 한 장르로서 사랑받아 왔다. 디지털 기술이 발전하면서 인터넷 환경이 조성되고 유튜브 플랫폼이 등장하자 이 엔터테인먼트 장르들은 시간과 공간의 제약을 뛰어넘으며 새로운 수익 창출의 장이 되었다. 한국의 K-Culture가 전 세계적인 신드롬을 일으키면서 오늘날과 같은 성공을 거둔 이면에도 유튜브의 공이 적지 않다. 국내 연예 기획사들이 발빠르게 유튜버 채널을 개설하였고, 단기간에 많은 구독자 수와 조회수를 기록하였다.

　싸이의 〈강남스타일〉이 2012년 발표된 이후 2022년 10월 12일 현재까지 누적 조회수 45억 6600만 뷰를 기록하고 있고, 블랙핑크(Blackpink)의 〈뚜두뚜두〉와 〈Kill This love〉, 그리고 방탄소년단(BTS)의 〈작은 것들을 위한 시〉와 〈Dynamite〉가 그 뒤를 잇고 있다. 싸이의 〈강남스타일〉은 원래 외국 팬들을 위한 뮤직비디오가 아니었지만 아주 유명한 미국 팝 가수의 SNS를 통해 전 세계에 알려진 바 있다. 디지털 미디어의 위력을 알게 해 준 대표적인 사건이 아닐 수 없다. 싸이는 〈강남스타일〉을 발표한 지 52일 만에 유튜브 조회수 1억 회를 기록하였는데, 유튜브상의 뮤직비디오만으로 단기간에 미증유의 인기를 누린 대표적인 사례다. 싸이의 뒤를 이어 BTS는 K-Pop의 존재를 본격적으로 지구촌 국가들에 알린 음악 그룹이라고 하겠다. 최근 수년 간 Pop의 본고장이라 할 수 있는 미국의 빌보드 차트에서 수위를 기록한 것은 물론, 각종 다양한 음악 페스티벌에서 다수의 상을 수상함으로써 명실공히 K-Pop을 전 세계 팬들에게 알린 공이 크다고 하겠다.

〈표 13-2〉 K-Pop 음악 누적 조회수(2022년 10월 14일 현재)

뮤지션	곡명	누적 조회수	출시일
싸이	강남스타일	4,566,957,053	2012.7.15
블랙핑크	뚜두뚜두	1,965,089,147	2018.6.15
블랙핑크	Kill this love	1,679,676,817	2019.4.4
BTS	작은 것들을 위한 시	1,591,727,858	2019.4.12
BTS	Dynamite	1,578,102,902	2020.8.21

출처: 케이팝레이더
https://www.kpop-radar.com/?type=2&date=1&gender=1에서 재구성

BTS뿐 아니라 국내 걸그룹 블랙핑크도 외국 음악차트를 석권하고 있다. 2022년 10월 현재 유튜브 음악차트 순위에 1, 2위 곡을 올려놓고 있다. 바야흐로 한국의 K-POP은 한국과 아시아를 넘어 전 지구적 현상으로 자리매김하고 있다.

유튜브상에서 한국에 대한 전체적인 관심이 높아지고 팬덤 문화가 더 성장하자, 시간을 거슬러 이른바 '역주행'하는 그룹과 노래도 등장했다. 2017년 발표된 브레이브 걸스의 〈롤린〉은 노래 발표 수년이 지난 후에 인기 정상에 오르는 기염을 토했다. 이렇듯 유튜브를 중심으로 만들어지고 있는 새로운 영상문화는 지금까지의 영상물 감상 태도와는 아주 많은 차이를 보이고 있다.

BTS와 블랙핑크의 팬들은 단순히 자신이 좋아하는 그룹의 노래를 듣기만 하는 것이 아니라 자신만의 유튜브 콘텐츠도 만든다. 이른바 '커버송', '커버댄스' 동영상 제작이다. 한국 가수의 노래와 춤을 따라하는 동영상을 제작하고 자신만의 비평도 포함시키는데, 이것이 K-POP 확산의 폭과 깊이를 더해 주는 요소가 되고 있다. 또한 K-POP 비디오를 보고 있는 자신의 모습을 찍어서 유통시키는 '리액션 비디오'도 등장하였다. 리액션 비디오의 시청자들은 리액터와 리액터가 보고 있는 뮤직 비디오를 동시에 볼 수 있다(김예란, 2012). 유튜브를 가장 친숙하게 이용하는 젊은 세대가 만든 새로운 장르라고도 할 수 있겠다.

이렇듯 유튜브 콘텐츠는 전문적인 생산자뿐만 아니라 일반인이라 할 수 있는 아마추어 창작자들에게도 새로운 기회를 제공하고 있다. 일상의 표현과 대중적 창작물로 다른 이용자들의 관심을 끌고, 대중의 취향과 결합될 때에는 상상하지 못한 고수익을 가져다 주기도 한다. 사람과 네트워크 세계에서 소통하면서 자신의 고유한 콘텐츠를 공유한다. 유튜브를 통해 개인이 거둘 수 있는 성공의 사례는 적지 않다. 기업 채널에 비해 조회수 순위가 더 높은 개인 채널은 '먹방' 중심의 엔터테인먼트 채널과 코미디 장르 채널이 많다. 이를 통해 우리는 기업이 인기 채널 순위를 선점하여도 개인 크리에이터들이 장르에 따라 조회수를 높일 수 있는 여지가 있음을 알 수 있다(설진아, 2021).

엔터테인먼트 콘텐츠에는 양면성이 존재한다. 적절한 자기표현과 유통수단을 가지지 못한 사람들에게 자신의 콘텐츠를 통해 서로 공감하고 위로하며 사회적 지지와 연대감을 형성할 수 있는 온라인 공간을 제공해 주는 반면에, 지나치게 상업성에 매몰되어 과도한 사익 추구의 장이 될 수도 있다는 점이다. 이런 점에서 이상호(2020)는 유튜브의 작동 방식에 사악한 비즈니스의 실체가 도사리고 있다고 비판한 바 있다. 그래서, 선정적인 콘텐츠로 조회수를 올리고 가짜 뉴스로 사람들을 선동하며 구독자들 몰래 상업적 장치들을 콘텐츠 속에 배치하는 부정적 측면을 무시할 수 없는 것이다. 이 부분에 관해서는 다음 단락 '유튜브 저널리즘'에서 더 상세히 알아보기로 한다.

인간은 놀이의 인간, 즉 호모 루덴스의 속성을 벗어나기 어렵다. 인간의 소통 속에 놀이의 즐거움은 언제나 있기 마련이며, 현재의 디지털 기술은 이러한 인간의 욕망을 실현하는 데 매우 유용하다. 유튜브도 마찬가지다. 엔터테인먼트 기능을 갖추고 이를 최대한 이용한다. 우리는 수용자들이 유튜브가 갖고 있는 부정적 측면을 적절히 통제하면서 이용할 수 있도록 여러 가지 사회적 장치를 마련할 수 있어야 하겠다. 유튜브 콘텐츠의 무분별한 오남용에 대한 경각심을 일깨우고 유튜브가 가져야 할 사회적 책임도 환기할 필요가 있다. 유해한 콘텐츠로부터 아동과 청소년을 보호하기 위한 기술적·제도적 장치 마련에도 노력을 기울일 필요가 있다. 그래서 유튜브 이용의 역기능보다는 순기능이 좀 더 긍정적으로 자리 잡을 수 있도록 노력하여야겠다.

3. 유튜브 저널리즘

유튜브는 시사·정치 콘텐츠 영역에서도 사람들이 주로 찾는 플랫폼이 되고 있다. 십여 년 전까지만 해도 우리는 새로운 소식과 논평을 알기 위해 신문과 TV를 몇 시간씩 읽고 보았다. 때로는 인터넷 포털의 뉴스 카테고리를 찾아보면서 다른 이용자들의 댓글을 열심히 읽기도 하였다. 그런데 이제는 이마저도 유튜브를 통해 해결하는 일이 잦아졌다. 뉴스와 시사 정보 소비의 상당한 비중이 유튜브로 넘어오고 있다. 많은 시청자들이 자신의 정치적 성향과 비슷한 유튜버의 발언을 선호하면서 시사 영역에서의 유튜브 이용률이 최근 급속히 올라갔다. 국내에서는 특히 2017년 전후의 정치적 변동을 기점으로 이용 패턴이 상당히 달라졌다. 당시 박근혜 대통령 탄핵 사건을 기점으로 유튜브에서 정치 뉴스와 시사 정보를 전달하고 소비하는 양이 많이 늘어나게 되었다. 그런데 문제는 이 시사·정치 콘텐츠 운영자들이 단순히 정치적 발언을 하고 그와 의견을 같이 하는 혹은 달리 하는 사람들의 이용만 기대하는 것이 아니라, 이를 통해 수익도 창출하고 있다는 점이다.

시사·정치 유튜브 채널이 단기간에 급속히 성장하는 동안 신문과 방송 같은 레거시 미디어의 변화는 더뎠다. 기존의 구독자나 시청자 상당수를 다른 플랫폼에 빼앗기는 결과가 초래되었다. 유튜브 저널리즘이 아직 학술적으로 확고히 정의된 것은 아니지만, 유튜브에서 소비되는 '저널리즘'의 영향력을 제외하기는 어려워졌다(이상호, 2020). 이는 단순히 레거시 미디어의 쇠락만을 의미하는 것은 아니다. 언론 지형 자체에 커다란 변화가 생기게 되었다.

유튜브의 내용은 제재할 규제 기관이 마땅히 없고 개인 유튜버의 선의와 자기통제에 의존해야 하는 맹점이 있다 '확인된 사실의 보도'라는 저널리즘의 대명제가 송두리째 흔들리고 잇다. '사실과 의견의 분리'라는 언론 원칙도 그 경계가 흐지부지하게 되고 있다. 유튜버가 전하는 콘텐츠 내용 안에는 어디까지가 사실이고 어디까지가 의견인지를 구분하기가 무척 어렵다. 뉴스와 논평의 형식을 갖추고는 있지만, 부정확한 가짜뉴스가 판을 치는 경우도 많다. 때로는 기성 언론이 유튜브 콘텐츠를 2차보도하면서 그 혼란은 더 가중되고 있다. 그러다 보니, 언론 전체의 신뢰가 다 같이 하락하면서 수용자들은 신뢰할 수 있는 미디어가 어디인지 혼란에 빠지게 되었다.

김춘식과 홍주현(2020)은 "가짜 뉴스의 뉴스화"를 이야기하면서 이러한 현상을 비판한 바 있다. 정확하게 확인되지 않은 사실이 유튜브상에서 전해지면 주류 언론들은 이 뉴스의 사실 확인 대신 이 뉴스 자체를 또 다른 사건으로 다루면서 더 많은 수용자들에게 전파해 버린다. 즉 개인 유튜버가 만든 뉴스 혹은 주장이 레거지 미디어를 통해 재확산되는 것이다. 이것이 레거시 미디어라 할 수 있는 신문과 방송의 신뢰 하락

요인이 되고 있다. 시사·정치 유튜버들이 언론 행위를 하고 있다지만, 과연 전통적인 기준의 저널리즘을 실천하고 있는지에 대해서는 냉정한 반성이 필요하다.

이러한 일련의 흐름들을 종합하여 양선희(2021)는 유튜브 저널리즘의 정의를 이렇게 이야기한다. "동영상 플랫폼 유튜브에서 개인과 주류 언론 등 다양한 생산 주체가 소재와 내용을 자유롭게 게이트 키핑해 사실과 관점이 담긴 해설을 기존의 틀에 얽매이지 않고 다양한 방식으로 제공함으로써 뉴스 소비자들의 선택을 받는 저널리즘 제도." 이제 주류 언론에서도 유튜브 채널은 거의 필수가 되었으며, 굉장히 빠른 시간에 뉴스를 다루는 유튜브 문법을 적극적으로 활용하여 다양한 형식의 콘텐츠들을 생산하고 있다. 유튜브 사용자들은 자신의 정치 성향과 비슷한 콘텐츠들을 소비하는데, 유튜브의 알고리즘이 '필터 버블'을 만들면서 자신이 선호하는 정보만 특정적으로 과소비하는 확증편향의 현상도 보이고 있다. 필터버블은 수용자가 플랫폼에서 제공하는 특정 정보를 과도하게 이용하는 현상을 말한다. 알고리즘을 통해 서비스 제공자는 수용자의 개인 취향에 맞는 정보를 계속 제공한다. 그러다 보면 수용자는 비슷한 정보만을 소비하게 되는데, 이로 인해 편향된 사고를 가질 수 있다. 필터버블에서 필터는 추천 알고리즘을 말하는데, 이용자의 각성이나 의도적인 의식 환기가 없으면 자신이 관심 있어 하는 이외의 정보에 노출될 기회를 가지지 못하게 된다. 그로 인해 결국 알고리즘이 추천한 정보의 거품(버블, bubble)에 갇히는 결과가 초래되는 것이다. 확증편향이란 유튜브의 다양한 정보를 모두 찾기보다는 오히려 자기의 정치적 성향과 맞는 콘텐츠만 찾으면서 기존의 신념만 강화하는 결과를 말한다.

유튜브는 기존의 신문과 방송이 구현하지 못했던 활발한 의사소통을 통한 정치활동에 보다 쉽게 접근할 수 있도록 하였다. 레거시 미디어가 갖고 있는 약점들을 상당 부분 극복하면서 이른바 보통 사람들에게 뉴스 생산, 자기 주장 전파의 기회를 폭넓게 이용할 수 있도록 만들었다. 기존의 신문과 방송은 이른바 장치 산업이다. 값비싼 장치와 숙련된 제작 인력이 담보되지 않으면 운영하기 어려운 기업의 형태를 띠고 있다. 인터넷 세상이 도래하면서 이러한 진입 장벽이 무너졌고 가장 많은 사람들이 이용하는 유튜브라는 플랫폼을 통해 누구나 언론과 정치에 대한 직접 참여의 기회를 누리고 있다.

한편, 유튜브 저널리즘의 또 다른 특징은 '게이트키핑'과 '데스킹'이 거의 없다는 점이다. 뉴스 가치를 판단하여 뉴스를 만들지 아닐지를 결정하는 것이 게이트키핑이라면, 데스킹은 여러 단계의 수정을 통해 기사의 완성도를 높이는 과정이다. 언론사에서는 기사 제작 전 편집회의를 통해 뉴스 가치에 따라 어떤 사건을 뉴스로 내보낼지를 결정한다. 그리고 저널리스트에 의해 기사 제작이 끝나면 차장·부장·국장의 손을 거치며 기사가 갖고 있는 약점들을 보완한다. 이러한 일련의 작업을 통해 품질 좋은 기사를 생산하려고 노력하는데, 유튜브 시사·정치 채널에서는 대부분 유튜버 개인 혹은 소규모 제작진의 자기 점검만 있을 뿐이다. 그렇기 때문에 정부의 심의 규제를 받는 지상파나 종합편성채널, 보도전문채널과는 달리, 보다 선정적이고 자극적인 표현으로 정치 현안을 전달한다. 기존의 레거시 미디어가 선뜻 방송하지 못하는 과격한 표현들에 수용자들은 오히려 더 쾌감을 느낀다. 이런 경향이 언론 산업의 지형도 바꾸고 있다. 저널리즘의 전통적 기준인 객관성·공정성의 원칙에 따른 정론이 아니라 정치적으로 편향된 의견 기사에 수용자들이 열광하고 있기 때문에 기존의 저널리즘 매체들도 영향받지 않을 수 없다. 기존의 언론에 대한 불신은 저널리스트의 권위 추락을 가져왔는데, 유튜브 저널리즘은 이 틈새를 파고들어 1인 미디어의 장점을 한껏 이용하고 있다.

하지만 향후 이러한 유튜브를 통한 저널리즘 확산이 긍정적으로만 작용할지에는 많은 의문이 생기고 있다. 사실과 주장을 뒤섞은 유튜브 뉴스에 대한 확증편향적 맹신이 오히려 우리 사회를 더 혼란하게 만들고 있고, 과연 무엇을 믿어야 할지 고민되기 때문이다. 저널리즘 실천의 주체라고 할 수 있는 기자들은 수용자들과 달리 유튜브 저널리즘에 대한 매우 부정적인 인식을 보여 주었다. 이종명(2022)의 연구에 따르면, 기자들은 유튜브 저널리즘을 아직 인지하지 못하거나 수용하지 않았으며, 저널리즘적 실천의 불가능성으로 인해 원칙의 적용 자체를 부정하고 있는 것으로 나타났다. 유튜브 저널리즘을 바라보는 기성 언론인과 유튜버 사이의 온도차가 존재하고 있다고 하겠다. 이런 점에서 건강한 저널리즘 생태계를 유지하려는 시스템 보정이 필요하다.

구글과 유튜브의 보다 세밀한 가이드라인 제시가 필요하고, 개인 유튜브 운영자들의 좋은 저널리즘에 대한 인식 변화도 필요하다. 미디어 리터러시 교육을 통한 수용자 교육은 말할 것도 없다. 결국 수용자가 옥석을 가려낼 때 비로소 건강한 저널리즘 생태계가 형성될 수 있다.

4. 올바른 유튜브 콘텐츠 이용

1) 유튜브 리터러시

리터러시란 말은 기본적으로 문해력으로 번역된다. 문맹률이 한 자릿수로 세계 최고 수준의 학력 사회를 자랑하는 한국이지만, 최근 미디어 리터러시가 강조되는 것은 소비자로서 디지털 매체가 전하는 다양한 콘텐츠를 맥락적으로 이해하는 것이 중요하기 때문이다. 그리고 콘텐츠 생산자로서 건전한 콘텐츠 생태계를 만드는 것 또한 매우 중요하다. 유튜브 리터러시까지 강조되는 것도 이러한 이유에서다.

유튜브는 언제 어디서나 인터넷에 접속하기만 하면 이용이 가능하다. OTT 서비스처럼 일정한 분량이 정해져 있는 콘텐츠를 생산하고 소비하는 것이 아니다. 정해져 있는 분량이 없으니, 오히려 콘텐츠 소비 접근성이 더 수월하다. 따로 시간을 내어 한 번에 시리즈를 몰아 봐야 하는 OTT 서비스보다 훨씬 시간 사용이 수월하다. 그러다 보니, 오히려 유튜브를 지나치게 이용하는 경우가 생긴다. 유튜브를 이용하더라도 지나치게 몰입하거나 중독되지 않도록 조심하는 것이 중요하다. 특히 청소년들의 경우에는 제대로 된 미디어 리터러시 교육이 없다면 정신적으로 큰 영향을 받을 수 있기 때문에 각별한 관심과 지도가 필요하다. 한국청소년정책연구원(2022)이 조사한 바에 따르면, 10대 청소년이 가장 즐기는 미디어 채널은 유튜브로, 조사 대상의 97.7%가 이용하는 것으로 나타났는데 의도치 않게 폭력적 영상과 선정적 영상에 노출된 적이 있다는 응답자 비율이 각각 17.2%, 15.3%에 달했다. 그리고 응답자의 5%는 유튜브를 이용하지 못하거나 사용 시간을 줄이게 되면 초조하고 불안해진다고 답했다. 그런데 최근 3년 이내 미디어 콘텐츠의 비판적 이해 능력 함양을 위한 교육을 받았다고 응답한 비율은 중학생 47.4%, 고등학생 42%로 절반에 미치지 못했다(이미선, 2022). 청소년들에 대한 미디어 리터러시 교육이 왜 필요한지를 보여 주는 통계라고 할 수 있다.

유튜브는 운영 주체에 따라 개인 방송 유형의 성격도 가지고 있다. 심재웅 교수는 개인 방송 리터러시 교육의 주요 영역을 4가지로 설명하고 있다. 기술·창의성·비판력·윤리가 그 네 가지다. 기술은 수용자들이 유튜브 제작과 관련한 기술적 능력을 배우는 것이다. 영상 촬영과 편집을 얼마나 수월하게 할 수 있느냐가 이에 해당된다고 하겠다. 창의성 영역은 단순히 콘텐츠를 제작하는 것만 아니라 그 콘텐츠가 제작자의 고유한 생각을 바탕으로 얼마나 독창적인 내용을 담느냐는 문제다. 따라서 기술적 측면 이상의 구성력·상상력이 요구되는 영역이기도 하다. 이를 위해서는 기본적인 콘텐츠 제작 능력을 키워야 하는데, 충분한 독서가 뒷받침되어 사고력이 함양될 때 비로소 창의성도 높아질 수 있을 것이다. 비판력 영역은 리터러시 분야에서 가장 중요하게 다루어져야 하는 내용이라고 하겠다. 디지털 콘텐츠의 세계에서는 개인이 쏟아 내는 수많은 정보가 어느 것이 사실이고 진실인지를 가늠하기가 무척 어려운 경우가 왕왕 있다. 그래서 많은 수용자들이 허위 사실에 휘둘리기도 하고 왜곡된 정보에 생각이 쏠리기도 한다. 그러므로 자신이 이용하는 정보가 사실인지 구분할 수 있는 능력이 필요하며, 또 어느 콘텐츠가 진실에 가까운지를 가려 내는 능력이 필요하다. 이런 맥락에서 비판력은 매우 중요한 비중을 가진다. 마지막으로 윤리 영역이다. 개인 미디어 특히 유튜브는 시청자들의 조회수, 구독자들의 구독 신청으로 그 성과를 인정받는 구조다. 그러다 보니 더 많은 시청자를 확보하기 위해 유튜버는 갖은 수고와 노력을 마다하지 않는데, 때로는 선을 넘어 지나치게 선정적인 콘텐츠를 만들거나 사실이 아닌 경우를 과대 포장하기도 한다. 그러므로 유튜브 제작자에 대한 윤리교육이 필요하며 특히 개인의 사생활·명예에 대한 진지한 접근이 필요하고 콘텐츠 내용의 저작권에 대한 교육도 반드시 이루어져야 할 것이다.

김형진과 그의 동료들(2022)은 디지털 네이티브 세대를 위한 유튜브 리터러시 역량의 정의를 구체화하고 체크리스트를 개발하였다. 그들은 먼저 유튜브 리터러시 역량을 미디어 접근, 비판적 이해, 미디어 참여, 윤리적 활용의 4가지로 나누고, 이를 다시 10가지의 하위 역량으로 구분하였다. 미디어 접근 역량의 하위 역량은 플랫폼 이해와 자기조절 능력으로 나누었다. 비판적 이해의 하위 역량으로는 미디어 재현 이해, 정보 판별을 들었고, 미디어 참여 역량의 하위 역량은 콘텐츠 생산, 콘텐츠 공유, 사회적 참여 세 가지로 나누었다. 마지막으로 윤리적 활용 역량은 관용과 배려, 책임 있는 이용, 보호 세 가지로 나누었다. 표 13-3은 유튜브 리터러시 역량의 세부적인 내용들을 자세하게 설명하고 있다.

미디어 접근 역량에서 중요한 것은 미디어의 특성에 대해 이해하고 스스로 미디어에 대한 노출을 통제하고 조절할 수 있어야 하는 것이다. 비판적 이해 역량에서는 미디어와 현실의 차이를 이해하고 구분하는 것이 중요하고 미디어가 전하는 정보에 대한 신뢰성·편향성·의도성을 나름대로 판단할 수 있어야 한다는 것이다. 미디어 참여 역량에서는 미디어를 직접 제작하고 공유하는 데 자신의 의견과 생각을 건강하게 드러낼 수 있어야 한다는 것이다. 마지막으로 윤리적 활동에서는 자기 자신의 생각과 감정만 고집하지 않고, 다른 사람의 입장을 이해하고 타인의 권리를 침해하지 않는 능력이 필요하다. 특히 개인정보, 사생활 노출, 초상권, 아동 권리 등 미디어 이용의 위협 요인을 판별하고 대처할 수 있는 능력도 중요하게 다루었다.

〈표 13-3〉 유튜브 리터러시 역량

역량	하위 역량	내용
미디어 접근	플랫폼 이해	플랫폼의 특성을 이해하고 기술적으로 이용할 수 있는 능력
	자기 조절 능력	미디어에 대한 노출과 이용을 스스로 통제하고 조절할 수 있는 능력
비판적 이해	미디어 재현 이해	미디어에서 재현된 현실과 실제와의 차이를 이해하고 구분할 수 있는 능력
	정보 판별	미디어에서 제시된 정보의 신뢰성·편향성·의도성 등을 판별할 수 있는 능력

	콘텐츠 생산	자신의 생각·의견·아이디어를 담은 콘텐츠를 제작할 수 있는 능력
미디어 참여	콘텐츠 공유	자신이 생산한 콘텐츠를 적절한 대상·방식을 고려하여 공유할 수 있는 능력
	사회적 참여	미디어 제작·공유, 피드백 기능(좋아요/댓글/추천/공유)을 통해 공동의 이슈나 문제에 대하여 자신의 의견과 생각을 건강하게 드러내는 능력
	관용과 배려	다른 사람의 입장을 이해하고 차이를 인정하여 수용할 수 있는 능력
윤리적 활동	책임 있는 이용	저작권 문제 등 타인의 권리를 침해하지 않는 책임 있는 미디어 이용 능력
	보호	개인정보, 사생활 노출, 초상권, 아동 권리 등 자신을 보호하기 위하여 미디어 이용의 위험 요인을 판별하고 대처할 수 있는 능력

출처: 김형진 외, 2022: 279

김형진과 그의 동료들은 이러한 유튜브 리터러시 역량을 체크하는 진단 문항 23가지도 함께 개발하였다. 다음 표 13-4는 이 23가지의 진단 문항을 역량별로 보여 주고 있다. 각 하위 역량별로 두 개 내지 세 개의 진단 문항을 구성하고 있는데, 일상생활 속에서 유튜브를 이용할 때 자신이 어떤 부분을 실천하고 있는지 직접 점검하게 함으로써 건강한 유튜브 채널 소비를 유도하고 있다. 특히 디지털 네이티브 세대라고 할 수 있는 어린이·청소년들이 유튜브를 이용할 때 좀 더 유용하게 활용할 수 있다고 설명하고 있다.

현재의 어린이와 청소년들은 텍스트보다 영상을 보는 것이 훨씬 더 편한 세대이다. 학교교육에서도 영상을 계속 활용하고 있고, 코로나19 팬데믹 기간에는 집에서 온라인 영상으로 교육받은 경험도 있다. 영상 소비를 매우 편하게 느끼지만, 이전 세대들과 다르게 자극적인 영상 콘텐츠에 노출될 위험성도 훨씬 많은 세대다. 그렇기 때문에 무엇보다 어린이와 청소년들이 유튜브를 이용할 때 스스로 건강한 콘텐츠를 찾고 유익하게 활용하는 능력이 매우 중요하다. 그러므로 어린이·청소년들에게 유튜브 리터러시 교육을 통해 이러한 능력을 배양시킬 수 있도록 가정과 학교에서 더 많은 노력을 기울여야 하겠다.

〈표 13-4〉 유튜브 리터러시 역량 체크리스트

역량		진단 문항
미디어 접근	플랫폼 이해	내가 보고 싶거나, 필요한 영상을 찾을 수 있다.
		추천해 주는 영상 목록에 무엇이 영향을 주는지 잘 알고 있다.
		나는 추천 동영상이 한쪽 측면만 보고, 생각할 수 있다는 점을 알고 있다.
	자기 조절 능력	영상 시청 시간을 스스로 조절할 수 있다(너무 오랫동안 보지 않게).
		내게 유익하고 필요한 영상을 중심으로 선택하여 시청할 수 있다.
비판적 이해	미디어 재현 이해	영상에 나오는 내용이 항상 진실이라고 생각하지 않는다.
		영상에는 만든 사람의 의도가 담겨 있다고 생각한다.
	정보 판별	영상이 믿을 만한 내용인지 확인하는 방법을 잘 알고 있다.
		영상 속 내용에 대한 다양한 입장을 알아보기 위해 추가적인 정보를 검색한다.
미디어 참여	콘텐츠 생산	내가 하고 싶은 이야기를 영상으로 만들어 표현할 수 있다.
		영상 제작을 위한 다양한 도구(편집 프로그램 등)를 잘 다룰 수 있다.
	콘텐츠 공유	공유할 만한 우수한 콘텐츠와 그렇지 않은 콘텐츠를 구분하는 기준이 있다.
		영상을 공유하면서 생각을 나누고 소통한다.
	사회적 참여	사회적인 문제나 함께 생각해야 할 중요한 것에 대한 영상을 직접 만들거나 공유한다.
		유익하고 가치 있는 콘텐츠를 보면 '좋아요' 버튼을 누르거나 댓글을 통해 의사를 표현한다.
		나쁜 콘텐츠를 보면 불건전 콘텐츠를 신고하거나 '싫어요' 버튼을 눌러 표시 한다.
윤리적 활용	관용과 배려	영상을 만들거나 공유할 때 다른 사람의 입장을 충분하게 생각한다.
		영상에 담긴 다양한 관점을 선입견이나 편견 없이 살펴본다.
		영상 속 사회적 문제나 관심사에 대해 나와 반대되는 의견도 존중한다.
	책임 있는 이용	영상 또는 영상 속 내용을 공유할 때 출처를 반드시 표시한다.
		다른 사람의 콘텐츠(폰트·이미지·영상 등)를 이용해서 영상을 만들 때는 저 작권 정책을 준수한다.
	보호	나와 다른 사람의 개인정보나 사생활이 노출되지 않도록 유의한다.
		일정한 기간마다 ID와 비밀번호를 변경한다.

출처: 김형진 외, 2022: 279

결론적으로, 우리가 책을 골라서 보듯이 유튜브 콘텐츠 이용자도 스스로 콘텐츠를 골라서 소비할 필요가 있다. 그러기 위해서는 특정 유튜버가 운영하는 채널에 대해 정확히 파악하는 것이 필요하다. 해당 유튜버가 어떤 의도와 목적으로 채널을 운영하고 있는지, 그리고 전문적인 지식과 능력을 갖고 운영하는지, 과도한 사익 추구의 목적이 있지 않은지를 잘 살펴서 이용해야 한다. 채널 구독 버튼을 누르기 전에 항상 숙고하고 판단하는 기회를 가지는 습관을 들일 필요가 있다. 그리고 이러한 콘텐츠 소비 습관은 미디어 리터러시 교육을 통해 보다 효율적으로 마련될 수 있다.

2) 유튜브 채널 운영자가 알아야 할 것들

우리는 매일매일 유튜브 콘텐츠를 소비하고 있지만, 사실 유튜브는 지상파나 케이블 방송사의 콘텐츠가 아니기 때문에 규제의 범위가 상당히 느슨해져 있다. 개인이 올리고 개인이 직접 소비하는 콘텐츠이기 때문에 공적인 규제로부터 멀어져 있는 것이다. 그럼에도 유튜브가 콘텐츠 소비자에게 미치는 영향력은 막대해서 기존의 방송을 능가하고 있다고 해도 과언이 아니다. 최근 유튜브 채널을 통한 수익 발생이 개인에게도 큰 부를 가져다 주다 보니 많은 사람들이 유튜브 채널 운영에 관심을 기울인다. 미디어콘텐츠 창작업에 종사하는 사람 중 상위 10%는 3억 613만 원의 소득을 올리는 것으로 조사되었다(이주연, 2022).

그러나 현실은 녹록하지 않다. 상위 1%의 유튜버와 달리 1인 유튜버의 경우 평균 수익이 적은 편이다. 1인 미디어콘텐츠 창작업자 1만 9,037명의 경우 2020년 귀속 평균 수입 금액이 1,449만 원이었고, 소득 금액이 575만 원에 지나지 않았다. 이 금액을 12개월로 나누면 약 48만 원이다. 또한 구독자 수와 업로드 시간 부족 등으로 광고 수익을 얻지 못하는 유튜브 채널도 많다. 유튜브는 이미 경쟁이 과열된 레드오션이다(양아라, 2022).

아마추어 브이로그(V-Log) 유튜버들이 주로 많이 만드는 주제는 자신의 일상을 기록하는 내용이다. 아마추어 유튜버는 자기 생활을 기록하는 차원에서 유튜브 활동을 하기도 하지만, 수익을 목표로 할 때는 여러 가지 어려움을 겪기도 한다. 김소형(2022)의 연구에 따르면, 아마추어 유튜버들은 노동과잉과 노동 불안을 겪고 있고, 압박감과 번아웃도 경험하고 있다. 한마디로 유튜버 채널 운용이 마냥 수월하지만은 않은 것이다. 유튜브를 시작한 지 얼마 되지 않는 이들은 용돈벌이뿐만 아니라 고소득도 기대하지만, 치열한 경쟁을 먹고 사는 유튜버 세계에서 성공하기는 쉽지 않다.

2019년 유튜브는 기존의 선정적인 콘텐츠에 대한 규정 이외에 증오심 표현과 관련된 규제정책을 발표하였다. 특정한 집단이 우월하다는 내용을 통해서 개인이나 집단에 대해 혐오감을 느끼게 만드는 콘텐츠를 제재하겠다는 것이다. 주의와 경고를 통해 콘텐츠 제작자에 대한 불이익을 상기시키며, 경고 3회 부여 시에는 채널을 해지시킨다고 발표하였다. 이러한 제재 조치는 모든 사람들이 안심하고 유익하게 이용하는 콘텐츠를 유통시키겠다는 목적 실현을 위한 것이다. 하지만 이러한 규정 제정에도 불구하고 유튜브를 사적인 이익 혹은 개인적 사상의 전파를 위한 도구로 생각하는 사람들을 적절히 제재하기는 쉽지 않다. 결국 유튜브 이용자들이 의식의 환기를 통해 유해 콘텐츠를 감시해 나가야 하고, 유튜버는 자신이 만든 콘텐츠가 과연 사회적 이익에 부합하는지를 늘 스스로 점검해 보아야 할 것이다.

개인이 유튜브 콘텐츠를 직접 제작하여 본격적으로 유튜버가 됐을 때 마주하는 어려움 중의 하나는 공격적 비방댓글, 흔히 말하는 악플이다. 자신은 선의로 제작했음에도 악플러로부터 과도한 비난과 공격을 받고 나면 우울해지는 것은 당연하다. 악플의 대표적인 특징은 무책임하다는 데 있다. 우리는 이미 인터넷 사회에서 악플에 의한 폐해를 깊이 경험하고 있다. 연예인뿐만 아니라 일반인들도 악플로 인해 극단적인 선책을 하거나 정신적인 피해로 인해 고통을 겪는 모습을 많이 지켜보고 있다. 야만적인 공격성 댓글을 다는 무책임한 악플러를 통제하기는 무척 어려우며, 실명 아닌 익명 사이트에서는 더욱 그러하다. 유튜브 채널을 개설하기 전 위에서 열거한 내용들을 숙지하고 심사숙고한 뒤에 자신이 준비가 되었다고 판단될 때 비로소 유튜버가 되는 것도, 성급하게 시작하고 난 뒤의 부작용을 줄이는 방법이 될 것이다. 유튜브 채널을 운영한다는 것은 새로운 세계로 뛰어드는 가슴 설레는 모험이기도 하지만, 다른 사람에 의해 자신의 의도와는 다르게 콘텐츠가 소비되는 경험이 될 수도 있다. 그러므로 유튜브 채널 운영자들은 이러한 양면성을 늘 인식하면서 건강한 유튜브 생태계를 유지하는 데 더 많은 노력을 기울여야 할 것이다.

3부

학교 미디어 리터러시 교육의 실제

14장 · 중학교 미디어 리터러시 교육 사례

15장 · 고등학교 미디어 리터러시 수업 사례

14장

중학교 미디어 리터러시
교육 사례

하송아

학생들은 유튜브에 '갈등'과 관련한 검색어로 정보를 검색하여 갈등을 해결하는 방법을 찾고자 하였다. 유튜브에서 갈등을 해결하는 방법에 대한 영상을 검색하여 선택하고 감상한 후 중심 내용을 학습지에 요약하였다. 다른 학생들이 〈패들렛〉에 공유한 영상을 감상하고 내용을 종합하여 갈등을 해결하는 방법을 3가지 핵심 단어로 요약하였다. 학생들은 각각 〈멘티미터〉에 핵심 단어를 입력한 후 〈멘티미터〉 입력 결과를 함께 공유하며 갈등을 건강하게 해결하는 방법을 찾아보았다.

학생들은 자신이 자주 사용하는 미디어를 선택하여 자신의 생각과 느낌 경험을 공유하였고, 다른 학생들이 공유한 경험을 읽고 공감의 댓글을 달았다. 하지만 미디어를 통한 소통에는 악성댓글·가짜뉴스 등 다양한 부작용이 따라 온다. 학생들은 미디어를 통해 건강하게 소통하는 방법에 대해 고민하고 미디어를 사용할 때 지켜야 할 예절에 대한 카드 뉴스를 제작하였다.

미디어에서 다양한 미술작품을 감상하고, 이를 바탕으로 한 편의 소설을 창작하는 활동을 하였다. 학생들은 미술작품을 세밀하게 관찰하고 미술작품 안에 담겨진 이야기에 상상력을 더해 한 편의 소설을 창작한 후 소설을 〈패들렛〉에 공유하였다. 학생들은 자신의 소설과 다른 친구들의 소설을 함께 감상하며 미술작품 안에 숨겨진 다양한 이야기들을 찾아내는 즐거움을 나누었다.

학생들은 북트레일러 영상을 직접 제작하고 감상하는 활동을 통해 미디어를 통해 자신이 전달하고자 하는 바를 효과적으로 전달하는 방법을 학습하였다.

1. 갈등을 해결하는 방법: 정보의 검색과 선택

1) 수업 의도

미디어 속에 넘쳐나는 다양한 정보들 속에서 자신에게 유용하고 신뢰할 수 있는 정보를 찾아 선택하는 일은 그 무엇보다 중요하다. 학생들은 미디어의 특성을 고려하여 자신이 찾고자 하는 정보에 적합한 미디어를 선정하고, 선정된 매체에서 자신에게 필요한 정보를 검색하고 선택하는 과정을 통해 정보를 효과적으로 검색하고 선별하는 능력을 키울 수 있다.

갈등은 우리 주변 어디에나 있다. 갈등은 상대를 배려하지 못한 작은 말 한마디에서 비롯되기도 한다. 갈등이 문제가 되는 것은, 갈등 그 자체 때문이 아니라 갈등을 해결해 나가는 방법과 과정 때문이다. 갈등을 현명하게 해결하지 못하면 개인뿐만 아니라 공동체에도 부정적인 영향이 돌아온다. 수업을 통해 갈등의 다양한 상황과 모습을 살펴보고, 이를 건강하게 해결하기 위한 방법을 찾아보고자 한다.

미디어를 활용하여 갈등의 원인과 해결 방법 찾기

2) 수업 열기

· 수업 주제에 적합한 미디어 선정하기

학생들에게 수업 주제를 안내하고 수업 주제에 적합한 정보를 검색, 선정할 수 있는 미디어가 무엇이 있을지 자유롭게 이야기를 나누어 보게 한다. 학생들이 이야기 나눈 미디어에 수업 주제어인 '갈등'을 직접 검색해 보고, 그 결과를 함께 살펴보며 수업 주제에 적합한 미디어가 무엇일지에 대하여 고민해 본다. 학생들은 주제에 적합한 미디어를 선정하기 위해 다양한 미디어를 검색해 보고 의견을 나누는 과정을 통해 자연스럽게 각 각의 미디어가 가진 특성을 파악하게 된다.

〈표 14-1〉 수업 주제에 적합한 미디어 선정을 위한 고민 나누기

	뉴스	유튜브	페이스북/인스타그램	영화
주제에 적합한 매체인가?	• 우리가 이해하기 어려운 정치나 경제 기사가 많다. • 갈등 해결 방법이 구체적으로 잘 안 나온다.	• 짧은 영상도 있어 보기 편하다. • 이해하기 쉽다. • 갈등을 자세히 설명해 주는 영상도 많다. • 갈등에 대한 다양한 영상이 많다. ⇨ 활용 미디어로 선정	• 갈등에 대한 자세한 정보 찾기가 어렵다. • 나와 친구 맺은 사람들과 관련된 정보만 뜬다. • 갈등 자료가 별로 없다.	• 영화가 길어서 수업 시간에 다 볼 수가 없다. • 우리 나이에 볼 수 없는 영화도 많다. • 일단 영화를 봐야 갈등에 관한 내용 파악이 가능할 것 같아서 어렵다.

3) 수업 활동 1

- 유튜브에 '갈등'과 관련한 검색어로 정보 검색하기
- 수업 주제에 적합한 영상을 선택하고 감상하기
- 감상한 영상 내용을 〈구글 프레젠테이션〉에 정리하기(갈등의 종류, 원인, 해결 방법 등)

수업 열기 단계에서 선정된 미디어인 유튜브에 '갈등'과 관련한 정보를 검색한다. 이때 학생들에게 일정한 조건을 주지 않고 유튜브를 자유롭게 검색하게 하면, 학생들이 찾은 동영상의 종류가 천차만별로 달라 수업을 하나로 모으는 데 어려움을 겪게 된다. 수업을 하나의 주제로 집중력 있게 묶기 위해 정보 검색을 위한 주제어(예: 갈등)를 구체적으로 제시해 주면 좋다. 또한 영상의 재생 시간(예: 10분 내외의 영상)을 적절하게 제한해 주면 수업 시간을 활용하고 운영하는 데 도움이 된다.

학생들은 자신이 검색한 영상들 중에서 주제와 관련이 있으며 가치 있다고 판단되는 영상을 한 편 선택한다. 영상 선택 후 처음에는 영상의 처음부터 끝까지 감상하여 전체적인 내용을 파악하도록 한다. 이를 반복 감상하며 영상의 주요 장면을 4~5장면 정도 캡쳐하여 저장하고, 갈등과 관련한 학습지의 질문에 답을 작성한다. 몇몇 학생들은 처음에는 동영상의 자극적인 썸네일 장면만 보고 영상을 선택하였다가 작성해야 할 질문의 답을 찾을 수 없어 다른 동영상을 새로 검색하기도 하였다. 학생들은 시행착오를 거치며 동영상에 달린 댓글을 미리 읽고 내용을 짐작해 보거나 '좋아요' 수가 많은 동영상을 중심으로 검색해 보거나 하는 등의 방법을 통해 자신에게 필요한 동영상을 찾아 나갔다.

영상을 감상한 후 (1) 어떠한(누구와의) 갈등에 관한 영상인가 (2) 갈등의 원인은 무엇인가 (3) 갈등을 해결하는 방법으로 무엇을 이야기하고 있나 등을 캡쳐한 영상과 함께 〈구글 프레젠테이션〉에 정리하도록 하였다. 또한 동영상 제목, 링크, 제작자, 업로드 일자 등도 함께 정리하였다.

다양한 미디어 활용을 어려워 하는 학생들을 위해 학기 초 한 시간 정도 QR코드 스캔 방법, 〈구글 스프레드시트〉, 〈구글 프레젠테이션〉, 〈패들렛〉, 〈빅카인즈〉, 이메일 사용 방법 등 기본적인 미디어 활용법에 대해 수업을 해 두면, 이후 미디어 리터러시 수업을 할 때 수업 진행을 원활하게 이끌어 가는 데 도움이 된다.

〈그림 14-1〉 영상 내용 정리하기

4) 수업 활동 2

- 〈구글 프레젠테이션〉에 공유된 다른 학생들의 영상 감상하기
- 해당 영상을 통해 새롭게 알게 된 점, 느낀 점 등 댓글 달기
- 갈등을 해결하는 방법을 핵심어로 요약하고 〈멘티미터〉에 입력하기
- 〈멘티미터〉 결과를 보며 갈등을 해결하는 방법 공유하기

〈활동 1〉이 끝난 학생들은 다른 학생이 〈구글 프레젠테이션〉에 공유한 유튜브 영상의 링크를 클릭하여 영상을 감상한다. 영상을 감상한 후 자신의 영상과 다른 점, 영상

을 통해 새롭게 알게 된 점, 느낀 점 등을 해당 〈구글 프레젠테이션〉에 댓글로 남기도록 한다. 학생들은 자신이 선택한 영상과 다른 학생들이 공유한 영상을 감상하며 갈등에 대한 이해의 폭을 좀 더 넓힐 수 있게 된다.

학생들은 자신이 감상한 영상들의 내용을 종합하여 '갈등을 해결하는 방법'을 3개의 핵심 단어로 요약한다. 교사가 제공한 QR코드를 스캔하여 각자 정리한 핵심 단어를 〈멘티미터〉에 입력한다.

멘티미터(Mentimeter)는 실시간으로 설문에 참여하여 그 결과를 시각화하여 보여 주는 프로그램이다. 설문자는 별도의 회원 가입 없이 구글 계정으로 로그인하여 이용 가능하며 학생들 역시 별도의 회원 가입 없이 교사가 제시한 QR코드를 통해 설문에 실시간으로 참여할 수 있다.

〈그림 14-2〉 친구들이 공유한 영상을 통해 새로 알게 되었거나 느낀 점 등 댓글 달기

학생들은 자신이 입력한 단어들이 모여 만들어진 〈멘티미터〉의 결과를 함께 확인하며, 다양한 갈등을 해결하기 위해 가장 중요한 것이 무엇인지에 대해 공유하고 이야기를 나눈다.

학생들은 갈등 상황이 생겼을 때 어떻게 대처해야 할지를 몰라 일방적으로 회피하거나 언어적·물리적 폭력을 사용하는 경우도 종종 있다. 하지만 이러한 활동을 통해 갈등을 건강하게 해결하는 방법에 대해서 생각해 보고 실천해 보는 기회가 될 것이다.

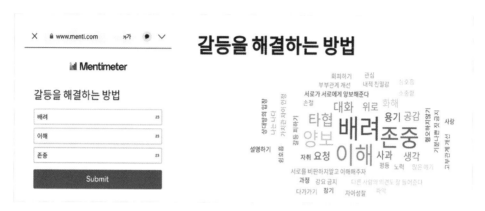

〈그림 14-3〉 '갈등을 해결하는 방법' 〈멘티미터〉 입력 결과

〈참고〉

주체적으로 검색하기 6단계

1. 플랫폼 선택 – 목적에 맞게 전략적으로 선택
2. 키워드 고민하기 – 추상적이고 보편적이지 않은 뚜렷한 키워드 선택
3. 세부 카테고리 정하기 – 백과사전·뉴스·논문·이미지·동영상 등
4. 검색 옵션 선택 – 정렬 순서, 자료 기간 등
5. 전략 수정 – 결과물에 대한 부족한 점 보완
6. 점검 – 구체적인 결과물을 다양한 미디어를 통해 검색하며 교차 검사

출처: 이승화(2021). 미디어 읽고 쓰기. 시간여행.

2. 미디어로 표현하기: 의미 이해와 전달

1) 수업 의도

미디어는 우리 생활에서 없어서는 안 될 중요한 소통의 도구이다. 사람들은 미디어를 통해 다른 사람들의 생각을 이해하고, 자신의 생각과 느낌, 경험을 표현하며 활발하게 소통한다. 미디어를 통한 자기표현과 소통은 학생들의 자아 정체성 형성에도 중요한 역할을 한다. 어떤 미디어를 활용하여 어떠한 방식으로 소통할지를 선택하는 것 역시 매우 중요한 문제이다. 미디어를 통한 자기표현이 관계의 폭을 넓혀 주기도 하지만, 오히려 그 반대로 관계에 부정적인 영향을 주기도 한다. 따라서 미디어를 통한 건강한 관계 맺기와 소통을 위해 지켜야 할 예절에 대한 고민도 반드시 필요하다.

미디어는 관계의 폭을 무한대로 넓혀 준다. 하지만 미디어의 알고리즘 속에 갇혀 오히려 역설적으로 고립된 관계를 맺게 되기도 한다. 미디어를 통해 자신의 생각과 느낌을 건강하게 표현하고 여러 사람들과 소통할 수 있다면 세상을 향한 우리의 시야는 매우 넓어질 수 있을 것이다. 미디어를 활용하여 자신을 표현하고 소통하는 경험을 통해 건강하게 사회적 관계를 맺는 방법에 대해 고민하고 실천해 보고자 한다.

수업 주제

미디어를 통해 자신의 생각과 느낌, 경험을 표현해 보자.

---

2) 수업 열기

· 자주 사용하는 미디어 공유하기

학생들에게 수업 주제를 안내하고 자신이 자주 사용하거나 알고 있는 미디어의 종류에 대해 자유롭게 이야기를 나누게 한다. 학생들은 주로 페이스북과 인스타그램 등을 자주 사용한다고 답하였고, 해당 미디어의 메신저를 통해 친구들과 소통한다고 하였다.

수업 주제를 안내하자 학생들은 자신의 생각이나 경험을 누군가에게 공개하여 공유한다는 사실에 굉장히 민감하게 반응했다. 학생들이 수업에 집중하여 참여할 수 있도록 수업 주제와 취지를 충분히 설명하고 자신의 경험을 미디어를 통해 공유할 때 주의해야 할 점에 대해서도 생각해 보도록 하였다.

3) 수업 활동 1

- 자주 사용하는 미디어에 자신의 생각이나 느낌 표현하기
- 자신의 글을 〈패들렛〉에 공유하기
- 다른 학생들의 글을 읽고 댓글로 공감 표현하기

학생들에게 자신의 생각과 느낌, 경험을 표현하기에 적합하다고 생각되거나 자신이 자주 사용하는 미디어를 선정하여 자신의 생각이나 느낌, 경험을 표현하는 글을 작성하도록 하였다.

학생들은 구체적인 주제를 주지 않으면 대부분 무엇을 써야 하는지를 몰라 글쓰기를 주저한다. 글쓰기의 주제는 방학 동안 내가 한 일, 내가 좋아하는 TV프로그램, 내가 본 영화, 내가 좋아하는 스포츠 경기 등을 제시해 주고, 수업 당시 학생들의 관심이 많은 주제를 예시로 안내하여 글쓰기 시작의 부담감을 줄여준다.

글을 쓸 때 내용과 관련 있는 사진은 한 장 이상 함께 첨부하여 올리도록 하며, 열 문장 이상 쓰기, 인터넷 내용 긁어 오기 금지 등의 조건을 제시해 주어 충실한 활동이 이루어지도록 하였다. 미디어 사용이 익숙하지 않은 학생들에게는 포털사이트의 블로그 개설 방법을 별도로 안내한 후 개설된 블로그를 통해 글을 작성하도록 하였다.

학생들은 자신이 올린 글의 링크를 〈패들렛〉을 통해 공유하였다. 〈패들렛〉에 공유

된 링크를 통해 다른 학생들이 올린 게시글을 읽고 〈패들렛〉 댓글을 활용하여 공감을 표현하였다. 이때 자신의 개인적인 생각이나 경험을 공유하는 데 불편함을 느낀 학생들은 인스타그램이나 페이스북에 비공개로 올린 글을 공유하여 해당 학생과 팔로우가 되어 있지 않은 학생은 글을 읽을 수 없는 경우가 있었다. 이때 학생에게 비공개로 글을 올린 이유와 어떤 점이 불편했는지를 이야기하도록 하였다. "잘난 척 한다고 할까 봐 걱정됐다", "나를 모르는 애들이 놀릴까 봐 걱정됐다" 등의 이유였다. 다른 학생들 역시 해당 학생들의 고민에 공감하였고 수업 활동이 끝나고 난 후 공개된 게시글은 자유롭게 공개 또는 비공개, 삭제해도 좋다고 하였다.

학교에서는 자신을 드러내려 하지 않던 학생들이 미디어를 통해 자신의 경험을 공유하고 다른 친구들의 글에 댓글을 달며 소통하는 모습에서 미디어를 통한 소통의 긍정적인 모습도 엿볼 수 있었다.

〈그림 14-4〉 〈패들렛〉을 통한 경험 공유하기

4) 수업 활동 2

- 〈패들렛〉에 학생들이 올린 댓글과 교사가 제시한 참고 자료를 바탕으로 미디어 사용 예절에 대하여 함께 이야기 나누기
- 미디어 사용 예절에 대한 카드 뉴스 만들기
- 〈패들렛〉에 카드 뉴스 공유하기

미디어 수업을 시작하기 전 미디어를 활용하여 소통할 때 지켜야 할 사항들에 대해 반드시 이야기를 나눈다. 대부분의 학생들은 교사와 약속한 대로 활동에 참여하지만, 몇몇의 학생들은 사전 교육에도 불구하고 다른 친구들의 게시글에 외모를 비하하는 댓글이나 '패드립' 댓글을 달아 놓기도 하였다. 수업 활동 중 〈패들렛〉에 적절하지 않은 댓글이 올라온 경우, 댓글 삭제하고 그 즉시 〈패들렛〉 댓글 기능을 중지시킨다. 적절하지 않은 댓글을 단 학생을 특정하지는 않지만, 전체 학생을 대상으로 사전 교육의 내용을 재강조하고 적절하지 않은 댓글 사용에 대해 경고 후 수업을 다시 진행한다.

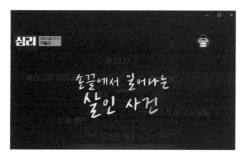 

출처: YouTube. 사피엔스 스튜디오 (2021.8.18.). 악플러들은 '나르시시즘, 마키아벨리즘, 사이코패시즘' 인간 악의 3대장을 모두 가졌다? [타인의심리읽어드립니다 EP.5]

출처: YouTube. 푸른나무재단_투게더 프로젝트 (2020. 4.20.). [투게더 프로젝트] 장난과 폭력사이_학교폭력예방영상_시사교양콘텐츠_푸른나무재단.

〈그림 14-5〉 미디어 수업 관련 사전 교육 영상

〈그림 14-6〉 부적절한 댓글 예시

학생들은 자신이 올린 게시글에 부정적인 댓글이 달렸을 때 느꼈던 감정을 공유하고 미디어 사용과 관련한 부정적인 경험을 자유롭게 이야기하였다. 학생들은 서로의 경험을 공유하며 미디어를 사용하여 소통할 때 지켜야 할 예절에 대해 생각을 정리했다. 학습지에 자신이 만들 카드 뉴스 내용을 간단히 스케치한 후 〈미리캔버스〉로 카드 뉴스를 제작하였다.

〈미리캔버스〉는 원하는 디자인을 무료로 제작할 수 있는 플랫폼으로 로그인을 하지 않아도 손쉽게 카드 뉴스 제작이 가능하다. 〈미리캔버스〉를 통해 카드 뉴스를 만들면 〈미리캔버스〉에서 제공하는 템플릿에 원하는 내용만 넣어 수정하여 빠르고 간단하게 카드뉴스를 제작할 수 있다. 〈미리캔버스〉를 통한 카드 뉴스 제작을 어려워하는 학생들을 위해 교사가 사전에 〈미리캔버스〉로 카드 뉴스 제작 방법을 영상으로 만든 후 QR코드로 제공하였다. 미디어를 활용하여 수업할 때 미디어기기를 잘 다루지 못하는 학생들에게 하나하나 피드백을 해 주다 보면, 교사가 원활하게 수업을 진행해 나가기 어려울 때가 있다. 그럴 때 수업 단계별로 안내 영상을 제작하여 학생들에게 QR코드를 제공하면 학생들은 활동이 막힐 때 교사를 찾는 대신 스스로 QR코드를 찍어 안내 영상을 찾아본 후 다음 활동으로 넘어갈 수 있다.

〈그림 14-7〉 학생들이 제작한 카드 뉴스

학생들은 자신이 제작한 카드 뉴스를 〈패들렛〉에 공유하고, 다른 친구들이 만든 카드 뉴스도 함께 살펴본다. 이 활동을 통해 학생들은 미디어를 통한 건강한 소통 방법에 대해 다시 한번 고민해 보고 자신의 생각을 효과적으로 표현하여 전달하는 방법에 대해 생각해 보는 기회가 되었다.

3. 소설 창작하기 -감상과 향유-

1) 수업 의도

우리는 다양한 미디어 콘텐츠들을 통해 깊고 넓은 미적 경험을 할 수 있다. 미디어는 우리의 미적 경험을 확장시켜 준다. 그것은 감상의 영역뿐만 아니라 창작의 영역에까지 영향을 미친다.

박물관이나 미술관에 직접 방문해야지만 볼 수 있었던 다양한 미술작품을 우리는 미디어를 통해 손쉽게 감상할 수 있다. 미술작품 안에 담겨진 이야기를 미디어 속 사람들과 소통하며 더 깊이 있게 이해할 수 있으며, 단순한 감상자를 넘어서 직접 예술작품을 창작해 내기도 한다. 예술은 미디어를 통해 우리 일상 더 가까이 자리 잡게 되었다.

미디어를 통해 다양한 미술작품을 감상하고 이를 바탕으로 소설을 창작하여 공유함으로써 학생들은 단순한 감상자를 넘어서 적극적인 창작자로서 역할을 하게 될 것이다. 또한 일상과 한결 가까워진 예술의 힘을 느낄 수 있게 될 것이다.

수업 주제
미술작품으로 한 편의 소설을 창작해 보자.

2) 수업 열기

• 미술작품 〈시녀들〉과 소설 「바르톨로메는 개가 아니다」 제시하기
• 미술작품에 영감을 받은 소설들 소개하기

학생들에게 디에고 벨라스케스의 〈시녀들〉이라는 미술작품을 보여 주고 천천히 감상하게 한다. 작품 감상이 끝나면 작품에 대한 간단한 인상과 느낌을 자유롭게 이야기하도록 한다. 이후 벨라스케스의 〈시녀들〉에서 영감을 받아 창작된 소설인 「바르톨로메는 개가 아니다」의 북트레일러 영상을 보여 주고 미술작품에서 받았던 인상과 느낌을 북트레일러 영상의 소설 내용과 비교해 보도록 한다.

학생들은 〈시녀들〉을 처음 보았을 때 그림의 가운데 있는 여자 아이에게 시선을 집중하여 작품을 감상하였다. 하지만 소설의 내용을 알고 난 이후 작품의 오른쪽 아래에 있는 개의 모습과 개의 등 위에 발을 올리고 있는 아이에게 집중하는 모습을 보였다. 학생들은 작품을 세밀하게 관찰하고 그 안에 담긴 의미를 찾아내고자 했으며, 작품을 어떤 관점에서 바라보느냐에 따라 작품의 의미가 전혀 달라질 수 있음을 이해하였다. 미술작품에서 영감을 받아 창작된 다른 소설들을 살펴보며 작품을 이해하고 해석하는 방법에 대해 연습하였다.

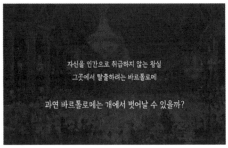

〈그림 14-8〉 2021 남산도서관 북트레일러 공모전 우수상 「바르톨로메는 개가 아니다」
출처: YouTube, 서울특별시교육청 남산도서관 (2022.3.14.).

3) 수업 활동 1

- 미디어를 통해 미술작품을 검색하고 작품 선택하기
- 미술작품을 감상하며 소설의 영감 떠올리기
- 미술작품을 감상하며 떠올린 소설의 영감 정리하기

학생들에게 미디어에서 다양한 미술작품을 검색하여 감상하게 한 후 소설 창작을 위해 하나의 작품을 선택하도록 하였다. 학생들은 작품 선정을 위해 수업 열기에서 연습한 대로 미술작품을 세밀하게 관찰하고 작품 안에 담겨져 있는 이야기를 발견하고

자신이 선정한 미술작품 안에 담겨 있는 이야기를 상상에 따라 재구성하여 한 편의 이야기로 완성해 보자.

〈조건〉

1. 자신의 이야기에 근거가 되는 부분을 미술 작품 안에서 **3가지 이상** 찾기
2. 분량에 맞추어 작성하기
3. 이야기의 시작과 끝이 매끄럽고, 완성도 있게 마무리 하기
4. 그림과 자신의 이야기 안에 공통적으로 담겨 있는 주제를 한 문장으로 제시하기

〈작성 예시〉

주인공 : 14살 검은 머리 여자(그림 맨 오른쪽)

나는 14살 여자 아이야. 나에게는 두 명의 여동생이 있어. 한 명은 13살이고, 막내는 이제 6살이야. 나의 아버지와 어머니는 원래 영국 사람이야. 둘째 여동생을 낳으시다가 그만 어머니가 돌아가셨어. 어머니가 돌아가시고 상심이 크셨던 아버지는 나와 둘째 여동생을 데리고 영국을 떠나 동양의 작은 나라인 미얀마에 자리를 잡고 영국과 미얀마 사이의 무역일을 시작하셨어. 영국에서만 자라는 화려한 꽃들을 수입하여 미얀마의 부자들에게 파는 일을 하셨지. 미얀마에 자리를 잡았을 때가 둘째 여동생이 5살, 내가 6살때라고 들었으니 나도 사실 잘 기억이 나질 않아. 아버지는 바쁘게 사업일을 하시며 어린 우리를 돌보시기가 어려우셨을거야. 결국 우리 집안일을 돌봐주시던 미얀마 아주머니와 내가 8살 되던 해에 아버지가 결혼을 하셨어. 그래서 태어난 동생이 이제 6살이 된 막내야. ---
〈중략〉---나는 갑자기, 아버지, 어머니를 잃은 고아 신세가 되었어. 그것도 어린 동생 두명과 함께 말이야. 나는 무슨 일이 벌어진 건지 아직도 잘 모르겠어. 군인들이 평범한 시민들에게 총을 발사했다고 하고, 외국으로 나가는 모든 길, 전화, 인터넷 등이 다 끊겼다고도 하고, 같은 동네에 살던 아버지 또래의 아저씨들, 삼촌들, 심지어는 나랑 같은 학교를 다니던 친구조차도 아버지가 누워있던 그 병원에 똑같이 하얀 시트를 덮고 누워 있었다는 말만 들었을 뿐이야. --〈중략〉-- 하지만 아저씨도 상황도 어려운 것 같았어. 지금은 모든게 정상이 아니라 도와줄 수가 없대. 하지만 우리들이 굶어 죽는 것은 볼 수 없으니 아버지가 사업하던 라인이 일부 살아있는데 그곳으로 들여오는 꽃들을 잘 정리하고 꽃다발로 만들어 주면 돈을 조금 주실수는 있다고 하셨어. 근데 그것도 나라를 장악한 군부가 수입을 막아버리면 그마저도 어렵지만 일단은 그렇게라고 시간을 벌어보자고 하시더라. 그

〈근거1〉 그림 왼편에 서 있는 아이는 동양 아이인 것 같고, 앉아 있는 아이들은 서양 아이들인 것 같다.
　　　　 이야기 속 첫째, 둘째는 영국인, 셋째는 영국인 아빠와 미얀마 엄마 사이에 태어난 아이
〈근거2〉 아이들의 옷 차림으로 보아서 가난한 상황인 것 같다. 하지만 표정이 어둡지 않고 밝다.
〈근거3〉 아이들이 많은 꽃들을 정리하고 있다.

〈주제〉 가난하고 어려운 상황 속에서도 절망하지 않고 희망을 가지고 아름다운 꽃들처럼 삶을 살아가려고 하는
　　　　 삶의 의지. 그럼에도 삶은 아름답다.

〈그림 14-9〉 활동 참고 예시

자 하였다. 하지만 학생들은 낯선 미술작품을 감상하고 해석하는 것을 어려워했다. 이때 교사가 학생들이 감상하고 있는 미술작품에서 "이런 점을 한번 생각해 보면 좋겠다", "저 사람은 왜 웃고 있지?", "구두가 굉장히 낡았네.", "근데 아빠는 왜 안 보이지?" 등 학생들의 상상력을 자극할 수 있는 질문들을 적절히 던져 주었다. 그러면 학생들은 교사의 말에 힌트를 얻어 작품의 의미를 유추하고, 이를 바탕으로 한 편의 이야기를 구상해 나갔다. 소설을 구상할 때에는 미술작품에서 소설 내용의 근거가 되는 부분을 세 가지 이상 찾아 반영하도록 하여 미술작품을 근거로 개연성 있는 소설이 창작되도록 하였다.

학생들은 선택한 작품을 교실 TV 화면에 띄워 놓고 한 사람씩 돌아가며 자신이 구상한 소설 줄거리를 간단히 소개하였다. 때론 "어떻게 그런 생각을 한 거지?" 탄성이 나오기도 했고, 발표자가 미처 찾아내지 못한 작품의 다른 측면을 다른 학생들이 찾아내어 이야기해 주기도 하였다. 교사 역시 학생들이 발표한 내용에서 놓치고 있는 부분을 조언해 주거나, 인물·사건·배경 등과 같은 소설의 구성 요소를 짚어 확인해 주기도 하였다. 학생들은 발표 내용을 바탕으로 수정되고 정리된 소설의 줄거리(시놉시스)를 학습지에 정리하였다.

4) 수업 활동 2

- 소설을 창작한 후 〈패들렛〉에 공유하기
- 친구들의 소설 읽고 소설의 잘된 점, 아쉬운 점, 총평 등 댓글 달기
- 친구들의 댓글을 참고하여 고쳐쓰기

학생들은 〈활동 1〉에서 작성한 줄거리(시놉시스)를 바탕으로 소설을 창작하였다. 소설의 초고는 자신의 스마트 기기를 이용하여 메모장, 〈패들렛〉, 개인 블로그 등 학생 자신이 가장 쉽게 활용할 수 있는 기기를 이용하도록 하였다. 스마트기기를 활용하여 글을 쓰는 경우 수정이 쉽다는 장점이 있지만, 쉽게 쓰여지는 만큼 맞춤법이나 띄어쓰

구두 한 켤레-빈센트 반 고흐

1. 작품명: 구두 한 켤레
2. 주제: 함께하면 행복하다
3. 근거:
   1) 가난한 사람의 신발같다
   2) 뭐가 과묵한 신발같다
   3) 사람없는 뒷 골목 같다
4. 소설 내용
안녕 나는 구두야 나는 3년전 너무 낡았다는 이유로...

느낌-김호석

• 귀 교주는 엄마, 귀를 대주는 아들, 진지하게 보는 누나
4. 내용
   어느 날 평범한 가족이 있었어 정말 화목한 가족이었지
가족 구성은 엄마, 아빠 그리고 첫째 딸 유자, 숙자의 남동생 길동이까지 4인 가족이야...

블로짓 가족의 크리스마스-조셔넌 이스트먼 존슨

21-음
1. 작품명: 블로짓 가족의 크리스마스
2. 주제: 가족
3. 근거:
   1) 크리스마스인데 음식이 차려인지 않다
   2) 복장을 보니 돈이 없다
   3) 크리스마스인데 가족분위기가 밝지 않다
4. 소설내용
   나는 10살 남자아이야 나에게는 엄마와 아버지가 있고 누나와 동생이 있어...

삼등 열차-오노르 도미에

2. 주제: 사는 것이 힘들다고 포기하지 말아라
3. 근거:
   -1. 사람들의 옷 차림을 보니 가난한지 않다.
   -2. 사람들이 말라보인다.
   -3. 갓 난 아기가 있다.
4. 소설내용
   박춘자씨는 68세야, 박춘자씨는 73세 남편 박춘바 18살이다...

〈그림 14-10〉〈패들렛〉에 공유한 학생들의 창작 소설

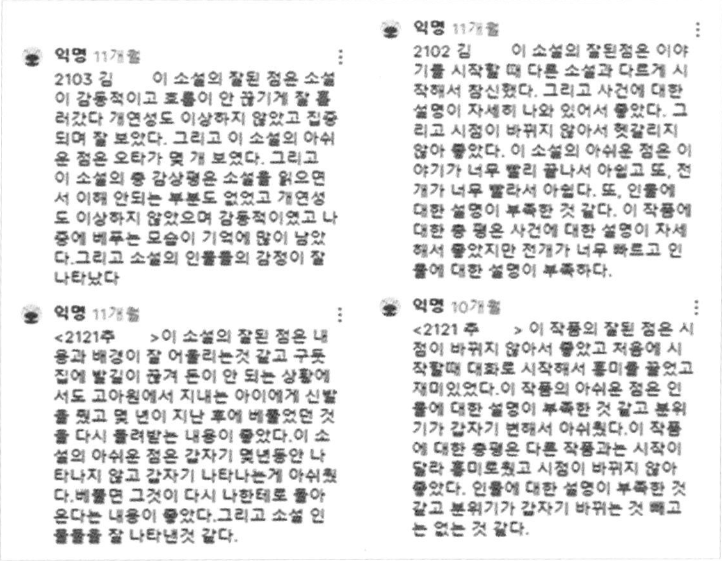

익명 11개월

2103 김 이 소설의 잘된 점은 소설이 감동적이고 흐름이 안 끊기게 잘 흘러갔다 개연성도 이상하지 않았고 집중되며 잘 보았다. 그리고 이 소설의 아쉬운 점은 오타가 몇 개 보였다. 그리고 이 소설의 총 감상평은 소설을 읽으면서 이해 안되는 부분도 없었고 개연성도 이상하지 않았으며 감동적이었고 나중에 베푸는 모습이 기억에 많이 남았다. 그리고 소설의 인물들의 감정이 잘 나타났다

익명 11개월

<2121 주 >이 소설의 잘된 점은 내용과 배경이 잘 어울리는것 같고 구두집에 발길이 끊겨 돈이 안 되는 상황에서도 고아원에서 지내는 아이에게 신발을 줬고 몇 년이 지난 후에 베풀었던 것을 다시 돌려받는 내용이 좋았다. 이 소설의 아쉬운 점은 갑자기 몇년동안 나타나지 않고 갑자기 나타나는게 아쉬웠다. 베풀면 그것이 다시 나한테로 돌아온다는 내용이 좋았다. 그리고 소설 인물들을 잘 나타낸것 같다.

익명 11개월

2102 김 이 소설의 잘된점은 이야기를 시작할 때 다른 소설과 다르게 시작해서 참신했다. 그리고 사건에 대한 설명이 자세히 나와 있어서 좋았다. 그리고 시점이 바뀌지 않아서 헷갈리지 않아 좋았다. 이 소설의 아쉬운 점은 이야기가 너무 빨리 끝나서 아쉽고 또, 전개가 너무 빨라서 아쉽다. 또, 인물에 대한 설명이 부족한 것 같다. 이 작품에 대한 총 평은 사건에 대한 설명이 자세해서 좋았지만 전개가 너무 빠르고 인물에 대한 설명이 부족하다.

익명 10개월

<2121 주 > 이 작품의 잘된 점은 시점이 바뀌지 않아서 좋았고 처음에 시작할때 대화로 시작해서 흥미를 끌었고 재미있었다. 이 작품의 아쉬운 점은 인물에 대한 설명이 부족한 것 같고 분위기가 갑자기 변해서 아쉬웠다. 이 작품에 대한 총평은 다른 작품과는 시작이 달라 흥미로웠고 시점이 바뀌지 않아 좋았다. 인물에 대한 설명이 부족한 것 같고 분위기가 갑자기 바뀌는 것 빼고는 없는 것 같다.

〈그림 14-11〉 공유된 소설을 감상한 후 작성한 학생들의 댓글

기에 오류가 많은 편이다. 1차로 완성된 초고는 포털사이트 맞춤법 검사기를 통해 맞춤법을 확인, 수정한 후 〈패들렛〉에 공유하도록 하였다.

학생들은 학습지에 직접 손으로 글을 써서 활동을 하는 것보다 스마트기기를 활용하여 글을 쓰는 것에 매우 만족스러워했다. 수업 시간이 아니라도 좋은 생각이 떠오르면 언제든 스마트 기기를 꺼내 자신의 생각을 반영하여 소설의 내용을 수정할 수 있어 좋았다고 말하기도 하였다. 여러 개의 아이디어가 떠올라 모두 작성해 둔 뒤 더 좋은 것을 붙여넣기하여 편집하니 편하고 좋았다는 말도 하였다. 평소 글쓰기에 전혀 관심이 없던 학생들도 스마트기기를 이용한 글쓰기에는 부담을 덜 느껴 활동에 적극적으로 참여하는 모습을 보이기도 했다.

학생들이 창작한 소설의 1차 완성본을 〈패들렛〉에 공유하고 다른 학생들이 올린 소설들을 감상한 후, 소설의 잘된 점, 아쉬운 점, 총평 등을 댓글로 달게 하였다. 학생들은 다른 학생의 소설을 댓글로 평가하는 과정을 통해 자신의 소설과 다른 학생의 소설을 비교하여 감상하고, 각 소설에 달려 있는 다른 학생들의 댓글을 참고하여 자신의 소설을 수정하는 아이디어로 사용하기도 하였다.

학생들은 이후 친구들의 댓글 내용과 교사의 피드백 댓글을 참고하여 다시 고쳐쓰기한 후 소설 최종본을 〈패들렛〉에 재공유하였다. 학생들 중에는 동일한 미술작품을 선택한 경우도 있었다. 동일한 미술작품을 선택한 학생들의 소설을 비교하여 함께 살펴보며, 창작자의 의도에 따라 동일한 미술작품이 얼마나 다른 의미로 해석될 수 있는지도 이해하였다.

학생들은 이 활동을 통해 멀게만 느껴졌던 미술작품을 요모조모 뜯어 보며 그 안에 숨겨져 있는 이야기를 발견할 수 있는 것이 재미있었고, 더 이상은 미술작품이 멀게만 느껴지지 않는다고 말하였다. 새로운 미술작품을 보게 되면 자신도 모르게 이 안에 무슨 이야기가 담겨 있나 자세히 살펴보게 된다고도 하였다.

4. 북트레일러 영상 제작하기 -창작과 제작-

1) 수업 의도

미디어에서는 창작자와 감상자의 구분이 모호하다. 스마트폰 하나만 있으면 누구든 미디어 콘텐츠 창작자가 되기도 하고, SNS로 공유된 미디어 콘텐츠의 감상자가 되기도 한다. 미디어 콘텐츠를 스스로 제작해 봄으로써 자신의 생각을 효과적으로 표현하는 방법에 대하여 이해하고, 미디어에서 정보가 만들어지는 방법과 과정을 이해할 수 있다.

북트레일러(Book trailer)는 새로운 형태의 책 읽기로 미디어에 익숙한 학생들에게 독서에 대한 좋은 동기 부여가 된다. 북트레일러 영상은 책에 대한 관심과 호기심을 불러일으키는 일종의 영화 예고편과 같은 것으로, 북트레일러를 완성하기 위해서는 다양한 미디어 제작 도구의 활용이 필요하다. 학생들은 북트레일러 영상 제작을 통해 자신이 전달하고자 하는 바를 효과적으로 전달하는 방법을 알고 책을 깊게 이해할 수 있게 될 것이다.

수업 주제

〈북트레일러〉 영상을 제작해 보자.

---

2) 수업 열기

· 북트레일러란?
· 모둠 편성하기

학생들에게 다양한 북트레일러 예시 영상을 보여 주고 북트레일러 영상의 공통점들을 자유롭게 이야기하도록 한다. 예시 영상들을 통해 북트레일러가 무엇이고 북트레일러의 특징이 무엇인지에 대해 생각해 볼 수 있도록 한다. 또한 사진을 활용한다거나 소설의 내용을 직접 연기하거나 그림을 그리는 등 다양한 방법으로 북트레일러 영상이 제작될 수 있음도 안내한다.

북트레일러 예시 영상은 각 지역 교육청에서 주관한 북트레일러 공모전 수상작을 활용하면 중학생 수준에 맞는 다양한 형태의 북트레일러 영상을 찾아 감상할 수 있다.

출처: YouTube. 서울특별시교육청 남산도서관 (2022. 3. 14.). 2021 남산도서관 북트레일러 공모전 대상 「긴 긴밤」.

출처: YouTube. 충청북도교육도서관*책붐TV (2020. 10. 7.). [북트레일러 공모전 최우수] 형석고−체리새우, 어항을 벗어나다.

〈그림 14−12〉 북트레일러 예시 영상

영상 제작을 위해 모둠을 편성한다. 학급의 전체 인원수를 고려하여 하나의 모둠이 5~6명으로 구성되도록 한다. 학생들의 추천을 받아 모둠장을 뽑은 후 모둠장 회의를 거쳐 모둠을 구성하는 학생들을 편성한다. 이렇게 편성된 모둠은 모둠장들이 다시 제비뽑기하여 뽑아가는 방식으로 모둠을 구성하였다. 번거로울 수도 있는 과정이지만, 이러한 과정을 거쳐 모둠을 편성하게 되면 학급 친구들의 성향을 이미 잘 파악하여 알고 있는 모둠장들이 다양한 성향의 학생들을 고려하여 비교적 균형 있게 모둠을 구성한다는 장점이 있다.

3) 수업 활동

- 영상 제작 단계 안내하기
- 책 선정하기
- 책 내용 정리하기
- 기획안 작성하기
- 스토리보드 작성하기
- 촬영, 편집하기

영상 제작 단계로 들어가기 전에 영상 제작의 전체 단계를 구체적으로 안내한다. 한 단계의 활동을 시작할 때 반드시 다음 단계의 활동을 함께 안내하여 다음에 해야 할 일을 미리 계획하고 준비할 수 있도록 한다.

〈표 14-2〉 북트레일러 영상 제작 단계

1단계: 도서 선정 과정
2단계: 독서 과정
3단계: 줄거리 요약 과정(전체적인 내용 이해하기 과정)
4단계: 제작 구상 과정
5단계: 스토리보드(콘티) 작성 과정
6단계: 재료 제작 및 수집 과정
7단계: 북트레일러 영상 촬영
8단계: 편집 및 완성 과정
9단계: 업로드 및 QR코드 제작 과정

출처: 최용훈(2017). 독서활동을 위한 북트레일러 활용 설명서. 학교도서관저널.

북트레일러 영상을 제작하기 위해 가장 먼저 해야 할 일은 영상으로 제작할 책을 선정하는 것이다. 학생들은 이미 1학기에 한 학기 한 권 읽기 활동을 통해 2권의 청소년 소설을 읽었고, 모둠 회의를 거쳐 그중 한 권의 책을 선정하였다. 학생들은 책 돌아보기 활동을 통해 소설의 전체 줄거리를 정리하고, 주요 등장인물과 인상 깊은 대사 또는 장면 등을 정리하였다.

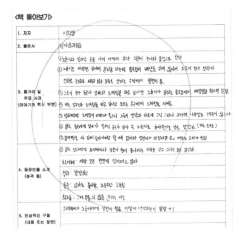

<책 돌아보기>

1. 저자	이희영
2. 출판사	자음과모음
3. 줄거리 및 주요 사건 (이야기의 핵심 부분)	①눈물이나 침이란 이름 서버 가게에 따라 신라 손나와 봄이으로 약속
	②손나는 자랑맨 양하여 출비를 하는데 출검에 배었는 이에 없어서 손여기 신구 십라가 신라보 손나라 배움 받도록 양도록 구박하기 멸면이 봄.
	③그러서 한 없이나 손바라 스테킹을 하고 있다면 그흐이가 밀나도 용전없어 짜점행을 화견함.
	④빵, 입라와 스테일을 하고 있나도 그것도 동안에게 스테텔도 시작
	⑤임전에게 스테일이 이어나 손나 멸전한 따르며 크리 그린다 그리고 사람담을 데바가 않더나
	⑥빵, 손에게 봄이 뭐지 읽나 날아 즉 스테네를 올라오안이면 안됨. (책 신다도
	⑦곰이빵도 사 감미 손나이야오 잘 여 잠아와 잠빈이나 다양대왕 우리 머이도 오리 수건함
	⑧곰 입나에게 스테빠에나가 강진이 중이 올나이는 따름을 알고 피라도 밝은 감으다음.
4. 등장인물 소개 (성격 등)	희사해: 사람 앞도 컨벤에 있더려도 잡아
	성나: 멸만함으
	투나: 입나라 동내룸, 조클먼서 입면함
	희자: 그러 뜨롭이 싫은 권나과 사람
5. 인상적인 구절 (내용 또는 장면)	희사마에나가 그눈아마시 잠만이 돌몸, 이럴게 선강안라시 잘밀 미

<그림 14-13> 책 돌아보기 학생 정리 학습지

다음으로 모둠 회의를 통해 영상으로 제작할 주요 내용을 결정하고 역할을 분담하여 기획안을 작성하였다. 대부분의 학생들은 한 권의 소설에서 핵심 사건을 추려 영상을 보는 이들에게 호기심을 불러일으키도록 내용을 구성하는 것을 매우 어려워했다. 이러한 학생들의 어려움에 도움을 주기 위해 소설의 내용이나 설정과 비슷한 영화의 예고편을 찾아 보여 주며 아이디어를 떠올리도록 하였다.

기획안에서 정리된 영상의 주요 내용에 따라 스토리보드를 작성한다. 스토리보드는 한 사람이 도맡아 작성하지 않고 모둠원들이 각자 자신이 맡은 순서에 따라 각각 4컷 이상의 장면을 작성한 후 하나로 연결하여 완성될 수 있도록 하였다. 영상 제작을 위해 모둠 활동을 할 때 적극적인 소수의 학생들 중심으로 활동이 이루어지는 경우가

<그림 14-14> 기획안 작성 회의

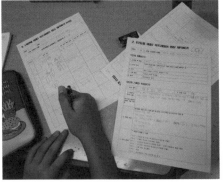

<그림 14-15> 기획안 작성 및 스토리보드 작성

많다. 활동에 적극적으로 나서는 학생들은 본인이 너무 많은 짐을 지고 이끌어 가야한다는 부담감에 불만이 생기고, 나머지 학생들은 또 본인 나름대로 활동에서 소외되어 뭐가 뭔지 모르겠다는 무심한 태도를 보이기도 한다. 이러한 문제들을 보완하기 위해 교사는 모둠 활동 중간중간 소외됨 없이 모두가 작은 역할이라도 분담하여 활동할수 있도록 세심하게 배려해야 한다.

스토리보드 1차 완성본을 확인한 후 수정해야 할 점 등을 메모지에 적어 피드백하여 돌려준 후 모둠별로 스토리보드를 재수정하도록 하였다. 스토리보드를 모둠원들이 각자 작성하여 하나로 연결하였기 때문에 대부분 각 장의 스토리보드가 매끄럽게 연결되지 않는 경우가 많았다. 그 부분을 충분히 협의하여 자연스럽게 연결되도록 하였다.

또한 스토리보드는 촬영할 영상의 질과도 밀접하게 관련이 되므로, 스토리보드 그림 한 컷을 그리더라도 카메라의 각도와 위치를 고려하여 그릴 수 있도록 그 어떤 제작 단계보다도 시간을 들여 꼼꼼하게 지도하였다.

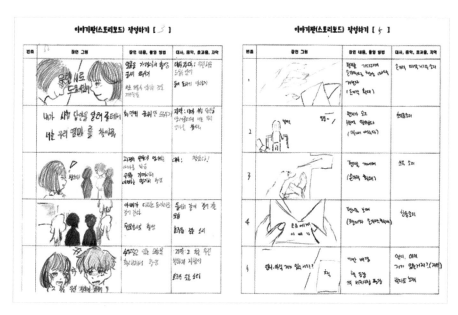

〈그림 14-16〉 스토리보드 작성하기

촬영은 3시간 정도 수업 시간을 할애하여 실내(교실 및 시청각실 이용) 촬영과 실외(운동장 및 필로티 등 이용) 촬영을 각각 나누어 할 수 있도록 일정을 조율하였다. 촬영 후 수업 시간 2시간을 주고 그 시간 안에 모둠별로 태블릿을 이용하여 편집하도록 하였다. 편집 프로그램은 모둠별로 활용하기 편한 프로그램을 자유롭게 선택하여 사용하도록 하였다. 학생들은 캡컷(CapCut) 프로그램을 활용하여 편집하는 모둠이 많았고, 〈키네마스터〉나 〈블로(Vllo)〉를 이용하는 모둠도 있었다. 동영상 편집 프로그램 활용을 어려워하는 모둠에게는 무료 프로그램인 〈블로〉를 소개해 주고 "블로를 활용하여 동영상 쉽게 편집하는 방법"을 친절하게 설명해 주는 유튜브 영상을 안내한 후 편집에 활용할 수 있도록 하였다.

편집 담당 학생은 모둠원들과 의견을 주고받으며 영상을 편집하는 동안, 나머지 모둠원들은 편집된 영상 맨 마지막에 들어갈 책 광고를 제작하였다.

〈그림 14-17〉 촬영하기

〈그림 14-18〉 학생 제작 북트레일러 영상

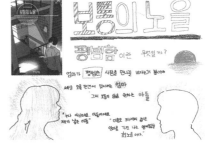

〈그림 14-19〉 학생 제작 책 광고

모든 촬영과 편집 과정이 끝나고 학급별 〈북트레일러〉 영상 상영회를 개최하였다. 다른 모둠의 영상을 함께 감상하고 평가표를 작성하였다. 영상에 대한 평가뿐만 아니라 모둠 안에서 각자가 수행한 역할에 대한 개인별 평가표도 작성하였다. 〈북트레일러〉 영상 제작 과정 전체를 돌아보며 감상도 나누고 아쉬운 점도 함께 공유했다. 학생들은 3주에 가까운 〈북트레일러〉 영상 제작 과정을 직접 경험하며 영상을 제작하는 과정과 방법을 익히고 다양한 미디어를 활용하여 창의적으로 자신의 생각을 표현하는 방법을 배울 수 있었다.

✱✱ 북트레일러 영상 감상하고 평가하기

	책의 전체적인 줄거리를 이해할 수 있도록 영상이 제작되었는가	소설에 대한 흥미를 유발하고 있는가	서지사항(표지, 제목, 저자, 출판사) 등은 포함되어 있는가	영상 및 표현방법이 창의적이고 신선한가?	영상이 완성도 있게 제작 되었는가	총점
1조	★★★★★	★★☆☆☆	★★★★★	★☆☆☆☆	★★★★☆	17
	[감상평] 잘 된 점, 아쉬운 점 등 연기하는 친구들의 모습이 자연스럽고, 진지하게 촬영한 모습이 인상적이었다. 그런데 이 영상을 보고 책을 읽어 보고 싶다는 생각은 안 들것 같다. 좀더 반전이 있고 재미있는 영상이면 좋겠다.					

〈그림 14-20〉 북트레일러 영상 평가표

〈참고〉 뉴스 리터러시 관련 활동

- 〈빅카인즈〉를 활용하여 관심 뉴스, 관련 뉴스, 추천 뉴스 정리하기
- 좋은 뉴스라 생각하는 기사에 별점 주고 댓글 쓰기
- 좋은 뉴스란 무엇인가? 정리하기

1.<관심뉴스> '우영우 신드롬' 바라보는 다양한 시선들..."관심 넘어 지원 늘었으면" (2022.07.19 아시아경제)

bigkinds.or.kr

'우영우 신드롬' 바라보는 다양한 시선들..."관심 넘어 지원 늘었으면"

https://www.bigkinds.or.kr/v2/news/newsDetailView.do?newsId=02100801.202207190956 26001

사회 속에서 자폐인의 인식에 대해 이야기하고, 인식을 바꾸려는 모습을 보여주는 기사이다.

#우영우 #드라마 #자폐 #인식 #시선

2.<관련뉴스1> "'우영우' 함께 즐기자" 드라마 팬덤화...달라진 콘텐츠 소비 문화(2022.07.19 한국일보)

bigkinds.or.kr

"'우영우' 함께 즐기자" 드라마 팬덤화...달라진 콘텐츠 소비 문화

https://www.bigkinds.or.kr/v2/news/newsDetailView.do?newsId=01101101.202207190954 17001

1. 공통점: '이상한 변호사 우영우'라는 드라마에 대한 내용이다.

2. 차이점: 자폐의 인식과, 팬덤의 소비라는 주제의 차이가 있다.

2.<관련뉴스2> '우영우' 패러디한 유튜버..."자폐 증상 희화화 아냐" (2022.07.19 중앙일보)

bigkinds.or.kr

'이상한 바이프 우영소' 우영우 패러디 유튜...가 "분위하였 아니다"

https://www.bigkinds.or.kr/v2/news/newsDetailView.do?newsId=01100901.202207191119 54001

1. 공통점: '이상한 변호사 우영우'라는 드라마에 대한 기사이다.

2. 차이점: 자폐의 인식과, 선을 넘는 패러디에 대한 기사라는 차이점이 있다.

<추천뉴스> "초보라서 '토린이'?"...토르4 자막, '아동 비하' 논란된 이유 (2022.7.09 조선일보)

bigkinds.or.kr

"초보라서 '토린이'?"...토르4 자막, '아동 비하 논란된 이유

https://www.bigkinds.or.kr/v2/news/newsDetailView.do?newsId=01100801.202207091732 40001

1. 추천하고 싶은 사람: 어린이를 비하하고 무시하는 사람들

2. 추천하고 싶은 이유: 어린이는 작고 약한 존재가 아니고, 어른들이나 다른 사람들에게 무시 당할 이유가 없기 때문이다.

★★★★★ (6) 평가 💬 6

익명
1602 5개 준 이유: 자폐는 해롭고 자폐인은 이상하다는 인식을 바꾸는 드라마에 대한 뉴스이기 때문에

익명
1613 5개 준 이유: 몇몇 사람들은 자폐에 대해 부정적이게 생각하는데 그런 사람들에게 자폐에 대한 인식을 바꿔주기 때문이다

익명
1607 별점 5개 - 계곡의 환경오염이 심각하다는 것을 알려주는 뉴스였다

익명
1613 5개 준 이유: 요즘 더운 날씨로 계곡에 많이 가는데 계곡 환경이 문제가 되고있다. 이러한 문제에 관심을 가질 수 있는 뉴스이기 때문이다

익명
1616 코로나 심각성을 잘 알려준것 같아서

익명
1619 전염병의 심각성을 알려준다

15장

고등학교 미디어 리터러시 수업 사례

이귀영

이 장에서는 고등학교 수업 사례를 통해 미디어 리터러시 수업을 설계하고 운영하는 방법을 이해하고 교수학습 과정에서 유의해야 할 점을 살펴본다. 고등학교 학습자는 자신의 진로를 보다 구체적으로 설정하고 관심 분야에 대한 탐구 의욕이 높다는 특성이 있다. 고등학교에서 이루어지는 진로 교육과 교과 통합 학습과 미디어 리터러시 교육을 연계한다면 학습자가 다양한 교육 경험 속에서 미디어 리터러시 역량의 중요성을 인식하고 역량 함양의 기회를 가질 수 있을 것이다. 여기서 소개하는 수업 사례는 디자인 서식을 활용한 미디어 제작 수업이다.

'오늘의 나를 만든 미디어' 수업은 자신의 미디어 경험을 소개하는 잡지 형식의 콘텐츠를 제작하고 공유하는 수업이다. 미디어를 소재로 자신의 인생 이야기를 풀어내고 자신의 삶에 영향을 준 미디어 콘텐츠를 추천하는 활동으로 이루어졌다. 교사는 학생들이 제작한 콘텐츠를 통해 오늘날 청소년이 미디어를 어떻게 이용하고 있는지 확인할 수 있고, 학생들의 경험과 추천 미디어를 통해 미디어 리터러시 수업을 위한 자료로 활용할 수 있다.

'뉴스 일기' 수업은 학습자가 각자 자유롭게 뉴스를 읽고 정리한 내용을 바탕으로 팀원들과 함께 이달의 이슈를 선정하고, 이슈에 대한 생각을 공유하는 수업이다. 협력적 활동을 통해 뉴스를 이용하는 경로와 관점의 차이를 인식하고 뉴스에 대한 친숙도를 높이는 데 중점을 둔 수업이다.

'시사주간지 제작' 수업은 세계의 분쟁 지역에 대한 이해를 바탕으로, 분쟁 지역을 다룬 기사를 해당 국가의 관점에서 작성하고 상대국의 기사와 비교하는 교과 통합 수업이다. 주간지는 일간지에 비해 언론사의 관점이 부각된다는 특성이 있다. 분쟁 국가의 관점에서 이슈를 분석한 기사를 작성하고 비교하는 활동을 통해 뉴스의 편향성을 인식하고 비판적 수용의 중요성을 인식하는 데 중점을 둔 수업이다.

'임시정부 임무 수행하기' 수업은 학습자가 대한민국임시정부 임원이 되어서 독립운동의 노선에 따라 팀을 형성하고 조국의 독립 의지를 담은 근대 신문을 제작하는 교과 통합 수업이다. 근대 신문의 등장이 개인과 사회에 미친 영향을 통해 언론의 역할을 이해하고, 의도와 목적에 따라 미디어 언어가 어떻게 활용되는지 이해하는 데 중점을 둔 수업이다.

1. 미디어 제작 수업

1) 미디어 제작 수업의 필요성

BJ방송·SNS·웹툰·게임 등 오늘날 청소년이 접하는 미디어 콘텐츠의 대부분은 복합 양식 텍스트로 이루어져 있다. 이러한 미디어 콘텐츠를 제대로 수용하기 위해서는 비판적으로 의미를 구성하는 것이 필요하다. 즉, 누가 어떤 의도를 가지고 의미를 구성했는지, 그 의미를 구성하기 위해 사용된 표현 장치는 무엇인지 분석할 수 있어야 한다. 미디어 콘텐츠 제작 수업은 활동 과정에서 콘텐츠에 대한 분석, 자료 수집과 선별, 자신의 의도와 목적에 맞는 표현 장치의 활용, 완성된 콘텐츠의 상호 비교가 자연스럽게 이루어진다. 이를 통해 비판적 이해 능력, 창의적 표현 능력, 사회적 소통 능력 등 미디어 콘텐츠를 수용하고 생산하는 데 필요한 역량을 종합적으로 키울 수 있다는 점이 콘텐츠 제작 수업의 가장 큰 장점이다.

2) 제작 도구의 선정

미디어 제작 수업이 어려운 이유는, 미디어 제작을 위해 많은 시간과 노력이 필요하기 때문이다. 특히 학생마다 디지털기기나 소프트웨어를 활용하는 능력이 다르기 때문에 이를 극복할 수 있는 방법이 요구된다. 〈파워포인트〉는 교사와 학생 모두에게 익숙한 표현 도구이기에 구체적인 사용법을 따로 알려 주지 않아도 비교적 쉽게 미디어 콘텐츠 제작이 가능하다. 특히 학교에서 사용하지 못하거나 따로 비용을 지불해야 하는 프로그램들과 달리, 교실 환경에서 쉽게 사용할 수 있다는 점이 큰 장점이다. 무엇보다 교사가 피드백을 제공할 수 있는 제작 도구를 선정하는 것이 중요하다.

〈파워포인트〉를 활용해 미디어 콘텐츠를 제작할 때 백지 상태에서 시작하는 것은 불가능에 가깝다. 따라서 교사가 예시 자료를 주고, 이를 바탕으로 학생이 제작하는 방식을 제안한다. 예시 자료란 카드뉴스·잡지·신문·인포그래픽 등 미디어 장르별로 디자인 형식을 갖춘 완성된 〈파워포인트〉 파일을 말한다. 완성된 형태의 〈파워포인트〉 파일을 제공한다면, 학생들이 쉽게 이미지와 내용을 수정하여 콘텐츠를 제작할 수 있으며, 교사의 피드백을 받아 지속적으로 수정하는 것이 가능하다. 문제는 교사가 사전에 예시 자료를 만들어야 한다는 것이다. 교사 개인이 모든 미디어 콘텐츠 유형을 〈파워포인트〉로 제작하는 것은 불가능하다. 결국 이 문제는 수업 자료의 공유를 통해 해결될 수밖에 없을 것이다.

3) 미디어 제작을 위한 디자인 서식

미리 형식적 틀을 정해 주고 그 안에서 콘텐츠를 제작하도록 만든 것을 디자인 서식(예시 자료)이라 한다. 디자인 서식을 활용해 콘텐츠를 제작하면, 서식의 내용을 수정하는 과정에서 자연스럽게 장르별 표현 장치를 이해할 수 있다. 시사주간지 제작을 예로 들면, 표지 이미지, 타이틀, 기사 제목, 기사 사진 등을 수정하는 과정에서 이러한 요소들이 글쓴이의 전달 의도에 따라 선택되고 배제되는 경험을 할 수 있다. 이처럼 창작 경험은 콘텐츠의 표현 전략을 파악하는 능력을 키워 주고, 이는 미디어를 비판적으로 이해할 수 있게 한다.

콘텐츠 제작 수업에서 간과하는 것 중 하나가 디자인 측면을 과소평가하는 것이다. 내용의 중요성을 지나치게 강조한 나머지 미적 요소에 대한 교육이 제대로 이루어지지 않는 경우가 많다. 이는 학습자의 동기 측면에서 문제점을 유발한다. 학습자들도 자신이 만든 결과물을 봤을 때 미적 요소가 충족되지 않으면 잘 만들었다는 생각을 가지지 않는다. 특히 동료 상호 평가를 할 때 첫인상이 좋지 않은 결과물은 꼼꼼히 보지 않고 넘어가는 경우가 많다.

보다 큰 문제는 미디어 장르마다 고유의 미디어 언어를 갖추고 있다는 점이다. 미적 요소는 단순히 감각적인 표현이 아니라 소통 과정에서 형성된 고유의 관습이라 할 수 있다. 이러한 관습 속에서 미디어 장르마다 의도와 목적에 따라 내용을 부각하거나 축소하는 고유의 방식이 형성되었다. 따라서 신문을 만든다면 단순히 기사를 작성하고 모으는 것이 아니라, 기사의 제목과 본문, 이미지, 광고 등에 대해 크기·위치·배열·색상 등을 의도와 목적을 가지고 선택하고 그 효과를 성찰하도록 수업을 구성하는 것이 필요하다.

전문가가 만들어 놓은 디자인 서식을 활용하면 학습자 스스로 보기에도 실생활에서 접하는 콘텐츠와 유사한 결과물을 만들어 낼 수 있다. 디자인 서식은 교사가 직접 제작할 수도 있고, 무료로 배포되는 전문가의 서식을 활용할 수도 있다. 다양한 콘텐츠 제작을 위해서는 교사 간 적극적인 수업 자료 공유가 무엇보다 중요하다. 특히 〈파워포인트〉로 만든 학생 결과물을 공유한다면 보다 발전된 형태의 디자인 서식을 학습자에게 제공할 수 있을 것이다.

4) 미디어 제작 수업 시 유의점

다양한 미디어 콘텐츠의 장르 특성은 고정된 것이 아니라 각 장르의 대표적인 특성이 전달 의도와 맥락에 따라 다양하게 나타난다. 장르는 고정된 지식이 아니라 사회적 상호작용 안에서 생성되는 것으로서 언제나 변이와 변화 가능한 잠재력을 지녔다. 따라서 콘텐츠 제작 수업은 콘텐츠의 장르적 특성을 이해하는 데 그쳐서는 안 된다. 적절한 텍스트를 생산하기 위해 관련된 구조적·문법적 지식을 활용하는 능력을 배우는 것이 무엇보다 중요하다. 콘텐츠 제작 과정에서 어떤 의도로 제작을 했는지, 자신의 의도를 구현하기 위해 활용한 장치는 무엇인지, 상대가 자신의 콘텐츠를 어떻게 해석하는지를 파악할 수 있도록 수업을 구성하는 것이 필요하다.

〈파워포인트〉를 비롯한 디지털 표현 도구를 활용한 콘텐츠 제작은 언제든지 쉽게 수정이 가능하다는 특성이 있다. 특히 〈구글 프레젠테이션〉과 호환이 되기 때문에 온라인 환경을 이용한 상시 피드백이 가능하다. 따라서 교사나 또래 상호 간에 콘텐츠의 내용과 형식에 대해 점검하고 피드백을 해 준다면 이를 적극적으로 반영하여 완성도를 높일 수 있다.

〈그림 15-1〉 [신문 디자인 서식] [보드게임 디자인 서식]

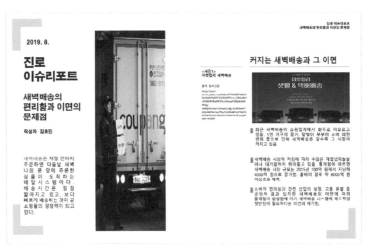

〈그림 15-2〉 [이슈 리포트 디자인 서식]

2. 오늘의 나를 만든 미디어

1) 기획 의도

'오나미(오늘의 나를 만든 미디어)'는 미디어 경험을 바탕으로 자신의 삶을 성찰하고, 미디어 경험을 소재로 자신을 소개하는 콘텐츠를 제작하여 타인과 공유하는 활동이다. 활동 형식은 '지식인의 서재'의 구성 방식을 바탕으로 구성하였다. 지식인의 서재가 책을 소재로 자신의 인생 이야기를 풀어내고 인생에 영향을 준 책을 추천하는 형식이라면, '오나미'는 책을 포함한 미디어를 소재로 자신의 인생 이야기를 풀어 내고 삶에 영향을 준 미디어 콘텐츠를 추천하는 형식으로 이루어졌다. 이 활동을 통해 자신 삶과 미디어 문화를 성찰하고 타인의 삶에 대한 이해를 넓히고자 하였다. 활동은 어린 시절부터 지금까지 어떤 미디어 콘텐츠를 즐겨 왔고, 그 과정에서 자신의 정체성이 어떻게 형성되었는지 성찰하는 데 초점을 두고 있다. 청소년의 삶과 밀접한 미디어를 통해 자신이 어떤 사람인지 진지하게 성찰하고 동시대를 살고 있는 친구들이 얼마나 다양한 모습으로 살아가고 있는지 생각할 수 있도록 활동을 구성했다.

2) 수업의 모습

처음 수업을 기획했을 때는 자신의 이야기를 글로 작성하여 공유하는 방식으로 진행하였다. 이후 〈파워포인트〉로 디자인 서식을 제작해 잡지 형식에 맞춰 자신의 사진을 넣어서 보다 완성도 높은 미디어 콘텐츠를 제작하도록 했다. 올해에는 〈파워포인트〉 파일을 〈구글 프레젠테이션〉과 연동하여 비대면 수업 활동으로 진행하였다.

수업은 선배들이 제작한 결과물을 보는 것으로 시작한다. 학생들은 선배들의 미디어 경험을 공유하며 오늘날 청소년들이 미디어를 통해 세상과 어떻게 소통하고 있고 정체성을 형성하고 있는지 알 수 있었다. 선배들의 콘텐츠를 통해 자신의 삶을 성찰할 수 있음을 경험하게 한 뒤에 자신의 콘텐츠 역시 친구와 후배들에게 삶의 참조인 역할을 할 수 있다는 점을 깨닫게 했다. 선배들의 결과물을 보고 작성해야 하는 내용과 형식을 파악한 뒤 자신의 이야기를 담은 콘텐츠를 제작하는 단계로 넘어갔다.

자신이 좋아했던 미디어 콘텐츠를 떠올려 보고, 미디어 경험이 자신에게 어떤 영향을 주었는지 성찰하도록 했다. 먼저 자신의 성격·가치관·취향·꿈 등 자신의 정체성이 어떻게 형성되었는지 생각해 보고, 미디어 경험과 관련지어 보도록 했다. 미디어 경험을 바탕으로 자신을 소개하는 글을 쓰고, 프레젠테이션 양식에 맞춰서 자신의 글을 배치하고, 자신을 잘 드러낼 수 있는 사진과 이미지를 활용하여 콘텐츠를 완성했다.

콘텐츠는 표지, 나에게 미디어란?, 미디어 경험 소개, 추천 미디어로 구성되었다. 인터뷰 형식으로 글을 작성하여 자신의 삶과 미디어 경험을 쉽고 친숙하게 소개하도록 했다. 완성된 콘텐츠는 하나의 프레젠테이션 파일로 모은 뒤 공유 링크를 통해 공유하여 자신의 미디어 경험과 친구의 미디어 경험을 비교해 보았다.

3) 수업의 의미

(1) 청소년의 미디어 문화 이해

학생들의 미디어 경험을 담은 콘텐츠가 축적되면서 청소년이 미디어를 통해 세상과 어떤 관계를 맺고 있으며, 어떤 꿈을 꾸고 어떤 고민을 하며 살고 있는 알 수 있었다. 단순히 청소년이 어떤 미디어 콘텐츠를 즐기고 있는지 아는 것이 아니라 청소년의 미디어 문화에 대한 이해를 넓힐 수 있었다. 선배들의 결과물 중 솔직하게 미디어 경험을 담아 낸 콘텐츠를 예시로 제공한 것이 학생들의 진지한 성찰을 이끌어 낸 요인으로 보인다. 청소년의 미디어 문화에 대한 교사의 이해가 깊어진 것뿐만 아니라 학생들 스스로도 미디어 문화를 성찰하는 모습을 확인할 수 있었다. 미디어 경험을 성찰하는 후속 활동으로 이어진다면 미디어 문화에 대한 비판적 수용 능력과 더불어 삶에 대한 성찰 능력을 키울 수 있을 것이다.

(2) 복합 양식 텍스트 쓰기 경험

미디어 경험을 글로만 표현하지 않고 시각 이미지를 포함한 미디어 콘텐츠로 제작한 것은 복합 양식 텍스트를 생산하는 경험을 주기 위함이었다. 프레젠테이션을 활용하여 잡지 디자인 양식을 만들어 학생들에게 제공하여 자신의 글을 시각적으로 배치하도록 했다. 학생들은 제작 의도에 맞춰 표지 이미지를 선정하고, 텍스트를 색과 배치를 고민하는 과정을 통해 미디어 콘텐츠가 구성되는 원리와 설득 전략을 이해할 수 있었다.

복합 양식의 의미 전달 방식을 배우는 것은 미디어 콘텐츠에 대한 이해 능력과 비판적 분석 능력을 키울 수 있다는 점에서 중요하다. 학생들은 자신의 모습이 담긴 이미지를 표지로 삼아야 한다는 조건으로 인해 다른 미디어 제작 활동보다 더 신중한 모습을 보여 주었다. 표정·옷·소품·장소 등 이미지에 담길 수 있는 요소들에 대해 질문을 던지고, 어떤 장면을 담고 싶은지, 이미지를 선택한 의도는 무엇인지 확인함으로써 미디어 콘텐츠를 구성하고 있는 요소들에 민감하게 반응하도록 했다.

(3) 미디어 제작을 통한 성장

미디어 콘텐츠를 제작하기 위해서는 예상 수용자를 파악하고 수용자의 특성을 고려하여 내용을 구성해야 한다. '오나미'는 자신을 소개하는 콘텐츠이기에 자신의 모습을 어디까지 보여 줄지 결정해야 했다. 예상 수용자는 학교 구성원들로 설정했다. 학생들은 완성된 콘텐츠를 보고 후배들에게 공유하는 것을 거부하거나 교사만 보는 것을 원하기도 했다. 공유 범위에 대해 고민하는 학생들에게 수용자에 따라 콘텐츠에 담기는 내용이 달라질 수 있음을 알려 주었다.

자신의 경험을 미디어 콘텐츠로 표현하는 과정에서 선택되거나 배제된 내용이 무엇인지 성찰함으로써 자연스럽게 미디어의 재현에 대한 이해로 나아갈 수 있었다. 자신의 삶을 소개하는 미디어 콘텐츠를 만드는 과정에서 어떤 경험을 콘텐츠에 담을 것인지 판단하게 되고, 그 과정에서 미디어 콘텐츠는 필연적으로 선택과 배제가 이루어짐을 인식할 수 있었다. 특히 콘텐츠에 재현된 자신의 모습과 실제 자신의 모습, 친구의 콘텐츠에 재현된 모습과 실제 친구의 모습을 비교하여 미디어의 생산과 수용, 그리고 재현의 문제에 대한 이해를 높일 수 있었다.

학생들이 제작한 결과물은 상당히 솔직하게 말하고 있지만 그 역시 생산자로서 선택된 내용이라는 것을 학생들은 제작 경험을 통해 깨달을 수 있었다. 전달 목적과 수용자의 특성뿐만 아니라 제작 과정에서 발생하는 다양한 문제로 인해 콘텐츠의 내용이 달라질 수 있다는 점을 이해하기 위해서는 직접 제작 활동을 하는 것이 가장 확실한 방법이다.

(4) 미디어를 통한 자기 이해

성찰적 글쓰기는 자신과 타인의 삶을 이해하고, 삶의 의미를 발견할 수 있는 유의미한 활동이다. 하지만 교실 속에서 자신의 삶을 솔직하고 진지하게 마주하기란 쉽지 않은 일이다. 더욱이 타인과의 공유를 전제로 한 글쓰기는 학생의 성찰 활동을 더욱 어렵게 한다. 미디어 경험을 바탕으로 한 성찰적 글쓰기는 자신의 삶을 진지하게 성찰하고 솔직하게 표현하는 데 도움을 주었다. 학생들은 자신이 어떤 미디어 콘텐츠를 즐겼는지 쉽게 떠올렸고, 왜 그러한 미디어 콘텐츠를 즐겼는지 스스로 질문을 던지면서 자신의 정체성에 대해 탐구하는 모습을 보여 주었다. 미디어 경험에 대한 탐구가 자신을 이해하는 열쇠가 될 수도 있음을 확인하였다.

〈그림 15-3〉 [활동 결과물] 표지

〈그림 15-4〉 [활동 결과물] 표지

〈그림 15-5〉 [활동 결과물]
미디어 경험 소개

〈그림 15-6〉 [활동 결과물]
추천 미디어

3. 뉴스 일기

1) 기획 의도

오늘날 청소년들은 모바일을 기반으로 SNS와 온라인 동영상 플랫폼을 통해 뉴스를 접하고 있다(2019 10대 청소년 미디어 이용 조사, 한국언론진흥재단). SNS와 온라인 동영상 플랫폼에서 접하는 뉴스는 콘텐츠를 게시하는 사람의 관점이 반영되어 있다. 뉴스를 공유하며 달아 놓은 한 줄 의견이 뉴스를 공유하는 사람에게 이슈를 해석하는 틀을 제공하기도 한다. 특히, 사회적으로 첨예하게 대립하는 이슈의 경우 뉴스의 일부만 모아서 극단적인 주장을 강화하는 근거로 사용하는 모습도 나타난다. 뉴스는 이슈에 대한 자신의 관점을 세우는 데 큰 영향을 주는 미디어이다. 따라서 뉴스를 비판적으로 분석하고 이슈에 대한 자신만의 합리적 관점을 세우는 것이 필요하다. 뉴스 일기 수업은 뉴스를 이용하는 힘을 기르기 위해 기획하였다.

2) 수업의 모습

뉴스 일기 수업은 학생들이 뉴스와의 친밀해지는 것을 첫 번째 목표로 세웠다. 동아리 학생들에게 뉴스 일기장을 나눠 주고, 뉴스를 읽고 자유롭게 자신의 생각을 표현하도록 했다. 일주일에 최소 하나의 기사를 읽고 동아리 시간에 모여 서로의 뉴스 일기를 공유하는 시간을 가졌다. 뉴스 일기의 핵심은 꾸준함이다. 많은 공부와 학교 활동으로 바쁜 나날을 보내는 학생들에게 매주 뉴스를 읽고 일기를 작성하는 것은 쉬운 일이 아니었다. 동아리 소속이 아니어서 자율적으로 뉴스 일기 활동에 참여한 학생들은 꾸준히 작성하지 못한 경우가 많았다.

뉴스 일기 활동이 지루하지 않고 보다 적극적인 참여로 이어질 수 있도록 다양한 공유 활동을 마련했다. 각자 자유롭게 작성한 내용을 공통된 양식에 맞춰서 정리하고, 이를 모아 동아리 뉴스 일기를 제작했다. 미적 감각이 부족한 남학생들을 위해 〈파워포인트〉로 디자인 양식을 만들어 양식을 활용해 콘텐츠를 제작할 수 있도록 했다. 〈파워포인트〉 양식을 잡지 구성과 같이 제작하고, 학생들이 제작한 결과물을 인쇄해서 일기장에 붙이는 방식으로 동아리 뉴스 일기를 제작했다.

3) 뉴스 일기의 구성

(1) 뉴스 읽기

뉴스 읽기는 "생각 정리, 강조하는 내용, 질문 만들기, 뉴스 정보 분석"으로 구성되어 있다. '생각 정리'에서는 뉴스를 읽고 이슈에 대한 자신의 관점과 생각을 표현한다. '강조하는 내용'에서는 표제·이미지·텍스트의 크기와 색깔 등 뉴스에서 강조하는 내용을 파악한다. '질문 만들기'에서는 궁금한 내용, 더 알고 싶은 내용, 동의하지 않는 내용을 질문 형식으로 표현한다. '뉴스 정보 분석'에서는 언론사·기자·취재원·시각 자료 등 뉴스를 구성하고 있는 요소를 파악한다.

(2) 이슈 리뷰

이슈 리뷰는 뉴스에 대한 생각을 친구들과 공유하는 활동이다. 이슈에 대한 자신의 생각을 적고 이번 주의 이슈, 이번 달의 이슈를 선정한다. 이슈에 대한 다양한 생각을 확인하면서 관점의 차이를 파악할 수 있도록 했다. 생각을 공유하는 과정에서 이슈에 대한 정보를 공유하고 혼자 뉴스를 볼 때보다 이슈에 대한 이해를 넓힐 수 있다는 점을 경험할 수 있도록 했다. 친구와 관점이 충돌하는 지점을 확인하고, 자신의 관점이 합리적이고 윤리적인지 성찰함으로써 자신만의 합리적 관점을 형성하고 관점이 다른 사람과 소통하는 자세를 키우는 데 중점을 두었다.

(3) 뉴스 릴레이

꾸준히 뉴스 일기를 작성하면서 하나의 이슈를 긴 시간 동안 살펴볼 수 있었다. 뉴스 일기를 작성하면서 후속 기사가 나오는 이슈는 따로 모아서 정리하도록 했다. 뉴스의 제목을 한데 모아 이슈가 변화하는 흐름을 한눈에 파악할 수 있도록 했고, 이슈에 대한 자신의 생각을 제시하도록 했다. 이슈를 처음 접했을 때 작성한 뉴스 일기 내용과 비교해 보며, 자신의 생각이 어떻게 달라지거나 강화되었는지, 자신의 관점에 영향을 미친 정보는 무엇인지 탐구해 보도록 했다.

(4) 표지 이야기

한 달 동안 읽은 뉴스 중에서 가장 중요한 이슈를 선정하여 뉴스 월간지 표지를 제작하는 활동이다. 한 달 동안 발생한 이슈를 자신의 관점에서 중요도를 판단하고, 이번 달의 키워드를 선정하여 의미 부여를 하도록 했다. 자신이 만든 표지와 친구가 만든 표지를 비교하여 이슈를 선택하고 의미를 형성하는 관점의 차이를 인식하고, 뉴스를 비롯한 미디어가 제작될 때 이러한 선택과 배제가 이루어진다는 점을 경험하도록 했다.

〈그림 15-7〉 [활동 결과물] 표지 이야기

〈그림 15-8〉 [활동 결과물] 뉴스 읽기

〈그림 15-9〉 [활동 결과물] 이슈 리뷰

뉴스 일기(작성 예시)

■ 생각 정리

상산고등학교의 자사고 지정 취소되었다고 한다. 상산고는 우리 지역 명문고로 소문난 학교이다. 그런 학교에 대한 소식이기에 학교 선생님은 물론 친구들과 부모님도 큰 관심을 보였다. 자사고는 평가를 통해 지정 취소 여부를 결정한다는 걸 새롭게 알았다. 문제가 있으면 취소해야겠지만, 전북교육청만 평가 기준 점수를 다른 곳보다 10점 높게 했다는 부분이 문제가 있다고 본다.

■ 뉴스에서 강조하는 내용

전주 상산고 자사고 취소 결정.
전북교육청이 결정했다.

■ 질문하며 뉴스 읽기

☑ 평가 커트라인 점수는 왜 올라갔을까?
☑ 글로 된 기사 외에 기자회견 영상을 게시한 이유는 뭘까?

■ 뉴스 정보 분석

☑ 신문사: 중앙일보
☑ 날짜: 2019-6-20
☑ 분야: 교육
☑ 기자: 채혜선
☑ 취재원: 전북교육청 하영민 과장, 상산고 교장 박삼옥
☑ 시각 자료: 상산고 전경(상산고), 하영민 과장과 박삼옥 교장의 기자회견 영상

뉴스 일기

■ 생각 정리

■ 뉴스에서 강조하는 내용

■ 질문하며 뉴스 읽기

☑
☑
☑

■ 뉴스 정보 분석

☑ 신문사:
☑ 날짜:
☑ 분야:
☑ 기자:
☑ 취재원:
☑ 시각 자료:

4. 시사주간지 제작

1) 기획 의도

시사주간지 제작 수업은 고3을 대상으로 운영한 교과 통합 수업이다. 남학생과 여학생이 젠더 문제를 화두로 SNS상에서 논쟁을 벌여서 남녀 대립으로 갈등이 커졌던 사건을 계기로 수업을 기획하게 되었다. 두 학생 모두 나름의 확실한 관점을 가지고 있었으나 타인에 대한 존중과 이해가 결여된 인식 수준을 보여 주었다. "이 학생들은 어떤 과정을 거쳐서 자신의 관점을 가지게 되었을까?" 학생들의 대립을 보며 이런 생각을 하게 되었다. 그러면서 우리가 젠더·난민·최저임금 등 사회적 이슈에 대해 과연 합리적인 관점을 가지고 있는지 의문이 들었다.

자신의 관점이라는 것이 개인적 경험, 인터넷에서 스치면서 본 기사 제목과 이미지, 누군가와의 대화 속 몇 마디에 의지하고 있음을 알게 되었다. 특히 미디어를 통해 알게 된 정보가 관점 형성에 미치는 영향이 가장 크다고 생각했다. 곧 성인이 될 고3 학생들이 자신만의 관점을 세울 때 판단의 근거가 될 정보들이 어떤 관점에서 제작되었는지 비판적으로 인식할 수 있다면 보다 합리적인 사람이 될 거라는 기대가 생겼다. 나름 멋있는 이유를 붙였지만 이것으로 고3을 설득할 수는 없었다. 결국 학생들의 부담을 줄이기 위해 세계지리와 교과 통합으로 진행하기로 결정한 뒤에야 수업을 시작할 수 있었다.

시사주간지는 과거에 비해 이용 빈도가 많이 낮아진 미디어이다. 특히 청소년에게는 더욱 생소한 매체이다. 그럼에도 시사주간지를 선택한 이유는 언론사의 관점이 뚜렷하게 나타나는 매체이기 때문이다. 주간지는 일간지와 비교해서 사건을 심층적으로 다룬다는 점과 언론사의 주관적인 견해가 두드러진다는 특징이 있다. 학생들이 마음껏 특정한 관점에서 정보를 재구성할 매체가 필요했고 그것이 시사주간지였다.

2) 수업의 모습

시사주간지 제작 수업은 세계지리와 화법과 작문의 교과 통합 수업으로 진행되었다. 시간 확보와 자료 검증을 위해 주제를 세계 분쟁으로 정하고, 자료 조사를 세계지리 시간에 했다. 수업의 흐름은 다음과 같다.

과목(차시)	수업 내용
세계지리(1)	세계 분쟁의 개념과 유형, 전개 과정과 해결 방안을 이해한다.
세계지리(2-3)	두 사람이 짝을 이뤄 분쟁 지역 중 한 곳을 선택하고 대립 국가(민족) 중 한 곳을 맡는다.
	자신이 맡은 국가(민족)의 입장에서 분쟁의 원인·과정·해결방안을 조사한다.
화법과 작문(1)	시사주간지의 장르 특성을 이해한다.
화법과 작문(2-3)	자신이 맡은 국가(민족)의 구성원을 예상 독자로 설정하여 시사주간지를 제작한다.
세계지리(4)	분쟁 지역별로 1:1 토론식 발표를 한다.
화법과 작문(4)	완성된 시사주간지를 짝과 비교한다.
	분쟁 지역에 대한 자신의 관점을 세운다.

화법과 작문 시간에는 먼저 시사주간지의 장르 특성을 이해하는 수업을 했다. 학생의 이해를 돕기 위해 독도에 대한 한국과 일본의 시사주간지를 〈파워포인트〉로 제작해 예시로 제공하여 두 주간지의 특성을 비교하면서 주간지의 장르 특성을 설명했다. 학생들은 주간지에 대한 이해를 바탕으로 세계지리 시간에 조사한 내용을 활용해 주간지를 제작했다. 기사를 작성하는 데 두 시간을 주었고 〈파워포인트〉로 완성하는 것은 과제로 부여했다. 완성된 파일을 메일로 보내면 피드백을 보내 완성도를 높였다. 주간지가 완성된 후에는 반별로 모아 책자로 인쇄해서 개인별로 나눠 줬다. 표지를 학생들마다 자신의 주간지 표지로 작업하여 전달하니 만족도가 매우 높았다. 3주간의 수업 중 처음으로 서로 웃는 모습을 본 순간이었다.

이후 완성된 자신의 주간지와 상대 국가(민족)의 주간지를 나란히 놓고, 표지 이미지, 타이틀, 강조한 내용과 배제한 내용 등을 비교, 분석하면서 관점의 차이가 보도 방식의 차이로 나타남을 이해하도록 진행했다. 끝으로 분쟁 지역에 대한 자신의 관점을 활동 전후로 작성하여 인식의 변화를 살폈다. 기존의 관점이 더 뚜렷해진 학생도 있었고, 관점이 변하거나 모호해진 경우도 있었다. 학생들의 활동 소감에 나타나는 한 가지 큰 경향은 분쟁 지역에 대한 다양한 자료 위에서 합리적 판단을 내리려 할 때 확답을 내리지 못하고 조심스러워했다는 점이다. 자신과 다른 관점에 대한 인식이 판단의 신중함으로 이어진 것으로 보인다.

〈그림 15-10〉 [활동 결과물] 시사주간지 표지

〈그림 15-11〉 [활동 결과물] 시사주간지 표지

〈그림 15-12〉 [활동 결과물] 시사주간지
표지

〈그림 15-13〉 [활동 결과물] 시사주간지
기사

주간지 구성 요소 예시

기사 작성 요령

QR코드에 링크된 페이지 접속 후 목차에서 필요한 정보를 클릭하여 기사 작성에 참고하기 바람.

시사주간지 비교하기

두 주간지가 사건을 바라보는 방식을 비교해 봅시다.

갈등 지역		
입장 국가(민족)		
언론사 이름		
표지 타이틀		
표지 사진		
기사 표제		
기사 사진		
선택·강조한 내용		
배제·축소한 내용		

3) 수업의 의미

시사주간지 제작을 위해 학생들은 관련 기사와 자료를 찾고, 이를 자신이 맡은 국가(민족)의 입장에서 재구성해야 했다. 자신이 맡은 국가(민족)의 입장에서 만들어진 자료가 필요했기에 검색 과정에서 자연스럽게 기사와 자료가 어떤 관점에서 만들어졌는지 살피는 모습을 발견할 수 있었다. 몇몇 학생들은 자신이 맡은 국가(민족)의 입장을 보여 주는 기사를 찾지 못해 어려움을 겪었는데, 이를 통해 국내 언론을 통해 보도되는 분쟁 지역 기사들이 다양한 관점을 담아 내지 못하고 있다는 문제의식도 가졌다.

학생들은 국내외 포털을 활용하여 자료를 수집하거나 해당 국가(민족)의 기사를 번역하여 자료를 조사하기도 했다. 흥미로운 점은, 이렇게 수집된 자료를 주간지 형식으로 재구성하는 과정에서 동일한 자료가 서로 다른 의미로 사용되었다는 점이다. 이스라엘-팔레스타인 분쟁을 다룬 두 학생은 동일한 지도 이미지를 기사에 첨부하면서 서로 다른 이미지 설명을 달았다. 이스라엘의 주간지를 제작한 학생은 "이스라엘이 본래 영토를 되찾는 과정"이라고 설명한 반면, 팔레스타인의 주간지를 제작한 학생은 "팔레스타인이 영토를 잃어가는 과정"이라고 설명하는 모습을 보여 주었다.

완성된 주간지를 서로 비교하는 활동에서 학생들은 표지 이미지, 타이틀, 기사 제목 등 주간지의 구성 요소에 반영된 제작자의 의도를 분석하고 비판적으로 해석했다. 학생들은 이 과정에서 동일한 사건이 관점에 따라 어떻게 다르게 보도가 되는지를 확인할 수 있었다. 특히 관점에 따라 어떤 내용이 선택되고 배제되는지, 의도와 목적을 실현하기 위해 어떤 미디어 언어를 활용하는지를 분석함으로써 비판적 리터러시 역량을 키울 수 있었다.

〈그림 15-14〉 [활동 모습] 시사주간지 제작 후 분쟁 지역에 대해 발표하는 모습

4) 수업 자료의 활용

시사주간지 양식을 활용하여 자신의 진로 분야에서 사회문제를 탐구하고, 그 결과를 뉴스로 제작하는 활동을 운영할 수 있다. 고등학교에서 진로와 관련된 다양한 활동들이 이루어지고 있으므로 디자인 양식을 활용하여 미디어 리터러시 교육과 연계할 수 있다. 특히 체육대회·축제 등 교내 행사에 참여한 후 자신이 경험한 내용을 기사 형식으로 표현할 수 있다. 사회적 이슈를 주제로 미디어 리터러시 수업을 운영하는 경우 전통적인 리터러시 역량이 부족하거나 학습 동기가 낮은 학생들의 학습을 이끌어 내기 어렵다는 문제가 있다. 다루는 내용을 제대로 이해하지 못한다면, 미디어 리터러시 교육 목표를 달성할 수 없다. 따라서 뉴스 리터러시 교육이라고 해서 항상 사회적 이슈를 다루기보다는 수업 상황을 고려하여 적절한 주제를 선정하는 것이 중요하다.

수업 후 〈파워포인트〉 활용에 익숙해진 학생들은 디자인 서식을 활용하여 다양한 콘텐츠를 만들어 냈다. 고3이다 보니 진로와 관련지으려는 노력을 많이 했고, 자신의 관심 분야를 주제로 잡지를 제작하거나 다른 교과 수업의 과제 활동에 시사 주간지 제작 경험을 활용하는 학생들이 많았다. 특히 난민을 주제로 시사주간지를 제작한 학생은 난민 수용에 찬성하는 자신의 관점을 정교화하기 위해 난민을 반대하는 관점에서 주간지를 작성하고, 자신의 관점을 성찰하는 모습을 보여 주었다. 미디어 제작 경험이 학생들의 사고를 촉진할 수 있음을 확인한 순간이었다. 양식을 활용해 다양한 콘텐츠를 제작한 학생들을 보면서 학생들의 생각과 감정을 담아 낼 그릇을 보다 다양하게 만들어 제공해야 할 필요가 있다.

〈그림 15-15〉 [결과물 활용] 진로 이슈
시사주간지 표지

〈그림 15-16〉 [결과물 활용] 진로 이슈
시사주간지 본문

〈그림 15-17〉 [결과물 활용] 체육대회 뉴스
표지

〈그림 15-18〉 [결과물 활용] 체육대회 뉴스
본문

5. 임시정부 임무 수행하기

1) 기획 의도

대한민국임시정부 임무 수행하기 수업은 대한민국임시정부 수립 100주년을 맞이하여 한국사·국어·영어·한문 교과가 참여한 교과 통합 수업이다. 국어 교과에서 근대 신문을 제작하는 활동을 통해 미디어 리터러시 역량을 키우고자 하였다. 근대 신문은 오늘날 신문과 유사하면서도 나름의 미디어 언어를 지니고 있다. 특히 근대 신문은 논설과 독자 투고가 많은 비중을 차지한다는 점이 특징이다. 그중에서도 논설은 도입부에 주장하는 내용과 관련된 친숙한 이야기를 제시한다는 특징이 있다. 이는 당시에 예상 독자를 고려하여 보다 쉽게 주장을 전달하고자 하는 의도가 반영된 것이다. 이처럼 근대 신문의 미디어 특성을 파악하고 이를 바탕으로 신문을 제작하는 수업을 설계하였다.

2) 수업의 모습

먼저 한국사 시간에 〈독립신문〉 제작을 위한 취재 활동을 진행했다. 독립운동 노선을 학습하고 노선에 따라 모둠을 구성하였다. 수업에 몰입할 수 있도록 독립운동 노선의 대표적인 인물이 지령을 내리는 형식으로 활동지를 구성했다. 외교 독립, 무장투쟁, 의열 투쟁, 실력 양성 등 독립운동의 방향에 대한 자신의 관점에 따라 기사 작성을 위한 취재를 진행했다.

기사의 주제는 역사적 사건의 의미를 다루도록 했다. 모둠별로 역사적 사건을 선정하고 그 사건이 발생한 지 10년이 지났다고 가정하고, 10주년의 의미를 다룬 기사를 작성하도록 했다. 논설과 독자 투고는 자신이 선택한 독립운동 노선의 관점에서 가상의 인물을 설정하여 작성하도록 했다. 완성된 신문을 비교하여 독립운동 노선에 따라 역사적 사건을 어떻게 해석하였는지 비교하도록 했다. 또 오늘날 신문과 근대 신문이 어떤 차이가 있는지 비교해 보았다. 한문 시간에는 근대 신문을 국한문 혼용체로 바꿔서 제작하였으며, 영어 시간에는 우리나라의 독립을 해외에 알리는 선전 책자를 제작하는 활동을 진행했다.

3) 수업 지도안

과목	활동 내용
한국사	• 대한민국임시정부 이해하기 • 임시정부 국무원 임원 임명장 수여하기 • 독립운동 노선 정하기 • 독립운동 노선별로 모둠 구성하기 • 독립운동 노선별 주장과 대표 인물 이해하기 • 독립신문 제작을 위해 취재하기(개인) • 취재 내용 정리 후 발표하기(모둠)
국어	• 임시정부 기관지 제작 임무 부여하기 • 신문 매체의 특징 이해하기 • 근대 신문과 오늘날 신문 비교하기 • 근대 신문의 특성과 기사 작성법 이해하기 • 노선의 관점에 맞춰 독립신문 기사 쓰기(개인) • PPT 양식을 활용해 독립신문 제작하기(모둠) • 모둠별 신문 발표 및 감상하기
영어	• 임시정부 외교 선전 책자 제작 임무 부여하기 • 임시정부 외교 선전 책자 제작하기(모둠) • 〈독립신문〉 기사에서 영작할 내용 선정하여 영작하기 • 다양한 매체를 활용하여 임시정부의 소식을 알리는 영어 홍보물 제작하기 • 홍보물 영어 발표하기
한문	• 〈독립신문〉 기사에서 한자로 표기할 어휘 선정하기(개인) • 국어 시간에 작성한 기사에서 핵심 어휘, 정확한 뜻을 모르는 어휘, 한자음과 뜻을 알고 있는 어휘 고르기 • 고른 어휘를 한자로 적고 뜻을 찾아 표기하기 • 국한문 혼용체로 기사 수정하기(모둠) • 국한문 혼용체 독립신문 발표 및 감상하기

〈그림 15-19〉 [수업 자료] 임시정부 임원
임명장

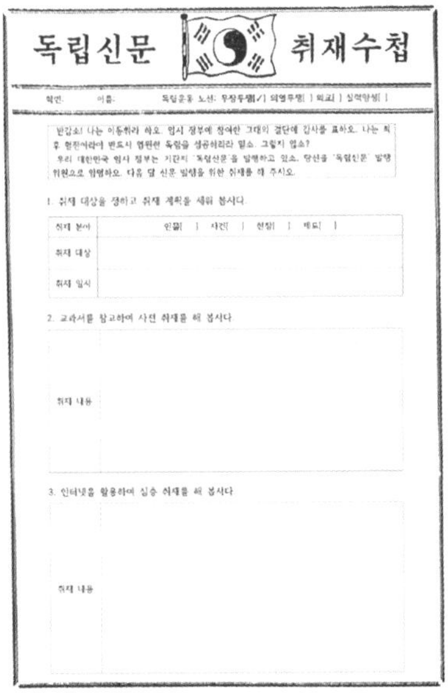

〈그림 15-21〉 [활동 결과물] 근대 신문

〈그림 15-20〉 [활동지] 근대 신문 기사
작성

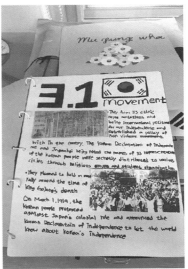

〈그림 15-22〉 [활동 결과물] 해외 선전 책자

참고문헌

강민정·정은주·조해윤(2020). Z세대가 즐기는 유튜브 채널의 몰입요인과 특징. **한국콘텐츠학회 논문지**, 20(2), 150-161.

강진숙(2012). 노인여성의 미디어재현과 차별에 대한 인식 연구: 20대 대학생들과의 초점집단 인터뷰 (FGI)를 중심으로. **방송문화연구**, 14(1), 111-138.

강진숙(2019). **뉴미디어 사상과 문화**. 서울: 지금.

강진숙·김동명(2019). 장애인 관련 영상 제작자 및 활동가들의 '소수자-되기'에 대한 미디어 비오그라피 연구: 미디어의 장애인 재현과 제작 활동을 중심으로. **한국언론학보**, 63(1), 286-324.

강진숙·배현순·김지연·박유신(2019). 미디어 리터러시 교육과정 운영을 통한 시민역량 제고 방안 연구. 2019년 교육부 정책연구보고서.

강태연·윤태진(2002). **한국 TV 예능·오락 프로그램의 변천과 발전**. 서울: 한울아카데미.

경향신문. https://www.khan.co.kr/world/world-general/article/202110060843001에서 인출.

고봉진(2014). 사회계약론의 역사적 의의 — 홉스, 로크, 루소의 사회계약론 비교. **법과 정책**, 20(1), 55-82.

고영삼(2012). **인터넷에 빼앗긴 아이**. 서울: 베가북스.

고영신(2007). **디지털시대의 취재보도론**. 파주: 나남.

고찬희(1984). 텔레비전 드라마의 성차별성에 따른 고정관념에 대한 연구. 서강대학교 석사학위논문.

구연상(2004). **매체 정보란 무엇인가**. 파주: 살림출판사.

권미영·황지영·정혜윤·송시형(2013). 대학생들의 인터넷 중독에 영향을 미치는 요인에 대한 연구, **글로벌사회복지연구**, 3(2), 65-86.

권선미(2020. 4. 1). 구강청결제 브랜드 리스테린, '자기 전 습관, 리스테린' 캠페인 론칭. 중앙일보 헬스미디어. https://jhealthmedia.joins.com/article/article_view.asp?pno=21613에서 인출.

권예지·이경미·편미란(2021). 지속가능한 발전을 위한 광고이용자 권익향상 방안. kobaco.

권혜령·송여주·장은주·홍완선·김언동(2018). **슬기로운 미디어 생활**. 서울: 우리학교.

금준경(2022. 7). "가짜뉴스의 세 가지 유형을 이해하기". 미디어오늘 '넥스트리터러시 리뷰' http://www.nextliteracy.co.kr/news/articleView.html?idxno=10024에서 인출.

금희조(2011). 소셜미디어 세상, 우리는 행복한가? 소셜 미디어 이용이 사회자본과 정서적 웰빙에 미치는 영향. **한국방송학보**, 25(5), 7-48.

김강민(2022. 5). "기사형 광고 의심사례 수천건 … 연합뉴스 사태 이후에도 안변해". 뉴스타파. https://n.news.naver.com/mnews/article/607/0000001078?sid=102에서 인출.

김경희(2012). 뉴스 소비의 변화와 뉴스의 진화. **언론정보연구**, 49(2), 5-36.

김경희·김수진·송영훈·정은령·최재원(2022). **올바른 저널리즘 실천을 위한 언론인 안내서 — 팩트체크 편**. 서울: 한국언론진흥재단.

김경희·이숙정·김광재·정일권·박주연·심재웅, … 전경란(2018). **디지털 미디어 리터러시**. 파주: 한울아카데미.

김나미·유승엽(2015). 광고 주제와 소구 유형 및 모델 이미지에 따른 공익광고 효과. **광고학연구**, 26(2), 317-341.

김남희(2022. 9. 19). "청소년 도박중독 5년새 3배 폭증 … '기숙 치유캠프' 개최". 뉴시스. https://newsis. com/view/?id=NISX20220919_0002017332&cID=10201&pID=10200에서 인출.

김대호(2014), 소셜미디어 등장의 의미, 영향과 발전의 관계. 김대호·나은영·김성철·이상우·심용운 ·최선규·최준호·진달용·이재신·장병희 지음. **소셜미디어**. 서울: 커뮤니케이션북스.

김대희(2018). **미디어 리터러시와 국어교육**. 서울: 상상박물관.

김대희(2021). 미디어 리터러시 교육의 방향에 관한 연구. **국어문학**, 제78집. 국어문학회, 383-408.

김덕수(2019). 시민권과 로마 정치 — 키케로, 시인 아르키아스 변론(기원전 62년)을 중심으로. **수사학**, 36, 31-59.

김동일(2017). 시민 의무의 정치철학적 기초: 고전 자유주의와 시민·루소·고전 공화주의를 중심으로. **정치사상연구**, 23(1), 9-29.

김명혜·김훈순(1996). 텔레비전 드라마의 가부장적 서사전략. **언론과 사회**, 6, 6-50.

김미라(2014). TV 매체에 재현된 새로운 남성성(masculinity)과 그 한계: 주말 예능프로그램을 중심으로. **한국콘텐츠학회 논문지**, 14(1), 88-96.

김미선·박성수(2019). 청소년의 음란물접촉과 예방대책. **한국중독범죄학회보**, 9(1), 1-22.

김미선·이가영(2016). 미디어 재현에 나타난 남성성과 젠더 이데올로기의 정치학: 〈삼시세끼: 어촌편〉 서사분석을 중심으로. **미디어, 젠더 & 문화**, 31(3), 97-137.

김상경(2020. 2. 9). "드라마 장악한 재벌, 외면당한 노인". 오마이뉴스. http://www.ohmynews. com/NWS_Web/View/at_pg.aspx?CNTN_CD=A0002609505&CMPT_CD=P0010&utm_ source=naver&utm_medium=newsearch&utm_campaign=naver_news에서 인출.

김성재·김상철(2014). **대통령 노무현과 조폭언론 5년의 기록 — 다시 보는 야만의 언론**. 서울: 책보세.

김소연(2022. 6. 25). 〔Opinion〕'제로' 어디까지 가능할까? 〔음식〕. 아트인사이트.

김소형(2022). 아마추어 브이로그 유튜버의 자기 계발 현상과 노동에 관한 연구. **한국언론정보학보**, 114, 7-29.

김수아·김세은·손병우·윤태일(2014). 흠집과 결함의 남성성: 〈무한도전〉이 표상하는 남성성의 사회문화적 의미. 한국방송학보, 58(4), 42-69.

김수아·최서영(2007). 남성 정체성(들)의 재생산과 사이버 공간. **미디어, 젠더 & 문화**, 8, 5-41.

김아미(2015). **미디어 리터러시 교육의 이해**. 서울: 커뮤니케이션북스.

김양은(2005). 미디어 교육의 개념 변화에 대한 고찰. **한국언론정보학보**, 통권 28호, 77-110.

김양은(2009). **디지털 시대의 미디어 리터러시**. 서울: 커뮤니케이션북스.

김양은(2003). 미디어 교육의 어제, 오늘 그리고 미래. 제1차 미디어교육 국내 심포지엄. **한국언론학회**. 94-115.

김연식·박남기(2018). 모바일 시대 수용자들은 어떤 뉴스 콘텐츠를 원하는가?. **한국콘텐츠학회 논문지**,

18(5), 95-104.

김영주·정재민(2006). **노인과 미디어**. 서울: 한국언론재단.

김영화(2022. 9.). "〔신뢰도 조사〕 신뢰하는 언론매체 '없거나 모르겠다'". 시사인. https://www.sisain. co.kr/news/articleView.html?idxno=48407에서 인출.

김예란(2012). 리액션 비디오의 주목경제: K-Pop의 지구적 생산과 소비를 중심으로. **방송문화연구**, 24(2), 161-192.

김예란·박주연(2006). TV 리얼리티 프로그램의 이론과 실제. **한국방송학보**, 20(3), 7-48.

김유정(2012). 소셜 네트워크 서비스의 의미와 활용. 한국방송학회 방송과수용자연구회 엮음, 김미경·김유정·김정기 외 엮음. **소셜미디어연구**. 커뮤니케이션북스.

김유태(2022. 5. 6.). "학폭의 기억이 묻는다 … 당신은 가해자였나 피해자였나, 그때 어른들은 무얼 했나". 매일경제. https://www.mk.co.kr/news/culture/view/2022/05/402526/에서 인출.

김재중(2021. 10. 6). 환경운동가들, '과소비=멸종' 현수막 들고 루이비통 패션쇼 등장. 경향신문. https://www.khan.co.kr/world/world-general/article/202110060843001에서 인출

김정애(2021). 미디어중독 개선을 위한 VR 문학치료 프로그램의 예비적 고찰 — 미디어중독 관련 설화 선정 과정을 중심으로. **문학치료연구**, 58, 9-41.

김정자(2002). 국어교육에서 미디어 교육의 수용. **국어교육학연구**, 제15권, 국어교육학회, 235-272.

김정탁(2009). 주체와 객체의 융합 조건에 관한 연구: J. 데리다와 유불선 사상과의 접합을 통해서. **커뮤니케이션 이론**, 5(2), 101-141.

김준호(2022. 8. 6). 미국 캘리포니아 차량국 "테슬라, 자율주행 허위광고" 고발. KBS 뉴스. https://news. kbs.co.kr/news/pc/view/view.do?ncd=5526954&ref=A에서 인출.

김지은·윤영민(2010). 온라인 구전커뮤니케이션: 사용후기 평가에 미치는 댓글의 영향에 관한 실험 연구. **한국방송학보**, 24(1), 7-45.

김창성(2004). 로마 동맹국 전쟁 이후 이탈리아 自治都市의 구조와 中央의 통제. **역사학보**, 184, 247-280.

김춘식·홍주현(2020). 유튜브 공간에서 '가짜뉴스의 뉴스화': 〈고성산불〉 관련 정치적 의혹 제기와 청와대 반응 사례 연구. **정치정보연구**, 23(2), 403-439.

김해봉(2011). 스마트폰 기반의 모바일 SNS 사례연구: 카카오톡을 중심으로. 한림대학교 석사학위논문.

김형진·정효정·권보람(2022). 디지털 네이티브 세대를 위한 유튜브 리터러시 체크리스트 개발 연구. **한국콘텐츠학회 논문지**, 22(3), 273-284.

김혜수·김미화·김상준(2006). **2006 인터넷 중독 실태조사**. 서울: 한국정보문화진흥원.

김혜원(2001). 청소년들의 인터넷 중독 현상: 인터넷 중독의 현황 파악과 관련 변인 분석. **청소년학 연구**, 8(2), 91-117.

김효숙(2011). 페이스북을 활용한 소셜 미디어 리터러시의 개발 가능성에 관한 연구. **학습과학연구**, 6(2), 20-38.

김훈순·김미선(2008). 여성 담론 생산의 장(場)으로서 텔레비전 드라마: 30대 미혼여성의 일과 사랑을 중심으로. **한국언론학보**, 52(1), 244-270.

나미수(2019). **미디어와 젠더**. 전북대학교 출판문화원.

나은영(2010). **미디어 심리학**. 서울: 한나래.

남명자(1984). 텔레비전 드라마에 비친 한국 여성상에 관한 분석. **방송연구**, 여름호, 125-137.

남윤재 외(2021). **유튜브의 이해와 활용**. 파주: 한울아카데미.

노석준·이동훈·김인숙·송연주(2011). 전문계열 고등학생의 ADHD, 우울, 불안이 인터넷 중독에 미치는 영향. **아시아교육연구**, 12(4), 25-53.

노지마 무라토바, 알톤 그리즐, 딜푸자 미르자흐메도바 지음, 임호영 역(2019). **저널리즘과 미디어·정보 리터러시 — 언론인과 저널리즘 교육자를 위한 핸드북**. 서울: 한국언론진흥재단.

노지민(2022. 7). "또다시 밑바닥 보여준 인하대 성폭력·사망 사건 보도". 미디어오늘. http://www.mediatoday.co.kr/news/articleView.html?idxno=305119에서 인출.

뉴스토마토. https://www.artinsight.co.kr/news/view.php?no=60428에서 인출.

동세호·김성용·안호림(2016). 언론보도에 의한 초상권 침해 소송의 경향과 특성. **한국콘텐츠학회 논문지**, 16(1), 372.

디지털뉴스부. https://www.mbn.co.kr/news/world/4610434에서 인출.

문재완·지성우·이승선·김민정·김기중·심석태 … 윤성옥(2017). **미디어와 법**. 서울: 커뮤니케이션북스. 29-30.

박경자·유일·김재전(2013). Social Network Service (SNS) 지속사용에 관한 연구: 사용자의 SNS 리터러시 조절효과를 중심으로. **정보시스템연구**, 22(1), 65-86.

박근영·최윤정(2014). 온라인 공론장에서 토론이 합의와 대립에 이르게 하는 요인 분석: 개방형 공론장과 커뮤니티 공론장의 토론 숙의성 비교. **한국언론학보**, 58(1), 39-69.

박선혜(2018. 11. 6). "SNS에서 늘고 있는 '#자해' … 위로 필요한 청소년의 '자화상'". 메디컬옵저버. http://www.monews.co.kr/news/articleView.html?idxno=120626에서 인출.

박승민·조영미·김동민(2017). **청소년 인터넷 중독의 이해와 상담**. 서울: 학지사.

박유신(2017). 호주 국가교육과정 예술과목 'Media Art'에 나타난 미디어 리터러시 교육. **만화애니메이션연구**, (48), 271-310.

박은하(2014). 텔레비전 멜로드라마의 이야기구조와 남녀주인공의 특성: 방송 3사를 중심으로. **한국콘텐츠학회 논문지**, 14(2), 48-59.

박인기(2003). 미디어 현상의 교육적 수용과 교육과정론적 의의. 2003년 한국언론학회 학술대회 자료집 — 세계의 미디어 교육과 우리의 과제. **한국언론학회**.

박재령(2022. 9). ""베트남 영구추방" 황당 그 자체를 뉴스로 포장한 유튜브 채널". 미디어오늘. http://www.mediatoday.co.kr/news/articleView.html?idxno=305705에서 인출.

박정순(1987). 젠더적 사고를 넘어서: 커뮤니케이션 연구의 페미니스트 패러다임. 박정순·김훈순 편, **대중매체와 성의질서**, 나남.

박종관(2022. 6). "[단독] 쿠팡노조, 본사 점거하고 대낮부터 술판 벌였다". 한국경제신문. https://www.hankyung.com/economy/article/202206307684i에서 인출.

박주연(2013). 디지털시대 청소년의 미디어 리터러시에 관한 탐색적 연구: Jenkins의 참여문화향상을 위한 "리터러시 핵심능력" 분석을 중심으로. **커뮤니케이션학연구**, 21(1), 69-87.

박혜선(2016. 9. 7). "끊기 어려운 '음란물 중독'에서 탈출하는 7가지 방법". 하이닥. https://www.hidoc.co.kr/healthstory/news/C0000145885에서 인출.

박혜옥·나준희·이용학(2010). 소비자는 왜 명품 브랜드에 충성하는가? 브랜드 동일시 및 동조의 매개효과. **광고학연구**, 21(5), 223-244.

박홍순(2021. 10. 19). 지난달 한국인 유튜브 701억분 봤다. e대한경제. https://www.dnews.co.kr/uhtml/view.jsp?idxno=202110191341385940165에서 인출.

방상호(2022). 디지털 비계 활용이 읽기 이해에 미치는 영향. **리터러시연구**, 13(1), 343-374.

방송통신위원회(2020. 12). **플로팅광고 관련 전기통신사업법 금지행위 안내서**.

방송통신위원회(2022). **2021 방송매체 이용통계**.

배상률(2015). **청소년문화 활성화를 위한 소셜미디어 활용연구**. 세종: 한국청소년정책연구원.

배은경(2012). 여성과 여성성에 대한 실존주의적 성찰. 한정숙 편. **여성주의 고전을 읽는다: 계몽주의에서 포스트모더니즘까지, 두 세기의 사상적 여성**. 서울: 한길사.

법원행정처(2008). **사법부의 어제와 오늘, 그리고 내일(민사재판편)**. 서울: 법원행정처.

변은지·편지윤·한지수·서혁(2019). 복합양식 텍스트가 학습 목적 읽기에 미치는 영향에 대한 연구. **청람어문교육**, (72), 197-240.

빌 코바치, 톰 로젠스틸 지음, 이재경 역(2021). **저널리즘의 기본원칙**(개정4판). 서울: 한국언론진흥재단.

사피엔스 스튜디오(2021. 8. 18). 악플러들은 '나르시시즘, 마키아벨리즘, 사이코패시즘' 인간 악의 3대장을 모두 가졌다? [타인의 심리 읽어 드립니다 EP.5] 김경일 교수. https://www.youtube.com/watch?v=G2TMc9U0uOg에서 인출.

서관모(1996). 시민성 개념의 새로운 구축을 위하여. **경제와 사회**, 31, 134-158.

서옥식(2019). **가짜뉴스의 세계 — 그 거짓과 왜곡 조작 날조 선동의 場**. 서울: ㈜해맞이미디어.

서울특별시교육청 남산도서관(2022. 3. 14.). 2021 남산도서관 북트레일러 공모전 대상 「긴긴밤」. https://www.youtube.com/watch?v=POsJGE_AuuY에서 인출.

서울특별시교육청 남산도서관(2022. 3. 14.). 2021 남산도서관 북트레일러 공모전 우수상 「바르톨로메는 개가 아니다」. https://www.youtube.com/watch?v=FapeFqjw_10에서 인출.

설진아(2021). 인기 유튜브 채널의 장르 유형과 채널 인기 요인에 관한 탐색연구. **미디어경제와 문화**, 19(1), 49-86.

설진아·강진숙(2021). **미디어교육**. 서울: KNOU PRESS.

성윤숙·이소희(2003). 게임방 청소년의 사이버 일탈 과정에 관한 문화기술적 연구. **아동학회지**, 24(3), 109-134.

소셜미디어연구포럼(2012). **소셜미디어의 이해**. 서울: 미래인.

송경재(2010). 미국 소셜 네트워크 서비스(SNS) 사용자의 특성과 정치참여. **한국과 국제정치**, 26(3), 129-157.

송문현(2015). 아테네 민주정치의 본질과 그 현대적 의미. **역사와 세계**, 48, 243-272.

송보영·김은미(2021). 뉴스에서 의견으로: 온라인 커뮤니티에서 뉴스 공유의 특성. **한국방송학보**,

35(4), 151-188.

송유재(1990). 여성과 매스미디어. **방송연구**, 겨울호, 217-238.

송혜진(2011). 스마트폰 이용을 통한 SNS중독에 관한 연구. **한국중독범죄학보**, 1(2), 31-49.

신지민(2022. 6. 3). "〈우리들의 블루스〉정은혜 '니 얼굴 원래 예쁜데요, 뭘'". 한겨레 21. https://h21. hani.co.kr/arti/culture/culture_general/52093.html에서 인출.

심상용(2012). 코즈모폴리턴 공화주의의 지구시민권 구상에 대한 연구. **경제와 사회**, 137-163.

심재웅(2020). 개인방송 리터러시. 김경희 외. **디지털 미디어 리터러시: 미디어에 대한 올바른 이해와 활용**. 142-174. 서울: 한울엠플러스.

아산병원 홈페이지 https://www.amc.seoul.kr/asan/healthinfo/easymediterm/easyMediTermDetail. do?dictId=3754

안순태(2012). 어린이의 광고 리터러시(Advertising Literacy): 광고에 대한 이해와 태도. **한국언론학보**, 56(2), 72-91.

안종주·선정수(2022). **인포데믹 또는 정보 감염병**. 서울: 커뮤니케이션북스.

양길석·서수현·옥현진(2021). 우리나라 성인들의 뉴스 리터러시 수준 분석: 디지털 미디어를 기반으로 한 뉴스 이용 행태를 중심으로. **디지털융복합연구**, 19(5), 23-30.

양선희(2020). TV 드라마 〈눈이 부시게〉에 나타난 노인 재현의 변화와 사회적 함의. **영상문화콘텐츠연구**, 20, 109-139.

양아라(2022. 9. 13). 월 48만원 "퇴사하고 유튜버 해볼까?"라고?. 허핑턴포스트 코리아. https://www. huffingtonpost.kr/news/articleView.html?idxno=201975에서 인출.

양정혜·노수진(2012). 휴먼 다큐멘터리가 재현하는 장애인: KBS 인간극장에 나타난 장애인 내러티브. **한국방송학보**, 26(3), 371-415.

양진영(2021. 2. 23). "드라마 속 학폭, 현실 '데자뷰'… 경각심과 모방위험 사이". 뉴스핌. https://www. newspim.com/news/view/20210223000293에서 인출.

언론중재위원회(2022a). **언론중재위원회 2021 연간보고서**. 서울: 언론중재위원회.

언론중재위원회(2022b). **2021년도 언론관련판결 분석보고서**. 서울: 언론중재위원회.

언론중재위원회 조정본부(2015). **2014 언론조정중재사례집**. 서울: 언론중재위원회.

언론중재위원회 조정본부(2017). **2016 언론조정중재사례집**. 서울: 언론중재위원회.

언론중재위원회 조정본부(2018). **2017 언론조정중재사례집**. 서울: 언론중재위원회.

언론중재위원회 조정본부(2019). **2018 언론조정중재사례집**. 서울: 언론중재위원회.

언론중재위원회 조정본부(2020). **2019 언론조정중재사례집**. 서울: 언론중재위원회.

언론중재위원회 조정본부(2021). **2020 언론조정중재사례집**. 서울: 언론중재위원회.

언론중재위원회 조정본부(2022). **2021 언론조정중재사례집**. 서울: 언론중재위원회.

여성가족부(2020). 청소년 매체이용 및 유해환경 실태조사. 여성가족부. http://www.mogef.go.kr/mp/ pcd/mp_pcd_s001d.do?mid=plc502&bbtSn=704793에서 인출.

여성부(2002). 평등문화 확산을 위한 TV프로그램 모니터 결과보고서.

연합뉴스. https://www.yna.co.kr/view/AKR20220806026100075에서 인출.

예지은(2011). **신세대 특성과 조직관리 방안**. 서울: 삼성경제연구소.

오경민(2022. 2. 28). "학폭 현실 다뤘다는 'K좀비 스펙터클'이 불편한 이유". 경향신문. https://www. khan.co.kr/culture/culture-general/article/202202081123001에서 인출.

오대영(2017). 수용자의 인구사회적 특성, 이용동기, 성격이 유튜브의 장르 이용에 미치는 영향. **언론과 학연구**, 17(4), 122-162.

오세욱·정세훈·박아란(2017). **가짜뉴스 현황과 문제점**. 서울: 한국언론진흥재단.

오원환·오종환(2013). 소설 〈밀레니엄〉의 영화로의 재매개 현상 분석. **미디어, 젠더 & 문화**, (26), 71- 106.

오윤경(2012). SNS중독경향성과 외로움, 우울, 대인관계, 사회적지지의 관계. 한국상담대학원대학교 석사학위논문.

원용진(2001). 대중매체 참여를 위하여: 퍼블릭억세스권과 커뮤니케이션권, **문화과학**, 289-302.

유승호(2012). **당신은 소셜한가? 소셜미디어가 바꾸는 인류풍경**. 서울: 삼성경제연구소.

유튜브 차트(2022). 유튜브 음악차트 및 통계. https://charts.youtube.com/global?hl=ko에서 인출.

윤미선·이종혁(2012). 소셜미디어 이용에 영향을 미치는 요인과 사회자본에 대한 연구: 계획된 행동이론을 적용한 매개모델 분석. **방송과 커뮤니케이션**, 13(2), 5-43.

윤석민(2006). 21세기 초반 우리나라 방송산업의 주요 동향과 정책 쟁점들. **방송과 커뮤니케이션**, 7(1), 6-43.

윤성현(2013). 미국헌법상 표현의 자유의 지지논변으로서 사상의 시장론. **한국공법학회공법연구**, 42(2), 218.

윤세미(2022. 4). "허공에 악수 건네고 … 바이든 '치매설' 부추긴 이 장면". 머니투데이. https://news. mt.co.kr/mtview.php?no=2022041514471917444&type=1에서 인출.

윤소영(2018). 드라마 〈마더〉에 재현된 스토리텔러의 위상. **스토리앤이미지텔링**, 15, 182-208.

윤영태·김병희·박원기(2020). 비상업적 공익광고에 관한 법률 개정의 방향성 분석. **광고연구**, (125), 142-177.

윤유경(2022. 8. 30). "'아줌마, 잘못했어요' KBS 드라마 아동 학대 장면 논란". 미디어오늘. http://www. mediatoday.co.kr/news/articleView.html?idxno=30562에서 인출.

윤유경(2022. 9. 6). "JTBC 드라마 '아역배우 성추행 자작극' 장면 법정제재 받나". 미디어오늘. http:// www.mediatoday.co.kr/news/articleView.html?idxno=305729에서 인출.

윤종희(2017). 시민성의 역사성: TH 마셜에 대한 비판을 중심으로. **OUGHTOPIA**, 32(1), 125-154.

윤지희·이건호(2011). 한국 5개 종합일간지 오보 정정의 특성에 대한 고찰: 2000~2009년 정정보도 유형에 따른 빈도, 형식, 내용을 중심으로. **한국언론학보**, 55(4), 27-53.

윤진석(2015. 4). "드라마 여성 캐릭터 변천사. '70년대~2000년대'". 에브리뉴스. http://www. everynews.co.kr/news/articleView.html?idxno=28975에서 인출.

이강원·손호웅(2016). **지형 공간정보체계 용어사전**. 서울: 구미서관. (네이버 지식백과)

이경렬·이희복·홍문기(2016). 온라인 불편광고와 이용자의 인식에 관한 연구. **광고학연구**, 27(5), 53-73.

이경자(1986). TV 여성프로그램에 관한 연구. **여성연구**, 봄호, 123-153.

이라람찬(2019). 학교 영화교육과 영화 리얼리티. **씨네포럼**, (32), 151-181.

이병남(2014). **미디어 시민권**. 서울: 커뮤니케이션북스.

이보라(2022. 9. 15). "CF 맞아? 영화 속 한 장면 같네" … 가전업계, 프리미엄 이미지 '쑥쑥'. http://www.newstomato.com/ReadNews.aspx?no=1147319&inflow=N에서 인출.

이상호(2020). **야만의 회귀, 유튜브 실체와 전망**. 부산: 예린원.

이선주(2013). 시민권, 포함의 역사 혹은 배제의 역사. 영어영문학연구, 55(1), 327-348.

이숙정·양정애(2017). 뉴스 리터러시가 의사소통 역량과 공동체 역량에 미치는 영향. **한국방송학보**, 31(6), 152-183.

이승화(2021). **미디어 읽고 쓰기**. 서울: 시간여행.

이유진(2019. 3. 18). "'젊은 내가 늙은 꿈, 늙은 내가 젊은 꿈' 치매 노인 시선서 느낀 '눈부신 울림'". 경향신문. https://www.khan.co.kr/culture/tv/article/201903182226005에서 인출.

이은숙·강희순(2014). 대학생의 성별에 따른 성역할 고정관념, 성적 자기 주장성, 성폭력 인식도, 성폭력 허용도 및 데이트 성폭력 경험. **동서간호학 연구지**, 20(1), 48-56.

이재용(2011). **IT 전문가 가족의 사이버 중독 탈출기**. 서울: 도서출판 CUP.

이재은(2019. 1. 27). "[빨간날] "자녀를 놔두셔야 합니다" … 현실 속 'SKY캐슬'". 머니투데이. https://news.mt.co.kr/mtview.php?no=2019012208423443203에서 인출.

이재진·동세호(2015). 방송 관련 초상권 침해 소송에서 나타난 '동의'의 적용 법리에 대한 연구. **언론과 법**, 14(1), 117-118.

이정기·황우념(2021). 연예인·인플루언서(Influencer)의 플렉스(Flex) 문화가 대학생들의 과시적 소비성향, 삶에 대한 만족도에 미치는 영향. **언론과학연구**, 21(1), 119-152.

이정윤·이상희(2004). 청소년의 음란물중독과 우울, 외로움, 충동성, 감각추구 및 자기효능감과의 관계. **청소년상담연구**, 12(2), 145-155.

이정춘(2004). **미디어교육론**. 서울: 집문당.

이정한(2022. 7). "보험료는 내국인이 내고, 혜택은 외국인이 받는다?". 세계일보. https://www.segye.com/newsView/20220707517268에서 인출.

이정훈(2012). 뉴스 리터러시: 새로운 뉴스 교육의 이론적 탐색. **스피치와 커뮤니케이션**, 19, 66-95.

이정훈(2021). **한국언론의 정파성**. 서울: 커뮤니케이션북스.

이종명(2022). 유튜브의 '저널리즘적 실천'에 대한 갑론을박: 학계, 업계, 수용자, 그리고 유튜버의 상이한 역할인식. **한국방송학회 학술대회 논문집**. 55-56.

이종우(1996). 고전산책 밀턴의 ≪아레오파지티카≫: 언론·출판의 자유에 대한 선언. **사회비평**, 277-301.

이지혜·김혜주(2012. 1). 〈밀레니엄〉 비교체험! 스웨덴판 vs 할리우드판. Retrieved from http://10.asiae.co.kr/Articles/new_view.htm?a_id=20120112080051091161에서 인출.

이진로(2017). **정보사회의 윤리와 현실**. 서울: 도서출판 시간의물레.

이창호·성윤숙·정낙원(2012). **청소년의 소셜미디어 이용실태 연구(연구보고 12-R05)**. 세종: 한국청소년정책연구원.

이창호·정의철(2009). 공론장으로서의 인터넷 카페 게시판의 가능성과 한계: '쭉빵클럽'과 '엽기 혹은 진실'을 중심으로. **언론과학연구**, 9(3), 388-424.

이해년(2006). 한국 방송드라마의 남성성보기: 신데렐라 콤플렉스 갈등구조와 극본기제로서의 재벌주인공. **2006년 4월 문학과영상학회 학술대회 발표논문집**, 13-22.

이혜인(2022. 7. 13). "'우영우'의 고기능 자폐, 서번트 증후군은 극소수 사례 … 미디어가 장애를 재현하는 방법". 경향신문. https://www.khan.co.kr/culture/culture-general/article/202207131346001에서 인출.

이호영·김희연·오주현·배영(2012). **SNS와 온라인 커뮤니티의 사회관계 형성 메커니즘 비교**. 진천: 정보통신정책연구원.

이화정(2013). 멜로장르 TV드라마에 나타나는 여성 주인공의 전형성(1992년부터 2012년까지). **한국콘텐츠학회 논문지**, 13(12), 604-613.

이희복·김대환·최지윤·신명희(2014). 청소년의 SNS 이용특성과 SNS 중독경향성 연구: 경기도와 강원도 중학생을 중심으로. **GRI연구논총**, 16(1), 365-391.

이희복·소현진·지원배·서영택·최일도·안주아·정승혜·최민욱·오창우·차유철(2020). **광고와 사회 그리고 광고비평**, 서울: 학지사.

이희승(2011). 지상파 리얼 버라이어티의 한국 지역적 특징과 수용의 쾌락. **언론과학 연구**, 11(3), 207-233.

임병도(2022.9). "박덕흠 의혹 언론보도가 적은 이유는? … 언론사 지분 보유건설사 명단". 아이엠피터뉴스. http://www.impeternews.com/news/articleView.html?idxno=50322에서 인출.

임성은(2015). TV 리얼리티 프로그램의 낭만적 사랑 재현과 함의: MBC 〈우리 결혼했어요〉 서사분석을 중심으로. 이화여자대학교 석사학위논문.

임의택·최은경(2016). 리얼리티 프로그램 자막에 관한 연구. **글로컬창의 문화연구**, 5(1), 108-117.

장미경·이은경·장재홍·이자영·김은영·이문희(2004). 게임 장르에 따른 게임중독, 인터넷 사용 욕구 및 심리사회적 변인 간의 관계. **한국심리학회지: 상담 및 심리치료**, 16(4), 705-722.

장수정(2021. 11. 27). "〔D: 방송 뷰〕 사라진 입시 경쟁·솔직한 성 고민 … 청소년 드라마가 달라진다". 오마이뉴스. https://www.dailian.co.kr/news/view/1057309/?sc=Naver에서 인출.

장슬기(2018. 10. 12). "SBS 드라마 '여우각시별' 정신장애인 차별 논란". 미디어오늘. http://www.mediatoday.co.kr/news/articleView.html?mod=news&act=articleView&idxno=144918에서 인출.

장승희(2009). Social Medis 시대에 걸맞는 기업 브랜드 관리. **LGERI리포트**. 서울: LG경제연구소.

장유정·강진숙(2015). 노인 미디어 교육을 통한 '여성-되기' 사례 연구: 노인 미디어 학습동아리 〈은빛둥지〉 활동을 중심으로. **한국언론정보학보**, 통권 70호, 277-304.

장은진·김정근(2016). 왜 SNS를 떠나는가?: SNS피로감과 사용자의 감정적 애착 관점에서. **e-비즈니스 연구**, 17(4), 229-247.

장하나(2022. 7). "훈련소 입소 후 코로나 확진돼 귀가하면 복무기간 안 빼준다". 연합뉴스. https://www.yna.co.kr/view/AKR20220728160200502?section=search에서 인출.

장호순(2004). **언론의 자유와 책임**. 파주: 도서출판 한울. 172.

전국국어교사모임 매체연구회(2019). **미디어 수업 이야기**. 파주: 해냄에듀.

전상훈·최서연·신승중(2022). 러시아-우크라이나 전쟁에서 파악된 SNS 추천 알고리즘의 필터버블 강화현상 분석. **한국인터넷방송통신학회 논문지**, 21(3), 25-30.

정다교(2015). 청소년의 소셜미디어 리터러시에 대한 역량모델 개발. 한국교원대학교 석사학위논문.

정대현(2000). 넓은 기호의 영상 ─ 영상은 비지성적인가. **기호학연구**, 7(1), 한국기호학회, 11-39.

정민주(2015). 국어과 예비교사의 교과 융합형 수업 구성 양상에 관한 분석적 고찰. **국어교육연구**, 36, 239-276.

정영주(2014). 미디어 환경 변화에 따른 지상파 재송신 제도의 현실적 쟁점 연구 ─ 보편적 서비스 구현과 경쟁 쟁점에 대한 판례분석을 중심으로. **언론정보연구**, 51.

정윤섭 기자(2022. 8. 6). 美 캘리포니아 차량국 "테슬라, 자율주행 허위광고" 고발. 연합뉴스. https://www.yna.co.kr/view/AKR20220806026100075?input=1195m에서 인출

정의선(2021). **학교 미디어 교육을 위한 교과 교육과정 개선 방안 연구**. 교육부.

정일권·김예란(2010). 온라인 뉴스의 양식과 속성에 관한 연구. **한국언론학보**, 54(3), 146-166.

정재철(2017). **팩트체킹, 진실을 여는 문**. 서울: 책담.

정지은(2014). TV 드라마의 젠더 관계 재현방식: 연상녀·연하남 커플에 대한 재현을 중심으로. **미디어, 젠더 & 문화**, 29(4), 85-125.

정철운(2019). **뉴스와 거짓말**. 서울: 인물과 사상사.

정철운(2022. 1). "2021년 역대 최대 기사형 광고 적발, 불명예 1위 조선일보". 미디어오늘. http://www.mediatoday.co.kr/news/articleView.html?idxno=301700에서 인출.

정철운(2022. 10. 6). 조국 딸 병원 침입했던 가세연의 '결말'. 미디어오늘. http://www.mediatodayco.kr/news/articleView.html?idxno=306165에서 인출.

정현선(2004). 청소년 대상 미디어 교육의 현황과 제도화 움직임에 대한 비판적 고찰. **한국청소년연구**, 41-71.

정현선(2021). 이슈리포트: 2022 개정 교육과정의 미디어 리터러시 교육 강화 방안, 정책 보고서, 교육부.

정현선(2002). 성찰적 문화 교육으로서의 미디어 리터러시 교육. **국어교육학연구**, 제14권, 국어교육학회, 387-408.

정현선·김아미·박유미·전경란·이지선·노자연(2016). 핵심역량 중심의 미디어 리터러시 교육 내용 체계화 연구. **학습자중심교과교육연구**, 16(11), 211-238.

정현선·박유신·전경란·박한철(2015). **미디어 문해력(media literacy) 향상을 위한 교실수업 개선방안 연구**. 교육부(교육부 2015-12).

정희은(2022. 6. 30). "'사이버 왕따'가 현실 왕따보다 더 위험". 코메디닷컴. https://kormedi.com/1406397/에서 인출.

정희주(2022. 7. 11). "우울증과 항우울증에 관한 오해와 진실". 정신의학신문. http://www.psychiatricnews.net/news/articleView.html?idxno=33275에서 인출.

조남억(2011). 청소년기의 페이스북을 통한 사회적 자본 형성에 관한 연구. **청소년학연구**, 18(5), 267-289.

조남억(2012). 청소년의 소셜미디어 리터러시에 관한 탐색적 고찰. **청소년복지연구**, 14(4), 93-111.

조윤호(2016). **나쁜 뉴스의 나라: 우리는 왜 뉴스를 믿지 못하게 되었나**. 서울: 한빛비즈(주).

조한혜정(1993). **한국의 여성과 남성**. 서울: 문학과지성사.

조항민(2011). 디지털미디어 등장과 새로운 위험유형: 융합매체로서 스마트폰의 위험특성과 이용자 위험 인식 분석을 중심으로. **한국콘텐츠학회 논문지**, 11(8), 353-364.

조항제·박홍원(2010). 공론장-미디어 관계의 유형화. **한국언론정보학보**, 5-28.

조현호(2016. 5). "이정현 KBS 전화 걸어 박근혜 행사가 왜 맨 뒤냐". 미디어오늘. http://www.mediatoday.co.kr/news/articleView.html?mod=news&act=articleView&idxno=129946&page=2&total=8799에서 인출.

채운(2009). **재현이란 무엇인가**. 서울: 그린비.

최민재·김경환(2021). **유튜브 저널리즘 콘텐츠 이용과 특성**. 서울: 한국언론진흥재단.

최민재·양승찬(2009). **인터넷 소셜 미디어와 저널리즘**. 서울: 한국언론진흥재단.

최민지(2022. 7. 22). "이번엔 꼭 떠난다" 여름휴가 대목, 불붙은 야놀자-여기어때 마케팅戰. 디지털 데일리. https://www.ddaily.co.kr/news/article/?no=242903에서 인출.

최상진(1996). 여성대상 프로그램에 나타난 주부의 역할에 대한 분석. 이화여자대학교 석사학위논문.

최연경·강진숙(2020). 20대의 미디어 여성 이미지 재현에 대한 인식과 '여성-되기'에 관한 질적 연구. **한국방송학보**, 34(2), 140-176.

최용훈(2017). **독서활동을 위한 북트레일러 활용설명서**. 서울: 학교도서관저널.

최자영(2016). 페리클레스 시민권법 제정의 정치·재정적 의미 — 폴리스와 그 하부구조 간의 구조적 권력 관계의 변동을 중심으로. **서양고대사연구**, 47, 59-103.

최진호(2022). 뉴스신뢰 하락과 선택적 뉴스회피 증가 — 〈Digital News Report 2022〉로 본 한국의 디지털 뉴스지형, **Media Issue**, 8(3), 2-6.

최현주(2008). 텔레비전 드라마에 묘사된 성역할의 전도(reverse)와 그 함의: 남성 전업주부 드라마 〈불량주부〉를 중심으로. **한국방송학보**, 22(4), 401-438.

충청북도교육도서관 책붐TV(2020. 10. 7). 〔북트레일러 공모전 최우수〕 형석고-체리새우, 어항을 벗어나다. https://www.youtube.com/watch?v=pA04-nd9L2c에서 인출.

케이팝레이더(2022). K-Pop 음악 누적 조회수. https://www.kpop-radar.com/?type=2&date=1&gender=1에서 인출.

탁진영(2010). 과장광고의 설득효과와 제3자 효과: 규제에 대한 소비자의 태도를 중심으로. **언론과학연구**, 10(1), 398-441.

표국선(2019). 소셜미디어 이용자 특성이 고객자산화를 통해 온라인 구전 마케팅에 미치는 영향 연구: 구독비즈니스의 고객 미디어 전략을 중심으로. 경기대학교 박사학위논문.

표정훈(2007). 매체 보기와 매체로 보기 베르너 파울슈티히 지음, 〔근대초기 매체의 역사〕, 황대현 옮김 (지식의 풍경, 2007). **문학과사회**, 20(2), 450-454.

푸른나무재단_투게더 프로젝트(2020. 4. 20). 〔투게더 프로젝트〕 장난과 폭력사이_학교폭력예방영상_시사교양콘텐츠_푸른나무재단. https://www.youtube.com/watch?v=b3PgiqUc1Cs에서 인출.

플레이보드(2022). 유튜브 채널의 슈퍼챗 순위. https://playboard.co/youtube-ranking/most-superchatted-all-channels-in-south-korea-total에서 인출.

플레이보드. K-Pop 유튜브 채널 구독자 순위. https://playboard.co/youtube-ranking/most-subscribed-all-channels-in-south-korea-total에서 인출.

한국광고주협회. https://www.kaa.or.kr/k/mag/2021/05_06/KAA_journal_2021_05-06.pdf에서 인출.

한국광고주협회. https://www.kaa.or.kr/k/mag/2021/05_06/KAA_journal_2021_05-06.pdf에서 인출.

한국기자협회. http://www.journalist.or.kr/news/section4.html?p_num=18에서 인출.

한국도박문제예방치유원 https://www.kcgp.or.kr/pp/gambleIntrcn/2/selfDgnss.do?gubun=con2에서 인출.

한국양성평등교육진흥원(2005). 또 하나의 앵글.

한국양성평등교육진흥원(2017). 2017년 대중매체 양성평등 모니터링 보고서.

한국양성평등교육진흥원(2020). 대중매체 양성평등 내용분석 보고서.

한국언론진흥재단(2021). **2021 소셜미디어 이용자 조사**. 서울: 한국언론진흥재단.

한국여성민우회(2010). 드라마 속 전문 여성직 성향분석.

한국온라인광고협회(2013). 온라인광고 법제도 가이드 북.

한국은행(2021). 경제전망보고서 2021년 11월. https://www.bok.or.kr/portal/bbs/P0002359/view.do?nttId=10067657&menuNo=200066에서 인출.

한국지능정보사회진흥원(2015). **2014년 인터넷 중독 실태조사**. www.nia.or.kr

한국지능정보사회진흥원(2021). **스마트폰 과의존 실태조사**. www.nia.or.kr

한국지능정보사회진흥원(2022). **2021년 인터넷 이용 실태조사**. www.nia.or.kr

한국청소년정책연구원(2022). 청소년 미디어 이용 실태 및 대상별 정책대응방안 연구 Ⅱ: 10대 청소년.

한은경(2021). 2021 방송통신광고비 조사보고서. 과학기술정보통신부·한국방송광고진흥공사

한희정(2013). 부성 회복 리얼리티 프로그램 〈아빠! 어디가〉 수용 연구. **사회과학연구**, 29(3), 161-185.

홍기칠(2013). 인터넷 중독의 관련 변인과 예방 및 치료 방안. **초등교육연구논총**, 29(1), 99-128.

홍성수(2021). 표현의 자유: 오래된 그러나 여전히 중요한 권리. **KISO 저널**, 45, 5.

홍지아(2009). 리얼리티 프로그램의 서사전략과 낭만적 사랑의 담론. **한국방송학보**, 23(3), 567-608.

홍지아(2012). TV가 제시하는 사랑할/받을 자격과 한국 사회 20대 여성들이 이를 소비하는 방식: 리얼리티 프로그램 〈짝〉을 중심으로. **한국방송학보**, 26(5), 307-342.

황상민(2004). **대한민국 사이버 신인류**. 서울: 21세기북스.

황용석·이현주·박남수(2014). 디지털 시민성의 위계적 조건이 온·오프라인 시민참여에 미치는 영향에 관한 연구: 디지털 시민능력을 중심으로. **사회과학연구**, 25(2), 493-520.

황치성(2018). **미디어리터러시와 비판적 사고**. 파주: 교육과학사.

Akerson, V. L., & Flanigan, J. (2000). Preparing preservice teachers to use an interdisciplinary approach to science and language arts instruction. *Journal of Science Teacher Education*, 11(4), 345-362.

Alavi, S. S, Maracy, M. R., Jannatifard, F. & Eslami, M. (2011). The Effect of Psychiatric Symptoms on the Internet Addiction Disorder in Isfahan's University Students. *Journal of Research in Medical*

Sciences, 16(6), 793-800.

Alvermann, D. E., Moon, J. S., & Hagood, M. C. (2018). *Popular culture in the classroom: Teaching and researching critical media literacy*. New York: Routledge.

Anderson, C. (2006). *The long tail: Why the future of business is selling less of more*. NY: Hyperion.

Angwin, J. (2009). *Stealing My Space: The Battle to control the most popular website in America*. NY: Random House.

Aristoteles. (2009). **정치학**. 천병희 역. 서울: 도서출판 숲. (원전은 기원전 4세기에 출판).

Baacke, D. (1996). Medienkompetenz als Netzwerk. *Medien Praktisch. Zeitschrift für Medienpädagogik*. 2/96, H. 78, 20 Jg. 4-10.

Baacke, D. (1997). *Medienpaedagogik*. Tuebingen: Niemeyer.

Baker, F. W. (2017). Close Reading and What It Means for Media Literacy. *Close Reading the Media*. Routledge, pp. 11-12.

Baptista, V. R. (2012). Film Literacy: Media Appropriations with Examples from the European Film Context. *Comunicar*, 20(39), 81-90.

Barnes, C. (1992). Media Guidelines. Pointon, A. and Davies, C. (eds.) (1997). *Framed: Interrogating Disability in the Media*. London: British Film industry, 228-233.

Barron, J. A. (1967). Access to the press. A new First Amendment Right. *Harvard Law Review*, 1641-1678.

Barton, D. (2017). *Literacy: An introduction to the ecology of written language*. Malden, MA: Blackwell Publishing.

Bauerlein, M. (2014). **가장 멍청한 세대: 디지털은 어떻게 미래를 위태롭게 만드는가**. 김선아 역. 서울: 인물과 사상사 (원전은 2008년에 출판).

Bennett, W. L. (2008). Changing citizenship in the digital age. Bennett, W. L. (Eds.), *Civic life online*. MIT Press, pp. 1-24.

Bennett, W. L., Wells, C., & Rank, A. (2009). Young citizens and civic learning: Two paradigms of citizenship in the digital age. *Citizenship studies*, 13(2), 105-120.

Blum-Ross, A., & Livingstone, S. (2018). The trouble with "screen time" rules.

Bohn, A., & Seidler, A. (2020). **매체의 역사 읽기**. 이상훈·황승환 역. 서울: 문학과지성사. (원전은 2013년에 출판).

Bordwell, D. (2002). *On the history of film style*. Cambridge: Harvard University Press; 김숙·안현신·최경주 역(2002). **영화 스타일의 역사**. 서울: 한울.

Boyd, D. M., and Ellison, N. B. (2007). Social Network Sites: Definition, History, and Scholarship. *Journal of Computer-Mediated Communication*, 13(1). 210-230. http://jcmc.indiana.edu/vol13/issue1/boyd.ellison.html에서 인출.

Bregman, R. (2019). **휴먼카인드**. 조현욱 역. 서울: 인플루엔셜.

Buckingham, D. (2003). Media Education: Literacy, Learning and Contemporary Culture.

Buckingham, D. (2013). Challenging concepts: Learning in the media classroom. *Current Perspectives in Media Education* London: Palgrave Macmillan, pp. 24-40.

Buckingham, D. (2003). **미디어 교육: 학습, 리터러시, 그리고 현대문화**. 기선정·김아미 역. 서울: jnBook.

Bulger, M., & Davison, P. (2018). The promises, challenges, and futures of media literacy. *Journal of Media Literacy Education*, 10(1), 1-21.

Cabot, N. A. (1999). *The Internet gambling report Ⅱ: An evolving conflict between technology, policy and law*. Las Vegas: NVL Trace.

Chadwick, A. (2006). *Internet Politics: States, Citizens, and New Communication Technologies*. Oxford: Oxford University Press.

Chen, G. M. (2007). Media (literacy) education in the United States. *China Media Research*, vol. 3, no. 3, pp. 87-103.

Chion, M. (1994). *Audio-Vision-Sound on Screen*. NY: Columbia University Press; 윤경진 역(2004). **오디오-비전**. 서울: 한나래.

Chodorow, N. (2008). **모성의 재생산**. 김민예숙·강문순 역. 서울: 한국심리치료연구소. (원저는 1978년에 출판).

Christ, W. G., & Potter, W. J. (1998). Media literacy, media education, and the academy. *Journal* of *communication*, 48(1), 5-15.

Cockburn, C. (1992). The circuit of technology: gender, identity and poser. in R. Silverstone and E. Hirsch (eds.), *Consuming Technologies: Media and Information in Domestic Spaces*, London and New York: Routledge.

Connell, R. W. (1987). *Gender and Power: Society, the Person and Sexual Politics*, Cambridge: polity Press.

Cooper, A., Putnam, D. E., Planchon, L. A. & Boies, S. C. (1999). Online sexual compulsivity: Getting tangled in the net. *Sexual Addiction and Compulsivity*. 6, 79-104.

Deleuze G. & Guattari. P. (1980). *Mille Plateaux: capitalisme et schizophrenie 2*; 김재인 역(2001). **천개의 고원: 자본주의와 분열증 2**. 서울: 새물결.

Drowns, B. (1997). Electronic Texts and Literacy for the 21C. *English Update*, Fall, National Research Center on English Learning and Achievement.

EAVI (European Association for Viewers Interests) (2009). Study on assessment criteria for media literacy levels. URL: http://www.eavi.eu/joomla/what-we-do/researchpublications/70-study-on-assessment-levels-of-ml-in-europe

Eisenstein, E. (1980) *The Printing Press as an Agent of Change: Communications and Cultural Trans.* Cambridge University Press.

eMarketer (2014). 2014 Global e-Commerce Report.

eMarketer (2017). US Omnichannel Retail StatPack 2017.

eMarketer (2021). Time Spent with Media in France, Germany, and the UK 2021. https://www.

emarketer.com/content/time-spent-with-media-in-france-germany-and-the-uk-2021에서 인출.

Emerson, T. I. (1970). *The System of Freedom of Expression*. NY: Vintage Books.

Erstad, O. (2010). Media literacy and education. The past, present and future. In S. Kotilainen & S. Arnolds-Granlund (Eds.), *Media Literacy Education*. Nordic Perspectives, 15-27.

Evans, Janet (2011). **읽기쓰기의 진화**. 정현선 역. 서울: 사회평론. (원전은 2004년에 출판)

Fedorov, A. (2003). Media education and media literacy: experts' opinions. Available at SSRN 2626372.

Forsdale, J. R., & Forsdale, L. (1966). Film Literacy. *Journal of the University Film Producers Association*, 18(3), 9-27.

Gary, S. & Vorgan, G. (2010). **아이브레인 iBrain 디지털 테크놀로지 시대에 진화하는 현대인의 뇌**. 조창연 역. 서울: 지와사랑 (원전은 2009년에 출판).

Gaye Tuchman (1978). *Making News: A Study in the Construction of Reality*. New York: The Free press; 박홍수 역(1995). **메이킹 뉴스**. 서울: 나남.

Goodman, S. (2003). *Teaching youth media: A critical guide to literacy, video production & social change* (Vol. 36). New York: Teachers College Press.

Gordon, R. (2019). Information overload in the information age: a review of the literature from business administration, business psychology, and related disciplines with a bibliometric approach and framework development. *Business Research*. 12 (2): 479-522.

Griffiths, M. (2001). Sex on the Internet: Observations and implications for Internet sex addiction. *Journal of Sex Research*, 38. 333-342.

Gross, B. (1964). *The Managing Organizations: The Administrative Struggle*, Vol 2. NY: The Free Press of Glencoe.

Gürses, F. (2020). Film Literacy, Visual Culture, and Film Language. In N. Taskiran (Eds.), *Handbook of Research on Multidisciplinary Approaches to Literacy in the Digital Age*. pp. 1-17.

Habermas, J. (2001). **공론장의 구조 변동**. 한승완 역. 서울: 나남. (원전은 1961년에 출판).

Hobbs, R. (1994). Pedagogical issues in US media education. *Annals of the International Communication Association*, 17(1), 453-466.

Hobbs, R. (2006). Media literacy in K-12 settings. Retrived from https://en.wikiversity.org/wiki/Media_ Literacy_in_K-12_Settings.

Hobbs, R. (2007). *Reading the media in high school: Media literacy in high school English*. New York: Teachers College Press.

Hobbs, R. (2010). *Digital and media literacy: A plan of action—A white paper on the digital and media literacy recommendations of the knight commission on the information needs of communities in democracy*. Washington DC: The Aspen Institute.

Hobbs, R. (2019). Media literacy foundations. *The international encyclopedia of media literacy*, 1-19.

Hobbs, R., & Frost, R. (2003). Measuring the acquisition of media-literacy skills. *Reading research quarterly*, 38(3), 330–355.

Hobbs, R., & Jensen, A. (2009). The past, present, and future of media literacy education. *Journal of media literacy education*, 1(1), 1.

Howell, E., & Reinking, D. (2014). Connecting In and Out-of-School Writing Through Digital Tools. *Handbook of Research on Digital Tools for Writing, Instruction in K-12 Settings*, 102.

Hutchison, A. C., Woodward, L., & Colwell, J. (2016). What are preadolescent readers doing online? An examination of upper elementary students' reading, writing, and communication in digital spaces. *Reading Research Quarterly*, 51(4), 435–454.

Hutchison, A., & Reinking, D. (2011). Teachers' perceptions of integrating information and communication technologies into literacy instruction: A national survey in the United States. *Reading Research Quarterly*, 46(4), 312–333.

Jenkins, H., Ito, M. & Boyd, D. (2015). *Participatory culture in a networked era: A conversation on youth, learning, commerce, and politics*. New Jersey: John Wiley & Sons.

KAA Focus May + June (2021). TV광고의 패러다임 변화, Addressable TV광고.

KBS NEWS. https://news.kbs.co.kr/news/view.do?ncd=5526954에서 인출.

Kist, W. (2005). *New literacies in action: Teaching and learning in multiple media* (Vol. 75). Teachers College Press.

Krueger, B. S. (2002). Assessing the potential of Internet political participation in the United States: A resource approach. *American politics research*, 30(5), 476–498.

Kuhn, A. & Westwell, G. (2012). A dictionary of film studies. Oxford University Press.

Lanier, J. (2018). *Ten Arguments for Deleting Your Social Media Accounts Right Now*. Debate; 신동숙 역 (2019). **지금 당장 당신의 SNS 계정을 삭제해야 할 10가지 이유: 실리콘밸리 구루가 말하는 사회 관계망 시대의 지적 무기**. 파주: 글항아리.

Lauricella, A. R., Herdzina, J., & Robb, M. (2020). Early childhood educators' teaching of digital citizenship competencies. *Computers & Education*, 158, 103989.

Lenhart, A., Madden, M., Smith, A., Purcell, K., Kathryn, K., Rainie, L (2011). *Teens, kindness and cruelty on social network sites*. Pew Research Center's Internet & American Life Project.

Marfil-Carmona, R., & Chacón, P. (2017). Arts education and media literacy in the primary education teaching degree of the University of Granada. *Procedia-Social and Behavioral Sciences*, 237, 1166–1172.

Marshall, T. H. (1950). *Citizenship and Social class and Other essay*. New York: Cambridge University Press.

Mathiesen, T. (1997). The Viewer Society: Michel Foucault's Panopticon Revisited. *Theoretical Criminology*, 1(2), 215–234.

Mayer, R. E. (2002). Multimedia learning. *Psychology of learning and motivation* (Vol. 41, pp. 85–139). Academic Press.

MBN뉴스 (2021. 10. 13). 루이비통 패션쇼에 '과소비=멸종' 현수막 들고 난입한 여성

McGrew, S. (2020). Learning to evaluate: An intervention in civic online reasoning. *Computers & Education*, 145, 103711.

McLuhan, M. (1964/2003). *Understanding Media*. (critical ed.). Berkely: Gingko Press; 김상호 역(2011). **미디어의 이해**. 서울: 커뮤니케이션북스.

McLuhan, M. (2012). **미디어의 이해**. 김상호 역. 서울: 커뮤니케이션북스. (원전은 1964년에 출판).

Mill, J. S. (2016). **자유론**. 권혁 역. 서울: 돋을새김. (원전은 1859년에 출판).

Milton, J. (1998). **아레오파지티카**. 임상원 역. 서울: 나남출판. (원전은 1644년에 출판).

Mossberger, K., Tolbert, C. J., & McNeal, R. S. (2007). *Digital citizenship: The Internet, society, and participation*. MIT Press.

New London Group (1996). A Pedagogy of Multiliteratices: Designing Social Futures. *Harvard Educational Review*, 66, 60-92.

Niemz, K., Griffiths, M. & Banyard, P. (2005). Prevalence of pathological Internet use among university students and correlations with self-esteem, the general health questionnaire (GHQ), and disinhibition. *Cyber Psychology and Behavior*, 8(6), 562-570.

Nikken, P., & de Haan, J. (2015). Guiding young children's internet use at home. *Cyberpsychology*, 9(1).

Notley, T., & Dezuanni, M. (2020). Media literacy framework for Australia. *Media Literacy*. Omnicore (2022). https://www.omnicoreagency.com/youtube-statistics/에서 인출.

Ong, W. J. (1982). *Orality and literacy*. New York: Routledge.

Oxford English Dictionary. 'Literacy'. Retrieved from https://www.oed.com/view/Entry/109054?redirectedFrom=literacy#eid

Oxford English Dictionary. Media literacy. Retrieved from https://www.oed.com/view/Entry/90706062?redirectedFrom=media+literacy#eid

Partington, A., & Buckingham, D. (2012). Challenging theories: Conceptual learning in the media studies classroom. *International Journal of Learning and Media*, 3(4), 7-22.

Pelling, E. L., & White, K. M. (2009). The theory of planner behavior applied to young people's use of social networking web site. Cyber Psychological Behavior, 12, 755-759.

Peter Knapp, Megan Watkins (2007). **장르 텍스트 문법**. 주세형·김은성·남가영 역. 서울: 박이정. (원저는 2005년에 출판).

Pocock, J. G. A. (1998). The ideal of citizenship since classical times. Shafir, G. (Eds.), *The Citizenship Debates: A Reader*. Minneapolis: University of Minnesota Press.

Potter, J. (2019). **미디어 리터러시 탐구**. 김대희·전미현 역. 서울: 소통.

Procacci, G. (2004). Governmentality and citizenship. *The Blackwell companion to political sociology*, 4, 342-351.

Rakow, L. F. (1986). Rethinking gender research in communication. *Journal of Communication*, Autumn, 11-26.

Recommendation CM/Rec (2018)1 of the Committee of Ministers to member States on "Media Pluralism and Transparency of Media Ownership", 7 March 2018.

Rheingold, H. (2002). *Smart Mobs : The Next Social Revolution*. Perseus; 이운경 역(2003). **참여군중**. 서울: 황금가지.

Ribble, M. (2017). Digital citizenship: Using technology appropriately. URL: https://www.digitalcitizenship.net.

Ridley, R. T. (1979). The hoplite as citizen: Athenian military institutions in their social context. *L'antiquité classique*, 508-548.

Rousseau, J. J. (2004). **인간불평등기원론·사회계약론**. 최현 역. 서울: 집문당. (원전은 1762년에 출판).

Schilder, E., Lockee, B., & Saxon, D. P. (2016). The Challenges of Assessing Media Literacy Education. *Journal of Media Literacy Education*, 8(1), 32-48.

School education gateway (2022. 8. 25). Film literacy: developing young people's cultural identities and understanding. Retrieved from https://www.schooleducationgateway.eu/en/pub/latest/news/film-literacy-developing-youn.htm

Schorb, B. (1997). Medienkompetenz. In J. Hüther, B. Schorb & C. Brehm-Klotz (Hg.), *Grundbegriffe: Medienpädagogik* (pp. 234~240), München: KoPäd.

Scott, J. W. (2018). *Gender and the Politics of History*, New York: Columbia University Press.

Smith, S. (2000). Citizenship, in Johnston, R., Gregory, K., Pratt, G. and Watts, M. (Eds.), *The Dictionary of Human Geography* (4th ed.), Backwell, Oxford, 83-84.

Speier, C., Valacich, J. S. & Vessey, I. (1999). The Influence of Task Interruption on Individual Decision Making: An Information Overload Perspective. *Decision Sciences*. 30(2), 337-360.

Statista (2021). Retail e-commerce revenue forecast from 2017 to 2025. https://www-statista-com.ezproxy.gavilan.edu/study/11567/e-commerce-in-china-statista-dossier/에서 인출.

Strategy Analytics (2020). Virtual and Augmented Reality. https://www.strategyanalytics.com/access-services/media-and-services/virtual-and-augmented-reality/reports/report-detail/summary-covid-19-impact-on-ar-and-vr에서 인출.

Subrahmanyam, K. & Šmahel, D. (2014). **디지털 시대의 청소년 읽기**. 도영임·김지연 역. 서울: 에코리브르 (원전은 2011년에 출판).

Tassin, É. (1992). Europe: A Political Community?. Chantal Mouffe (Eds.) *Dimensions of Radical Democracy: Pluralism, Citizenship, Community*. London and New York: Verso.

te Wildt, Bert (2017). **디지털 중독자들**. 박성원 역. 서울: 율리시즈. (원전은 2015년에 출판).

The Council of Europe Conference of Ministers responsible for Media and Information Society (2020). Artificial intelligence — Intelligent politics Challenges and opportunities for media and democracy. **모두를 위한 미디어 리터러시**. 최세진 역. 서울: 마을미디어지원센터.

Thoman, E., & Jolls, T. (2005). Media literacy education: Lessons from the center for media literacy. *Teachers College Record*, 107(13), 180-205.

Toffler, A. (1970). Future Shock. NY: Random House.

Tulodziecki, G., & Grafe, S. (2012). Approaches to learning with media and media literacy education-trends and current situation in Germany. *Journal of Media Literacy Education*, 4(1), 5.

Turin, O., & Friesem, Y. (2020). Is that media literacy?: Israeli and US media scholars' perceptions of the field. *Journal of Media Literacy Education*, 12(1), 132-144.

U.S. Bureau of the Census (2017). Statistical abstract of the United States: 2016. Washington DC: Department of Commerce.

UNESCO (2011). Background Paper.

Valkenburg, P. M. (2000). Media and youth consumerism. *Journal of adolescent health*, 27(2), 52-56.

Valtonen, T., Tedre, M., Mäkitalo, K., & Vartiainen, H. (2019). Media Literacy Education in the Age of Machine Learning. *Journal of Media Literacy Education*, 11(2), 20-36.

Virilio, P. (1977). **속도와 정치**. 이재원 역(2003). 서울: 그린비.

von Gillern, S., Gleason, B., & Hutchison, A. (2022). Digital citizenship, media literacy, and the ACTS Framework. *The Reading Teacher*, Vol. 76, 107-241.

Vromen, A. (2017). Digital citizenship and political engagement. *Digital citizenship and political engagement* (pp. 9-49). Palgrave Macmillan London.

Young, B. (2003). *Does food advertising make children obese?*. Young consumers.

Young, K. S. (1996). Internet Addiction: the emergence of a new clinical disorder. *Cyber Psychology and Behavior*, 1(2), 237-244.

ZenithOptimedia (2021). Advertising Expenditure Forecasts.

Zhang, L., Zhang, H., & Wang, K. (2020). Media literacy education and curriculum integration: A literature review. *International Journal of Contemporary Education*, 3(1), 55-64.

찾아보기

인명

과타리(Félix Guattari) 207, 208, 211

구락(Laura J. Gurak) 330

구텐베르크(J. Gutenberg) 40, 77

듀이(John Dewey) 62

들뢰즈(G. Deleuze) 207, 208, 211

라이저(Peter H. Reiser) 318

라인골드(Howard Rheingold) 313

래니어(Jaron Lanier) 320

로크(John Locke) 68, 74, 86

루소(Jean-Jacques Rousseau) 68, 72, 73

마르코니(G. Marconi) 77

마셜(T. H. Marshall) 69, 73, 74

매클루언(Marshall McLuhan) 75, 76, 78

모스버거(Karen Mossberger) 86

밀턴(John Milton) 80, 81, 93

바우어라인(Mark Bauerlein) 145

버킹엄(David Buckingham) 47

베넷(W. L. Bennet) 87

보부아르(Simone de Beauvoir) 238

스몰(Gary Small) 140

시스트롬(Kevin Systrom) 316

시플리(Chris Shipley) 313

아리스토텔레스(Aristotels) 70

영(K. S. Young) 133

옹(W. J. Ong) 76

원용진 83

이니스(H. Innis) 76

임상원 80

젠킨스(H. Jenkins) 87

주커버그(Mark Zukerberg) 314

채드윅(Andrew Chadwick) 319

크리거(Mike Krieger) 316

하버마스(J. Habermas) 84, 85

홉스(Renee Hobbs) 46, 88

홉스(Thomas Hobbes) 68

내용

ㄱ

가짜 뉴스 349, 363

가치 67

갈등 363

감상 363, 375~377, 381, 382, 413

게임중독 121, 123, 124, 135, 143

고등학교 389, 410

고정관념 53, 177, 182, 235~237, 241, 245~254

공공성 82, 91

공권력의 제약 91, 95

공동체 67, 69, 70, 72, 73, 76, 77, 80, 83, 86, 89

공론의 장 147, 170

공론장 75, 79, 81, 83~85, 177

공민권(civil right) 73, 74

공연성 98

공익성 91, 103, 104, 110, 241, 279

공표 내용 91

과몰입 121, 123, 126, 127, 133, 136, 142

과의존 121, 134, 136~138, 141~143

광고 261, 262, 274, 278

광고시장 261, 262, 264, 268~271, 273, 274, 277, 278

교과 통합 389, 404, 405, 412

교수학습 389
교수·학습 전략 45, 54, 56
교육 사례 363
국민의 알권리 95, 103, 104
권리보호 장치 91, 106, 119
권익 침해 유형 96
근대 신문 389, 412, 413
기본권과 인격권의 충돌 92
기사 삭제 105
기사 형식 광고 261, 275, 276
긴급성 91, 110

ㄴ

남성성 235, 237~240, 244, 247~251, 258
낭만적 사랑 235, 254~258
뉴스 147, 148, 152, 168, 169, 178, 179, 183,
  202
뉴스 구성원 177, 205
뉴스 리터러시 177, 178, 185~187, 191, 198,
  327, 387, 410
뉴스 분석의 실제 177
뉴스 소비 177, 191, 202~204
뉴스 시장 177, 192, 203, 204
뉴스 일기 389, 399~401, 403
뉴스 읽기 147, 187~189, 191, 400
뉴스 제작 과정 147, 168
뉴스 보도 147, 164, 166

ㄷ

다수자 207~211, 213, 215, 217, 220, 222, 224,
  233
당사자 동의 유무 109, 112
당사자 동의 범위 일탈 109, 112
당사자 특정 98, 99
댓글 128, 177, 182, 202~204, 363, 366~368,
  371~374, 378, 380

도박중독 121, 131, 132
독립운동 389, 412, 413
동시성 67, 86
디자인 서식 389, 391, 392, 395, 410
디지털 17, 67, 75, 85~89, 121, 141, 145, 161,
  162, 164, 215, 269, 274, 284, 286, 340, 346,
  349, 353, 354
디지털 리터러시 52, 230, 284, 331
디지털 미디어 43, 51, 55, 61, 64, 65, 67, 85,
  121, 124, 135, 140, 141, 143, 147, 229, 233,
  341, 344, 345, 347
디지털 시대 67, 78, 85~87
디지털 시민성 45, 51, 53, 61, 85~89, 233
디지털 시티즌십(digital citizenship) 336

ㄹ

로마 시민권 71
리트윗 315

ㅁ

매체 147
매체 접근권 67, 79, 81, 82
메시지 15, 18~20, 23, 28~36, 38
메시지의 가치 19, 31
〈멘티미터〉 363, 367, 368
명예훼손 91, 96~100, 102~107, 111, 117,
  119, 193
명예훼손 대처 105
명예훼손 성립 100, 105
명예훼손의 성립 요건 98
명예훼손죄 97, 98, 100~103
명예훼손죄의 위법성 조각 103
모성 235, 258~260
모욕죄 102
미디어 15, 67
미디어 리터러시 15, 26, 28, 30, 121, 147, 207,

228~234, 236, 261, 284, 286~288, 329, 339, 353, 363, 389, 412

미디어 리터러시 교육 30~32, 36~39, 41, 45~ 49, 51, 54, 59, 64, 233, 288, 363

미디어 문화 37, 58, 215, 394, 396

미디어 역량 47

미디어 제작 43, 53, 56, 62, 234, 295, 389~391, 393, 396, 397, 411

미디어 텍스트 15, 20, 23~26, 30, 37, 53, 57, 61

미디어 비평 147

민사소송 91, 115

민주주의 30, 39, 50, 69, 70, 75, 85~88, 92, 118, 147, 151, 152, 161, 185~187, 203

「밀레니엄」 283, 286, 289, 306, 307

ㅂ

반론보도 105

방송 콘텐츠 207~209, 213~216, 218, 223, 225, 226, 235~237, 240, 242, 251

법익의 침해 96, 116, 117

보조자료 49

복합 양식 390, 396

부당·표시광고 282

북트레일러(Book trailer) 363, 376, 381~383, 387

분별력 45, 51, 64

분석 15, 31, 34, 35, 38, 389, 390, 396, 399, 405, 409

불편광고 261, 274, 275

블록 스케줄링(Block scheduling) 63

비판이론 283, 291

비평 283, 290~294, 308, 348

ㅅ

사상의 자유로운 표현 94

사생활 침해 115

사실의 적시 100, 101

사실주의 283, 289, 298

사이버 리터러시 230, 330

사이버중독 121, 123, 124, 134, 140

사이버불링 324

사회권(social right) 73~75

사회 변화 87, 210, 235, 243, 245, 252, 253

사회적 소수자 207~210, 213, 234

사회적 인식 207

사회적 평가 저하 101

상당성 91, 103, 104

상상력 363, 378

상업주의 177, 183, 184, 186, 187, 198, 250

상호작용성 67, 85, 86, 143

생산 15, 177

선별 177

설계 389

성명권 침해 117

성역할 고정관념 235, 251~254

성인지 143

소셜네트워크 322, 329

소셜미디어 36, 40, 41, 54, 140, 194, 202, 203, 271, 272, 274, 311, 313~317, 320~324, 331 ~335, 337

소셜미디어 리터러시 331, 332, 334, 337

소수자 207~213, 224, 228, 229, 233, 234

손해배상 105

수용 67

스마트쉼센터 136, 137, 142

스마트폰 261

스마트폰 과의존 위험군 121

스마트폰중독 123, 124, 137, 141

시민 권익 91, 92, 95, 96, 118, 119

시민성(citizenship) 67~69, 73, 81, 86~88

시사주간지 404, 405, 410

시사주간지 제작 389, 391, 404, 405, 409

식별 가능성 109
신문 389
신용훼손 117
실현성 87, 88
쓰기 283

ㅇ

알고리즘 43, 65, 181, 261, 320, 340, 345, 346, 351, 370
언론 불신 151
언론의 오보 147, 152, 154, 160, 161
언론의 자유 99, 103, 118, 152, 163, 170
언론 자유 80, 95
언론 조정·중재 91, 106, 115, 116, 161
언론중재위원회 91, 96, 99, 106, 108, 111, 116, 119, 160, 161, 192, 193, 195
언론·출판의 자유 93, 118, 163
언어 15
여성성 235, 237~240, 244~250, 258
역량 207
영상미학 283, 285, 286, 288, 289, 293, 294, 306, 309, 310
영화 리터러시 283~288, 310
영화 비평 283, 288, 290, 291
영화 제작 283, 287, 291, 292, 310
예비교사 45
오보 147, 152~155, 157, 158, 160, 164, 166, 172, 177, 196
온라인 261
온라인 게임중독 121
온라인 관계 중독 127, 128
온라인 음란물 중독 121, 131
온라인중독 121
운영 389
유네스코 48, 185, 231
유튜브 36, 56, 108, 114, 161, 163, 177, 182,

192, 194, 199, 200, 284, 285, 313, 339~354, 356, 358~360, 363, 366, 367, 386
유튜브 리터러시 339, 353, 355, 356
유튜브 저널리즘 349~351, 352
윤리와 책임 177, 204
융복합 교수·학습 45, 59, 60, 62, 63
음란물 중독 129, 130, 143
음성권 침해 117
의미 45
의미 이해 370
의사 개입 261
의사소통 15, 20~23, 26, 27, 31, 37, 40
의존성 121
이념 177
이성 67
이질적 반 구성(Heterogeneous grouping) 63
인격권 침해 116
인스타그램 36, 108, 284, 314, 316, 317, 331, 371, 372
인터넷 인프라 67, 86
인터넷중독 121~124, 132~136, 140, 143, 144
일간지 389, 404
읽기 283
임시정부 389, 412
임시조치 106

ㅈ

자유 91
자유민주주의 91, 93, 103, 118, 119
재산권 침해 117
재현 48, 207, 235
저작권 침해 117
정보 15
정보 생산 67, 85
정보 제공형 광고 261, 275, 276
정보 활용 67, 86, 87, 325

정정보도 105, 160
정치권(political right) 73, 74
제작 363, 374, 375, 381
젠더 235~242, 247, 250, 255, 306, 308~310, 404
조정·중재 91, 106, 161
종료 버튼 없는 광고 261, 275, 278
종료 버튼 확장 광고 261, 275, 278
지식 구조 15, 29~31, 33~36, 41
지위 향상 235, 243
지위 향상 욕구 121, 126, 143
진실성 89, 91, 103, 104, 328

ㅊ

창작 363, 375~377, 378, 380, 381, 392
채널 운영자 339, 340, 345, 358, 360
책임감 45, 50, 51, 54, 64
초상권 91, 107~117, 119, 355
초상권 분쟁 91
초상권 침해 사례 110, 112
초상권 침해의 면책 110
침해 91

ㅋ

카드 뉴스 363, 373~375
커뮤니케이션 24, 29, 75, 76, 79, 81, 83, 85~87, 89, 127, 128, 143, 295, 312, 314, 316, 325, 330
콘텐츠 30, 36, 39, 43, 67, 79, 83, 87~89, 389
콘텐츠를 가리는 광고 261, 275, 277
클릭베이트(clickbait) 326, 328
키워드 검색광고 261, 275

ㅌ

탐구 의욕 389
탐색 67

테크놀로지 활용 46, 51, 52
텍스트 15
토론 67
트위터 75, 314~316, 319

ㅍ

판단 기준 91, 109, 112
팝업광고 261, 275, 278, 328
〈패들렛〉 363, 366, 371~373, 375, 378, 380
팩트체크 147, 170~174, 196, 201, 202
퍼블리시티권(Right of publicity) 107, 109
페이스북 36, 75, 79, 182, 314~316, 318, 319, 331, 371, 372
편향성 147, 156, 160, 164, 166, 329, 355, 389
표현 91
표현의 자유 30, 79, 80~82, 86, 91~95, 103, 118, 119, 152, 163, 170, 205
표현의 자유와 시민 권익 91, 118, 119
프레임워크 45, 48
피해 회복 91, 105, 106
필연성 91, 110

ㅎ

학교 미디어 리터러시 361
학교생활 121, 143
한국언론진흥재단 147, 148, 150, 159, 161, 162, 165, 167, 174
한국지능정보사회진흥원 123, 136, 141
합리성 84, 85, 166
해결 363
해석 15
핵심 개념 54~56
향유 27, 79, 80, 83, 93, 118, 375
허위조작뉴스 156, 166
현실 177
형식주의 289

호주 미디어 리터러시 연맹(Australian Media
　Literacy Alliance) 48
혼탁 177
확장 15
확증편향 158, 177, 181, 182, 190~192, 329,
　351, 352
활용 410, 411

SNS 79, 99, 147, 161, 163, 179, 311~314, 316
　~322, 324~327, 330~332, 335, 336, 390,
　399
SNS 리터러시 311, 330, 331, 336
SNS중독 137, 325, 326